高职高专规划教材

大学生劳动教育

高职版

Labor Education
for College Students

孙百虎　邵英秀　主编

化学工业出版社

·北京·

内容简介

本书根据中共中央、国务院印发的《关于全面加强新时代大中小学劳动教育的意见》和教育部印发的《大中小学劳动教育指导纲要（试行）》编写而成。以新时代高技能人才培养为主线，以提高学生的劳动意识和劳动素养为目标，从劳动、劳模、工匠"三大精神"与社会劳动、专业实践相融合的角度，科学地构建了全书的劳动与精神（精神篇）、劳动与社会（社会篇）、劳动与实践（实践篇）和劳动与技能（技能篇）四个专题。内容选取以实用为原则，力求理论准确、案例丰富鲜活，通过"案例导学""认知学习""问题卡片""知识链接""出力流汗""实践举案"等栏目，旨在帮助学生把握劳动教育的基本内涵，使学生理解和形成马克思主义劳动观，树立劳动最光荣、劳动最崇高、劳动最伟大、劳动最美丽的观念；培养劳模精神、劳动精神和工匠精神，培育遵纪守法、诚实守信等优良品质，做有职业理想、有本领、勇于担当的新时代劳动者。

本书在智慧职教 MOOC 学院开设了同名在线课程，里面提供了课程标准、实施方案、教学视频、实践案例、具体实施、教学评价等资源内容。

本书既可作为高职高专院校劳动教育必修课程的教材，也可作为企业职工劳动教育培训的学习读物。

图书在版编目（CIP）数据

大学生劳动教育：高职版/孙百虎，邵英秀主编
.—北京：化学工业出版社，2021.9（2024.3 重印）
ISBN 978-7-122-39568-9

Ⅰ.①大… Ⅱ.①孙… ②邵… Ⅲ.①劳动教育-高等职业教育-教材 Ⅳ.① G40-015

中国版本图书馆 CIP 数据核字（2021）第 143118 号

责任编辑：李仙华　　　　　　　　　　文字编辑：于　水
责任校对：宋　玮　　　　　　　　　　装帧设计：史利平

出版发行：化学工业出版社　（北京市东城区青年湖南街 13 号　邮政编码 100011）
印　　装：大厂聚鑫印刷有限责任公司
787mm×1092mm　1/16　印张 17¼　字数 426 千字　2024 年 3 月北京第 1 版第 5 次印刷

购书咨询：010-64518888　　　　　　　　售后服务：010-64518899
网　　址：http://www.cip.com.cn

凡购买本书，如有缺损质量问题，本社销售中心负责调换。

定　　价：49.80 元　　　　　　　　　　　　　　　　　　版权所有　违者必究

编写人员名单

主　　编　孙百虎　邵英秀

副 主 编　莫春雷　罗　鼎　刘　冬

参　　编　刘　涛　李　静　张　博　霍平丽　杜　娟
　　　　　　王　军　梁　堃　张宇婷　高秋燕　张春玉

主　　审　陈联记

前言

党的十九大报告提出"培养担当民族复兴大任的时代新人"的教育任务，全国教育大会提出"构建德智体美劳全面培养的教育体系"的工作要求。2020年3月，中共中央、国务院印发《关于全面加强新时代大中小学劳动教育的意见》，坚持党的领导，围绕培养担当民族复兴大任的时代新人，着力提升学生综合素质，促进学生全面发展、健康成长。准确把握劳动教育价值取向，实现树德、增智、强体、育美的综合育人价值，引导学生树立正确的劳动观，崇尚劳动、尊重劳动，增强对劳动人民的情感，报效国家，奉献社会。2020年7月教育部印发《大中小学劳动教育指导纲要（试行）》（教材〔2020〕4号），对构建德、智、体、美、劳全面培养的教育体系进行系统设计和全面部署。深刻理解和把握新时代劳动教育的理论逻辑、历史渊源和实践方法，全面落实立德树人根本任务，全面加强新时代劳动教育，培养担当民族复兴大任的时代新人。

本教材针对高职学生学习特点，力求做到知识性与趣味性、理论性与实践性相统一，兼顾教师讲授、学生实践和技能训练的需要，创新编写体例，精选案例素材。本书设计精神篇、社会篇、实践篇和技能篇四个专题，各专题从"思政目标""案例导学""认知学习""问题卡片""知识链接""思政天地""出力流汗""实践举案"等栏目，让学生明晰劳动教育要点，增强自我劳动实践意识与能力。将劳动观念和劳动精神教育贯穿人才培养全过程，贯穿家庭、学校、社会各方面。注重学生在学习和掌握基本劳动知识技能的过程中领悟劳动的意义价值，形成勤俭、奋斗、创新、奉献的劳动精神。让学生面对真实的个人生活、生产和社会性服务任务情境，亲历实际的劳动过程，善于观察思考，注重运用所学知识解决实际问题，提高劳动质量和效率。使学生准确把握新时代劳动工具、劳动技术、劳动形态的新变化，创新劳动教育内容、途径、方式，增强劳动教育的时代性。引导学生感受劳动的艰辛和收获的快乐，增强获得感、成就感、荣誉感。

本教材具有以下鲜明特点：

1. 遵循劳动教育时代理念

（1）思想引领为核心　崇尚劳动，深刻详尽阐述劳动、劳动教育的内涵及意义，筑牢学生社会主义劳动价值观思想认识基础，增强学生对当代社会发展理性思考明辨是非的能力。

（2）情感传递为抓手　以文化人，精选我国建国以来各时期劳模人物先进事迹，还原大国工匠成长历程，弘扬劳动最光荣、劳动最崇高、劳动最伟大、劳动最美丽，激发学生塑造劳动品质、发扬劳动精神、弘扬劳模精神、传承工匠精神。

（3）能力培育为目标　学思并行，全方位、高度融入职教元素和课程思政元素，引导学生动手实践、出力流汗，培养学生正确劳动价值观和良好劳动品质，积极主动参与生活劳动、生产劳动和服务性劳动实践，自我养成诚实劳动、辛勤劳动和创造性劳动的习惯。

2.遵循劳动教育教学规律

（1）符合学生劳动实践规律　依据职业教育特点，打破传统教材编写体例，精选具有职业代表性的案例素材，层层递进，深入浅出，使学生明晰劳动教育要点，拓展思辨，认识空间，增强劳动实践意识与能力。

（2）满足教师劳动教学需要　根据劳动课程教学建设要求，本教材配备"大学生劳动教育"在线课程的课程标准、实施方案、教学视频、实践案例、具体实施、教学评价等资源内容，便于教师开展教学。本教材的在线课程请登录"智慧职教"下"MOOC学院"，搜索石家庄职业技术学院开发的本教材名称即可找到。

（3）激发师生对劳动教、学热情　本教材根据不同的专业选择对应的任务点、案例库和教学资源，实现教材与在线课的完美结合。提高学生学习兴趣，使教师教得轻松，学生学得愉快。

在编写过程中，编者始终坚持立德树人，坚持培育和践行社会主义核心价值观。努力把劳动教育纳入人才培养全过程，与德育、智育、体育、美育相统一，与专业教学相融合，以期满足职业院校学生对劳动教育学习的需要。

本书由石家庄职业技术学院孙百虎、邵英秀任主编；石家庄职业技术学院莫春雷、罗鼎，河北师范大学刘冬任副主编；石家庄职业技术学院刘涛、李静、张博、霍平丽、杜娟、王军、梁堃、张宇婷，河北交通职业技术学院高秋燕，长春职业技术学院张春玉参加编写。其中：孙百虎编写绪论、第一章，高秋燕编写第二章，刘涛编写第三章，莫春雷编写第四、六章，杜娟编写第五章，罗鼎、张宇婷、刘冬编写第七～九章，霍平丽编写第十、十三章，张博编写第十一、十二章，邵英秀编写第十四章，王军编写第十五章，梁堃编写第十六章，李静、张春玉编写劳动与技能部分。全书由邵英秀、孙百虎、莫春雷、罗鼎负责统稿，石家庄职业技术学院党委书记陈联记主审。

本教材得以顺利出版，感谢全体编写人员的努力。在编写过程中，引用了相关专家、学者以及心系劳动教育的研究者们的理论文献和相关资料，在此表达真挚的谢意！由于编者水平和经验有限，书中疏漏和不足之处在所难免，恳请广大读者、同仁给予批评指正。

编者

2021年6月

目 录

绪论 // 1

一、劳动教育的价值体现 //2
二、大学生劳动教育的实施途径 //4
三、大学生劳动教育实施体系 //6
课后练习 //9

劳动与精神（精神篇）

第一章 · 崇尚劳动 // 12

第一节 劳动和劳动教育 //13
第二节 劳动与人类起源 //18
第三节 劳动与历史发展 //20
第四节 劳动与社会文明 //21
第五节 劳动与未来发展 //25
课后练习 //31

第二章 · 新时代劳动精神的科学内涵 // 32

第一节 "四最"劳动价值观 //34
第二节 "五育"劳动教育观 //37
第三节 "三劳"劳动实践观 //39
课后练习 //43

第三章 · 当代大学生劳动精神的培养途径 // 44

第一节 树立正确的劳动观念 //45
第二节 掌握先进的劳动技能 //51
第三节 养成良好的劳动习惯 //56
课后练习 //59

第四章 · 认识工匠精神 //61

第一节　工匠精神的由来　//63
第二节　工匠精神的演变　//67
第三节　新时代的工匠精神　//69
课后练习　//74

第五章 · 工匠精神的核心元素 //76

第一节　热爱　//78
第二节　专注　//81
第三节　勤奋　//84
第四节　严谨　//86
第五节　进取　//89
第六节　创新　//90
课后练习　//93

第六章 · 工匠精神的培养 //94

第一节　培养工匠意识　//95
第二节　培育职业技能　//98
第三节　厚植工匠文化　//100
课后练习　//102

第七章 · 劳模与劳模精神 //103

第一节　劳模的含义　//104
第二节　劳模群体的发展演变　//105
第三节　劳模精神的内涵　//109
第四节　弘扬劳模精神　//110
课后练习　//114

第八章 · 劳模精神的时代特色 //115

第一节　不同时代的劳模精神特点　//116
第二节　爱岗敬业、争创一流的坚守与执着精神　//119
第三节　艰苦奋斗、勇于创新的奋斗与创新精神　//125
第四节　淡泊名利、甘于奉献的担当与奉献精神　//130
课后练习　//133

第九章 · 劳模精神的社会价值 // 134

第一节　劳模精神的奋斗价值　//135
第二节　劳模精神的典型示范价值　//138
第三节　劳模精神的文化影响价值　//140
课后练习　//143

劳动与社会（社会篇）

第十章 · 劳动组织 // 146

第一节　劳动组织概述　//147
第二节　劳动与组织文化管理　//149
第三节　劳动分工与劳动组织　//151
课后练习　//154

第十一章 · 劳动安全 // 155

第一节　安全、危险与事故　//156
第二节　劳动安全与职业健康　//157
第三节　安全应急逃生　//160
第四节　劳动安全事故责任　//164
课后练习　//166

第十二章 · 劳动制度 // 168

第一节　劳动法规概述　//169
第二节　劳动合同　//171
第三节　劳动争议处理　//174
课后练习　//176

第十三章 · 劳动创新 // 177

第一节　劳动创新的历史渊源　//178
第二节　劳动创新的途径与任务　//180
第三节　劳动创新的社会价值　//184
课后练习　//185

劳动与实践（实践篇）

第十四章 · 生活实践 // 188

第一节　日常家务劳动　//189
第二节　日常校园劳动　//195

第十五章 · 社会实践 // 200

第一节　大学生社会实践概述　//201
第二节　大学生社会实践的计划与实施　//207

第十六章 · 志愿服务 // 218

第一节　志愿服务简介　//219
第二节　志愿服务中与人交往常识　//222
第三节　突发事件的处理　//225
第四节　扶残助残技能技巧　//228

劳动与技能（技能篇）

技能一　烹饪　//233
技能二　烘焙　//236
技能三　洗衣　//240
技能四　陶艺　//245
技能五　茶艺　//251
技能六　钳工　//256
技能七　钢筋工　//260

参考文献　//266

二维码资源目录

序号	资源名称	类型	页码
0-1	大学劳动教育实施体系	视频	6
1-1	劳动与社会文明	视频	22
1-2	劳动与未来发展	视频	25
2-1	"五育"劳动教育观	视频	37
3-1	树立正确的劳动观念	视频	47
3-2	掌握先进的劳动技能	视频	53
3-3	养成良好的劳动习惯	视频	57
4-1	工匠精神的起源	视频	64
4-2	工匠精神的演变－孕育期和产生期	视频	67
4-3	工匠精神的演变－发展期和传承期	视频	68
4-4	新工匠精神－新时代新技术	视频	69
4-5	新工匠精神－新工匠	视频	73
4-6	新工匠精神－新工匠的时代特征	视频	73
5-1	工匠精神核心元素－热爱	视频	78
5-2	工匠精神核心元素－专注	视频	81
5-3	工匠精神核心元素－勤奋	视频	84
5-4	工匠精神核心元素－严谨	视频	86
5-5	工匠精神核心元素－进取	视频	89
5-6	工匠精神核心元素－创新1	视频	90
5-7	工匠精神核心元素－创新2	视频	92
6-1	工匠精神培养－工匠之道	视频	95
6-2	工匠精神培养－工匠之术	视频	98
7-1	弘扬劳模精神	视频	110
8-1	"爱岗敬业、争创一流"——坚守与执着精神	视频	119
8-2	"艰苦奋斗、用于创新"——奋斗与创新精神	视频	125
8-3	"淡泊名利、甘于奉献"——担当与奉献精神	视频	130

绪论

🎯 思政目标

新时代高校的劳动教育能够让大学生更好地学会认知、学会做事、学会合作、学会发展。高校思政教育一直是学生价值观塑造、成长成才的主渠道。培养政治素质过硬、劳动情怀深厚、专业功底扎实、实践能力突出的新时代接班人。

📋 学习架构

```
                                                           ┌─ 生存生活教育
                                          ┌─ 劳动教育的 ──┼─ 实践能力教育
统筹推进,实现"五育"融合                  │  价值体现      ├─ 职业启蒙教育
立足专业,构建劳育体系    大学生劳动        │                └─ 集体主义教育
注重实践,践行知行合一 ── 教育实施体系 ── 绪论
学做联动,融通专业教学                    │                ┌─ 树立正确的劳动观念
                                          └─ 大学生劳动教 ─┼─ 开展有效的社会实践
                                             育的实施途径   └─ 建立创新的劳动行动导向
```

劳动最光荣,劳动人民是最美的人。如今,当我们意识到劳动教育逐渐被边缘化、青少年劳动技能普遍较差的时候,全国教育大会明确提出:"要在学生中弘扬劳动精神,教育引导学生崇尚劳动、尊重劳动,懂得劳动最光荣、劳动最崇高、劳动最伟大、劳动最美丽的道理,长大后能够辛勤劳动、诚实劳动、创造性劳动。"

🧑 思考

1. 劳动教育在青少年成长中有什么意义?
2. 当下劳动教育存在的问题有哪些?如何落实好劳动教育?

2020年3月，中共中央、国务院发布《关于全面加强新时代大中小学劳动教育的意见》（以下简称《意见》），就加强学校劳动教育做出了总体规划和具体指导，《意见》提出："劳动教育是中国特色社会主义教育制度的重要内容，直接决定社会主义建设者和接班人的劳动精神面貌、劳动价值取向和劳动技能水平。"

一、劳动教育的价值体现

马克思曾深刻指出："生产劳动同智育和体育相结合，它不仅是提高社会生产力的一种方法，而且是造就全面发展的人的唯一方法。"就立德树人而言，德、智、体、美、劳是人的自由发展的五个维度。劳动教育是学生成长的必要途径，具有树德、增智、强体、育美的综合育人价值。

近年来，随着经济社会的发展和科技创新的日新月异，现实生活中出现了一些青少年不爱劳动、不会劳动、不珍惜劳动成果、看不起普通劳动者等消极现象，劳动教育也在一定程度上被弱化、软化、淡化、虚化。《意见》指出，要通过劳动教育使学生能够理解和形成马克思主义劳动观。牢固树立劳动最光荣、劳动最崇高、劳动最伟大、劳动最美丽的观念。体会劳动创造美好生活，体认劳动不分高低贵贱，热爱劳动，尊重普通劳动者，培养勤俭、奋斗、创新、奉献的劳动精神。具备满足生存发展需要的基本劳动能力，形成良好的劳动习惯，"实现知行合一"，促进学生形成正确的世界观、人生观、价值观。

成功的人生要经历辛勤劳动、诚实劳动、创造性劳动。优秀的教师须坚守三尺讲台，专业的技师须反复锤炼技能，卓越的软件工程师须缜密精确研究代码。从一个家庭到一个国家，人类劳动的踪迹无处不在，它是人类社会发展的最日常的活动。劳动教育在德、智、体、美、劳五育体系中处于基础性、全局性、渗透性地位。与其他四育是相融合的，但也具有独特的价值。

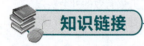

马克思主义劳动观

劳动是马克思主义思想体系中的核心观念之一，是马克思主义理论研究的基础。马克思把劳动比喻成整个社会之旋转的太阳。劳动是人类生存的本质，人类的发展过程就是劳动的发展史。马克思主义对劳动的论述主要体现为劳动本质论、劳动价值论和劳动解放论。

① 劳动本质论。人的本质是什么？这一直是困扰哲学界的一个重要命题。马克思主义认为，劳动是人的本质，人的本质是一切社会关系的总和。

② 劳动价值论。劳动价值论是马克思主义政治经济学的基础理论，劳动价值论详细阐述了商品经济的本质和运行规律。马克思从商品入手，引出商品的二重性——价值和使用价值，商品的使用价值就是"物有所用性"，而商品的价值是指凝结在商品中无差别的人类劳动。劳动的二重性决定了商品的二重性。具体劳动创造使用价值，抽象劳动创造价值。

③ 劳动解放论。马克思主义立足于《实践论》的基础之上，批判了先前旧哲学先验主义和本体论的思维方法对人的本质的论述。在对异化劳动的批判中寻求人的解放。

1. 生存生活教育

马克思在《德意志意识形态》一书（图0-1）中指出，首先应当确定一切人类生存的第一个前提，也是一切历史的第一个前提，这个前提是：人们为了能够创造历史，必须能够生活。但是为了生活，首先需要解决吃、喝、住、穿以及其他一切东西。因此第一个历史生活就是生产满足所需要的资料，即生产物质生活本身。这样的历史活动是一切历史的基本条件，人们单是为了能够生活，就必须每日每时去完成它，无论是现在还是几千年前都是一样的。在马克思看来，劳动是一切历史的基本条件。有了人类的劳动，才有了满足人类生存必需的前提，才产生了生活的历史。劳动也是人类满足生活所必须的第一条件。只有劳动才能获得人类生存下去所需要的吃、穿、用、住等生活资料。相较于其他"四育"，劳动教育的独特价值就蕴含

图0-1 《德意志意识形态》

在最基本的生活需要中——小到日常生活自理感知劳动的乐趣，大到学习劳动知识技能，为职业生涯奠定基础。人的一生是劳动的一生。从这个意义上讲，开展劳动教育首先是要让人们习得满足生存生活需要的各种必备技能。

我国近现代著名教育家、政治家和社会活动家黄炎培先生也就当时教育界的手脑分离、轻视理工与实验科学等问题，提出了"要使读书的动手，动手的读书，要把读书和做工两下联系起来，或手脑二者联合训练。一方增进世界之文明，一方发展个人天赋之能力"。中华职业学校是黄炎培先生最重要的教育理念实践基地，学生入学时一定要写誓约书，其首条就是"尊重劳动"，学生除半日工作外，凡校内一切洒扫、清洁、招待等事均由全体学生轮值担任。

当前，由于一些"手脑分离、重学轻做"的育人倾向，导致一些青少年缺乏基本的独立生活能力和劳动习惯。在劳动态度、劳动品德、劳动情怀等方面存在着偏差，进而难以树立正确的劳动价值观，导致对劳动人民感情不深。新时代加强劳动教育，就是要从小培养青少年的劳动习惯。形成基本的生活自理能力，形成积极的劳动态度。

2. 实践能力教育

在马克思看来，未来教育对所有已满一定年龄的儿童来说，就是生产劳动同智育和体育相结合，它不仅是提高社会生产力的一种方法，而且是造就全面发展的人的唯一方法。陶行知也曾指出：劳动教育的目的，在谋手脑相长以增进自立之力，获得事物之真知，了解劳动者之甘苦。劳动教育就是要强调教育和教劳结合，以科学发展和技术进步为基础，注重培养学生的动手能力和解决实际问题的能力。

黄炎培先生在推动"学做结合"方面是先驱者，他积极推动中国教育的近现代化转型，创建了中国最早的职业教育思想体系，并建立了中华职业教育社和中华职业学校，对劳动教育思想进行了积极的实践和探索。他力主"打破平面教育而为立体的教育"，推动职业教育和劳动教育。其背后的思想理论基础就是实用主义。他认为，办职业教育万不可专靠想、专

靠说、专靠写，必须切切实实做。他将该思想充分运用于实践中，中华职业教育社和中华职业学校都是实践该思想的载体，都高度重视培养和训练学生的动手能力。

3. 职业启蒙教育

图0-2　黄炎培先生

劳动教育能够促进人形成良好的道德素养。劳动可以促进儿童形成勤奋、关心他人、愿为别人做贡献的品质，也能为未来职业做准备，是家庭及学校教育中十分重要的内容。劳动教育是人类开启职业启蒙的具体承载形式，在人的职业生涯中发挥着积极作用。

黄炎培先生（图0-2）认为，劳动与劳动者是职业教育的基础，高素质劳动者是职业教育的目标所在，多元化的劳动内容和劳动实践是学生确立就业目标的重要途径。劳动能够让学生在实践中学习和积累社会知识，从而获得劳动技能、职业体验、社会经验，是学生实现自我认知的最佳途径。开展劳动教育就是要让学生在劳动中加深自己对劳动的认知，能够使学生积极地参加各种形式的劳动，在具体的劳动实践中提升自身的学习能力、适应能力以及各种劳动技能，完善劳动素养，有效提升就业和职业能力。同时在劳动实践中有利于学生逐步形成正确的世界观、人生观、价值观，从而对其就业择业产生积极影响，进而对其职业发展方向做出预判，形成初步的职业认知，做出符合其实际的职业生涯规划。

良好的职业道德是每一位从业人员的基本品质。通过劳动教育，能够让学生树立正确的劳动意识，在工作中始终约束和教育自己，通过劳动创造美好生活。通过劳动教育使学生在思想上具备科学的劳动观和优秀的道德品格，传承中华民族吃苦耐劳、团结协作和勇于奉献等传统美德。

4. 集体主义教育

劳动在人类社会发展过程中以集体的形式保证了人的生存和社会的发展。在现代社会的分工体系中，每一位劳动者进入职场以后，必将处于一定的职业分工当中。与其他劳动者一起劳动，在分工协作中完成工作任务，就德育、智育、体育、美育、劳育各自的特点来看，德育、智育、体育、美育以受教育者自我发展、持续提升为主，而劳动教育则在强调受教育者养成劳动习惯、涵养劳动品德、端正劳动态度、掌握劳动技能的个人主义基础上，还需要具有与他人合作、与他人共享的集体主义精神，而这一点与团队精神具有内在的一致性。

集体劳动是学生集体主义思想形成的重要途径。以集体的形式开展劳动，能够发展学生个体的社会性，特别是能培养学生之间的团结友爱和互助精神。从这个意义上来讲，集体中的劳动教育不仅仅是技术的教育，技能的教育，更是培养人集体协作、团队精神的重要环节。比如传统的集体打扫校园、集体植树等劳动实践能够让学生在互相帮助中增强集体归属感和责任感。然而现实中由于青少年个体松散劳动远远多于集体性的劳动，一定程度上降低了集体劳动的意义和效果，纯粹个体式的劳动、纯技能竞赛形式主义的劳动会使劳动与人的发展以及劳动与社会发展之间的天然纽带变得松散，也就偏离了社会主义的劳动教育价值观。

二、大学生劳动教育的实施途径

大学生劳动教育不同于中小学学生的劳动教育，既要实现技能教育与基础教育的一体化人才培养，也要在青少年"爱劳动""会劳动"的基础上，突出"懂劳动"的培育；既要让大学生接受专业的文化知识，也要让大学生练就娴熟的生产技能，还要学会科学劳动、创新劳动，培养深厚的劳动情怀、家国情怀，成为全面发展、可堪大任的时代新人。

1. 树立正确的劳动观念

大学阶段是大学生的人生观、价值观、世界观形成的关键阶段，直接关系到人生的"第一粒纽扣"能否扣好。大学生人生观、价值观、世界观的选择将影响其一生。劳动观是劳动者对劳动的根本看法和态度，直接决定着劳动者的价值判断和价值选择。大学生劳动价值观不仅直接影响大学阶段学习生活的方方面面，更关系到大学生走向工作岗位以后的价值取向、就业倾向、社会责任等方面的精神特质。因此，树立大学生正确的劳动观具有非常重要的积极意义。

党的十八大以来，习近平总书记就劳动、劳动者、劳模精神等内容进行了深刻阐述。"劳动最光荣，劳动最崇高，劳动最伟大，劳动最美丽"是习近平总书记对新时代劳动价值观的明确定位。这一定位是对马克思主义劳动创造世界，劳动创造历史，劳动创造人本身的劳动价值观的继承与发扬，也是对当前社会中存在的拜金主义，享乐主义，投机主义等错误思想的有力校正。新时代大学生要理解体验劳动的永恒价值与时代意义，逐步树立"四最"劳动价值观，这也是新时代全面加强劳动教育的第一要义。

2. 开展有效的社会实践

《意见》中明确指出要注重围绕丰富职业体验开展服务性劳动和生产劳动，使学生熟练掌握一定劳动技能，理解劳动创造价值，具有劳动自立意识和劳动服务他人、服务社会的情怀。在大学生人才培养过程中，以多元化的社会实践为载体，最大限度地发掘学生潜力，持之以恒地提升青少年学以致用、创新创业的能力。专业人才是未来的高素质劳动者，承担着服务社会、报效祖国的重要使命，所以大学生的劳动教育应该以大学生的社会服务效用最大化为人才培养目的和归宿，引导和教育青年大学生发挥主体性作用，把所有理论转化为实际行动。

劳动教育最突出的特点是实践性，它渗透到教育的方方面面。在德、智、体、美、劳五育中处于基础性地位。社会实践是大学生接受劳动教育的有效载体，大学生参与社会实践，就是大学生以社会主体的身份主动参与学习、接受教育的过程，有利于大学生实现从被动接受的第三人向自我学习、主动学习的第一人的转变。从现状来看，当代大学生存在动手能力较弱、劳动能力欠缺、不善协作、创新能力略显不足的情况，这些现象都与部分学校、家庭对学生的劳动教育重视程度不够，学生对劳动精神内涵的理解还比较浅显有一定关系。通过将劳动教育与社会实践结合，可以引导大学生从空间地域的限制当中走出来，在出力流汗、动手实践中去校验知识、思考论证、提升技能，感受劳动教育的真谛，体会劳动教育的成果。

从广义上讲，勤工助学、创新创业、社会调查、志愿服务、公益劳动等属于大学生参与社会实践的有效形式，这些实践与劳动教育的精神实质是一致的，都可以帮助大学生在实践过程当中认知国情、了解社会，在亲身参与中接受锻炼，在增长才干和磨练意志中感受劳动所带来的收获和乐趣，逐步形成尊重劳动、热爱劳动的真挚情感。

3. 建立创新的劳动行动导向

劳动既是人类存在的基础，也是人类发展的动力源泉，毕业择业就业是高校人才培养的最终实现形式。在毕业之后通过岗位劳动获得相应报酬作为生活来源是绝大部分毕业生的生计常态。从某种意义上来说，学生的劳动教育成效直接与毕业生的职业生涯相连，甚至关乎大学生的终身职业发展。在一些发达国家，普遍把创新创业融入人才培养目标，将其作为衡量人才培养质量的基本标准。

教育部在2019年3月部署创新创业教育示范院校建设工作中首次提出了推进创新创业教育与劳动教育相结合的思路。创新创业教育应贯穿于"五育"培养过程中，在更高层次、更深程度、更关键环节上深入推进创新创业教育改革。对职业院校劳动教育内容提出了明确要求，要注重围绕创新、创业、创造性地解决实际问题，增强学生诚实劳动的意识，积累职业经验，提升就业创业能力。由此可见，职业院校开展劳动教育要以创新创业为最终导向。通过大学生的创新创业水平，直接反映职业院校人才培养成效。这也是大学生实现人生价值、服务社会的有效途径。

当前，大学生毕业的综合就业素质与用人单位的实际需求存在着一定的差距，毕业生的综合就业素质成为其能否顺利就业的重要因素。职业院校的劳动教育应该立足于大学生的就业创业的实际需求，引导大学生树立正确的劳动观念，通过多元化的劳动实践获得就业创业所需要的劳动技能、职业体验、社会经验，并在实际过程当中找到衡量自身价值的标尺，明确实现自身人生理想与目标的途径，找准职业方向，培养职业道德，提升就业能力，正确进行自我评估，对自己的职业发展做出符合实际的预判，从而形成有效的就业认知，做好自己的职业生涯规划。

三、大学生劳动教育实施体系

二维码0-1

《意见》强调：劳动教育是中国特色社会主义教育制度的重要内容，直接决定社会主义建设者和接班人的劳动精神面貌、劳动价值取向和劳动技能水平。这就要求我们在推进新时代劳动教育过程中必须站在"围绕培育担当民族复兴大任的时代新人"、完善"中国特色社会主义教育制度"的高度，充分理解和把握劳动教育目标的全面性、针对性，通过目标体系、内涵体系、课程体系、评价体系全面建设体现时代特征的劳动教育实施体系。

1. 统筹推进，实现"五育"融合

劳动作为人类本质力量的体现，是人类社会赖以存在和发展的最基本的社会实践形式，也是培养人、塑造人的重要手段。实现人的解放和自由全面发展需要德、智、体、美、劳协调发展，"五育"彼此联系又互相融合，各自发挥着不同的育人功能，构成了人的教育培养体系。

《意见》强调，要"把劳动教育纳入人才培养全过程，贯通大中小学各学段，贯穿家庭、学校、社会各方面，与德育、智育、体育、美育相融合"。首先，在教育形式方面，要充分发挥劳动教育的重要载体和有力支撑功能。通过将教育与生产劳动相结合来培养学生树立正确的劳动观点和劳动态度，学习基本的生产知识和劳动技能，练就强健体魄的顽强毅力，感受劳动过程与价值创造的幸福体验，从而达到树德、增智、强体、育美的多重目的。其次，在教育内容方面，要充分发挥劳动教育的实践特点。侧重用系统的理论与实践教育教学活动来全面提升学生的劳动素养，包括树立正确的劳动价值观、培育积极的劳动精神、掌握必要的劳动技能、养成良好的劳动习惯等，这是完成立德树人根本任务的重要环节。最后，在教育目的方面，要促进职业院校人才培养供给侧与经济社会发展需求侧全方位融合，实现教育

服务社会的功能。通过开展劳动教育，不断强化学生的劳动责任感、使命感和荣誉感，培养和造就辛勤劳动、诚实劳动、创造性劳动的品格，形成积极向上的就业创业观，提高完成相关专业工作的劳动能力以及在实践过程当中分析问题、解决问题的能力，积累职业经验，为大学生将来走向工作岗位奠定坚实基础。

2. 立足专业，构建劳育体系

加强劳动教育要实现职业教育人才培养体系中已经具有劳动教育属性的育人环节与新增劳动教育课程和实践活动的衔接与融合。《意见》指出："实施劳动教育重点是在系统的文化知识学习之外有目的、有计划地组织学生参加日常生活劳动、生产劳动和服务性劳动，让学生动手实践、出力流汗、接受锻炼、磨炼意志，培养学生正确的劳动价值观和良好劳动品质。"

目前很多职业院校开展了实践实训、勤工助学、社会实践、志愿服务、产教融合、创新创业等活动，这些教育环节可以在一定程度上提升学生劳动技能，培养劳动品德，具有明显的劳动教育属性，在实践育人方面取得显著成效。但是，这种形式的劳动教育只在"点"的层面上开展，并没有把劳动教育贯穿到职业院校人才培养的全过程，尚未形成全面的加强劳动教育的"面"，未形成全面构建职业院校劳动教育体系。一方面要按照《意见》要求，做好劳动教育的增量，把劳动教育纳入人才培养体系，贯穿于思想政治体系、专业体系、教学体系、教材体系、管理体系中，通过设置劳动教育必修课，开展劳动教育实践活动，在实践中验证、加深对所学理论的理解和运用。通过加强劳动教育师资建设，培养能够有效开展劳动教育的专业教师，增强教师对劳动教育在人才培养过程中的价值认同。另一方面要做好增量与存量的融合，通过加强劳动教育与思想政治教育、专业教育、创新创业教育、产教融合、实习实训、社会实践、志愿服务、校园文化建设的有机结合，把劳动教育融入职业院校思想政治教育、文化知识教育、社会实践教育各环节当中，强化大学生劳动观念、劳动技能和劳动品质的系统培育，实现劳动思想教育、劳动技能培育和劳动实践锻炼的有机衔接。

3. 注重实践，践行知行合一

《意见》指出，"要积极探索具有中国特色的劳动教育模式，创新体制机制，注重教育实效，实现知行合一，促进学生形成正确的世界观、人生观、价值观"。教育的本质和目的不是简单的传授知识，而是通过传授知识，拓展人的生存技能，提升人的生命品质。职业院校在开展劳动教育的过程当中，要克服有教育无劳动、有劳动无教育的实践误区，深刻把握"知"与"行""学"与"做"的辩证关系。

知是行之始。职业院校开展劳动教育要坚持以知促行，要通过劳动思想使学生深化对劳动内涵的理解和认识，懂得马克思主义劳动观的立场、观点和方法，深刻领会贯穿其中的辩证唯物主义和历史唯物主义世界观与方法论。劳动这一范畴在马克思主义政治经济学中与西方经济学中有着较大区别。马克思认为，劳动不仅是人类体力、脑力的支出和消耗的行为，还是社会生产中一切经济关系的逻辑起点。马克思主义政治经济学正是以辩证唯物主义和历史唯物主义为方法论，通过将劳动划分为生产使用价值的具体劳动和生产价值的抽象劳动发现了商品价值的本质以及资本主义剩余价值产生的秘密，揭示了资本主义经济运行的一般规律。可见不能把职业院校劳动教育简单理解为劳动实践或劳动体验，还要从"知"的层面上培养大学生树立正确的劳动价值观。

行是知之成。职业院校开展劳动教育更需要以行促知。劳动教育如果过分强调知识传授和技能培养，导致理论与实践相脱离，就变成了无源之水、无本之木。贯彻落实《意见》要求，就要围绕创新创业结合学科和专业积极开展实习实训、生产服务、社会实践、勤工助学、劳动周等，在劳动实践中让学生进一步加深对所学知识的理解，在实践中提高学生的动手能力、学习能力和创新能力，体会劳动创造美好生活，体认劳动不分贵贱，热爱劳动，尊重普通劳动者，培养勤俭、奋斗、创新、奉献的劳动精神。真正做到知行合一，理论与实践相统一。

4. 学做联动，融通专业教学

《意见》指出，"要整体优化学校课程设置，形成具有综合性、实践性、开放性、针对性的劳动教育课程体系"。一般而言，职业院校理论课堂是指校内目标明确、实施体系清晰的课堂内教学活动；实践课堂是指除理论课堂教学计划所规定的教学活动以外组织和引导学生开展的社会实践、实习实训、学生社团等校内外活动。

从职业院校劳动教育的实施过程来看，理论课堂和实践课堂都是劳动教育体系的组成部分，构建理论课堂和实践课堂协同育人机制，一方面要用好劳动教育课堂教学这个主渠道，职业院校以实习实训课为主要载体开展劳动教育，其中劳动精神、劳模精神、工匠精神专题教育应不少于16学时，引导学生认识人类劳动实践的创造本质，树立正确的劳动意识，形成科学的劳动观，推动劳动教育与学校思想政治教学相融合，开设劳动经典研读活动，深入学习习近平总书记关于劳动的重要论述，把劳动教育渗透到专业课当中，形成专业课程与劳动课程同向同行。加快构建中国特色职业院校劳动教育的教材体系，推出更多高水平教材。另一方面还要充分发挥学校实践课堂在劳动教育实施中的重要载体、平台作用，实践课堂作为理论课堂的补充和延伸，是职业院校完成人才培养目标，引导学生将知识转变成能力的一种重要手段。习近平总书记在全国高校思想政治工作会议上指出："要重视和加强第二课堂建设，重视实践育人，坚持教育同生产劳动和社会实践相结合，广泛开展各类社会实践，让学生在亲身参与中认识国情、了解社会，受教育、长才干。要创新方式，拓展途径，为学生参与社会实践创造更多机会和舞台。既要不断拓展学生社会实践的平台和路径，也要办好学生社团、抓好学生创新实践。"职业院校劳动教育更加侧重于学生创造性劳动能力的培养，因此要依托校内外资源，充分发挥学校的实践课堂教学内容丰富、形式灵活的优势，通过建设教学与科研紧密结合的实践教学基地以及开展学校与企业紧密结合的产教融合等活动，组织学生深入生产劳动第一线，注重大数据、云计算、人工智能、区块链、物联网等新技术、新知识、新工艺、新方法在实践中的应用。培养和培育学生的创造性以及解决实际问题的能力，在全面加强劳动教育过程当中，通过深入构建理论课堂的劳动育人价值系统，提升理论课堂的育人实效，逐步形成深度融合、彼此支撑的劳动教育课程体系。

★ 思政天地

崇尚劳动，谱写"中国梦劳动美"的新篇章

全国劳动模范和先进工作者表彰大会高度评价了工人阶级和广大劳动群众的重要历史地位和时代贡献，充分肯定了全国劳动模范和先进工作者的卓越贡献和崇高精神，并明确提出要大力弘扬劳模精神，劳动精神，工匠精神。这极大鼓舞了全国各条战线的劳动者，大家表示要争创一流，勇攀高峰，在新时代谱写"中国梦劳动美"的新篇章。

课后练习

一、选择题

1. 劳动教育使学生成长的必要途径具有（　　）的综合育人价值。
   A. 树德　　　　　B. 增智　　　　　C. 强体　　　　　D. 育美
2. 劳动教育在德、智、体、美、劳五育体系中处于（　　）地位。
   A. 基础性　　　　B. 全局性　　　　C. 渗透性　　　　D. 有效性
3. 习近平总书记指出：劳动是（　　）的源泉。
   A. 财富　　　　　B. 幸福　　　　　C. 生活　　　　　D. 学习
4. 从广义上讲，（　　）等属于大学生参与社会实践的有效形式。
   A. 勤工助学　　　B. 创新创业　　　C. 社会调查　　　D. 志愿服务
   E. 公益劳动
5. 职业院校以实习实训课为主要载体开展劳动教育，其中劳动精神、劳模精神、工匠精神专题教育不少于（　　）学时。
   A. 12　　　　　　B. 16　　　　　　C. 20　　　　　　D. 24

二、简答题

1. 你认为大学生劳动教育实施的途径有哪些？
2. 你认为大学生劳动教学实施体系应如何构建？

劳动与精神

（精神篇）

全国劳动模范和先进工作者表彰大会再次对弘扬劳模精神、劳动精神、工匠精神进行了系统深入的阐释。劳动是一切幸福的源泉。站在实现"两个一百年"奋斗目标的历史交会点上，党的十九届五中全会擘画了我国未来发展的宏伟蓝图。越是美好的未来，越需要我们付出艰辛努力，越需要大力弘扬劳模精神、劳动精神、工匠精神。新形势下，我国工人阶级和广大劳动群众要继续学先进、赶先进，自觉践行社会主义核心价值观，用劳动模范和先进工作者的崇高精神和高尚品格鞭策自己，焕发劳动热情，厚植工匠文化，恪守职业道德，将辛勤劳动、诚实劳动、创造性劳动作为自觉行为。各级党委和政府要尊重劳模、关爱劳模，贯彻好尊重劳动、尊重知识、尊重人才、尊重创造方针，完善劳模政策，提升劳模地位，落实劳模待遇，推动更多劳动模范和先进工作者竞相涌现。全社会要崇尚劳动、见贤思齐，加大对劳动模范和先进工作者的宣传力度，讲好劳模故事，讲好劳动故事，讲好工匠故事，弘扬劳动最光荣、劳动最崇高、劳动最伟大、劳动最美丽的社会风尚。要开展以"劳动创造幸福"为主题的宣传教育，把劳动教育纳入人才培养全过程，贯通大中小学各学段和家庭、学校、社会各方面，教育引导青少年树立以辛勤劳动为荣、以好逸恶劳为耻的劳动观，培养一代又一代热爱劳动、勤于劳动、善于劳动的高素质劳动者。

"功崇惟志，业广惟勤"。实现中国梦，创造全体人民更加美好的生活，任重而道远，需要我们每一个人继续付出辛勤劳动和艰苦努力。让我们以劳动模范和先进工作者为榜样，大力弘扬劳模精神、劳动精神、工匠精神，爱岗敬业、勤奋工作，锐意进取、勇于创造，不断谱写新时代的劳动者之歌！

第一章 崇尚劳动

🎯 思政目标

劳动教育是中国特色社会主义教育制度的重要内容。新时代大学生应该积极响应国家的各项政策，促进德智体美劳全面发展。在《关于全面加强新时代大中小学劳动教育的意见》印发之后，大学生首先要充分认识新时代劳动教学的核心概念和新要求；其次，大学生应该了解劳动与人类起源、劳动与历史发展、劳动与社会文明、劳动与未来发展的关系，真正了解劳动对人类社会发展的重要意义；紧跟国家政策，大力弘扬新时代劳动教育的精神内涵。

学习架构

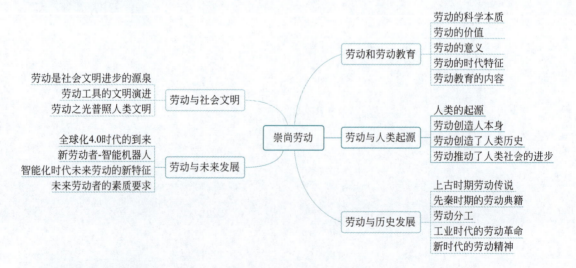

案例导学

1928年秋天，井冈山革命根据地受到军事围剿和经济封锁，为了保卫井冈山根据地，党中央向根据地军民发出了"自力更生、艰苦奋斗、坚持斗争"的号召。朱德用心响应,他和战士们一样,脚穿草鞋,身背斗笠,翻山越岭去挑粮。

当时,朱德已经四十多岁了,他白天挑粮上山,夜里还要批阅文件。战士们怕他累坏了,怎样办呢?有一回,一位小战士想出了这样一个主意,他对大伙说:"我们把朱军长的扁担藏起来。"大家异口同声地说好。但是第二天,朱德又拿了新削好的扁担依然加入挑粮队伍中。战士们又藏了朱德的扁担,朱德立刻找了一根上好的毛竹,又削了一根扁担,还在扁担上刻了"朱德记"三个字。战士们见朱德态度这样坚决,也就不好意思再藏了。从此,"朱德挑粮上坳,粮食绝对可靠,大家齐心协力,粉碎敌人围剿"这首歌谣和"朱德的扁担"的故事就在井冈山传开了。只有经过劳作、经过奋斗得来的快乐,才是真正的快乐。

如何培养自己的劳动热情并从中获得快乐?

第一节　劳动和劳动教育

劳动是人类实践活动的一种特殊形式,是创造物质财富和精神财富的活动。劳动是人类的本质特征,社会的一切物质、文化财富都属于劳动。劳动是人类运用一定的生产工具,作用于劳动对象,创造物质财富和精神财富的有目的的活动。

劳动教育是中国特色社会主义教育制度的重要内容,直接决定了社会主义建设者和接班人的劳动价值取向、劳动精神面貌和劳动技能水平。以习近平同志为核心的党中央高度重视劳动教育,强调劳动最光荣、劳动最崇高、劳动最伟大、劳动最美丽,提出把劳动教育纳入人才培养全过程。

一、劳动的科学本质

劳动是人类区别于动物的本质活动。劳动首先是人和自然之间的过程,是人以自身的活动来引起、调整和控制人和自然之间的物质变换过程。劳动是人类社会存在和发展的最基本的条件,劳动在人类形成过程中,起了决定性的作用。

马克思与恩格斯认为:劳动创造了价值。教育与生产劳动相结合的思想是马克思主义教育学说的重要内涵。在其著作《资本论》中,马克思从劳动价值观的角度对劳动本质进行了探讨。他认为劳动本质是基于劳动者的立场,目的是促进劳动者的全面发展。

二、劳动的价值

伟大的导师马克思和恩格斯赞扬劳动的价值,劳动创造了人和人类社会。我们每一个人都需要为自己的生存和理想而劳动，正如每一株禾苗都需要为自己的成长而拼命扎根，竭尽全力吸收阳光和雨露。劳动对大家来说，不可逃避而又意义重大。青少年要肩负起中华民族的未来，实现中华民族伟大复兴的中国梦，离不开"学习、实践、创造、职业、发展"这五个核心，而这正是马克思主义理论体系中劳动本质理论不可或缺的要素。搞清劳动与学习、实践、创造、职业及发展之间的内在关系，深入认识和理解劳动的本质，对于学生树立正确的劳动价值观，促进其全面发展，推动我国教育事业的改革与发展，培养社会主义建设者和接班人具有重要指导意义。

时代在变化，劳动的内涵也在发生变化，劳动的形态已经远远超出体力与脑力、简单与复杂的二元性。但不管如何变化，劳动仍然是人为自身和社会创造价值的唯一方式。"民生在勤，勤则不匮""劳动开创未来""生命里的一切辉煌，只有通过诚实劳动才能铸就"，这些名言警句都从不同侧面揭示了劳动的珍贵价值。

1. 崇尚劳动最光荣，弘扬劳动精神，改变自身命运

劳动没有高低贵贱之分，任何一份职业都很光荣。新时代的中国，全面建成小康社会，进而建成富强民主文明和谐的社会主义现代化国家，根本上靠劳动，靠劳动者创造。倡导"劳动最光荣、劳动最崇高、劳动最伟大、劳动最美丽"，就是要使劳动创造价值成为深植于每个劳动者内心深处的真诚信仰，做到尊重劳动，尊重劳动者。

2. 崇尚劳动最伟大，发扬工匠精神，实现自身价值

劳动的伟大之处在于创造价值，在于精益求精。每一位不甘于平庸的劳动者不断自我超越、自我提升、自我完善，始终追求做更好的自己时所表现出的精神面貌便是新时代弘扬的工匠精神，其基本内涵是敬业、精益、专注、创新等。

3. 崇尚劳动最崇高，学习劳模精神，促进社会进步

劳动的崇高之处在于平凡中创造不平凡，在于普通中孕育着不普通。每一位劳动者从平凡走向不平凡，从普通走向不普通的精神实质便是新时代打造的劳模精神，它是所有劳动者都应该学习的精神，是一种深刻的影响和引领。

4. 崇尚劳动最美丽，创造美好生活，激发社会和谐

美好生活靠劳动创造，幸福是奋斗出来的。人们在劳动中或用体力或用脑力，或用双手与智慧创造更加丰富的物质生活需要与精神生活需要。在劳动中展现人性之美，展现人心之善，展现社会的和谐。

三、劳动的意义

劳动是人类社会生存和发展的基础，主要是指生产物质资料的过程，通常是指能够对外输出劳动量或劳动价值的人类运动，劳动是人维持自我生存和自我发展的唯一手段。按照传统的劳动分类理论，劳动可分为脑力劳动和体力劳动两大类。

1. 价值必要性

人类的一切活动（经济活动、政治活动与文化活动）在本质上都是价值的运动，都是各种不同形式的价值不断转化、不断循环、不断增值的过程。这种价值运动具体表现为：使用

价值、劳动潜能、劳动价值与新使用价值的循环，所有复杂形式的价值运动最终都可以分解为若干个这样的循环。

2. 社会必要性

同一社会时期，劳动者的消费熟练度不同，相同的生活资料使用价值将会产生不同的劳动潜能，消费熟练度高的人，只需要消费较少的生活资料使用价值，就可以产生较多的劳动潜能，因此所谓"社会必要的"就是要求劳动者具有社会平均的消费熟练度。同一社会时期，劳动者的劳动熟练度不同，相同的劳动潜能将会产生不同的劳动量，劳动熟练度高的人，只需要消耗较少的劳动潜能，就可以产生较多的劳动量，因此所谓"社会必要的"就是要求劳动者具有社会平均的劳动熟练度。

3. 生产关系必要性

劳动创造了世界，劳动创造了人类，劳动创造了财富。尊重劳动就是尊重人本身。当今时代，强调尊重劳动应克服片面性，既重视创造性和复杂的智力劳动，又重视在平凡岗位上兢兢业业、默默奉献的劳动，使各种劳动有机统一于社会主义现代化建设事业中。

四、劳动的时代特征

勤劳是中华儿女的传统美德。中国人的劳动精神一代代传承，离不开对中国传统劳动观念的创造性转化和创新性发展。同时，劳动的范畴和内涵也随时代变迁而不断延展，树立正确的劳动价值观，弘扬劳动精神，创造美好生活是当下国人的精神追求，也是中国人建立文化自信的一个历史基点。

"民生在勤，勤则不匮"。改革开放以来，在中国共产党的领导下，全国各族人民发挥主人翁精神，用自己的辛勤劳动创造了一个又一个奇迹。因此，从某种程度来说，劳动是发展的基础，劳动成就了发展。而发展也会反作用于劳动，提高劳动效率，变革劳动方式，促进社会的发展。

随着经济的发展，物质生活更加丰裕，要让每一个劳动者都能体面劳动，使劳动尊严得到维护，劳动价值得以实现，更好地营造平等劳动、勤奋做事、勤勉为人、勤劳致富的正能量的社会氛围，鼓励人们不断创造出新的内生动力。只要我们守护中华劳动伦理的深厚底蕴，弘扬工匠精神和坚韧不拔、自强不息的劳动美德，一代代的劳动者就必定能创造伟大的历史，不断开创未来的美好生活。

五、劳动教育的内容

《辞海》从德育的角度对劳动教育进行了定义：劳动教育是德育的内容之一，是对学生进行热爱劳动和劳动人民、珍惜劳动成果、树立正确的劳动观点和劳动态度、通过日常生活培养劳动习惯和技能的教育活动。

《中国大百科全书》对劳动教育的定义：劳动教育是使学生树立正确的劳动观点和劳动态度，热爱劳动和劳动人民，养成劳动习惯的教育，是德育的内容之一。

中共中央、国务院《关于全面加强新时代大中小学劳动教育的意见》对劳动教育基本内涵的解释是：劳动教育是国民教育体系的重要内容，是学生成长的必要途径，具有树德、增智、强体、育美的综合育人价值。

综上所述，劳动教育就是有目的、有计划地向学生传递劳动知识和劳动技能，培养学生良好的劳动态度和劳动习惯，让学生形成正确的劳动价值观，具有一定的劳动权益意识，提升学生劳动素养的教育实践活动。

劳动教育的内容有以下几方面。

1. 劳动价值观

劳动价值观教育让学生认识到劳动的意义与价值，使学生能够理解马克思主义劳动价值观和习近平新时代中国特色社会主义劳动价值观。教育引导学生崇尚劳动、尊重劳动，懂得劳动最光荣、劳动最崇高、劳动最伟大、劳动最美丽的道理，长大后能够辛勤劳动、诚实劳动、创造性劳动。让学生认识到"不劳而获""好逸恶劳"是可耻的行为，从而培养学生对劳动的情感，使其热爱劳动、乐于劳动，逐步对劳动形成正确的态度和价值观。

2. 劳动情感与态度

劳动情感是指一个人基于感情满足需要的程度而形成的对劳动的良性心理体验和情感依赖关系。对大学生劳动情感的教育有助于激发大学生的学习热情，使其形成尊重劳动成果和尊重劳动人民的深厚感情，发扬艰苦奋斗的优良传统，促进大学生全面和谐发展。劳动态度是个人对劳动所持的肯定或否定情感的程度，劳动态度也反映个体进入劳动行为的准备状态，是一种比较稳定的心理倾向。对大学生劳动态度的教育主要包括热爱劳动教育、辛勤劳动教育、诚实劳动教育、合法劳动教育，让他们形成对劳动的正确态度。

3. 劳动科学知识与能力

大学阶段的劳动教育，主要是明确劳动科学体系，掌握劳动科学知识。大学生应当掌握一定的劳动伦理知识、劳动法律知识、劳动保护知识、劳动就业知识以及劳动心理健康知识等劳动科学知识。重视新知识、新技术、新工艺、新方法的应用，创造性地解决实际问题，使学生增强诚实劳动意识，注重培育公共服务意识，使学生具有面对重大疫情、灾害等危机主动作为的奉献精神。要加强对大学生的劳动科学教育，使其初步了解和掌握有关劳动科学最基本的知识结构，逐步对劳动有一个科学的认识，在日常活动中要进行科学劳动，避免劳动的异化。当代大学生还应具备作为劳动者最基本的自我管理能力、时间管理能力以及沟通能力等具有个体心理特质的劳动能力。同时教育学生正确认识劳动中遇到的困难和压力，学会自我调适；让学生具备"干一行、爱一行、做一行、钻一行"的品质，无论从事什么劳动，都要努力做到精益求精、追求卓越。

4. 劳动实践

对学生进行劳动教育，不仅要重视劳动理论知识的教授，更要重视劳动实践活动，否则理论就显得苍白无力。劳动的成就感不是说出来、听出来、讲出来的，而是从实践中体悟出来的。劳动精神也是在劳动实践中培养出来的。在劳动过程中的付出可以培养积极的劳动价值观，使学生热爱劳动。组织大学生参加生产劳动和社会服务，倡导大学生参加志愿服务等公益活动，引导大学生运用所学知识和技能服务人民，鼓励大学生进行科技创新，在社会实践中参与技术改造、工艺革新、先进适用技术传播，为经济社会发展献计出力。帮助大学生开展勤工助学活动，组织大学生进行"红色之旅""三下乡"和"四进社区"活动等。通过劳动实践，让学生体会劳动创造美好生活，体认劳动不分贵贱，使其热爱劳动，尊重普通劳动者,培养其勤俭、奋斗、创新、奉献的劳动精神;使其具备满足生存发展需要的基本劳动能力,养成良好的劳动习惯;同时也让大学生明白劳动实践的重要性,积极参与各种劳动实践活动。

5. 劳动与全面发展

加强劳动教育是构建德、智、体、美、劳全面培养教育体系,形成更高水平的人才培养体系的必然要求。劳动教育是构建全面教育体系不可或缺的一环,劳动具有树德、增智、健体、育美、创新的综合育人价值。通过劳动教育让学生理解劳动与立德树人、劳动与增长才智、劳动与强健体魄、劳动与美的创造之间的关系,促进大学生全面和谐发展。

劳动改变了我们的生活

（1）劳动使我们温饱

作为当代大学生,我们每天努力工作和学习的原因是什么?我们学习不是在消磨时光。我们要通过自己的努力讨一份生计。我们的祖先诞生之初,茹毛饮血的野蛮令后人望而生畏。但我们不要忘了,茹毛饮血也是祖先劳动得来的毛和血,手执木棒尖石与野兽搏斗,你死我活。为了求得一口饭吃多么不容易,时常搭上性命。过去可能是一条命一口饭,现在是一份劳动一口饭。工人们起早贪黑去挣一份养家糊口的钱,学生们早出晚归去为未来谋一份学业,白领们朝九晚五只是为了在车水马龙中求得生存的一席之地。这个社会,没有一分钟可以离开劳动,就像我们没有一分钟可以离开氧气一般。当快递员不再劳动,会有多少份期盼已久的包裹消失在漫长的等待中。当农民不再劳动,百姓没有粮食可吃,将重现大饥荒的情景。当边防战士不再劳动,祖国就会危机四伏。劳动是必须的,是我们每一个人无法回避的,是我们生存的保障。

（2）劳动使我们心安

真正努力工作一天的人是心安理得的;而吃喝玩乐了一天的人往往会在狂欢过后陷入深深的懊悔,为自己一天的虚度光阴而难过。所以,真正的心安是劳动的结果,只有把时光慷慨地给予我们的工作和学习,我们才能睡得安稳,走得踏实。当然,这并不意味着把自己变成一个劳动机器,像生产线上连轴滚动的履带,日夜不息。当我们疲惫时,值得一次远行,值得一场好梦。

（3）劳动使我们进步

熟能生巧,勤能补拙,这是经过多少年实践得来的颠扑不破的真理。只有知识上的反复思考和记忆以及能力上的不断磨练,才能求得学问的精进,求得能力的提升。脑力劳动和体力劳动同样重要,同样艰苦,当我们厌弃学习时,工人们也在厌弃水泥和砖头。我们无法逃避上课和考试,正如上班族无法逃避打卡和考核。只有真正付出背诵上万个英语单词的辛苦,才能将英语水平提升到新境界;只有真正宰割上千头牛,才能做到庖丁解牛,以无厚入有间。我们不渴望天才般的一触即通,我们能做的,无非是劳动,劳动,再劳动。从不熟练地劳动到熟练地劳动,再到出神入化地劳动。

第二节　劳动与人类起源

一、人类的起源

人类的起源，历经沧海桑田，不论是人类学家、考古学家、历史学家、生物学家、化学家，甚至于哲学家、宗教家，都曾对人类起源做过各种角度的研究，然而，人作为万物之灵、自然的宠儿究竟是从哪里来的？又是怎么来的？千百年来，这个问题一直困扰人类，成为"斯芬克斯"之谜。于是，中国的神话传说中就有了女娲造人之说，西方则有了上帝造人的宗教信条，其共同点在于，人是无所不能的神创造的。直到达尔文生物进化论问世，才为解开人类起源之谜提供了一把科学的钥匙。

1859年，英国生物学家达尔文出版《物种起源》一书，阐明了生物从低级到高级、从简单到复杂的发展规律。1871年，他又出版《人类的起源与性的选择》一书，列举许多证据说明人类是由已经灭绝的古猿演化而来的。但他没有认识到人和动物的本质区别，也未能正确解释古猿如何演变成人。恩格斯提出了劳动创造人类的科学理论，1876年他写了《劳动在从猿到人转变过程中的作用》一文，指出人类从动物状态中脱离出来的根本原因是劳动，人和动物的本质区别也是劳动。

二、劳动创造人本身

人既是自然界进化发展的产物，又是社会劳动的产物。早在一百多年前，达尔文的进化论就从生物学方面解答了人类起源的问题，得出了"人是由古猿进化而来的"的科学结论。但是，从猿向人的转化又不是一个纯粹生物进化的过程。古猿在体质形态和群体结构上的变化，只是为人和人类社会的产生提供了自然前提。而人和人类社会产生的内在机制和现实基础，则是社会的生产劳动。正如恩格斯所说，"劳动是整个人类生活的第一个基本条件，而且达到这样的程度，以致我们在某种意义上不得不说是劳动创造了人本身"。

根据恩格斯《劳动在从猿到人转变过程中的作用》一文，人的形成有一个从"类人猿"到"正在形成中的人"，再到"完全形成的人"的过程（图1-1）。在这个过程中，劳动起着决定性的作用。首先，劳动完成了手脚的彻底分工，并促进了手脚的专门化发展。来到地面生活的古猿，手和脚的运用已经有了某种分工，并且开始直立行走。但前后肢的发展还不完善，直立行走的步态也不稳健。只是在古猿"动物式的本能劳动形式"的长期锻炼中，才完成了手脚的彻底分工，并促进了手脚的专门化发展。

图1-1　人类演进过程

其次，劳动把类人猿的发音器官改造成为人的发音器官，并创造了语言。随着原始劳动规模的不断扩大，古猿生理结构和心理特征日益完善和发展，为了更好地协调彼此之间的活动，这些正在形成中的人，已经到了彼此间有些什么非说不可地步了。而直立行走又为发音器官的发展创造了条件。猿类不发达的喉头，由于音调的抑扬顿挫的不断加多，缓慢而肯定地得到改造，而口部的器官也逐渐学会了发出一个个清晰的音节，从而导致了语言的出现。

再次，劳动把猿的大脑和感觉器官改造成为人的大脑和感觉器官，形成了人的心理感知及抽象思维能力，形成了人们所特有的思维意识。由于劳动和语言的推动，这些"正在形成中的人"的头脑也日益发达，容量越来越大，结构也越来越复杂。随着直立行走和猿脑变成人脑，人的各种感觉器官也得到相应的发展，感觉能力不断提高。这样，随着人脑和人的感觉器官的形成，人不仅能从周围环境中获得较之猿类更加丰富的感性印象，而且能够借助语言把这些感性印象概括起来和巩固下来，从而使人的意识所特有的抽象思维能力形成和发展起来。这种能够借助语言进行抽象思维的人，已经是"完全形成的人"（图1-2）。

就这样，首先是劳动，然后是语言和劳动一起，成了两个最主要的推动力，在它们的影响下，猿的脑髓就逐渐地变成人的脑髓。正因为人的体质形态、心理特征以及意识和语言都是在社会劳动的作用下形成的，所以恩格斯说"劳动创造了人本身"。

图1-2 原始人

三、劳动创造人类历史

人类的发展过程就是劳动的发展史，人类历史是在一定的社会形式中由劳动展开的历史。马克思、恩格斯认为人类社会的全部历史是以生产劳动为起点的，只有人类的生产劳动才真正构成了人类历史的基础，才是解开人类历史发展秘密的钥匙。

马克思认为，整个所谓世界历史不外乎是人通过劳动而诞生的过程，我们首先应当确定一切人类生存的第一个前提，也就是一切历史的第一个前提，这个前提就是：人们为了能够创造历史，必须能够生活。因此第一个历史活动就是生产满足这些需要的资料，即生产物质生活本身，而且，这是人们从几千年前直到今天单是为了维持生活就必须每日每时从事的历史活动，是一切历史的基本条件。在马克思看来，历史其实就是从事劳动活动的现实的人所进行的劳动实践活动的展开。劳动在创造人的过程中，同时也创造了人类社会的历史；人类的"第一个历史活动"就是物质生产活动，就是要解决人类的"吃喝住穿行"等生存问题，而解决这些问题是以劳动为前提条件的。正因如此，马克思赋予物质生产劳动活动"第一个历史活动"的意义。这表明，只有立足于生产劳动才能理解人类的历史发展，只有人民才是历史的创造者。对于马克思这一伟大的发现，恩格斯曾鲜明地指出，历史破天荒第一次被安置在它的真正基础上，一个很明显而以前完全被人忽略的事实，即人们首先必须吃喝住穿行，就是说首先必须劳动，然后才能争取统治，从事政治、宗教和文化等活动，这一很明显的事实，在历史上应有的权威此时终于被承认了。可见，人类社会是通过生产劳动产生的，劳动是人类历史的真正基础，没有生产劳动就没有人类的延续和发展。

四、劳动推动人类社会历史的进步

由于劳动，人类揖别动物界并最终摆脱最初的动物状态，开辟了广阔的生活天地，从野蛮走向文明。在物质生产活动中，人们通过自己的劳动实践将主观世界和客观世界联系起来，把自己的主观意志外化为客观的对象性存在而创造历史。生产劳动满足了人类的衣食住行等基本生活需要，构成了人类基本经济生活，人类也正是在此基础上从事政治活动、精神文化活动、宗教活动等，从而创造了自己的历史。历史，是人的历史，是人的劳动实践的历史。劳动不仅是人获得自身物质生活资料的基本方式，而且是个人表现自己生活的基本方式，个人怎样表现自己的生活，他们自己就是怎样的，因而劳动者个人实际地构成了自己创造自己历史的基本方式。正是在这一层面上，马克思、恩格斯强调人民群众是创造历史的主体。

第三节　劳动与历史发展

一、上古时期的劳动传说

劳动是揭开人类历史之谜的钥匙。所谓人类历史之谜的钥匙，就是指对人类社会是如何产生、变化、发展问题的解答。唯物史观揭示了劳动是人类社会产生的基础和前提。历史过程中决定性的东西归根到底是物质资料的生产和再生产，人类的历史首先是生产发展的历史。在五千年的历史长河中，勤劳勇敢智慧的中国人民创造了辉煌的历史，铸就了灿烂的中华文明。在长期的与自然抗争的过程中，先民们还形成了丰富的劳动思想，精卫填海、夸父逐日、后羿射日、愚公移山、女娲补天、鲧禹治水、钻燧取火等神话传说都反映了古人对劳动的礼赞和对命运的抗争。神话作为民间文学的一种形式，它是远古时代的人民所创造的反映自然界、人与自然的关系以及社会形态的具有高度幻想性的故事。神话的产生和原始人类为了自身生存而进行的同大自然的斗争结合在一起。原始人不想屈服，与大自然展开了不懈的斗争，一心渴望认识自然、征服自然，减轻劳动，保障生活。他们把这一意志和愿望通过不自觉的想象化为具体的形象和生动的情节，于是便有了神话的产生。由此可见，神话是原始人在那极为困难的条件下，企图认识自然、控制自然的一种精神活动，同时也寄托了人类的向往和宗教的现实化展现。

二、先秦时期的劳动典籍

《论语·子张》中主张"仕而优则学，学而优则仕"。《论语·尧曰》中主张"因民之所利而利之"。《孟子·梁惠王上》中主张"不违农时，谷不可胜食也；数罟不入洿池，鱼鳖不可胜食也；斧斤以时入山林，材木不可胜用也"。《左传·宣公十二年》中主张"商农工贾，不败其业"。等等。时至今日，这些思想中仍有许多内容闪耀着智慧的光芒，影响着一代又一代的中国人，并成为当今劳动教育理论的重要思想来源。

三、劳动分工

恩格斯在《家庭、私有制和国家的起源》一书中提出的发生在东大陆原始社会后期的三次社会大分工，即游牧部落从其余的野蛮人群中分离出来，手工业和农业的分离，商人阶级的出现。第一次社会大分工发生在野蛮时代的中级阶段，畜牧业与农业的分离，形成牧民、农民，养殖业牧场，种植业耕地。第二次社会大分工出现于野蛮时代的高级阶段，手工业与农业的分离，出现简陋的手工业作坊，极少数手艺工人，铁制工具的使用和生产技术的进步，促进了农业的发展和劳动生产效率的提高，也使手工业向多样化发展。随着第二次社会大分工，出现了直接以交换为目的的商品生产。第三次社会大分工发生在文明时代的门槛，有了商品、商人、商业，由于商品交换的发展，出现了一个不从事生产，只从事交换的商人阶级。他们作为生产者之间的中间人，促进商品生产，并取得了生产的领导权。经过这三次大分工，人类进入文明时代。

四、工业时代的劳动革命

工业革命在1750年左右已经开始，但直到1830年它还没有真正蓬勃地展开。大多数观点认为，工业革命发源于英格兰中部地区。英国工人哈格里夫斯发明了珍妮纺纱机；18世纪中叶，英国人瓦特改良了蒸汽机，所以工业革命开始的标志为哈格里夫斯发明的珍妮纺纱机，而工业革命的标志是瓦特改良蒸汽机。但蒸汽机不是瓦特发明的，而是瓦特改造的。由一系列技术革命引起了从手工劳动向动力机器生产转变的重大飞跃。随后工业革命传播到英格兰，再到整个欧洲大陆，19世纪传播到北美地区。后来，工业革命传播到世界各国。

五、新时代的劳动精神

新时代劳动精神的具体体现为：第一点劳动的普通性与广泛性，第二点劳动的光荣性，第三点劳动的奉献性与自我实现性，第四点劳动自觉性，第五点劳动的时代推动性。习近平总书记在全国劳动模范和先进工作者表彰大会上指出，"在长期实践中，我们培育形成了崇尚劳动、热爱劳动、辛勤劳动、诚实劳动的劳动精神"。"人世间的美好梦想，只有通过诚实劳动才能实现；发展中的各种难题，只有通过诚实劳动才能破解；生命里的一切辉煌，只有通过诚实劳动才能铸就。崇尚劳动、热爱劳动、辛勤劳动、诚实劳动，是人生出彩的金钥匙，也是创造美好生活的必经之路"。

第四节　劳动与社会文明

问题卡片

有人把"劳动"等同于"面朝黄土背朝天""头脑简单四肢发达""没有文化地位低下"的那些人所从事的工作，有很多人还用"不好好学习将来只有回家种田"来教训学生，甚至用"劳动"来处罚那些违纪的学生。同时,学生的家长们也是这种思想,"只要你好好读书,其他什么事都不需要你做",孩子学习以外的什么事情都是由家长包办代替。你认为劳动的价值是什么呢?

一、劳动是社会文明进步的源泉

劳动创造了人,从此,拉开了人类社会文明进步的序幕,劳动是文明之源。古代的人类通过劳动,创造了物质财富,也创造了精神财富,人们总结劳动中的喜怒哀乐,总结对社会的认知,于是,文明诞生,不断丰厚,不断升华,进入到现代文明时代。从两条腿走路,到马车时代,到自行车时代,到摩托车时代,到汽车时代,从人们的出行方式,我们可以窥见人类文明历史长河的美丽浪花,这美丽浪花是智慧的浪花,是人类征服自然坚强精神的浪花,是人类勇敢进取的浪花。人类文明之河从远古流淌而来,流到今天,流向未来。

在劳动过程中,人类的体力与智力不可分割的存在于人类生命机体中。劳动是人类生命蕴含的综合性素质,是人类创造社会文明的核心能力。劳动者两大素质的进步与提升,既依靠外在的条件与环境,也是生命自身的创造结果。社会文明是一种被人类劳动创造出来的从无到有的过程。

人类社会文明的进步主要体现在劳动能力方面。人类的劳动是一切社会文明的基础和前提,也就是说,人类的社会文明源自于生产资料之上的劳动,社会文明植根于劳动——这是人类生活的一个基本的命题和永恒的命题。没有劳动就没有社会文明。一切社会文明都是劳动的创造物,一切社会文明都倾注着人类的劳动,都是人类劳动的结果。也就是说,劳动是一切社会文明的唯一途径,社会文明的发展与进步同样是劳动的结果。

劳动是一切社会文明的前提。人类的社会文明是人类劳动的产物和结果。人类是地球上唯一的文明之光,因为人类具有能动地改造自然界和客观环境的能力。人类的智力具有无限发展的空间与可能性,所以,从理论上说,人类的劳动也具有无限发展的空间与可能性,人类劳动的质量与达到的高度,又反过来决定和证明人类生命本身的发展水平。对于人类而言,只有不遗余力地从事劳动,才能够争得自身需要的社会文明与幸福。

二、劳动工具的文明演进

二维码 1-1

问题卡片

从农业社会发展到信息社会,人类创造的工具拓展了人的体力,延伸了人的感官,提升了人的信息获取能力,还有必要向智能化方向发展吗?如果人的体力劳动和脑力劳动都被聪明能干的工具取代了,人还需要学习和工作吗?

劳动者、劳动对象、劳动工具共同构成人类的劳动过程。劳动工具的进步是人类劳动本身的进步,从最原始的石器,到现代化的电子产品,无不表明着人类劳动工具的巨大进步与质的变化。劳动工具是社会经济形态中的一个基础性要素。发明和制造工具是人类社会发展与进步的标志。

1. 农耕时代的劳动工具

从石器时代到农耕时代，人类制造的劳动工具向着越来越省力、耐用和高效的方向发展。如石碾、石磨、耙、纺车、刨子、水车、犁具等（图1-3）。农耕时代的劳动工具比较落后，代表了当时生产力的水平。

2. 工业时代的劳动工具

18世纪进入工业社会以来，科技与生产力的发展突飞猛进，从机械化到电气化，从自动化到信息化，目前正在加速踏入智能化进程。在机械化和电气化时代，人们利用蒸汽机、电动机等驱动机械替代人的身体进行劳作，创造了"力大无穷、永不疲倦"的动力工具。

在机械化和电气化的基础上，随着传感技术和控制技术的发展，人类进一步实现了自动化，创造了既省力又省心的自动化工具（图1-4）。计算机、通信和网络技术的发展催生了信息化时代的到来（图1-5和图1-6）。进入信息社会后，人类又不断制造出功能强大的新型信息工具，使我们获取和传输信息的能力变得空前强大。如今，任何人都能通过智能手机、互联网等"眼观六路、耳听八方"，随时随地获取来自全世界的信息。

图1-3 农耕时代劳动工具演进历程

图1-4 自动化流水线

图1-5 机器人

图1-6 交通工具的演进

3. 智能化时代的工具

现代信息技术的高速发展极大地扩展了人类的信息收发能力。然而，在信息的处理和利用方面，现代信息技术还远远达不到人的能力。

互联网能够快速提供大量远程信息，却不能对海量的信息进行去粗取精、去伪存真的有效处理。现代计算机能够高速处理大量数据，却难以对处理结果进行举一反三、融会贯通的综合利用。

劳动工具作为人类从事劳动的不可或缺的基本条件，集中了人类的智慧，体现了人类独有的创造本质，是人的意志和力量的反映，也是推动劳动进步、社会发展的重要因素。

三、劳动之光普照人类文明

劳动对于人的主观世界最有意义的改变体现在人对劳动本质的深刻认识、人对工具改进的积极探索精神，尤其是人对自身同劳动活动之间关系的理性反思上，并通过这种反思，使劳动之光普照人类。

1. 劳动之光是光明之光

在蒙昧时期的茫茫暗夜，劳动之光照亮了人类探索之路。蒙昧时代，早期人类的劳动实践活动所面对的对象是自然界，劳动处理的主要是人与自然的关系。火的发现和使用以及工具的创造，使人类彻底摆脱了茹毛饮血的生活方式，极大地促进了人类进化的过程，推动了人类社会由低级阶段向高级阶段有规律地发展。总之，人类社会的生成与发展，是奠定在劳动实践基础上的，一刻也不能脱离劳动实践。

2. 劳动之光是发现之光

劳动促进了人对自身同自然界之间关系的全面认识和把握，通过劳动活动，人把自然界作为自己劳动的对象，成为自己的对象世界；通过劳动，实现了自然的人化，同时实现并证明了自身在劳动中的主体地位，彰显出作为劳动主体的智慧、意志和力量；通过劳动，人类对劳动及其各种内在联系进行深度反思，透过各种劳动现象去认识蕴含于其中的主要内涵、深刻本质和基本规律。

3. 劳动之光是文明之光

劳动创造了财富，也创造了人类文明，开创了人类从蒙昧时代、野蛮时代走向文明时代之路，这是巨大的历史性进步。人的需要及其满足构成了人类劳动的动机、目的和实践手段，这一链条既是劳动全过程的内在联系以及创造财富和价值的基本途径，也是创造人类几千年灿烂文明的强大驱动力。从古巴比伦、古埃及、古印度文明到古代中华文明，这些享誉世界的文明从历史深处走来，它们所体现出的弥足珍贵的历史价值和审美价值无不归结为几千年来人类劳动创造的丰厚积淀，无不是无数劳动者劳动成果和智慧的结晶。劳动创造文明的过程还将继续下去，这是不可改变的客观规律，只要有人的劳动活动存在，这一进程将永无止境。

4. 劳动之光是进步之光

劳动作为人类特有的本质活动，已成为人的存在方式与社会发展的必要条件，人类社会及其发展无时无刻不沐浴在劳动之光的普照之下。劳动实践活动作为人的第一需要，不仅是推动社会进步的重要力量，也是促进人的全面发展、实现自我价值的驱动力量。劳动的进步意义，要求我们不仅要成为劳动实践的积极践行者，同时也应成为尊重劳动、形成良好劳动风尚的积极倡导者和坚定维护者，要高扬"劳动最光荣、劳动最崇高、劳动最伟大、劳动最美丽"的旗帜，让诚实劳动、勤勉工作成为社会时尚，成为最重要的价值取向和理念。

第五节　劳动与未来发展

二维码 1-2

一、全球化 4.0 时代的到来

作为人类文明发展的规律之一，全球化的步伐自哥伦布发现新大陆以来就一直没有停歇。在经历了 1.0、2.0 和 3.0 阶段后，全球化脚步迈向了 4.0。与此前三次工业革命不同的是，全球化 4.0 时代是一个碰撞的时代，也是一个挑战层出不穷和机遇前所未有的时代，包括人工智能、大数据、自动化、未来的网络与虚拟经济、新的地缘政治等，全球化 4.0 可以看作是人类新的发展阶段。

全球化从第一次世界大战前开始兴起，伴随着几次工业革命而不断地革新。如果说之前的全球化 3.0 改变的是技术，那么全球化 4.0 改变的就是使用技术的"人"。

全球化 3.0 让全球制造业发生了翻天覆地的变化。计算机的普及让世界制造进入了数字时代，高科技和传统手工的结合，极大地提高了社会生产力，大型机械的运用更是解放了人们的双手，计算机软件程序也帮助农业等众多领域实现了机械化。但是，无论如何，做出这一切决断的还是人，改变的仅仅是我们所使用的工具、技术而已，人类依然是劳动的主体。

但是，全球化 4.0 则不同。从根本上来说，全球化 3.0 终究改变的是"物"，但是全球化 4.0 则改变的是"人"。人工智能与交互性操作，让这些冷冰冰的机器与技术具备了自己的思考能力，他们与人类的关系已经从被使用和使用者，转变为了合作伙伴甚至是操作者和监督者的关系，人类得到了彻底解放，知识终于真正成为了最重要的生产力。

二、新劳动者——智能机器人

在未来，人类会不会被机器人替代？

随着人工智能技术的发展，以后那种重复程度高、不安全、人类不擅长的工作肯定会逐步被机器替代，这些相应的工作机会肯定也会越来越少，而且这种由于技术进步带来的变化和驱动是人们无法逃避的，不管你愿不愿意，最后即使你不接受，世界也会朝着更先进的方向去发展。

从机器人快递、机器人服务员、机器人电工、自动焊接机器人，到机器人"记者"、机器人"钢琴手"、机器人"会计"、机器人"医师"、机器人"围棋赛手"，甚至是智能保姆，太多人类的体力和脑力劳动正在被高度模拟人类智慧和技能的机器人所替代，而即将到来的 5G 时代，智能化如何挑战未来？无处不在的机器人会是工具还是主宰者？让我们拭目以待。

三、智能化时代未来劳动的新特征

未来社会，很多传统的人类劳动会逐渐被替代或者改变内容，这是不可回避的历史进程。和人类历史上任何一次技术革命带来的劳动改变一样，也必然要经历变革的阵痛，但最终人类能够适应新的环境和技术条件，让劳动本身重新找到合适的定位和社会价值。在未来社会，即便人类的智慧创造出很多自动化机器人或高智能化机器人来，作为人的劳动依然是不可或缺的，只是这时候的劳动与以往的传统劳动会有较大不同：一是劳动配合科技的发展，需要更多的现代新知识和信息化技能；二是劳动的创造性特征更加显著；三是劳动的人文情怀越发浓厚；四是劳动技能的复合、交叉是一种趋势。当然，劳动的形式和内容的变化，不会影响人的劳动本质，即体力和智力的共同付出，只是未来劳动环境对人的整体素质要求更高了。

1. 人在未来劳动中的作用不可替代

在现实世界中，虽然有的机器人在某一方面的能力确实超越了人类，但机器人并非十全十美，与人类还是有相当差距的。在机器人配比率最高的韩国，他们的研究人员发现，这些工厂或医院里，还是离不开经验丰富的人的辅助。另外，机器人毕竟是受控制的机器，其功能的实现需要编程人员和机器操控人员持续地改进，不断修复程序中的漏洞和错误，这需要有非同寻常的意志力、知识能力、动手能力，而这些只有灵活的、有更强学习能力和变通能力以及思考力的人才具有。也有学者持不同观点，曹静等（2018）认为工作被自动化取代的风险并不意味着实际的工作损失。

一直关注劳动力变化的杨伟国教授提出，人工智能取代劳动有两个前提：一是人工智能在很大程度上超越人类的智能；二是人工智能可以实现自我再生产。显然，这两个前提目前看来还很遥远，是人工智能发展的"高压线"。因此，即便在人工智能非常普遍的时代，人类同样需要劳动。再者，人工智能的效果和效率也要靠人类通过劳动来操控和把握。人机协同、智慧劳动根本还是要依靠人，人的灵活应变性以及无法估计的潜在智慧，都是机器所无法相提并论的。人类社会的发展无论何时都离不开人的劳动，劳动者的主导地位也是不容置疑的，否则，将是人类社会的消亡时刻。

即便是"充满了"智慧的智能机器人，事实上也是在解放劳动力，作为人类体力和脑力的延伸与异化，在替代人类完成各种高、难、险、脏、重的劳动。所以，人类与自己的助手不是对立的双方，而是互补长短的新伙伴关系，而且人作为地球上最能动、最智慧的生物，主宰的地位是不会被改变的。

2. 人的劳动形式的分化

（1）岗位极化　新的技术环境下，美国学者 Cortes 等将人群就业划分为三大类：常规性工作、非常规性工作和非劳动力人群，其中常规性和非常规性工作又进一步各分为操作性和智力性两类。岗位极化是指在基于技能、任务划分的劳动分工中，中等技能需求的岗位变少或被替代，高技能需求和低技能需求岗位数明显增加，岗位分布呈现中部压缩、两极增长的状态。岗位极化出现的直接原因是自动化对常规性、程序性任务的替代。岗位极化也显现出自动化、计算机化对劳动中操作性及部分智力性工作的替代效应，向技能的两端流动。其中，高技能更强调技术的全面掌握和熟练应用，低技能也不是简单的重复工作，同样是在变通基础上的技术应用。

（2）人机合作　未来劳动界，几乎所有的领域都表现为机器（含计算机与软件）与人工并行。在制造业领域，工业机器人反倒是主要"劳动者"，而人只作为设计者、控制者、维修人员参与其中。在服务产业领域，人工智能则成为劳动者最得力的助手，承担各类或精细或复杂的体力与智力劳动。人类在人工智能领域的发展既打造了自己的帮手，又不得不面对这帮手挤占了原有就业岗位的窘境。在智能替代或浸润的过程中，虽然会有失业的痛苦和改变的不适，但人工智能和人类并不是对立关系，而是必然的人机融合关系。人工智能擅长重复、计算，速度高，模仿能力强，但却难以拥有人的个性化、趣味性、真实感，更难以拥有人的智慧以及随机应变的能力。变通是人类与机器最大的差别，以变通去适应，以学习来改变，这一直是人类与自然和技术共同进步的明智选择。《孙子兵法》说"不可胜在己，可胜在敌"，我们放弃与人工智能机器的竞争，做好自己擅长的事，在特定专业领域里实现与机器的优势互补，更充分地发挥人类劳动本身的主导价值，人类劳动就会在适应中发展。

3. 劳动的专业性和技能性越发强悍

中国台湾著名的生涯研究专家吴芝仪坦言如此技术革命大潮中未来的不可测："10年后的工作有八成还没有被发明出来"并非是笑话。国内劳动经济专家冯喜良认为未来劳动界的劳动分工将更加精细，劳动者主要是靠自身的专业谋取更自由的劳动环境。未来，在充满技术和知识的作业环境中，每一个专业领域都必然深奥而复杂，要想适应未来劳动需求，需要有社会认可的专业长项（技能），即通晓该领域的前沿与系统知识体系以及掌握必备的专业技术技能。

4. 人类劳动在智能化新时代更具有创造性、复合性和交叉性

智能时代，任何的事物都被知识、智慧、信息化等包围，但凡可学习的都是可复制的，唯一难以复制的就是人类大脑。正是人脑的存在，让人类劳动具有无限的创造性、多变性、灵活性。我们可以把之前的经验和知识进行复合、融合，交叉出来意想不到的新产品、新谋略，这就是开创性，是人类独有的无法替代的巨大能力。虽然计算机技术一直在试图破译"超级大脑"的思维逻辑和创造性，但是人脑本身才开发了不到4%，并且人脑作为有机生命体，一直是在不断进步和变化的。

5. 劳动者的智力支出越来越多

正如前边技术介绍时提及的，机器人的高度发展，会承担绝大多数的急难险重等各种操作，尤其是重复性的劳动和特别精准的作业。人类劳动则朝着"体力支出越来越少，智力支出越来越多"的方向发展，以创造性、创意产业为主，以服务人类更惬意的生活为主。以不断开发研制更高端、智能的劳动工具为主。2018年，我国参与数字经济活动的人数高达7.5亿，参与提供服务者约7500万，其中通过互联网平台就业人员为690万。借助技术给人类社会带来福祉，非生产性劳动、非物质生产劳动、非重复性劳动比例会逐步增加，未来智力活动更普及、更丰富，以智力劳动为核心的人类劳动将扑面而来。

6. 人类劳动呈现更多的乐生性

劳动作为谋生手段还将持续很长的时间，但这不妨碍劳动中日益浓厚的"乐生性"特点，

即劳动带给劳动者一种愉快幸福的感觉，不再都是痛苦的、令人感到很消耗、很无奈的劳动。这种乐生性源于劳动选择的自由度在增加，人们可以真正按照自己的兴趣、爱好和特长去选择职业；也源于令人痛苦的劳作岗位都已经由机器人和计算机来完成了。

总之，未来劳动界将会对现有的系统重新洗牌，这是必然的。由此，那些固守过去的组织和个人非常容易被淘汰，而敢于突破勇于变化的组织和个人，才可能站稳脚跟。未来劳动内容越来越丰富，形式越来越富于变化；劳动者的流动性越来越强，自主自由劳动会越发普遍；劳动主体的作用不是埋没在机器体系中，而是越来越突出，主宰劳动方式、劳动内容以及劳动工具的将是具有高知高能的人才。

四、未来劳动者的素质要求与大学生获得劳动素质的途径

很多学者都已经提出，未来劳动界机器人应用会很广泛，但是并非不需要人——劳动者，而是需要不同于现在的劳动者。在机械化生产时代，劳动者是机器生产系统中的一个部件，呈现去技能化特征，这是劳动过程的基础由技能向科学转变的重要体现。但人工智能时代对劳动者的要求是再技能化，即拥有更多的创造能力、应变能力、解决问题的能力等。韩国劳动研究院一直在关注机器人替代下的劳动者价值与发挥，他们发现：人的灵活应变是机器人无法比拟的，人的情感与特殊技能在机器人时代也不能缺少，机器人的缺陷是要人来弥补的。当然，未来的劳动岗位，无论是原有的岗位还是新增的就业岗位，专业性会更强，对从业者素质、能力要求更高。

1. 未来劳动者素质要求

（1）拥有通用技术和常识　信息技术、数据技术、人工智能知识、互联网知识，都是未来劳动者的标配知识体系和技能。为了与时代对接，教育部重新定义了大学专业体系的新工科和新文科，加入了大量时代技术元素，以此来引领新的知识体系的传播。

（2）养成并保持学习的能力　学习的能力不是指掌握的知识和技能，而是指认知世界、理解世界的能力。在今天信息爆炸、科技日新月异的时代，信息和技能永远在过时的路上。因此，任何的学历、文凭和知识体系都不足以支撑整个职业生涯。自主学习成了这个时代最有用和最需要的生存能力。

（3）具有创新意识和能力　作为未来劳动者的素质标准，少不了创新与创造力。这就要求我们保持好奇心、想象力、勇于探究，大胆尝试新的方法和路径，应该鼓励自己去创造性地工作。

（4）有良好的沟通与协作能力　伴随技术的发展，社会的劳动分工会越来越细，专业性会越来越强，而我们面临的整体作业却是越来越复杂，彼此的协作共商必要且重要。即使是创意产业，也很依赖集体的头脑风暴，需要其他外部资源的协助。因此，良好的沟通能力、与人协作的技巧和主观心态，都是未来劳动者必需的。

（5）动手和动脑能力　未来劳动中重体力工作会大大减少，甚至消失，以脑力和知识为基础框架的岗位能力需求会更为普遍。即便如此，创造性的工作，很多也是要同步动手能力的。因此两者能力都具备的劳动者，会更受组织的欢迎。

（6）较高的综合素养

① 自我约束与管理的能力。世界越来越自由和自主，强大的自律才能促成你的成功。时

间管理、情绪管理、人际关系管理，甚至个人形象管理，都是未来决定你是否拥有更多选择权利或发展机会的重要因素。

② 长远的目标和战略的思维。未来新世界，无论个人还是组织，都必须面对快如闪电的变化。变革的思想总是与发展紧密相连，变数中有风险也有机会，正如扎克伯格所说的：一个变化如此快的世界里，你最大的风险就是不冒风险。"眼界决定宽度，观念决定高度，脚步决定速度，思想决定未来"，有战略思维的人，站得高，看得远，不为眼前利益所困，知道借力，懂得舍弃，既能冒险挑战争取机会，也能卧薪尝胆厚积薄发。从容的职业和人生来自之前的充足准备。

③ 独立思考的能力。有自己的判断和决策，有自己的选择标准，而不是人云亦云，不盲从于权威或者群体。会独立思考、敢于批判质疑的群体所构成的社会才有创造力，才有多样化的异彩纷呈。

④ 理性的心态。有人以出乎意料的新奇博得眼球，或者以异常夸张的手段成为网红，但是，科技时代的信仰是理性和实力，没有足够的根基和实力，常常是昙花一现，很快会埋没在信息的海洋里。当代大学生是知识群体，应保持理性，冷静地看待自己与周围，客观地评价是与非，保持清醒的底线和界限，知道什么事情绝对不可以去碰，什么事情值得努力去争取。在法律的框架里去追梦，才不会让自己成为网络时代的"笑话"。

2. 大学生获得劳动素质的途径

中国劳动关系学院刘向兵对当代大学生的劳动教育提出了五个目标：劳动价值观、劳动情感态度、劳动品德、劳动习惯、劳动知识与技能。这些目标是成就未来劳动者新素质的重要内容，也是引领大学生们获得未来合格劳动者通行证的行动指南。

（1）读书与行路　对于大学生而言，读书可以获得前人的间接经验和战胜困难的精神力量以及创新创造的方法技巧，这是学习进步的捷径。还可以走出去看世界、观察世界、思考世界、品味世界。读书要博览，行路需慎重，要以胜任未来劳动的能力、道德目标为中心，从阅读中获得正确的劳动价值观和劳动知识，从行路中培养劳动者的情怀和品德。

（2）实践与思考　走出网络虚拟世界，感受真实生活与社会，体验实践必不可少。而动手能力的获得，无他，只能是操练起来。亲力亲为地实际体验或者努力，是另一种更为深刻的学习方式，也是掌握劳动技能不可逾越的必经之路。劳动实践才能培养出劳动习惯和深入骨髓的劳动情感。

大学生还要勤于思考，学会质疑，要培养自己的创新、批判性思维。"学而不思则罔"，随着时代的变迁和技术的发展，知识更新很快。思考是发现问题、解决问题的基本条件，是创新的前提。在互联网信息泛滥的时代，5分钟即刷屏的信息强迫症群体似乎也日益扩大并严重，因此，我们常被各种碎片化的信息干扰，常常难以进入深度思考状态。因此，有效避免自身陷入信息海洋里，也是需要解决的问题。

这里的思考还包括对个人职业定位的思考，这是非常关键的。要尽早了解自己的兴趣所在、长项所在，确定目标和方向，并为自己的职业理想早做准备。在未来更加多元化的劳动世界，劳动的形式和内容都会发生极大的变化，职业的选择要有足够的前瞻性和变通性，也切忌为了眼前的利益而放弃自己的兴趣与特长。选择是有成本的，要三思而行。当然，在你还无法准确定义自己的职业时，打造好自身的综合素质，将来的择业也只是时间问题。

（3）以匠人之心做事　工匠精神是一种细致入微的精神，是一种认真负责的精神，是一种持续精进的精神，是一种价值观的体现，是一种劳动者应有的职业道德。它必然是发自内心的认同，才会在行动中处处体现。乔布斯的完美主义带来的是难以超越的苹果技术；德国精益求精的匠人精神，让德国产品成为通行世界的品质名片。现代社会和未来世界，人们越来越有条件享受精致美好的生活，对细节的要求也会越来越高，会更追求高品质带来的愉悦。因此，未来的劳动者也要踏实做事，丢弃"差不多就行"的自我放逐，跟自己较真，不断完善自我，像匠人般持续精进。工匠精神实质上是对职业的敬畏和对工作使命感的坚守，它与功利主义无缘。做事先做人，做人先修心。工匠精神给了我们这样的职业标准和行动方向，敬业、精业、精心、精品。

（4）以开放之心赋能　未来的世界万物万事互联互通，这给个体更大自由的同时，也增强了彼此的依赖与共生，每个人在服务他人的时候也得到他人的服务。因此精致的利己主义，会令人寸步难行，也让人失去很好的就业机会和成长机会。封闭从来都是和落后相连，迎接未来就要打开心胸，开放自己，放眼世界，瞄向未来，以获得实际的能力、能量为重心，多与外界交流，汲取各家之长，融汇各学科精要，加强学习和锻炼。

（5）以豁达之心修品　对国家和社会负责任是青年最不能忽略的品行，以责任之心真诚对待人与事，正确选择过程和结果，才能成为国之栋梁。数据信息无处不在的未来，诚信的记录随时随地，因此大学生应本分做人，把诚信放在首位，用诚实劳动来获得踏实回报，这也是必要的品德修行。未来社会，更强调合作、协作，因此悦已达人才是为人处世之道。

为了提高未来劳动者的整体素质，国家人社部和教育部特别制订了一系列人才培育计划，无论是高职高专院校还是普通高校抑或是重点高校，都积极地引领教育资源向人的综合素养、实用劳动能力和现代科学知识拥有方面倾斜，也包括良好的职业道德和价值观念的培育。决定一个国家或者组织兴衰的在于人和人才，未来劳动世界，更是人才决定胜负的世界。

思考

1. 大学生是未来的劳动者和国家的建设者，你是否已经在观念意识上准备好了？
2. 你是否也在琢磨应该怎样拥有适应未来的知识和能力，从而立于未来劳动世界呢？

★ 思政天地

劳动"慧"向未来

"我是接班人"网络大课堂"五一"劳动节特别策划《劳动"慧"向未来》专题大课振奋开讲。每一双手的背后都写满了汗水和泪水，记载着收获和喜悦；每一个劳动者的光荣，都值得去赞美；每一项劳动蕴含的智慧，都值得去探索。

课后练习

一、选择题

1. 劳动是人类（　　）的一种特殊形式，是创造（　　）和（　　）的活动。
   A. 实践活动　　　B. 物质财富　　　C. 精神财富　　　D. 实际活动
2. 未来劳动者的标配知识体系和技能包括（　　）。
   A. 信息技术　　　　　　　　　　B. 数据技术
   C. 人工智能知识　　　　　　　　D. 互联网知识
3. 作为人类文明的发展，全球化的发展步伐已经进入（　　）。
   A. 2.0 时代　　　B. 3.0 时代　　　C. 4.0 时代　　　D. 5.0 时代
4. 工匠精神给了我们这样的职业标准和行动方向，包括（　　）。
   A. 敬业　　　　　B. 精业　　　　　C. 精心　　　　　D. 精品

二、简答题

1. 你认为劳动的价值有哪些？
2. 大学生获得劳动素质的路径有哪些？

第二章

新时代劳动精神的科学内涵

思政目标

新时代劳动教育是具有综合性、实践性、开放性、针对性的。劳动教育课程体系之新时代劳动教育具有多个内涵：把握新时代育人导向，发挥劳动教育的综合育人价值，培养科学、创新的新时代劳动者，构建新时代特征的劳动教育体系。

学习架构

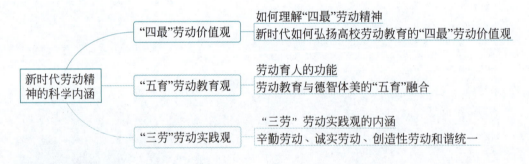

案例导学

全国劳动模范、临港集团副总经济师王振富说，能够参加表彰大会感到十分光荣和无比自豪。"对于我们临港集团来说，要牢记总书记教导，继续创造上海速度和上海服务新辉煌，用优异成绩回报总书记对临港新片区开发建设的关心和教导。作为工人阶级和广大劳动群众的一员，我们要当好主人翁，建功新时代"。

全国劳动模范、中国铁路南宁局集团公司南宁车辆段高级技师陈岗说，近年来，我国高铁动车组的设备不断更新。只有不断学习提高，才能适应新的车辆检修要求。"我回到工作岗位后，要将获得的鼓励和荣誉转换成工作动力，不断学习铁路车辆的新知识、新技术，并且学以致用"。

全国劳动模范、山西航天清华装备有限责任公司加工中心数控铣工韩利萍说:"作为新时代的航天劳模工匠,我将牢记总书记的嘱托,把三尺铣台作为我奋斗的舞台,精益求精确保每一个产品零缺陷,努力劳动,为航天梦、中国梦的实现贡献一份力量。"

光荣属于劳动者,幸福属于劳动者。我国工人阶级和广大劳动群众要更加紧密地团结在党中央周围,勤于创造、勇于奋斗,努力在全面建设社会主义现代化国家新征程上创造新的时代辉煌,铸就新的历史伟业!这些劳模们用自己的实际行动诠释了新时代劳动精神。

劳动态度、劳动模范、劳模精神体现了劳动价值观、劳动教育观及劳动实践观。从社会层面上讲,弘扬劳模精神有利于在全社会营造"崇尚劳动"的浓厚氛围和精益求精的敬业风气,为中国特色社会主义事业汇聚起强大的正能量。从个人层面上讲,榜样的力量是无穷的,劳模精神可以感染并引领广大劳动者勤奋做事,勤勉做人,勤劳致富,培育践行社会主义核心价值观。

如何理解劳动精神的时代内涵?

党的十八大以来,党和国家有关部门推进劳动教育理论政策革新,落实劳动教育实践,强调劳动教育在中国特色社会主义新时代育人过程中的重要价值。

2020年3月20日,中共中央、国务院颁布《关于全面加强新时代大中小学劳动教育的意见》,肯定了以往劳动教育发展的成绩,尤其是实践育人方面的成效,而这种成效本身就带有十分鲜明的时代烙印。中华人民共和国成立后,劳动教育迅速落实,成为马克思关于"教育与生产劳动结合"理论与中国国情相结合的尝试。劳动教育本身就有联系教育和劳动乃至生产的重要作用,影响范围大、层次深,更容易与时代的特殊情况相联系。

改革开放以来,在强调效率、速度的时代要求下,传统劳动概念逐渐淡化,学校中的劳动教育普遍缺乏实践。尤其进入21世纪,数字信息化载体给人民群众的工作生活提供了前所未有的便利。与此同时,劳动教育面临着更大的冲击,出现了一些青少年不珍惜劳动成果、不想劳动、不会劳动的情况。这说明劳动教育从理论解析到实践反馈都没有跟上时代发展的脚步,也反映了社会、学校、家庭层面对传统劳动概念的忽视。这种情况再次印证了劳动教育与时代属性紧密相关。中国特色劳动教育模式的探索,必然要基于中国特色社会主义进入新时代这一基础。

贯彻新时代劳动教育精神需要强化辛勤劳动、诚实劳动、创造性劳动对美好生活的积极意义。这既是国情使然,也是时代要求。科技发展弱化了传统体力劳动的存在感,强调效率的同时,一定程度上带来了诚实、信用的缺失。然而,辛勤劳动、诚实劳动作为中华民族的优良传统,仍要传承其强大的精神内核,才能端正社会主义建设者和接班人的劳动面貌,使他们以十倍的精神、百倍的努力探究时代发展的脉络,更好地体现创造性劳动的价值。

基于新时代辛勤劳动、诚实劳动、创造性劳动的重要意义,党和国家将劳动教育与德、智、体、美并列,纳入教育方针。强化劳动教育的重要地位,成为培养社会主义建设者和接班人劳动精神面貌、劳动价值取向和劳动技能水平的重要保证。

强调劳动既要结合时代发展，也要立足马克思关于"教育与生产劳动结合"的经典论述。马克思认为，生产劳动和教育的早期结合是改造现代社会的最强有力的手段之一。认真领会马克思对劳动的论述，就能从根本上理解"通过劳动创造更加美好生活"的要义，激发广大人民群众，尤其是青少年的劳动热情与潜能。考虑到人口红利减少、经济发展的高质量要求、加强生态环境治理等时代发展因素，新时代继续保持改革开放以来的高速发展，有赖于高素质的社会主义建设者的劳动创新。

新时代劳动教育总体上要适应科技发展，重视技术与社会服务相结合。形式上要探索生产、教育相结合的新方式、新因素；目标上要培养青少年诚实合法劳动意识，提高其创造性劳动能力。通过符合时代潮流的宣传方式，宣传先进事迹、模范人物，感召青少年，使他们树立起正确的劳动价值观。考虑到青少年学生与数字媒体、网络渠道关联密切，新时代劳动教育必须利用渠道便利，建立起方式立体化、内容多样化、教育实践常态化的教育宣传体系。

当然，充分认识党和国家"立德树人"、培养高素质社会主义接班人的精神十分重要。减少理论学习占据劳动实践教育课程时间的现象，要从根本上理解党和国家对教育对象"高素质"的要求，理解"德智体美劳"五位一体的培养目标，深刻领会时代赋予劳动教育的重大意义。

教育与劳动相结合，发挥劳动教育在人才全面发展中的重大作用，是国家人才培养、科技创新、经济发展的重要保障。这是党和国家总结以往劳动教育成绩，并结合新时代中国特色社会主义的时代要求提出的重要理论。劳动教育是新时代的我们砥砺前行、创造美好生活最有力的实践。

第一节 "四最"劳动价值观

"四最"劳动精神，即"劳动最光荣、劳动最崇高、劳动最伟大、劳动最美丽"的简称，是新时代劳动价值观的明确定位，用发展的观点、全局的视角，诠释了我国社会主义新时代马克思主义劳动精神。"四最"劳动精神，精简凝练、内涵丰富，它是对马克思劳动创造世界、劳动创造历史、劳动创造人本身的价值观的继承和发扬。新时代大学生要正确理解并树立"四最"劳动价值观。

一、如何理解"四最"劳动精神

理解"四最"劳动精神，需要从马克思主义劳动观视角追问，劳动何以最光荣、最崇高、最伟大、最美丽？

1. 劳动最光荣

马克思主义劳动社会观与实践观认为：劳动因其为社会创造价值而光荣（图2-1）。劳动是打开幸福之门的钥匙，是每个公民的根。劳动是防止一切社会病毒的伟大消毒剂。生活中，劳动必将是一笔难得的人生资源和财富，人生的绚丽和精彩都是在不断的劳动中，并勇于创造的过程中书写出来的。人类的发展史其实就是一部劳动史,是劳动创造了历史,是劳动改变了世界。马克思曾说:"任何一个民族,如果停止了劳动,不用说一年,就是几个星期也要灭亡。"大发明家爱迪生说过:"世界上没有一种具有真正价值的东西,可以不经过辛勤劳动而能够得到。"毛泽东有句名言:"一切坏事都是从不劳而获开始的。"中华民族本来就是一个勤劳的民族。没有劳动,就没有现在的人类;没有劳动,社会便得不到发展;没有劳动,人类将变得一无是处。正因为如此,"八荣八耻"社会主义荣辱观中才会有"以辛勤劳动为荣,以好逸恶劳为耻"。这指出了一个问题两个方面的道理:无论从事什么工作,凡辛勤劳动者都是光荣的,都应当受到大家和社会的尊重;无论是谁,任何轻视劳动、蔑视劳动、贪图享受、不尊重劳动的人,都是错误的,都是可耻的,都应当受到大家的批评和指责。

图 2-1 参加劳动

2. 劳动最崇高

劳动是人类的本质活动。从某种意义上说,劳动成就了人,没有劳动,也就没有人。劳动是推动人类社会进步的根本力量,劳动是财富的源泉,也是幸福的源泉。劳动最崇高还蕴含着劳动是中华民族的传统美德,劳动是中国共产党人的本色,劳动是消除卑劣和罪恶的消毒剂。劳动之所以崇高,是因为劳动是财富之母,人类所享受的一切物质成果、科技成果、文化成果,无一不是劳动的产物。中国梦是崇高的梦,劳动最崇高,崇高需劳动;崇高在劳动中,崇高在人民中;人人会劳动,人人能崇高。

3. 劳动最伟大

劳动人民是世界上最伟大的人民,他们用劳动创造了世界,创造了人类,创造了今天的幸福生活。劳动是神奇的,劳动是伟大的,也是最值得珍惜的。劳动的过程,虽然辛苦,但是换来的却是最让人感动的幸福。劳动之所以伟大,是因为劳动创造了物质生活,创造了精神文明,创造了人类五千年灿烂的文明史,推动了社会生产力的不断进步和物质财富的极大丰富。岁月因劳动而充实,因青春而梦幻,每一个人都用劳动促进了自己生命的极致盛放。让我们用自己勤劳的双手和智慧,去创造美好的生活。

4. 劳动最美丽

什么样的人最美丽?奋斗在抗疫一线的广大医护人员、党员干部、基层群众最美丽;什么样的人最美丽?挽起裤腿下田插秧的人最美丽;什么样的人最美丽?拿起砖刀建造城市的人最美丽;什么样的人最美丽?系着安全带在高空工作的人最美丽;什么样的人最美丽?拿起扫帚打扫每一条街道的人最美丽……在我眼里,劳动人民最美丽(图2-2)。

鸟美在羽毛,人美在勤劳。劳动者是天底下最美的人。劳动因其诚实创造、辛勤奋斗而美丽。劳动没有贵贱之分,只有分工之别,本质上都是人自身力量的显现,都是对社会作贡献,都是自我人生价值的实现。人世间的美好梦想,只有通过诚实劳动才能实现;发展中的各种难题,只有通过诚实劳动才能破解;生命里的一切辉煌,只有通过诚实劳动才能铸就。只有诚实劳动,才能实现劳动者的个人价值与社会价值,才能赢得尊重,收获美丽。

图 2-2 致敬劳动者

二、新时代如何弘扬高校劳动教育的"四最"劳动价值观

1. 新时代高校劳动教育课程与人才培养方案相结合

劳动是人的生存和发展的需求，劳动教育是促进人的全面发展的重要内容，也是高等教育实现"立德树人"根本任务的重要途径。在高等教育发展进入内涵提升、谋求跨越式发展的新时期，劳动教育是高校教育教学改革的重要内容。大学生既要努力学习科学文化知识、练就过硬本领，还要坚定理想信念、锤炼高尚品格。强化大学生劳动情怀的培养有利于大学生端正学习态度，激发学习热情和创造精神，继承艰苦奋斗、勤俭节约的优良传统，从而为其将来走上工作岗位、实现个人全面发展奠定坚实的思想基础。

把劳动教育纳入人才培养方案，明确主要依托的课程，在已有课程中专设劳动教育模块，并且要求在课程教学中体现劳动育人的元素，并将劳动素质作为人才培养质量的考核指标之一。调整人才培养目标，将劳动作为核心素养，在专业人才培养方案中，紧跟时代要求，以培养德智体美劳全面发展的社会主义建设者和接班人为宗旨，提出"掌握必备劳动知识技能、培育积极劳动态度、培养优良劳动品德"的劳动素质要求，建立"以劳树德、以劳增智、以劳强体、以劳育美、以劳创新"的劳动育人目标，在职业生活、社会生活、学习活动中全程育人，逐步形成完整的人才培养目标体系。在人才培养方案中，将劳动教育课程分为生活劳动教育课、专业探究劳动教育课、社会公益劳动教育课、社会生产劳动教育课。引导大学生热爱劳动、勤于劳动、积极劳动，克服"少劳多得"的投机心理，树立正确的劳育观。认识到劳动不仅是谋生的必要手段，更是通往自由王国的必由之路。

2. 新时代高校劳动教育与专业教育相结合

大学劳动教育要以大学教育本质为基础，注重体现学科专业所包含的知识，使生产劳动中蕴含更多智力成果，做到更高更深层次的学以致用、知行合一。故高校实施教育应着眼于未来职场场景，结合工匠精神。

高校开展劳动教育要实现劳动知识供给与专业培养需求的深度结合。高校人才培养，首先要让大学生了解自己所学专业的基本特点、就业方向等，这是高校专业人才培养的初心所在。这一过程中，还要引导大学生深刻认识自己所学专业中蕴含的劳动之于社会发展的重要意义，强化专业教育中对劳动的认识。

3. 新时代高校劳动教育与社会实践相结合

新时代高校实施劳动教育是对马克思主义教育思想的继承和发展，对高校培养德智体美劳全面发展的社会主义建设者和接班人意义重大，因此，亟须探索出高校劳动教育的具体实践方式与方法。

南宋诗人陆游:"纸上得来终觉浅,绝知此事要躬行。"意指只有参加到实践活动中才能获得真实的知识。事件本身就是一种知识,不身体力行地动手操作,不可能领悟其中的奥秘。劳动教育最突出的特点就是实践性,它渗透到教育的方方面面,社会实践是大学生接受劳动教育的有效载体,大学生参与社会实践,就是大学生以社会主体的身份主动参与学习、接受教育的过程,有利于大学生实现从被动学习向主动学习的第一任转变。

从现状看,当代大学生存在动手能力较弱、劳动能力欠缺、不善协作、创新能力略显不足的情况,这些现象都与部分高校、家庭等对学生的劳动教育不够重视,学生对劳动精神的内涵的理解还比较浅显有一定关系。通过将劳动教育与社会实践相结合,可以引导大学生实践课本知识,感受劳动精神的内涵,体会劳动教育的成果。

高校可以通过学校教育、家庭教育、社会教育三位一体的途径开展实践养成教育:一是基础劳动教育,通过打扫校园公共区域卫生、教室卫生和宿舍卫生三个部分培养学生埋头苦干的辛勤劳动观;二是家庭劳动教育,通过周末家庭劳动和寒暑假家庭劳动增进学生与家长的感情,确立正确的劳动观念;三是社会公益劳动,通过基础服务劳动树立崇高伟大的光荣劳动观;四是注重围绕创新创业,结合学科和专业积极开展实习实训、专业服务、社会实践、勤工助学等,重视新知识、新技术、新工艺、新方法应用,创造性地解决实际问题,使学生增强诚实劳动意识,积累职业经验,提升就业创业能力,树立正确择业观;五是着力环保意识培养,通过课堂一分钟环保、校园一分钟环保和大型活动一分钟环保培养学生爱护环境、尊重劳动成果的理念;六是引导学生承担急难险重任务,到艰苦地区和行业深入一线实践,培育奋斗精神、奉献精神和公共服务意识,懂得实干兴邦的深刻道理。

第二节 "五育"劳动教育观

二维码 2-1

习近平总书记曾在全国教育大会上发表重要讲话,强调要培养德智体美劳全面发展的社会主义建设者和接班人,并对德智体美劳教育的内容提出了明确要求,强调要在学生中弘扬劳动精神,教育引导学生树立正确的劳动观念,培养学生养成良好的劳动习惯,能够切实参加各项劳动教育活动。2019 年发布的《中国教育现代化 2035》进一步提出:更加注重学生德智体美劳全面发展,发展中国特色世界先进水平的优质教育。其中劳动教育在德、智、体、美、劳五育中处于基础性地位。新时代加强劳动教育,是构建德智体美劳全面培养的教育体系不可或缺的一环,劳动可以育德、增智、强体、育美。德智体美劳既有着密切联系,又有各自不同的功能。

一、劳动育人的功能

1. 以劳树德

劳动是锤炼道德的重要途径,将劳动教育当作道德教育的重要载体,通过将教育与生产劳动相结合来培养新时代大学生树立正确的劳动价值观。

脚踏实地、勤奋工作、爱岗敬业,这些中华民族千百年来传承的美德,深深根植于中国人的内心,引导着人们在追寻幸福生活的道路上不断前行。提升品德修养不可能立竿见影,需要在社会实践中日积月累，在日常生活的点滴琐事中实实在在地历练达成。用劳动教育践行立德树人的使命，用劳动教育为学生的幸福人生打好亮丽的底色。

例如，作为新时代的大学生，我们要勤工俭学，到学校食堂去装点饭菜，当我们在帮助别人的过程中，学会了尊重与体谅，收获了由劳动发酵出的快乐。我们希望传递到你手中的不只是午餐，还有困境中的坚毅，向阳而生的冲力，以及爱与温暖。

2. 以劳增智

苏霍姆林斯基说："劳动在智商中起着作用，孩子的智慧在他的手指上。"劳动创造智慧，智慧创造人类。恩格斯指出，在人类的进化历程中劳动扮演了极其重要的角色，人体器官通过劳动活动逐渐发展完善，进而出现了人与人之间交流沟通的语言，而劳动活动和语言工具又同时开发人类大脑并促进大脑的发育进化，即人体感官由此发育成形、思维出现，即劳动创造人本身。马克思认为，人的思维是否具有客观的真理性是一个实践的问题，不断地实践推动着人类思维不断向前发展、逼近真理，人应该在实践中检验思维的真理性。

全面构建高校劳动教育体系，在劳动教育通识课程的基础上，结合专业特色，开设与学生专业密切关联的劳动实践课程，将"学中做"和"做中学"有机结合。实践是大学生成长成才的重要途径，以实践教学方式开展劳动教育，能使理论和实践紧密结合，能引导学生积极主动地将专业知识应用在劳动实践中，加深对专业知识感性认识，让学生在实践中动手动脑，发挥他们的聪明才智。

3. 以劳强体

健康的身心是进行一切活动的保障。劳动不仅可以强体，而且能够促进身心发展。劳动是生活的基础，是幸福的源泉，树立正确的劳动观念，塑造健康体魄，建立劳动责任感，端正劳动态度。劳动是创造物质财富和精神财富的过程，是人类特有的基本社会实践活动。劳动教育是新时代党对教育的新要求，是中国特色社会主义教育制度的重要内容，是全面发展教育体系的重要组成部分。劳动教育重在有目的、有计划地组织学生参加日常生活劳动、生产劳动和服务性劳动，让学生动手实践、出力流汗，接受锻炼、磨炼意志，培养学生正确劳动价值观和良好劳动品质。

学校教育自身的特点使其成为一种"孤岛"教育，在象牙塔这一相对稳定的人造环境中进行，不仅将人与自然相隔离，而且使学生的身体逐渐远离原始自然环境的淬炼，引发身体虚弱和衰退的危机。因此，让学生通过身心融合、身体力行、亲近自然地开展劳动，从而更深刻地认识生而为人的自我，真正地融入自然环境，回归现实生活，投身社会劳动，在增强身体机能的同时，成长为主体自觉、身心解放、个性自由、全面发展的"完整的人"。

4. 以劳育美

劳动创造了美，美育目的的实现，不能离开审美的实践活动。美引领人类社会不断走向更高级的文明形态，美促进人与社会的和谐发展与自由发展。社会主义社会的本质决定了劳动是自由自觉、具有主观能动性和自主创造性的实践活动，同时赋予劳动以艺术性和趣味性。劳动过程在彰显人类的智慧、意志和情感等丰富的本质力量的同时，既生产对象也完善劳动主体，既促进人与自然形成和谐关系，也促进人与人进行自由联系。劳动过程呈现的"美"是通过主、客体的关系属性即"审美场"显现的，包括劳动创造和对劳动成果的评价欣赏两个阶段。劳动主体的审美需要与对象在创造成果上达成统一，使劳动产品在形式上具备了审美价值，即劳动创造了美。

将劳育与美育相结合，培养学生适应未来职业发展的劳动技能。劳动教育蕴含着美，劳技作品的创作过程也是学生寻求美的过程。例如，学生在学习缝纫时，不仅要学习工艺技能，而且要学习合理地选择色彩、安排结构等艺术技巧。用美学理论指导劳动实践，在劳动实践中创造更加丰富的美学理论，以劳育美不仅能使学生们在自由劳动中获得更多的审美享受，陶冶高雅的审美情趣，得到身心全面和谐发展，还可以激发出更大的创造热情，这对提高社会劳动效率、发展社会生产力和美化人的社会关系具有深远的意义。

二、劳动教育与德智体美的"五育"融合

加强劳动教育是构建中国特色社会主义德、智、体、美、劳全面发展教育体系的必然要求。任何教育都是在特定生产关系下进行的，不同的社会历史和社会制度，决定着不同的教育目的、教育方针、教育方向。中国特色社会主义教育的发展方向是"为人民服务、为中国共产党治国理政服务、为巩固和发展中国特色社会主义制度服务、为改革开放和社会主义现代化建设服务"。这就决定了我们培养的人才必须是担当民族大任的时代新人，必须有正确的世界观、人生观、价值观，包括正确的事业观、审美观、劳动观。

人的发展是全面的发展。在德智体美劳全面培养体系中，劳动教育具有更基础、更基本、更"原初"的意义和价值。劳动教育是德智体美劳融合育人的实践基础。如果说德育侧重解决人生观问题，智育侧重解决心智开发问题，体育侧重解决身心健康问题，美育侧重解决陶冶情操问题，那么劳动教育则侧重解决劳动感情、劳动观念问题。在"五育"中，劳动教育可以树德、增智、强体、育美。

第三节 "三劳"劳动实践观

"三劳"劳动实践观，即辛苦劳动、诚实劳动、创造性劳动。辛勤劳动、诚实劳动、创造性劳动既体现了劳动的自然属性，也体现了劳动的社会属性，使我们在不断完善自我的过程中得到生活的愉悦，在为社会作出贡献的过程中得到人们的赞扬和肯定。辛勤劳动、诚实劳动、创造性劳动是实现并提升个人价值，实现个人梦想的根本途径，也是共筑中国梦的具体行动。

一、"三劳"劳动实践观的内涵

新时代中国特色社会主义劳动思想夯实了全民族"实干兴邦"的伟大梦想，鼓励以辛勤劳动、诚实劳动、创造性劳动成就伟大梦想。劳动教育最突出的特点就是实践性。要实现我们的奋斗目标，开创我们的美好未来，必须依靠辛勤劳动、诚实劳动、创造性劳动。不付出劳动，任何蓝图都不过是纸上谈兵，不努力工作，一切梦想都只能是黄粱美梦。以劳动者的姿态，积极投身到实现"中国梦"的劳动中去，我们才能不断抵达发展的新境界，梦想的新高度。

1. 辛勤劳动

"天上不会掉馅饼"，如果只有梦想，没有行动，所设的目标往往就会流于空谈，成为虚设的黄粱美梦，架起梦想与现实之间桥梁的则是不断的劳动。只有在劳动实践中，人们的梦想才可能变成现实。

"以辛勤劳动为荣,以好逸恶劳为耻"。这是"八荣八耻"中的一句,我们要辛勤劳动,平凡成就伟大,劳动创造辉煌。广大劳模爱岗敬业、争创一流,以平凡的劳动创造了不平凡的业绩。"民生在勤,勤则不匮;人生在勤,不索何获",正是因为辛勤劳动,我们才拥有了今天的成就,正是因为不懈奋斗,每个人才能实现稳稳的幸福。我们要致敬每个辛勤的劳动者:可能你还在梦乡沉睡,有些人已经开始忙碌起来,有的人正打扫街道、清运垃圾,开启城市新的一天;有的人专心检修地铁轨道,保障即将到来的早高峰出行安全;有的人忙着和面擀皮蒸包子,为早起的人们准备可口的早餐;有的人开着出租车穿梭在大街小巷,将乘客安全及时送达;有的人已坚守巡逻岗位,用一腔热血守卫百姓安全。

"功崇惟志,业广惟勤"。这些辛勤的劳动者是推动发展的实践者,也是成就梦想的实干家。只有各行各业都争创一流,推动经济社会发展、建设一流现代化国家才有坚实根基;中国梦是每一个中国人的梦,只有亿万劳动者都兢兢业业尽职尽责,把本职工作干好,辛勤劳动,艰苦努力,才能汇聚起实现中国梦的强大力量。

2. 诚实劳动

我们应该崇尚诚实劳动、敬畏劳模,以诚实劳动积极投身社会主义建设。在追求人生价值的过程中,应该要勤恳踏实、甘于奉献,遇到难事、累活实事求是、言行一致;生产生活中,遵守劳动纪律,干活知错必改;实践中,践行劳模精神,争做新时代的奋进者。

实践证明,唯有诚实劳动,才能赢得他人与社会的尊重,唯有诚实劳动,才能干出无愧于时代的业绩,唯有诚实劳动,才能真正挑起时代重任,在各自岗位发挥作用、贡献正能量。诚实的劳动创造了国家富强、民族振兴、人民幸福的坚实物质基础,诚实劳动者身上体现的可贵品质,感染并激励着广大劳动者书写更有意义的人生,共创民族更美好的未来。

3. 创造性劳动

"中华民族是勤于劳动、善于创造的民族。正是因为劳动创造,我们拥有了历史的辉煌,我们拥有了今天的成就"。在创新无时不在的当今时代,我们不仅要用汗水来辛勤劳动,更要用智慧创造性地劳动。

例如,全国劳模、宝钢股份热轧厂高级技师王军(图2-3)便是"创造性劳动"的典范,他从一名普通的岗位辅助工成长为创新专家,堪称当代工人的楷模。

> ★ **劳模风采**
>
> 王军,男,汉族,1966年3月生,中共党员,上海宝山钢铁股份有限公司热轧厂技能专家。
>
> 王军是工人发明家,在创新的道路上30年不曾停歇,拥有国家专利及申请188项、宝钢技术秘密26项和PCT国际专利申请4项,每年为企业创造经济效益超亿元。
>
> 王军利用业余时间参加各专业培训学习,2003年获钳工高级技师证书,2004年获学

图2-3 全国劳模王军

士学位,从一名剪刀工成长为宝钢技能专家、宝钢人才开发院兼职教授、上海青年就业创业大讲堂导师团主讲嘉宾。在近30年的时间里,王军在安全、环保、节能等领域的诸多创新成果均达到了国际先进水平,用自己的行动诠释着"大众创业、万众创新"的理念。同时,他还将自己创新的心得和技能毫无保留地传授给大家,帮助许多同事走上了创新的道路。2008年王军带头成立了创新工作室,成员以现场一线工人为主,在他周围形成一支创新业绩和能力突出的蓝领创新团队。近几年,工作室已相继培养出3名工人发明家,并引领宝钢股份热轧厂职工连续十二年获宝钢创新第一名,共获专利679项,获国内外各类创新成果奖85项,创经济效益超8亿元,2014年被国家人社部命名为"王军技能大师创新工作室",2015年被全国机冶建材工会全国委员会命名为示范型职工(劳模)创新工作室。

"宝钢就是我的大学,等我哪天退休了,才算是从宝钢毕业了,""自己的成绩也就是多交了几份毕业设计,仅此而已。"王军这样说。

王军荣获全国十大杰出青年岗位能手、第七届全国技术能手等荣誉称号,享受国务院特殊津贴。

劳动模范的先进事迹启示我们,劳动者只有进行自觉能动、自由自主、富有创新力和创造力的劳动实践,才能在平凡岗位干出不平凡的业绩,既为国家经济社会发展贡献力量,又通过创造性劳动享受美好生活。

艰苦奋斗、勇于创新的劳模们,用汗水和智慧、执着与付出让劳动之花美丽绽放,取得出色业绩,也成就了出彩人生。在日复一日平凡甚至琐碎的工作中,只有不断用心钻研、勇于创新、精益求精,才能有所进步、有所超越、有所突破,干出水平、创造精彩,体现劳动创造创新的价值,彰显人生别样风采。

二、辛勤劳动、诚实劳动、创造性劳动和谐统一

一勤天下无难事,辛勤劳动是每个人对劳动应有的基本态度和要求,是诚实劳动、创造性劳动的前提和基础。不管是体力劳动还是脑力劳动,任何劳动的付出都是辛苦的。正如马克思所说,任何一个民族,如果停止劳动,不用说一年,就是几个星期,也要灭亡。劳动的辛和勤是劳动的崇高和伟大所在,也是劳动应该得到全社会尊重的基本理由。正因为劳动是辛勤的,每一个有劳动能力的人都应该把劳动看作是自己应尽的职责和神圣的义务。热爱劳动,参加劳动,在劳动中做到不怕苦、不怕累,不管做任何事,都要讲奉献、讲坚持,以平凡的工作、辛勤的劳动作为我们参与社会生活的阶梯,用辛勤的劳动在全社会树立和倡导劳动光荣、劳动伟大的风尚。辛勤劳动的人最懂得辛勤劳动的可贵。有了每个人的辛勤,劳动一定会在全社会得到应有的尊重。

劳动是财富的源泉,也是幸福的源泉。人世间的美好梦想,只有通过诚实劳动才能实现;发展中的各种难题,只有通过诚实劳动才能破解;生命里的一切辉煌,只有通过诚实劳动才能铸就。劳动创造了中华民族,成就了中华民族的辉煌历史,也必将创造出中华民族的

光明未来。诚实使我们每个人的劳动闪耀着最光荣、最崇高、最伟大、最美丽的光辉。一个人的能力有大小，劳动的条件千差万别，劳动的效果也会有所不同，但只要我们在劳动中合法合规，实实在在，对自己的劳动过程、劳动成果有一是一，有二是二，不以投机取巧、坑蒙拐骗侵占别人的劳动，我们就可以问心无愧地说，自己的劳动是辛勤的。诚实劳动彰显了每个人的辛勤劳动为社会作出的贡献，是把不同的劳动者联系起来，共同创造社会财富的基础和纽带。在每个人诚实劳动的基础上，我们每个人的辛勤劳动构成了一个整体，为创造性劳动提供了起飞的平台和动力。

如果说辛勤劳动是苦干，诚实劳动是实干，那么创造性劳动就是一种巧干。这种巧干，在具体的生产实践中能起到事半功倍，甚或以一当十的经济效益。创造性劳动充分体现出当代劳动者的敬业精神，干一行，爱一行，专一行，精一行，以技术创新不断填补空白，推陈出新，在百舸争流、千帆竞发的洪流中勇立潮头，为国争光。创造性劳动是提振生产力的有效路径。中华民族是勤于劳动、善于创造的民族。正是因为劳动创造，我们拥有了历史的辉煌；也正是因为劳动创造，我们拥有了今天的成就。创造性劳动就是在劳动中不断探索和创新。创新与劳动是互为表里，互为支撑的。从猿人举起第一块石器开始，一直到今天科学技术所创造的一切前所未有的奇迹，都是创造性劳动，都是劳动中的创新。我们在对创造性劳动进行考察时可以看到，一切创新、创造都是辛勤劳动、诚实劳动的结果，也都是在辛勤劳动、诚实劳动中实现的。人类劳动的开端就是创新，劳动的发展也是不断创新创造。特别在科学技术飞速发展、思想文化日益进步的今天，没有创新创造的劳动已经失去了劳动的本来意义。我们不仅需要在科学技术，也就是以知识为基本素材的脑力劳动中进行创造性劳动，而且需要在所有的劳动中广泛运用科学技术知识，进行创造性和创新性劳动，提高劳动的效率和质量，赋予辛勤劳动、诚实劳动以时代意义，使劳动能够持续闪耀最光荣、最崇高、最伟大、最美丽的光辉。

辛勤劳动、诚实劳动、创造性劳动和谐统一。人民创造历史，劳动开创未来。劳动是推动人类社会进步的根本力量。幸福不会从天而降，梦想不会自动成真。实现我们的奋斗目标，开创我们的美好未来，必须紧紧依靠人民，始终为了人民，必须依靠辛勤劳动、诚实劳动、创造性劳动。

★ 思政天地

弘扬辛勤劳动、诚实劳动、创造性劳动理念

在辛勤劳动、诚实劳动、创造性劳动过程中，形成劳动光荣、精益求精、创造伟大的劳动理念，这是一个依次提升的过程。大致来看，辛勤劳动、诚实劳动是基础，创造性劳动是更高的要求。

课后练习

一、选择题

1. "四最"劳动价值观包括（　　）。
   A. 劳动最光荣　　　B. 劳动最崇高　　　C. 劳动最伟大　　　D. 劳动最美丽
2. 劳动育人的功能有哪些？（　　）
   A. 以劳树德　　　　B. 以劳增智　　　　C. 以劳强体　　　　D. 以劳育美
3. "三劳"劳动实践观包括？（　　）
   A. 辛勤劳动　　　　B. 诚实劳动　　　　C. 创造性劳动　　　D. 创新性劳动

二、简答题

1. 你认为新时代劳动教育的科学内涵有哪些？
2. 如何理解劳动育人的作用？

第三章
当代大学生劳动精神的培养途径

思政目标

《关于全面加强新时代大中小学劳动教育的意见》多处强调劳动精神的重要性，劳动精神对于培育社会主义建设者和接班人、创造美好生活以及丰富劳动教育课程内容有重大意义。要教育引导广大青少年牢固树立热爱劳动的思想，养成热爱劳动的习惯，为祖国培养一代又一代勤于劳动、善于劳动的高素质劳动者。因此，对学生开展劳动教育，培育劳动精神，首先必须让学生牢固树立热爱劳动的思想。

学习架构

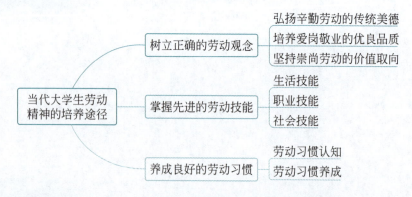

案例导学

新职业从业者的故事
——盲人软件工程师："科技赋能"撬动新发展

每天清晨，一个个子不高、手持盲杖的年轻人总会很早来到北京市朝阳区残疾人康复中心，他叫蔡磊，是北京保益互动科技发展有限公司的无障碍软件测试工程师。

2020年2月，人社部等有关部门联合发布了智能制造工程技术人员等16个新职业。作为新兴领域的劳动者，蔡磊每天的工作就是对各类手机应用程序以及电脑软件的无障碍功能进行测试。

别看蔡磊是位盲人，但他却是个"技术控"。手指在手机屏幕上不断滑动，耳机里听着手机读屏软件的语音播报，蔡磊正在测试某软件留言功能中的漏洞："虽然很多手机应用程序的主要功能都能做到无障碍化，但是图片评论、留言等特色功能没有实现无障碍信息化，盲人很难像其他人一样正常使用软件的全部内容。"

疫情期间，蔡磊所在的公司与其他公司合作，共同开发了微信小程序"新冠防护无障碍通道"。作为小程序上线前的把关者，蔡磊对小程序进行了全方位的测试。目前，该小程序实时地帮助着盲人朋友了解疫情数据和信息，每天浏览量达到1万多次。

"我虽然看不见，但是科技帮助我们盲人换一种方式'看世界'，也让我们的职业发展有了更多可能，我也要用科技帮助更多盲人朋友了解世界。"蔡磊说。

随着科技的发展，人们可以从很多的日常劳动中解放出来：动动手指，外卖可以很快给我们送到家中；发布指令，机器人就可以帮我们干家务……所以有人说，随着产业结构的变化，社会分工的细化，劳动的内涵和外延有了一些明显的变化，劳动离我们已经越来越远了，对于这种说法，你怎么看？

第一节 树立正确的劳动观念

一、弘扬辛勤劳动的传统美德

劳动推动了人类社会的进步，创造了人们的幸福生活，劳动精神是美丽的劳动者为创造美好生活在劳动过程秉持的劳动态度、劳动理念及精神风貌。全国广大劳动者经过革命、建设和改革时期的伟大实践，继承中华优秀传统文化基因，孕育了中国特色社会主义劳动精神。随着时代的发展，它的内涵在不断丰富，呈现出"尊重劳动、劳动平等"的价值导向，倡导"劳动创造"的实践创新性，强调"劳动神圣、劳动光荣"（图3-1）的精神幸福性。进入新时代，如何深刻地把握劳动精神的深层逻辑和深刻内含，引导全社会特别是青年学生进一步弘扬劳动精神，共同为实现中国梦而奋斗有着极其重要的理论和现实意义。

图3-1 劳动最光荣

新时代劳动精神发展了马克思主义劳动价值论的思想精髓，丰富了马克思的劳动思想，开辟了马克思主义劳动观、劳动价值观、劳动教育观的新境界，体现了广大劳动者劳动实践的丰硕成果，继承了中华传统文化的优秀基因，生动诠释了社会主义核心价值观。劳动精神要求一名合格的劳动者应展现出热爱劳动、勤俭劳动、诚实劳动以及创造性劳动的精神面貌。

（一）尊重劳动

尊重劳动是新时代劳动精神蕴含的核心要义。首先，尊重劳动是对每个人的道德要求。劳动不仅创造了世界和人本身，而且为推动社会进步提供必要的物质基础，劳动没有高低贵贱之分，任何一份职业都很光荣，社会就像一部既庞大又极为复杂的大机器，每一个劳动者都在这部大机器中发挥着不可替代的作用，使这部大机器不停地运转。因此一切劳动都应当受到尊重，全社会都要以辛勤劳动为荣、以好逸恶劳为耻，任何人在任何时候都不能看不起普通劳动者，都不能贪图不劳而获的生活。

图 3-2　维护劳动者的尊严

其次，尊重劳动者创造的价值。劳动者付出了劳动，为社会创造了物质和精神财富，有权利获得必要的回报。任何拖欠和克扣劳动者工资的行为都是剥削劳动者的行为，都是对劳动者的不尊重。

再次，维护劳动者的尊严。要合理安排劳动者的劳动时间，维护劳动者的合法权益，保障劳动者的合法权益不受侵犯，创设更舒服安全的劳动环境，让劳动者心情舒畅，在工作中体会到劳动的快乐和收获的幸福（图 3-2）。

（二）崇尚劳动

1. 在劳动权利上倡导劳动平等

劳动是公民的基本权利，即任何劳动者在不影响他人的情况下，都具有从事其想从事的劳动的权利，而劳动平等是维护劳动权利的基本条件和维护劳动作用的基本保证。第一，强调人人享有平等的劳动机会及所有的劳动者都能够有机会平等地参与劳动，从平等的机会中体现公平的劳动竞争，体现努力的劳动价值，体现对劳动的尊重。第二，反对一切劳动歧视与偏见，在社会主义背景下，劳动没有高低贵贱之分，任何一份职业都很光荣，无论是体力劳动还是脑力劳动，都值得被尊重和鼓励；一切创造，无论是个人创造还是集体创造，也都值得尊重和鼓励。第三，强调人人都可以通过劳动作贡献。每个人的劳动不仅可以创造自身的幸福生活，而且可以为中国特色社会主义事业作出自己的贡献。

2. 在劳动成就上创造劳动光荣

劳动光荣是永恒的主题。在劳动成就上，新时代劳动精神倡导每个人通过自己的劳动来收获满足感、快乐感、尊严感，在创造丰富物质财富同时，拥有丰盈的精神世界。就个人而言，一方面，个体可以通过劳动发挥自身的积极性与创造性，学会与人合作，追求个体幸福，享受劳动尊严；另一方面，通过劳动磨砺人的意志，培养勤俭节约、勤劳勇敢、艰苦奋斗、坚韧不拔等精神品质。从社会意义而言，劳动推动社会进步，让全社会的生活质量得以整体提升。通过劳动，人民用自己的辛勤汗水和努力奋斗，为推动社会文明进步作出贡献，用自己的劳动成就书写平凡中的伟大，实现个人价值与社会价值的统一。

劳动模范和先进工作者、先进人物不仅要做好自己的工作，而且要身体力行地向全社会传播劳动精神和劳动观念，让勤奋做事、勤勉做人、勤劳致富在全社会蔚然成风，教育引导广大青少年牢固树立热爱劳动的思想，养成热爱劳动的习惯，为祖国培养一代又一代勤于劳动、善于劳动、崇尚劳动的高素质劳动者。

时传祥、王进喜、张秉贵等劳模激励了一个时代。今天，"蓝领专家"孔祥瑞、"工人发明家"包起帆、"华夏第一炼钢工"郑久强等新一代劳模（图3-3）正在崇尚劳动的路上大步前行。

当下要培养一个合格的劳动者，除了让其形成良好的劳动习惯外，关键还要让其学会创造性劳动。劳动教育的目的，并不仅仅在于让学生"苦其心志""劳其筋骨"，更要使其在劳动中获得启发，学会创新。当前，社会发展速度越来越快，劳动的方式、运用的工具也在快速迭代。就拿干农活来说，现代化农业早已不需要"面朝黄土背朝天"，劳动环境好了，劳动效率也更高；工厂里越来越多的机器人代替了人类，一些危险性高的工作已完全不需要人来亲手操作。但是，这并没有改变劳动的价值，而是将更多的体力劳动、重复性劳动转化成脑力劳动、创造性劳动。因此，无论是劳动课程教学，还是劳动实践，都应着眼于未来社会的发展需要，鼓励学生通过自己的奇思妙想、发明创造来提升工作效率，降低工作强度。

图3-3　劳模

二、培养爱岗敬业的优良品质

爱岗敬业不仅是青年学生所应追寻的价值追求，还是伟大时代精神的生动体现。在今天，爱岗敬业更是高职学生职业发展必不可少的核心要素。因此，如何将爱岗敬业与职业理想相结合成为每个高职学生的重要命题。

（一）爱岗敬业的内涵与要求

爱岗敬业是爱岗与敬业的总称。爱岗和敬业互为前提，相辅相成。爱岗就是热爱自己的工作岗位，热爱本职工作；敬业就是要用一种恭敬严肃的态度对待自己的工作。具体来说爱岗敬业（图3-4）包括三个方面的要求。

1. 热爱工作，敬重职业

工作岗位是人生旅途的支撑点，是实现人生价值的基本舞台，它不仅是我们生存的条件所在，更是我们生活意义的体现。因此，热爱工作本身也是对生命的尊重。

我们只有先尊重了自己的工作，才能唤起他人对这个行业的尊敬，才能使自己所从事的工作展现出它应有的光彩。你所热爱的本职工作，它会带来一份只有你才能体会到的幸福和荣誉。我们要做好本职工作，用更高的要求，尽职尽责；用更高的精神，无私奉献。在这平凡的岗位上，做出不平凡的成绩。

图3-4　敬业

2. 安心工作，任劳任怨

任何一份职业、一个工作岗位，都是一个人赖以生存和发展的基础保障。同时，一个工作岗位的存在，往往也是人类社会存在和发展的需要。在职业生涯中无论第一份工作如何起步，最重要的是在职场初期养成良好的职业习惯和心态。不论在哪个岗位，只要踏踏实实、兢兢业业、任劳任怨、用心去做，就一定能做好工作。在实践中保持积极的学习态度，拓宽视野，不断积累经验，给日后职业生涯更好地发展打下坚实的基础。

3. 认真工作，一丝不苟

认真做事才能把事情做对，用心做事才能把事情做好。对待工作同样也是如此，只有在工作中严肃认真、一丝不苟才能保证工作的质量和效率。在企业生产中，产品质量直接关系到各项工作的好坏，在工作中也同样是如此。正如高凤林、宁允展、潘玉华等"大国工匠"，正是他们对工作的耐心细致、精益求精，才让他们手中的产品绽放出璀璨的光彩。在工作中，始终都要秉持一丝不苟的态度。

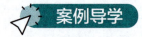

案例导学

海尔公司砸冰箱

1985年，一位用户向海尔反映：工厂生产的电冰箱有质量问题。于是张瑞敏首席执行官突击检查了仓库，发现仓库中不合格的冰箱还有76台！当时研究处理办法时，干部提出意见：作为福利处理给本厂的员工。就在很多员工十分犹豫时，张瑞敏却做出了有悖"常理"的决定：开一个全体员工的现场会，把76台冰箱当众全部砸掉！而且，由生产这些冰箱的员工亲自来砸（图3-5）！

听闻此言，许多老工人当场就流泪了……要知道，那时候别说"毁"东西，企业就连开工资都十分困难！况且，在那个物资还紧缺的年代，别说正品，就是次品也要凭票购买的！如此"糟践"东西，大家"心疼"啊！时任厂长的张瑞敏提出"有缺陷的产品就是不合格产品"的观点，在社会上引起极大的震动。张瑞敏选择了不变初衷！专业专注，精益求精，不断强化专业知识的学习，全面提高自己的业务能力，做到对工作认真负责，在平凡的工作岗位上造就不平凡的业绩。

图3-5 海尔砸冰箱事件

作为一种企业行为，海尔砸冰箱事件不仅改变了海尔员工的质量观念，为企业赢得了美誉，而且引发了中国企业质量竞争的局面，反映出中国企业质量意识的觉醒，对中国企业及全社会质量意识的提高产生了深远的影响。

勤勉尽责就是要勤奋工作，尽到责任。周成王东伐淮夷，回到王都丰邑，和群臣一起总结周王朝成就王业的经验时，告诫群臣"功崇惟志，业广惟勤"。意思是说，取得伟大的功绩，在于志向业，都必须具备两个条件：一是忠诚，二是勤勉。忠诚是前提，勤勉是保障。因此，我们更需怀有一颗真诚之心，勤奋踏实，一步一个脚印朝前走。

（二）职业理想的特征

理想是人们在实践中形成的、有实现可能性的、对未来社会和自身发展目标的向往与追求，是人们的世界观、人生观和价值观在奋斗目标上的集中体现。理想是多方面、多类型的，根据不同的标准，理想可分为个人理想和社会理想，近期理想和远期理想，生活理想、职业理想、道德理想和政治理想等。职业理想是人们依据社会要求和个人条件，在职业生涯中借想象而确立的奋斗目标，即个人渴望达到的职业境界。它是人们实现个人生活理想、道德理想和社会理想的手段，并受社会理想的制约。职业理想有以下四个方面的特征。

1. 社会性

人最根本的属性是社会性。人们为了生存和发展，不断从事物质资料的生产活动，人们在生产活动中必然结成了各种各样的关系。高职学生作为社会生产关系中的一员，在确立个人的职业理想时，应该考虑到社会的需求，社会的需求决定了社会职业在某段时间内的主流方向。高职学生在确立职业理想的过程中只有适应了社会的需求，才能在实践中实现职业理想，进而实现人生价值。

2. 时代性

职业理想具有时代性，社会的发展、分工以及职业的变化是影响高职学生树立职业理想的重要因素。高职学生的职业理想因生产力发展水平的不同、社会实践的深度与广度的不同而有所变化。不同的社会环境，人们的职业目标也会不同，因为职业理想总是一定的生产方式及其所形成的职业地位、职业声望在一个人头脑中的反映。高职学生在确立职业理想的过程中，应以时代的发展特征为基础，结合个人的实际情况，树立科学向上的职业理想。

3. 发展性

物质是在不断运动变化发展的，高职学生的职业理想的内容也会因时因地因事的不同而产生变化。随着年龄的增长、社会阅历的增强、知识水平的提高，职业理想会由朦胧变得清晰，由幻想变得理智，由波动变得稳定，这是一个不断向上发展变化的过程。因此，高职学生的职业理想具有一定的发展性。孩提时代想当一名教师，长大后却成了一名医生的事实就说明了这一点。

4. 差异性

职业是多样性的。学生选择什么样的职业，与他的思想品德、知识结构、能力水平、兴趣爱好、人生阅历等有很大的关系。政治思想觉悟、道德修养水准以及人生观决定着大学生的职业理想方向。知识结构、能力水平决定着高职学生的职业理想追求的层次。个人的兴趣爱好、气质性格等非智力因素以及性别特征、身体状况等生理特征也影响着一个人的职业选择。高职学生在人生观、世界观、价值观不断形成、完善的过程中，也会因为自身阅历的丰富，树立不同于他人的职业理想。因此，职业理想具有一定的个体差异性。

三、坚持崇尚劳动的价值取向

（一）新时代劳动精神的价值意蕴

劳动是推动人类社会进步的根本力量。实现中华民族伟大复兴，要大力弘扬新时代劳动精神。崇尚劳动、热爱劳动、辛勤劳动、诚实劳动的新时代劳动精神，将劳动实践淬炼升华，使之成为中国精神的时代表征，成为新时代精神文明建设的重要支点，深刻诠释了当代劳动者对人类文明的伟大创造。弘扬新时代劳动精神，要以人民性为价值属性，以劳动幸福为价值指向，促进劳动者的自由全面发展，激发劳动者蕴藏的巨大精神力量，用新时代劳动精神补钙铸魂强筋骨，凝心聚力促发展，在全面建设社会主义现代化国家新征程上创造新的时代辉煌，铸就新的历史伟业。

新时代劳动精神是推进中国特色社会主义现代化建设的重要抓手。推动社会发展必须依靠广大劳动者砥砺奋进、锐意进取；实现复兴蓝图，必须通过广大劳动者诚实劳动、真抓实干；弘扬新时代劳动精神，必须以习近平新时代中国特色社会主义思想来武装头脑，以劳动的手段来锻造艰苦奋斗的意志，在全社会大力弘扬工人阶级的优秀品质，让崇尚劳动、热爱劳动、辛勤劳动、诚实劳动的劳动精神在全社会蔚然成风。要充分释放人民群众的创造能力，使人民群众焕发劳动热情，激发蕴藏在人民群众内部的巨大潜能，用新时代劳动精神凝魂聚力，强基固本，引领新风尚，开启新征程，助力社会主义现代化建设。

（二）大学生树立正确劳动价值观的意义

大学生是社会主义事业的建设者和接班人，肩负着建设国家的使命。培育大学生树立正确的劳动价值观，对大学生形成社会主义核心价值观，促进大学生全面和谐发展，实现高等学校立德树人的教育目标有着重要的价值。但是，长期以来，由于学校、家庭、社会等多种因素的影响，当前大学生中存在诸如"轻视劳动""看不起劳动者"等错误的价值观念。如何让大学生树立正确的劳动价值观，能够诚实劳动、辛勤劳动、创造性劳动，已成为高等学校教育不可忽视的重要问题。

1. 促进自身全面和谐发展的需要

从劳动教育与品德教育、智力教育、体质教育、审美教育的联系来看，使学生形成正确的劳动价值观、提升劳动技能、锻炼劳动能力、体验劳动之美是高校进行德育、智育、体育和美育的重要内容。

2. 实现美丽青春梦想的需要

无论是个人的梦想，还是社会发展的梦想，都只有通过辛苦劳动、诚实劳动、创造性劳动才能够实现。只有依靠劳动，我们才能在这个世界上获得存续与发展，在进行劳动实践的过程中，与世界发生关系，实现自己的梦想。

大学生正处于人生当中最为美好、最有激情、最有活力的重要阶段，也是敢于有梦、勇于追梦、勤于圆梦的关键时期。梦想有了，如何实现？"天上不会掉馅饼"，大学生青春梦想的实现唯有靠勤奋不辍、持之以恒的劳动。可见，劳动教育是大学生实现美丽梦想的需要。

3. 形成积极向上的就业创业观的需要

大学生毕业后的就业创业选择不仅影响其自身的发展和价值实现，也关系到千万个家庭的生活前景和幸福期待，尤其是来自农村家庭或贫困家庭的大学生，他们身上更是寄托着一个家庭的希望和梦想。引导大学生树立正确的劳动价值观，有利于促进大学生在大学阶段形成积极向上的就业创业观。比如，在继续深造和实现就业之间需要科学判断，并不是说学历越高就越容易就业，有的专业本科或专科更容易就业；也并不是说所有人都适合考研，读研意味着毕业后更多地从事科研工作。当国家建设需要和个人价值实现出现矛盾的时候，应当首先考虑国家建设需要，而不是置国家需要于不顾去考虑个人利益，应该有大局意识。甚至当所学专业与就业岗位并不完全匹配的时候，大学生应当加强学习，努力适应并胜任工作岗位，而不是迅速辞掉工作。当客观现实与主观认知产生分歧的时候，比如是否一定要坚持去一、二线城市工作？是否低于某一工资水平的工作就不要？是否一定要选择找个大公司大企业的工作？大学生需要立足现实，重新进行自我评估，并做出合理明智的选择。当就业和创业机会摆在面前的时候如何做出取舍，需要充分考虑创业前景、创业政策、社会关系、家庭背景、个人能力等多重因素，然后做出合适的选择。可见，大学生只有在大学阶段形成正确的劳动价值观，形成积极向上的就业创业观，才会在就业创业选择时做出理性选择。

4. 成为社会主义现代化建设者和接班人的需要

大学生作为我国社会主义的建设者和接班人，必须树立正确的劳动价值观，将来才能为我国社会主义现代化建设做出重大贡献。

劳动教育是中国特色社会主义教育制度的重要内容，直接决定社会主义建设者和接班人的劳动精神面貌、劳动价值取向和劳动技能水平。长期以来，全国各级各类学校坚持教育与生产劳动相结合，在实践育人方面取得了一定成效。同时也要看到，近年来一些青少年中出现了不珍惜劳动成果、不想劳动、不会劳动的现象。这种现象的存在必须引起学校的重视，长远来看，对我国社会主义现代化建设也是极为不利的。因此，高校亟须加强对在校大学生的劳动教育，引导大学生树立正确的劳动价值观。劳动价值观直接影响到大学生在校期间的学习和生活，正确的劳动价值观会让学生认识到对待学习必须踏踏实实、勤勤恳恳，正所谓"书山有路勤为径，学海无涯苦作舟"劳动价值观还会影响他们将来走上工作岗位后的价值取向，不正确的劳动价值观会造成他们工作中利益至上的思想，即对自己有利的劳动就去干，无利可图的劳动就远远地躲着，不正确的劳动价值观会使他们在工作中产生拈轻怕重的思想，劳动过程中总是挑肥拣瘦，缺乏全心全意为人民服务的意识。由此看来，引导大学生树立正确的劳动价值取向，才有利于专门人才的培养，从而推动我国社会主义现代化建设。

第二节　掌握先进的劳动技能

职业教育的类型和教育特征，决定了职业院校的劳动教育内容丰富、形式多样、载体多元、手段多变，需要多途径有效实施。

一、生活技能

（一）家务劳动

1. 家务劳动的定义

家务劳动是指家庭成员在日常的家庭生活中必须从事的无报酬劳动。对青年学生来说，最基本的家务劳动包括烹饪、整理清洁房间（图3-6）、衣物的收纳整理等。家务劳动看似平常，却是一项非常有意义的家庭活动。

2. 家务劳动的意义

家务劳动有益身心健康。家务劳动的过程是肢体和头脑协同活动的过程。清洁、收纳、烹饪等日常家务劳动既需要体力又需要技巧，可以活动四肢筋络，活跃大脑思维，提高动手能力和解决实际问题的能力，增强责任意识，有益于身心健康。家务劳动中锻炼出的勤劳之手，可以让人终身受益。

图3-6　整理清洁房间

3. 家务劳动的原则

家务活并不是简简单单的小事，做家务时，方法要科学，可以遵循以下几个原则。

（1）及时原则。保持干净的秘诀就是在用过之后马上清洁。油汤滴到灶台上，顺手就用清洁布擦干净；使用完的锅和铲子，马上就清洗出来。家务活刚产生时及时做完，既省时间又省力气。

（2）分散原则。对很多人来说，做家务是件繁重的工作，是不得不用大块时间集中做的麻烦事。其实，将家务分散来做，每次做一点，就会比较快地做完，可以降低集中做家务的工作量。

（3）节约时间原则。做家务时，要注意统筹规划以节省时间。例如，可以先将一些待洗衣物放进洗衣机清洗，利用洗衣机洗衣服的时间再做其他的工作。

（二）校园生活劳动

1. 校园生活劳动的定义

校园生活劳动是指学生在校园内开展的日常性劳动。主要包括打扫宿舍卫生、校园保洁（图3-7）、教学区卫生、绿化美化、勤工俭学等。宿舍、教室和校园是我们生活和学习的地方，宿舍卫生和校园卫生需要我们每个人注意清洁和维护。

2. 校园生活劳动的意义

（1）有助于培养正确的劳动观。发展经验和实践证明：劳动教育是培养造就全面发展人才的必要条件，也是基本途径和有效途径。校园生活劳动使学生树立正确的劳动观点和劳动态度，有助于培养学生的劳动技能，使其养成热爱劳动的习惯。

（2）有助于养成良好的劳动习惯。在职业教育发展进入内涵提升谋求跨越式发展的新时期，通过校园生活劳动（图3-8），学生可以掌握必备的生活技能和劳动技能，提高动手能力，丰富实践经验，进一步养成劳动习惯。

（3）培养团队精神。团队精神是团队成员在群体行为中体现出来的意愿、品格和作风，校园生活劳动是孕育团队精神的土壤，学生在校园生活劳动中各司其职，互相配合完成任务，有助于培养其团队精神，有助于顺利步入社会。通过劳动，学生可以更好地了解社会、走进社会和适应社会，学会关怀社会和尊重差异，为成为合格的社会人、中国公民和世界公民做准备。

图3-7　校园保洁

图3-8　整理宿舍

3. 校园生活劳动注意事项

校园生活劳动有其特殊性，既要有集体主义观念，服从分配；又要注意安全，规避危险。在参加校园劳动时要遵守劳动纪律，从集体利益出发，服从分配，认真完成劳动任务，不要拈轻怕重，挑三拣四，敷衍了事。在劳动中，要树立安全意识，根据所处的劳动环境时刻注意保护自身安全，避免滑倒、摔伤、扎伤、触电、坠落等，规避潜在的危险。

二、职业技能

职业技能是学生将来实现就业和服务社会经济发展所需要的技术和能力，掌握职业技能是高职学生成为高素质劳动者和技术技能人才（图3-9）的立身之本。技能越多，能力越强，越有利于就业，越能适应新时代、新劳动岗位。

职业技能的水平分为初级、中级、高级，由各职业技能鉴定中心按照国家职业技能标准鉴定。职业技能要在劳动中获取，并且在劳动中得到强化与拓展。掌握职业技能的实践途径主要有两个：参加生产性劳动和服务性劳动。

（一）生产性劳动

过去生产性劳动以尽可能生产数量更多、质量更高的物质产品并实现其价值为目标。而随着社会的发展和进步，人类的生产劳动在不断演进，生产性劳动的范围也在不断变化。在信息化、全球化的今天，生产性劳动不仅体现为体力劳动，还体现为创造性的脑力劳动，尤其是在科学技术不断发展的背景下，未来还会产生更多的生产劳动新业态。

无论是脱离生产劳动的教学和教育，或是没有同时进行教学和教育的生产劳动，都不能达到现代技术水平和科学知识现状所要求的高度。职业教育更是与生产劳动密不可分，我们要积极参加生产性劳动，其意义在于：掌握职业技能，适应工作岗位。实践出真知，在进行生产性劳动的过程中，学生亲自参与生产环节，把所学理论用于生产，不断应用、理解专业知识，不断学习、掌握专业技能（图3-10），获取基本的职业生存能力，有利于学生顺利就业并快速适应就业岗位。热爱尊重劳动，塑造劳动价值观。让学生懂得热爱劳动、"干一行、爱一行"的道理，也有助于树立劳动不分贵贱、尊重劳动、尊重普通劳动者的观念，有利于学生端正劳动态度，形成正确的劳动价值观。

图3-9 技术技能人才

二维码3-2

图3-10 掌握专业技能

培养创新意识，打造制造强国。"中国制造2025"提出，坚持"创新驱动、质量为先、绿色发展、结构优化、人才为本"的基本方针，通过"三步走"实现制造强国的战略目标（图3-11）。

制造强国的目标不是空中楼阁，质量为先的产品靠的是技能高超的高素质劳动者。因此，人才、创新、技术、技能是实现制造强国的重要支撑。高素质劳动者头脑灵活，动手能力强，长期的生产性劳动，不仅有益于技术的精进，也有益于培养其技术革新和技能创新的意识；高素质劳动者重视新知识、新技术、新工艺、新方法在生产劳动中的应用，创造性地解决生产过程中的实际问题，积累职业经验，磨炼工匠精神，为日后成为大国工匠、能工巧匠奠定职业技能基础，为中国迈入制造强国行列、实现世界强国目标作出应有贡献。

图 3-11　通过"三步走"实现制造强国的战略目标

（二）服务性劳动

服务性劳动是利用知识、技能、工具、设备等，为企业、他人或社会提供服务，以促进企业发展、国家和社会公共领域事业的发展以及个人福祉为目的的活动（图 3-12）。服务性劳动不直接生产有形的物质产品，不直接创造财富，主要生产使用价值。

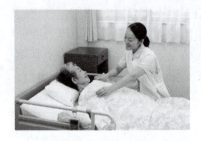

图 3-12　服务性劳动

服务性劳动可以是有偿服务，学生可以凭借自己拥有的知识、技术、设备等服务他人、企业和社会，并获取相应的回报，为自己谋一席生存与发展之地，具有明显的利他性和利己性；服务性劳动也可以是无偿服务，学生也可以从事以服务他人、奉献社会为目的的劳动，具有明显的公益性。

随着信息化时代的发展和经济结构的转型升级，我国服务业快速发展，至今已成为中国经济第一大产业，2019 年全国服务业生产指数比上年增长 6.9%，第三产业增加值占国内生产总值的比重为 53.9%，比 2018 年提高 0.6 个百分点。服务业快速发展，服务性劳动占比越来越高。由此可见，在当代社会，学生不仅要积极参加生产性劳动，还要参加服务性劳动，不仅要具备生产性劳动技能，还要掌握服务性劳动技能。

1. 从事服务性劳动的意义

参加服务性劳动实践同生产性劳动实践一样，也是高职学生练习并掌握生存必备的职业技能的重要途径。学生运用"一技之长"为他人、企业、社会服务的过程，也是在实践中检验所学理论知识的过程，在服务性劳动的实践中运用－反思－运用，精益求精，有利于拓展并提升职业技能，增强生存本领。

2. 服务性劳动场地

大学生服务性劳动场地不只局限于学校，企业、福利院、乡村、社区都可以是开展服务性劳动的场所。

3. 服务性劳动注意事项

除了注意遵守服务性劳动纪律、尊重服务对象、保护自身安全外，服务性劳动尤其要注意保证服务质量和完成服务任务。

三、社会技能

在新时代、新形势下,高职学生要掌握社会技能,在所处的家庭与学校、工作(实习)环境、乡村与社区等环境中做到游刃有余,利用自己的认知与相关技能奉献社会。

(一)学校义务劳动

义务劳动(又称志愿劳动)指不计定额、不要报酬、自觉自愿地为社会劳动(图3-13)。学校义务劳动,可以理解为由学校、班级、宿舍、社团等牵头组织,或者学生自发组织,无偿地从事一些力所能及的、有利于校园环境、社区(乡村)环境的劳动。参加校园义务劳动,触摸生活,认知公德,有助于提高劳动者素质,培养青年学生劳动精神,激发学生内在生命力。当我们出力流汗地服务同学、服务社会时,可以切实感受到义务劳动所带来的成长以及所创造的丰富价值。参与社区卫生清洁、校园美化,参与环境的整治,在付出劳动的同时,我们收获了内心的满足;参与春天植树造林,不时浇灌和培土,在幼苗茁壮成长的同时,我们的责任感也得到增强。

图3-13 志愿劳动

(二)社会志愿服务

2013年,共青团中央这样定义志愿服务:"志愿服务是指志愿者不以物质报酬为目的,利用自己的时间、技能等资源,自愿为国家、社会和他人提供服务的行为"。随着志愿服务的发展,国家也在逐步研究、规范相关政策法规。2017年国务院颁布中国首部志愿服务行政法规《志愿服务条例》,其中界定"志愿服务"是指志愿者、志愿服务组织和其他组织自愿、无偿向社会或者他人提供的公益服务。

1. 志愿服务,以德为先

商殷墟甲骨文是汉字之源,此时初现"德"的甲骨文字,西周青铜器常见"德"的金文文字,甲骨文那个"德"字,学者们解读为十字路口一只正直的大眼睛看人走正道、做正事(图3-14)。"仁者爱人""仁义礼智信"等理念传承至今,与之一脉相承,尊老爱幼、礼义担当、互帮互助的善行义举也是中国的志愿服务理念。

志愿服务与志愿者。志愿服务,遵循自愿、无偿、平等、诚信、合法的原则,提倡奉献、友爱、互助、进步的精神,根据实际情况有不同的分类。志愿者是怀有慈心善念,且知行合一、无偿提供志愿服务的人(图3-15)。

图3-14 金文"德"

图3-15 志愿者

2. 参加志愿服务的动机、需求

参与者动机多元、综合，与个人的价值观追求、个人与社会的需要、心理素质的锻炼与提升、职业技能经验的学习与成长等有关。踏实实践，涵养美德。学生践行社会志愿服务，希望展现实践能力，感受劳动精神；在大灾大难面前涵育公共服务意识和奉献精神；通过到社区、福利院及其他社会场所进行志愿服务，期待得到知识的更新、技能的提升和美德的修习。互助进步，行有痕迹。

3. 参与志愿服务的类别和途径

共青团中央在《中国注册志愿者管理办法》中界定志愿服务类别有扶贫济困、助老助残、社区服务、生态建设、大型活动、抢险救灾、社会管理、文化建设、西部开发、海外服务等。2019年全国大中专学生志愿者参加的暑期文化科技卫生"三下乡"社会实践活动很多是公益实践，志愿者深入农村、社区等基层一线的公益性岗位，开展服务群众的工作。高职学生应积极参加社会实践和志愿服务，借助参与"三下乡""返家乡""志愿服务"等活动，形成生命个体与现代社会新的联接，获得新的成长路径、进步渠道和展示舞台。

4. 参与志愿服务的意义与价值

参与实践，修德明辨。劳动教育是苏霍姆林斯基教育思想的重要组成部分，"离开劳动不可能有真正的教育"，志愿服务是社会实践，是劳动教育的重要载体之一，在志愿服务过程中，个体素质得到全面锻炼与提升。诚信利人，创造幸福。社会志愿服务是能给人们带来幸福感的劳动。处于现实世界中，不同的幸福观会有不同的幸福追求。大学生要能把握自己的优势，诚实劳动，以自己的技能专长造福他人，获得他人尊重。从事社会志愿服务，可以实现个体幸福与社会幸福的和谐统一。

（三）创新创业

自2014年"大众创业，万众创新"的理念提出后，创新创业就与我们的学习生活息息相关。创新创业是面向全体学生，融合每个专业、每个课程所需要的必备技能的一门课程，提高学生的创新创业能力有助于提高学生适应社会的能力。

创新创业是基于某一点或者某几点的创新进行的创业活动，主要包括：技术创新、服务创新、文化创新、品牌创新等。创新是创新创业的特质，创业是创新创业的目标。新时代的创新创业技能主要有两种：数字化技能和绿色技能。数字化技能是采用现代化数字、数据信息进行的创新创业技能。绿色技能是实现人与自然和谐发展、实现可持续发展的技能。

第三节　养成良好的劳动习惯

劳动是人类最基本的生存方式和实践活动，是人类创造物质财富和精神财富的基本途径，也是人类生存和发展的基本条件，大学生作为新时代的主人，要在学习生活中培养劳动意识，提高劳动素质，养成善于劳动，乐于劳动的好习惯，用辛勤和智慧的劳动去创造幸福美好的生活。大学生要培养和形成良好的劳动习惯，借助习惯本身的顽强而巨大的力量掌控自己的人生，积极融入建设富强、民主、文明、和谐的社会主义现代化国家的伟大事业中。

一、劳动习惯认知

劳动具有工具性、社会性和实践性的特点，大学生应在学习、生活中将劳动与习惯的培养相结合，从而形成良好的劳动习惯，具备良好的劳动素质，认识到劳动的重要性，感受到劳动的趣味性，从而提高劳动的积极性。

劳动可以激发兴趣，增进认识，关于劳动的神话故事很多，诸如我们先祖怎样下地捕猎，怎样钻木取火，怎样逐鹿中原等。"不劳动不得食""按劳分配原则""劳动最光荣""五一劳动奖章"的事例告诉我们，没有父母的含辛茹苦和呕心沥血，就没有饭菜的浓香和家庭的温馨；没有你我的勤奋求索和热情创造，就没有明天的美好和未来的希望。学习也是一种劳动，它提高了动脑去思考、动手去做、发现问题、解决问题的能力。

从古至今，中华民族一直以来都是一个勤于劳动、善于创造的民族，从横卧于崇山峻岭之间的万里长城，到驯服了洪水海浪的都江堰，从横贯大洋的港珠澳大桥，到窥探宇宙的"天眼"望远镜，这些伟大的成就，凝聚了劳动人民的血与汗，展示了劳动人民的智慧与创造，昭示着劳动对于国家、对于民族、对于世界的重要意义。新时代属于每一个人，每一个人都是新时代的见证者、开创者、建设者，让我们从生活中的细微之处做起，养成热爱劳动、艰苦奋斗的好习惯，准备好为实现中华民族的伟大复兴贡献出自己的力量。

二、劳动习惯养成

二维码 3-3

1. 劳动兴趣的引导

积极开发创造性劳动形式，促进体力和脑力的结合。创造性劳动使学生在体力劳动中运用智慧的力量，实现"内在思"和"外在做"的统一，从而体验到劳动的幸福。学者王绍梁认为当代青少年的劳动价值观已经从"劳动光荣"转向"劳动幸福"，即从"通过劳动成果从外部获得的一种赞誉"转向"从自身的劳动成果之中获得一种本质力量的确证和肯定"。因此学校劳动活动的展开不能停留在简单的体力劳动，而是需要开发具有挑战性，且能够将学生的体力和脑力方面的潜能展现出来的创造性劳动。苏霍姆林斯基的"创造性劳动理论"也指出用足够的知识、充实的智慧和精炼的才干去丰富劳动教育的内容。

2. 劳动榜样的带动

榜样的力量是无穷的（图3-16），劳动模范是民族的精英、人民的楷模。长期以来，广大劳模以高度的主人翁责任感、卓越的劳动创造、忘我的拼搏奉献精神，谱写出一曲曲可歌可泣的动人赞歌，铸就了"爱岗敬业、争创一流，艰苦奋斗、勇于创新，淡泊名利、甘于奉献"的劳模精神，丰富了民族精神和时代精神的内涵，是我们极为宝贵的精神财富。

在革命战争年代，"边区工人一面旗帜"赵占魁、"兵工事业开拓者"吴运铎、"新劳动运动旗手"甄荣典等劳动模范，以"新的劳动态度对待新的劳动"，积极参加义务劳动，全力支援前线斗争，带动群众投身中国共产党领导的人民解放事业。

图 3-16　榜样的力量

新中国成立后,"高炉卫士"孟泰、"铁人"王进喜、"两弹元勋"邓稼先、"知识分子的杰出代表"蒋筑英、"宁肯一人脏、换来万人净"的时传祥等一大批先进模范,响应党的号召,带动广大群众自力更生、奋发图强。王进喜以"宁肯少活20年,拼命也要拿下大油田"的气概,带领石油工人为我国石油工业发展顽强拼搏,"铁人精神""大庆精神"成为激励各族人民意气风发投身社会主义建设的强大精神力量。

在改革开放历史新时期,"蓝领专家"孔祥瑞、"金牌工人"窦铁成、"新时期铁人"王启明、"新时代雷锋"徐虎、"知识工人"邓建军、"马班邮路"王顺友、"白衣圣人"吴登云、"中国航空发动机之父"吴大观等一大批劳动模范和先进工作者,干一行、爱一行、专一行、精一行,带动群众锐意进取,积极投身改革开放和社会主义现代化建设,为国家和人民建立了杰出功勋。我国广大劳模为全国各族人民树立了光辉的学习榜样。

3. 劳动习惯的养成

养成良好劳动习惯是开创良好生活方式的有效途径,勤奋劳动将创造美好生活的基本道理,引导大学生自觉养成劳动习惯,培养良好的以劳动为基础的生活方式,树立用劳动创造美好生活的人生观和劳动观,促进全面发展。

劳动习惯的养成非常重要,有了爱劳动的好习惯,劳动就是一个快乐的过程,在劳动中可以享受到欢乐和幸福,有了事就会主动地、高兴地去做;没有好的劳动习惯,劳动就变成了痛苦和负担,有了活儿能躲避就躲避,能不干就不干,能少干就少干,在工作中就缺乏主动性,缺少热情。

劳动能力的培养也很重要,好多能力和观念都是在劳动中养成的,如动手能力、独立生活能力、自理能力、劳动观念、细致耐心等。劳动能力强的人干什么都得心应手,遇到困难和问题都能从容应对、从容处理。劳动能力不强的人,干什么都缩手缩脚、无处下手、不敢下手。

★ 思政天地

劳动创造美好生活——来自脱贫攻坚一线的奋斗故事

这些日子,陕西省柞水县金米村的村民们忙得不亦乐乎。柞水木耳成了网民追捧的网红产品,购物直播间里十几吨木耳被"秒光",经营网店的村民赵少康说,村民们昼夜赶工仍然供不应求。金米村位于秦岭深处,曾经是极度贫困村,这些年,在扶贫政策和扶贫干部的支持帮扶下,村里建起了培训中心和智能联栋木耳大棚,发展木耳、中药、旅游等产业,村民们用劳动和创造实现了整村脱贫,唱响了大山深处的奋进之歌。

2020年是脱贫攻坚决战决胜之年。金米村的故事,是贫困地区人民群众在党和政府的关怀和帮助下,用劳动创造美好生活,打赢脱贫攻坚战的缩影。

没有人应该注定贫困,一定要干出个样子来。

贫穷并不可怕,可怕的是安于贫穷。劳动创造美好生活,首先要从思想上淡化贫困意识。

河南省兰考县东坝头镇张庄村位于黄河"九曲十八弯"的最后一道弯,这里曾是兰考县最大的风口,风沙之下是一片贫困凋敝的景象。

2014年7月,村民闫春光利用扶贫贴息贷款,在党和政府的帮助下,筹建了一个现代化养鸡棚。闫春光经常钻研养鸡技术到深夜,悉心照料鸡棚,当年养蛋鸡3000只,年底就收到了不错的经济效益。接下来的两年,养蛋鸡规模逐渐扩大,闫春光不仅还清了外债,也甩掉了贫困的帽子。

2015年底,闫春光拿到了兰考县政府颁发的脱贫荣誉证书。"那天是我们一家人最幸福的一天。"闫春光说。

在这场脱贫攻坚战中,贫困地区的人民群众在党和政府的引领帮扶下,焕发出的不服输、不认命、誓要改变贫困现状的斗志,是走向美好未来最重要的内生力量。

课后练习

一、选择题

1. 下面哪些是正确的劳动观念?（　　）
   A. 尊重劳动　　　　B. 崇尚劳动　　　　C. 辛勤劳动
   D. 勤俭劳动　　　　E. 诚实劳动　　　　F. 创造性劳动
2. 掌握职业技能的实践途径主要有（　　）。
   A. 参加生产性劳动　　　　　　　　B. 参加服务性劳动
   C. 参加社会实践　　　　　　　　　D. 参加义务性劳动
3. 根据不同的标准,理想可分为（　　）。
   A. 个人理想和社会理想
   B. 近期理想和远期理想
   C. 生活理想、职业理想、道德理想和政治理想等
   D. 崇高理想和远大理想
4. 爱岗敬业的内涵（　　）。
   A. 热爱工作,敬重职业　　　　　　B. 安心工作,任劳任怨
   C. 认真工作,一丝不苟　　　　　　D. 忠于职守,勤勉尽责
5. 职业理想的特征有（　　）。
   A. 社会性　　　B. 时代性　　　C. 发展性　　　D. 差异性
6. 高职学生可借助参与（　　）来参加社会实践和志愿服务。
   A. "三下乡"　　B. "返家乡"　　C. 志愿服务　　D. 支教
7. 新时代的创新创业技能主要有（　　）。
   A. 数字化技能　B. 绿色技能　　C. 技术创新　　D. 文化创新
8. 养成良好的劳动习惯,需要（　　）。
   A. 劳动兴趣引导　B. 劳动榜样带动　C. 养成劳动习惯　D. 严格要求自己

9. 新时代弘扬劳动精神,要从(　　)培养学生的实践性、创新性。
   A. 培养服务至上的敬业精神　　　B. 培养精益求精的品质
   C. 培养追求卓越的创造精神　　　D. 培养崇尚劳动的品质

二、简答题

当代大学生劳动精神的培养途径有哪些?

第四章
认识工匠精神

思政目标

2017年的《政府工作报告》提出，要大力弘扬工匠精神，厚植工匠文化，恪尽职业操守，崇尚精益求精，完善激励机制，培育众多"中国工匠"，打造更多享誉世界的"中国品牌"，推动中国经济发展进入质量时代。

建设高素质产业工人队伍、打造大国工匠、培育新时期的工匠精神已经成为社会各界热议的话题。只有越来越多的大国工匠涌现出来，才能进一步提高我国职工队伍的素质和产业工人队伍的整体水平，从而实现中国制造向中国创造的全面跨越。

通过本章学习使学生了解工匠精神的起源、内涵、时代价值等，体会工匠精神的核心元素，从内心感受工匠精神对新时代国家发展的意义。

学习架构

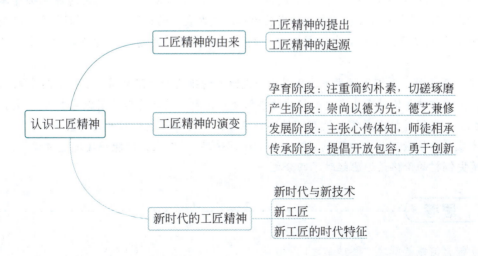

案例导学

圆珠笔之问

2016 年，李克强总理在参加一个钢铁煤炭行业产能过剩座谈会时提出，中国至今不能生产模具钢，比如圆珠笔的"圆珠"都需要进口。在此之前，他曾在 2015 年冬季达沃斯会议期间发现国外制造的笔很流畅，中国是否能做到。小小圆珠笔在总理两次提及后受到众人关注，成为中国制笔行业的心头大事。

高端笔制造有两个关键生产技术工艺——笔头和油墨，但是这却是中国制笔行业的软肋。一组数据也曾显示了中国制笔行业大而不强的"尴尬"：我国逾 3000 家制笔企业，年产 400 多亿支笔，占全球八成市场份额。然而，仅以圆珠笔为例，九成笔尖球珠需进口，八成墨水从日韩进口，笔尖球座体的生产设备更是全部从瑞士、日本进口。

圆珠笔头的生产对加工的精度、材料的选择上都有很高的要求。笔头上不仅有小"球珠"，里面还有五条引导墨水的沟槽，加工精度都要达到千分之一毫米的数量级。有关专家表示，每一个小小的偏差都会影响笔头书写的流畅度和使用寿命，笔尖的开口厚度不到 0.1 毫米，还要考虑到书写角度和压力，球珠与笔头、墨水沟槽位必须搭配得"天衣无缝"，加工误差不能超过 0.003 毫米。

作为世界制造业大国和钢铁大国，我们造得出高铁和航天飞船，为何却无法实现小小圆珠笔头的完全自主研发和生产？

"圆珠笔之问"正是"中国制造业之问"，我国市场巨大，"以量取胜"在相当长一段时期内，是我国多数轻、重工业企业赖以生存、发展的"法宝"。然而，"以量取胜"所获微利，并不足以支撑企业开展创新研发、改革生产，这也是制笔企业没有足够的动力攻关笔头制造设备和材料、索性依赖进口的重要原因。如此首尾牵制则非常不利于产业形成升级换代的良性循环，久而久之，"大钢铁造不出小笔芯"的尴尬在所难免。

从表面上看，中国缺乏制造圆珠笔芯和圆珠笔尖的模具，另外模具钢的生产也不合格，反映出的问题是精密制造研发能力不足和钢铁行业产能结构性过剩。直白说就是"低端产品过剩、高端产品生产不了"，供给侧出了问题。行业内需要鼓起极大的勇气去变革，借"十三五"期间国家大力推动"变粗放发展为内涵式发展"的机遇，在"创新"和"品质"等关键词上多做文章，打通从"以量取胜"到"以质取胜"的通道，打造名副其实的"中国制造"。

2017 年 1 月，太钢集团旗下子公司山西太钢不锈钢股份有限公司成功研发圆珠笔"滚珠"用钢，一举打破了国外企业在这一领域的垄断地位，解决了李总理"圆珠笔之问"。太钢集团把握机会，在国外技术封锁、没有可借鉴的经验、一切都只能从零开始的条件下，通过几年的技术攻关，给数百亿支中国制笔安上了"中国珠芯"。未来预计能够实现进口替代，为此，进口笔尖钢材的价格最近已经跌了四分之一。

钛钢为何能够解决"圆珠笔之问"？

第一节　工匠精神的由来

一、工匠精神的提出

2016年3月5日，国务院总理李克强在国务院政府工作报告中指出要"鼓励企业开展个性化定制、柔性化生产，培育精益求精的工匠精神"。这是工匠精神首次被写入国务院政府工作报告。

2017年3月5日，李克强总理在向第十二届全国人民代表大会第五次会议作国务院政府工作报告时强调：要大力弘扬工匠精神，厚植工匠文化，恪尽职业操守，崇尚精益求精，培育众多"中国工匠"。这是工匠精神第二次被写入国务院政府工作报告。

2018年"政府工作报告"中再次提出"全面开展质量提升行动，推进与国际先进水平对标达标，弘扬工匠精神，来一场中国制造的品质革命"。

2019年的"政府工作报告"提出：要大力弘扬劳模精神、工匠精神，汇聚起向上向善的强大力量。"工匠精神"四度写入政府工作报告，成为企业界代表委员关注的热点。

2021年"政府工作报告"中提出：加强质量基础设施建设，深入实施质量提升行动，完善标准体系，促进产业链上下游标准有效衔接，弘扬工匠精神，以精工细作提升中国制造品质。

国家为何数次将工匠精神写入政府工作报告呢？

1. 社会基本矛盾转变的要求

党的十九大报告中，社会主要矛盾已经从人民日益增长的物质文化需要同落后的社会生产之间的矛盾，转化为人民日益增长的美好生活需要和不平衡不充分的发展之间的矛盾。这一矛盾的转变体现了人民对美好生活的向往，也对物质文化生活提出了更高要求。人们将关注的重心转向产品的品质和品牌。而我国虽然是制造大国，但就产品的品质而言，令人担忧，在对外竞争中，能够在国际享有盛誉的品牌也寥寥无几。反观德国，虽然只是一个8000万人口的国家，但是竟会有2300多个世界名牌，原因何在？彼得·冯·西门子认为这靠的是德国人的工作态度，对于生产技术细节的重视，企业的最终目标不是"利润最大化"而是"利润合理化"，即在保证基本利益的基础上，考虑更长远的可持续发展。因此这些企业也是拥有百年以上的历史，它们把"德国制造"奉为质量和信誉的代名词，生产的圆珠笔摔在地上十多次依然还能用也就不足为奇。我国百年老字号的"同仁堂"也能看到工匠精神的影子。虽然医药世家乐氏家族的第五代传人乐鸣凤将药方公之于众，但是人们都不愿意按要求去做，因为成本高且工序烦，人们不肯去做慢工夫不计较成本的活儿。同仁堂里的老药工个个是药材专家，可是练成药工的熬膏、浸药酒、做药丸等技艺，冷板凳至少要坐十年！因此，我国想要有"大国工匠"品牌，适应社会基本矛盾转变，必须要弘扬精益求精、"不贪眼前利、重视身后名"的工匠精神。

2. 为人民谋幸福的使命

"为中国人民谋幸福，为中华民族谋复兴"是中国共产党的初心和使命，是激励我们坚持和发展新时代中国特色社会主义的根本动力，也是党成为新时代中国特色社会主义的坚强领导核心的根本保证。为了贯彻十九大精神所传达的意义，个人和企业也应为增强我国质量经济优势添砖加瓦，树立以人至上的理念，让每个人获得舒适的存在，不给周围的人或事物带来不便。但是，以我国城市建设为例，其中就缺乏以人至上的理念。每当我国夏季暴雨不断，就会出现表面光鲜的城市被淹的消息，而德国一百多年前在我国青岛修建的下水道又重新被人提及，我们也发现其中的精妙：德国人当年在修建时，虽然当时只有 2 万多人口，但是按照 30 万人口的城市规模标准设计分层下水道，实现雨污分离，宽处可通汽车，这项工程体现制作的前瞻性，"工匠精神"融入制造业中，我国的企业是否能够更加严谨专注呢？

3. 品质精造时代的到来

数次被写入政府工作报告，可见"工匠精神"已经上升到国家战略高度，时代在呼唤工匠精神的回归，这也意味着中国制造逐渐向中国精造转型，而这制造升级的背后，是一场工匠精神的接力。改革开放后，随着工业机器的批量生产，人们沉浸在享受琳琅满目的商品中，工匠也就逐渐淡出人们的视野，对于企业来说，它们只需要招年轻人，再将其进行几个月的培训就可以上岗，完全不需要工匠；对于工匠来说，他们孤独而努力，不屑于成为流水线上的工具，但是他们的成果无法在短时间内惠及大众，得到应有的社会影响力。但是随着工业化的大生产，人们逐渐发现批量产品的冰冷和高品质的缺失，"工匠精神"的强力回归不仅仅是时代的要求，更是国家层面的呼吁，呼唤具有"工匠精神"的工匠，具有匠心温度的作品。

二、工匠精神的起源

二维码 4-1

（一）中国古代的工匠精神

早在春秋时代，诸子百家等诸多典籍中就已有许多关于工匠精神的阐述，例如"止于至善"(《大学》)、"如切如磋，如琢如磨"(《诗经》)。道家经典《庄子》一书中，更是为我们描绘了匠石、梓庆、轮扁、庖丁、承蜩者等一系列能工巧匠的形象。在中国传统文化影响下的古代工匠群体，形成了以"技以载道""道技合一""亲民爱物"为特色的工匠文化，不仅成为中国商业文化的宝贵遗产，也深深影响着日本、东南亚乃至世界其他国家和地区。在中国传统文化中，工匠精神不仅是指工匠们对待自身职业的态度，同时也是一种"技以载道"的职业情怀以及"道技合一"的技艺境界。

说起工匠历史，似乎从人类文明初期就已开始。甚至可以说，正是工匠，孕育了人类文明。远古时期，各种石器、骨针等生产工具和生活器具的发明，不正是出自工匠之手吗？作为中华文明始祖的黄帝和炎帝，也都是功垂千古的圣人巨匠。黄帝发明了房屋、服饰、车船、音乐等，炎帝发明了医药、农具、陶器等，这些都是关乎百姓生活的发明创造，也因此奠定了中华民族"技以载道"的工匠传统。

知识链接

《庄子·达生》·梓庆篇

梓庆削木为鐻（jù），鐻成，见者惊犹鬼神。鲁侯见而问焉，曰："子何术以为焉？"对曰："臣工人，何术之有？虽然，有一焉。臣将为鐻，未尝敢以耗气也，必齐（zhai通斋）以静心。齐三日，而不敢怀庆赏爵禄；齐五日，不敢怀非誉巧拙；齐七日，辄然忘吾有四肢形体也。当是时也，无公朝，其巧专而外滑消。然后入山林，观天性，形躯至矣，然后成见鐻，然后加手焉；不然则已，则以天合天，器之所以疑神者，其是与！"

梓庆（图4-1）是鲁国的一位木匠，鐻（jù）是古代的一种乐器。话说梓庆用木头雕刻的鐻，见过的人都觉得精巧到只有鬼神之工才能做得出。鲁王很惊叹，就召见梓庆问："这么精妙的东西先生能做出来，有什么奥妙？"梓庆谦逊地说："我只是一个木匠，哪有什么奥妙呢？只不过在做工前，我不敢耗费精神，静养聚气，让心沉静。斋戒三天，我不再怀有庆贺、赏赐、获取爵位和俸禄的思想。斋戒五天，我不再心存非议、夸誉、技巧或笨拙的杂念。斋戒七天我已不为外物所动，似乎忘掉了自己的四肢和形体。然后我便进入山林，观察各种木料，选择好质地、外形最与鐻相合的，此时鐻的形象已经呈现于我的眼前。然

图4-1　梓庆

后我将全部心血凝聚于此，专心致志，精雕细刻，用自己的纯真本性融合木料的自然天性制作，器物精妙似鬼神之工，也许因为这些吧。"从梓庆看中国的工匠精神，《庄子·达生》梓庆篇短小精悍，朴实无华地述说了2000多年前一位中国匠人的精神境界与风骨。

从公元前200年至公元18世纪，2000多年的农耕经济时代，中国一直是全世界最大的产品输出国，中国的丝绸、瓷器、茶叶、漆器、金银器、壁纸等精美产品是世界各国王宫贵族和富裕阶层的宠儿。

自丝绸之路开启，中国古代能工巧匠们所生产的产品，一直都在影响着世界。古代中国是名副其实的"匠人之国""匠品之国"。

1840—1949年，世界各国相继开展了工业革命，而中国则经历了100多年的灰暗时代。

2010年中国超越日本成为世界第二大经济体，并在众多领域创造出新的世界第一。今天的中国，不仅能在北斗卫星、载人飞船、嫦娥探月飞行器、高铁、大飞机（C919）等尖端科技实现领先，中国企业如华为、联想等也在其领域内位于世界前沿。

这些成就的取得，同样是现代中国人专注走心、追求极致的匠人精神的体现。

知识链接

长沙马王堆出土的素丝蝉衣（图4-2），身长128厘米，袖长190厘米，重量却仅有49克，还不到一两，可谓薄如蝉翼，轻若鸿毛。其中的一些衣服在地下埋藏了2000多年，出土

时仍然色泽艳丽,完好如新。中国书法、中国画、雕塑、手工艺术品目前仍是世界博物馆们引以为傲的镇馆宝藏,还在不断刷新当代全球拍卖纪录。从这些出土文物可以看出,我国古代工匠身上,也具有精雕细琢、精益求精的工匠精神。

(二)国外工匠精神的发展

1. 德国

1830年,德国还是一个农业国;1871年,德国制造还处在假货和仿冒横行时代;1887年,英国通过了侮辱性的新《商标法》,规定从德国进口的商品必须标注"Made in Germany",以此区分劣质的德国货和优质的英国货。知耻而后勇,德国从此开始了精工制造的征程。用了100多年时间,德国人持续不断地在各个行业坚持和传承精益求精的工作作风,终于使德国制造成为世界上高品质的代名词

2. 日本

早在农耕经济时代,日本全面学习中国,日本的匠人精神也起源于中国。自唐朝贞观四年开始后的260多年,日本派出十余批、数千名遣唐使在中国学习(图4-3)。大到参照唐朝进行政治、教育改革,再到学习围棋、茶道、花道等生活方式,小到制豆腐、酱油、榨糖、缝纫等工艺,几乎带走了唐朝各行各业的技艺。

图 4-2 素丝蝉衣

图 4-3 东征传绘卷

日本的工业制造是从学习欧美国家的技术、仿造开始的。1950年,日本还只能生产廉价而简单的商品。此后的二十年,将传统手工业者的匠人精神传承于规模化制造,极大提升了日本制造的品质。日本政府也注重对民间手工业的保护,1955年设立了"人间国宝"制度,用以保护匠人和小型企业,并在全社会持续倡导匠人精神。

(三)中国工匠精神的传承

中国有2000多年的匠人精神传承史,由于历史原因,在近代,中国的匠人精神没有全面传承。近年来,经济高速发展也使商业伦理问题突显,部分企业为了获取短期利益缺少商业道德,假冒伪劣、粗制滥造还时有发生。在规模化的工业制造冲击下,中国的传统文化与手艺传承更加艰难。未来的中国,无论是工业强国战略下的精工制造,还是对传统匠艺的保护,都更加需要全面传承、发扬中国的匠人精神。

传承是一个民族赖以生存和发展的根本,工匠精神的传承将直接影响"中国梦"的实现。

传承匠人精神固然要借鉴他人的经验,但既不能妄自菲薄,更不能盲目崇拜,我们应该从中华民族的文化中寻找根和魂,坚守民族情怀,传承中华匠心!

第二节　工匠精神的演变

我国工匠精神具有悠久的历史，从原始社会到现代社会，从孕育产生到发展传承，经历了一个漫长的演变过程。这一方面展现了不同时期我国工匠精神的不同特点和要求，另一方面在一定意义上也创造了举世瞩目的古代技术文明。

一、孕育阶段：注重简约朴素，切磋琢磨

简约而不简单，朴素而不平淡，这不仅是中华民族传统文化的深刻意蕴，也孕育着我国古代的工匠精神。在原始社会末期，人类社会经历了三次重大的社会变革，即三次社会大分工。第一次社会大分工，畜牧业从农业中分离出来；第二次社会大分工，手工业从农业中脱离出来。第三次社会大分工是奴隶社会晚期商人阶层的产生。第二次社会大分工后，便出现了专门从事手工劳动的生产者，也就是现在所说的手艺人或者工匠。然而，由于当时物质生产相对落后，科技文明相对不发达，人们往往以天然产物为原料加工制造生产工具或生活用具。从粗糙、不规则的"打制"石器到光滑、匀称的"磨制"石器；从"未有麻丝，衣其羽皮"（《礼记·礼运》）到嫘祖"始教民育蚕，治丝茧以供衣服"（《通鉴纲目前编·外记》）；从简单的石器、骨器、木器等工艺制作到复杂的制陶、纺织、房屋建筑、舟车制作等原始手工业，无不体现了早期工匠艺人追求完美朴素的工匠精神。

掌握好技术，练就好手艺，这既是古代工匠艺人谋生的必备条件，也是工匠精神的基本要求。在河姆渡文化时期，用石、骨、象牙制成的饰品，磨制净光，寓意深邃，恰恰体现了这一点。譬如，工匠们制作刻有花纹的骨笄，并佩以磨得光洁晶莹的美石质的玦、璜、管、珠等装饰品来固定头发，还用虎、熊、野猪、獐的牙齿作佩饰，特别是以鸟为表现主题的工艺制品不仅反映了河姆渡文化时期手工业的发展水平，更表明了一种构思严谨巧妙、技艺细腻娴熟的工匠精神。还有，氏族部落用以象征地位的鸟形象牙圆雕，不仅要对天然材料进行加工，在加工过程中还要改变天然物质的物理性能和形式，刀法巧妙敏捷，线条简洁流畅，神态栩栩如生，极像一只展翅飞翔的鸟的剪影，如果不是专业工匠的精益求精，实在难以想象在原始文化遗产中竟有如此巧夺天工之物，它凝聚着我们中华民族祖先的聪明才智，是我国工匠技艺具有悠久历史的实物见证。此外，《诗经·卫风·淇奥》早就用"如切如磋，如琢如磨"的佳句来表彰工匠在对骨器、象牙、玉石进行切料、糙锉、细刻、磨光时所表现出来的认真制作、一丝不苟的精神。这种精神不仅是我国古代工匠艺人的价值追求，更是工匠精神的具体体现。

二、产生阶段：崇尚以德为先，德艺兼修

中国文化精神是一种"道德的精神"，这种道德精神乃是中国人内心所追求的一种做人的理想标准，是中国人所积极争取渴望达到的一种理想人格。以德为先，不仅是我国古代工匠艺人必须遵循的职业准则，而且是工匠精神得以产生的价值基础。

春秋战国时期，以儒家思想为核心的政治伦理文化开始受到人们的广泛关注，"德为先，重教化"的圣人文化逐渐成为中华民族传统文化的重要内涵。随着生产力的发展和科学技术

的进步，社会分工越来越细，职业也就越来越多，一些特定的职业不但要求人们具备特定的知识和技能，而且要求人们具备特定的道德观念、情感和品质。工匠艺人作为一种职业团体，为了维护职业威望和信誉，适应社会的需要，在职业实践中，根据一般社会道德的基本要求，逐渐形成了自己职业的道德规范。《墨子·尚贤》就有记载"兼士"必须符合三条标准，即"厚乎德行""辩乎言谈""博乎道术"，要做到"有力者疾以助人，有财者勉以分人，有道者劝以教人""利人乎即为，不利人乎即止"，这种道德价值观，作为古代一些社会职业的道德评价标准，也得到工匠们的认同。此外，据《左传·文公七年》记载，"六府三事，谓之九功。水火金木土谷，谓之六府。正德、利用、厚生，谓之三事。义而行之，谓之德礼"。生产与生活的逐步浸染，凸显出了道德特征的精神走向，"正德、利用、厚生"成为古代工匠艺人的职业道德规范。其中，正德居于首位，就是要求工匠必须为人正直，端正德行。因此，崇德尚贤成为中国工匠精神的伦理走向。

所谓"德艺兼修"就是指工匠艺人不仅要有一种道德精神作为内在熏陶，还要具备一种精益求精的技术精神。"天有时，地有气，材有美，工有巧，合此四者，然后可以为良"，追求技艺之巧，也是我国传统工匠毕生的追求。据《考工记》记载，战国时期，编钟极其精致，可以做到"圜者中规，方者中矩，立者中悬，衡者中水，直者如生焉，继者如附焉"。总之，我国古代工匠艺人不仅具备最基本的职业素养，而且在他们身上体现了一种德艺兼修的工匠精神。

三、发展阶段：主张心传体知，师徒相承

二维码4-3

所谓心传体知就是指以心传心，心心相印，体察领悟，身知体会。《春雨杂述·评书》就有记载："学书之法，非口传心授，不得其精。"对于我国古代工匠艺人来说，技艺的传承不仅是一种单纯的技术学习，更是一种内在的艺术熏陶和无形的心理契合。进入封建社会以后，随着经济发展水平的提高和社会发展的需要，以血缘关系为标志的代际传承逐渐走出家庭，种类繁多、形式多样的职业教育开始成为我国古代工匠艺人之间的承接体系和传承方式，口传心授的教育模式逐渐成为培养工匠的主要途径。这一方面得益于手工技艺的不断成熟，另一方面还在于传授者与受教者之间心灵的默会与领悟，以及所体现出的不以物喜、不以己悲、不被繁杂的外界环境所干扰的工匠精神，这不仅促进了技艺经验无间断地积淀，还有利于形成个性化风格的手工技艺。我国古代有不少行业和岗位都传承着这种工匠精神：纸坊，奉东汉宦官蔡伦为祖师；陶瓷业的祖师，有柏林、虞舜、老子、雷公等，被奉为"窑神"；皮匠、鞋匠以孙膑为祖师；酒坊的祖师是杜康；豆腐坊以乐毅为祖师，等等。"一切手工技艺，皆由口传心授"，这些精工良匠们依靠言传身教的自然传承，在传授手艺的同时，也传递了耐心、专注、坚持的精神特质，而这种特质的培养，只能依赖于工匠艺人之间"以心传心、心心相印"的情感交流，以及"体察领悟，身知体会"的行为感染，这是现代大工业的组织制度与操作流程所无法承载的。

随着手工业技术的发展，起初以家庭为单位的技艺传授扩大到邻里之间，父子相传逐渐演变为拜师学艺，师徒们在一起生活、学习、讨论、钻研技术，通过传道、授业、解惑的方式不仅培养了大批手工艺人和工匠技师，也养成了他们"尊师重道，谦虚好学"的美德，所谓"师徒如父子""一日为师，终身为父"的习语就源自于艺徒制度。据《新唐书·百官志》记载："钿镂之工，教以四年；车路乐器之工，三年；平漫刀鞘之工，二年；矢镞竹漆屈柳之

工，半焉；冠冕弁幘之工，九月。"这种不同工种学徒的年限规定，既体现了当时各行各业的职业技术水平，又充分说明在学艺的过程中，师徒之间在一起相处的时间之久、感情之深。此外，师徒相承，代代相传，不仅需要师傅具备一定的传授技艺能力，还需要师傅的博大胸襟与徒弟的聪慧勤奋。为人师者，应当性格豁达、心胸宽广，倾己所有传授给徒弟；为人徒者，不只是简单地继承师傅的技艺，更要自强不息、独立自主，在师傅的基础上能进一步创造出新的手艺与技法。总之，工匠艺人们对职业的尊重，对专业精神的敬仰，对技艺传承的执着，对师徒情义的敬畏，无一不体现出我国古代工匠精神的价值意蕴。

四、传承阶段：提倡开放包容，勇于创新

创新是一个民族进步的灵魂，是一个国家兴旺发达的不竭动力，是现代工匠艺人应当具备的精神特质。2016年3月，李克强总理在政府工作报告中也指出，"鼓励企业开展个性化定制、柔性化生产，培育精益求精的工匠精神，增品种、提品质、创品牌"。在机械化生产与互联网产业日益发达的今天，创新变得容易，同时又变得非常困难。人们越来越追求的是产品的规模化和批量化生产，流水车间工人机械反复地重复同一个动作，固然生产效率的提升也能够促进经济效益的增长，但是这些产品终究少了一些技艺的沉淀和凝练，而如今所提倡的"工匠精神"便是在产品里注入创新和活力。

工匠精神是对工艺文化的传承与创新。它的核心是一种精神、一种信念或者说一种情怀，是尊重自然、安分守己、尽善尽美、以诚相待的职业操守，是把一件事情、一门手艺当作信仰的追求，是单调、机械、重复工作中的一点点与众不同的想法。正如《我在故宫修文物》这部纪录片中一位青铜器修复师所说的，古代故宫的这些东西是有生命的，人在制物的过程中，总是要把自己想办法融到里头去，觉得这样才能实现工匠艺人的价值。手工艺作为我国的传统工艺文化，是劳动人民智慧的结晶，是宝贵的精神财富，更是中华文化自豪感的重要体现，对它的传承更有一种历史责任在里面。当然，工匠精神并非墨守成规，相反，因为追求极致，甚至完美，工匠精神更是一种永不满足、不断超越的创新精神；工匠精神也不是因循守旧，它是在传统工艺的基础上不断创造新工艺、新技术的过程，传承与创新并存，这其中包含的不仅是中华民族传统文化的沉淀与融合，更是浮躁社会所缺乏的一种坚定气质与坚守。如今"中国创造"在全世界已经有了十足的影响力，正是无数工匠艺人十年如一日地追求着职业技能的极致化，靠着传承和钻研，凭着专注和坚守，才缔造了一个又一个的中国创造。

第三节　新时代的工匠精神

一、新时代与新技术

二维码 4-4

（一）工业 4.0 时代的到来

随着生产技术的不断发展，世界工业也在发生着翻天覆地的变化，源自 18 世纪以蒸汽机使用为标志的第一次工业革命。之后是 19 世纪末，随之而来的是以发电机、内燃机为标

志的第二次工业革命。20世纪中叶,世界又迎来以信息技术为标志的第三次工业革命。进入21世纪,各国一致认为,人类将逐步开启以智能化制造为主导的第四次工业革命。

1. 工业1.0——机械化

工业1.0时代的机械化是以蒸汽机为标志,用蒸汽动力驱动机器取代人力,从此手工业从农业中分离出来,正式进化为工业。

工业1.0时代的发源是第一次工业革命。它是指18世纪从英国发起的技术革命,是技术发展史上的一次巨大革命,它开创了以机器代替手工劳动的时代。此次革命以工作机的诞生开始、以蒸汽机作为动力机被广泛使用为标志。这次技术革命和与之相关的社会关系的变革,被称为第一次工业革命或者产业革命。

伴随着蒸汽驱动的机械制造设备的出现,人类进入了蒸汽时代。早期蒸汽机火车刚被发明的时候,跑得还没有一匹马快。然而就是这样一台笨重的机器,为当时的人类社会带来了巨大变革。

2. 工业2.0——电气化

工业2.0是以电气化为标志,这个工业时代电力的动力来源主要为电力。用电力驱动的机器逐步取代了蒸汽动力。

工业2.0即第二次工业革命,是指19世纪中期,欧洲国家和美国、日本的资产阶级革命或改革的完成,促进了经济的发展,此次革命强调电力驱动产品的大规模生产,并开创了产品批量生产的新模式。19世纪70年代,开始第二次工业革命,人类进入了电气时代。

在第二次工业革命中出现的新兴工业,如电力工业、化学工业、石油工业和汽车工业等,都要求实行大规模的集中生产,垄断组织在这些部门中便应运而生了,垄断组织的出现,使企业的规模进一步扩大,劳动生产率进一步提高。

3. 工业3.0——自动化

工业3.0时代是以数字化、自动化为标志的。工业3.0即第三次工业革命,始于20世纪70年代并一直延续到现在,通过电子与信息技术的广泛应用,使得制造过程不断实现自动化,是人类文明史上继蒸汽技术革命和电力技术革命之后科技领域里的又一次重大飞跃。

工业3.0时代以原子能、电子计算机、空间技术和生物工程的发明和应用为主要标志,涉及信息技术、新能源技术、新材料技术、生物技术、空间技术和海洋技术等诸多领域,不仅极大地推动了人类社会经济、政治、文化领域的变革,而且也影响了人类生活方式和思维方式,随着科技的不断进步,人类的衣、食、住、行、用等日常生活的各个方面也在发生重大的变革。

从1980年开始,微型计算机迅速发展。电子计算机的广泛应用,促进了生产自动化、管理现代化、科技手段现代化和国防技术现代化,也推动了情报信息的自动化。以全球互联网络为标志的信息高速公路正在缩短人类交往的距离。

4. 工业4.0——智慧化、大数据和万物互联

工业4.0的概念最早诞生在德国。2012年底,德国产业经济联盟向德国联邦政府提交《确保德国未来的工业基地地位——未来计划"工业4.0"实施建议》,此乃工业4.0概念在产业界的正式登场。

工业4.0时代一般认为它是基于大数据和物联网(IoT)融合的系统在生产中的大规模使用来划分的。人们可以通过大数据的采集和人工智能的决策设计,推算出定制化的方案,进行大规模生产。

众所周知的原因，中国在历史上错过了前两次工业革命。新中国成立后，前 30 年在完成社会主义基本制度建设的同时奠定了较为完整的工业体系基础。改革开放以来，我国工业基本上是一路狂奔，以十年左右为一个阶段，很快完成了前两次工业革命的补课。然后与西方国家几乎同步进入信息化革命时代。

在这个工业转型升级的年代，尤其中国在创新领域掌握的多项尖端技术，都将是开启第四次工业革命——智能化制造革命的钥匙。最后再来看下我们国家工业化蓝图——"中国制造 2025"规划的"三步走"战略目标。

第一步，到 2025 年迈入制造强国行列；第二步，到 2035 年我国制造业整体达到世界制造强国阵营中等水平；第三步，到新中国成立一百年时（2049 年），我国制造业大国地位更加巩固，综合实力进入世界制造强国前列。

中国工业 4.0 代表未来，同时也是中国制造业转型升级的战略支点。在工业 4.0 时代，中国工业能否一骑绝尘，相信国人都十分期待，工业 4.0 将毫无疑问也会是中华民族实现伟大复兴的强力推进器。

（二）工业 4.0 时代的技术趋势

工业 4.0 融合了物联网、大数据、云计算、链接、分析、人工智能、增强现实等热门技术，彻底改变了本次工业革命的基础。

1. 大数据和分析

数据有助于弥合制造过程中信息与操作之间的差距。如今，数据来自四面八方，包括系统、传感器、移动设备等各个地方。然而，许多行业所面临的普遍难题是如何收集、整合、存储、加工和破译数据，从中挖掘出有实际指导意义的洞见。尽管如此，工业 4.0 的大数据分析架构能够帮助企业分析检查大数据集，以发现市场趋势、获取隐藏在数据背后的新模式并找出数据间隐藏的关联性，让企业能够做出实时决策。

2. 人工智能

在智能工厂中，生产过程无缝连接、多维度融合，让机器、接口和组件能够相互通信。在这个过程中，可以收集大量的数据，以优化生产流程，甚至在生产设备中，具备 AI 的系统也可以识别传送带上的物体，并根据预先设定的形状、颜色和尺寸，对产品进行自动分类。这种智能系统还能利用图像分析和图像识别，检测出有瑕疵的产品。

3. 云计算

随着工业 4.0 相关产业规模的不断扩大，云计算已经成为必然的发展趋势。从农业、航空航天、建筑到化工等各个行业，都可以采用云计算满足各种客户需求。云平台能够提供无与伦比的计算、存储和交流能力，帮助各个行业优化业务流程，运行相关应用程序，利用海量大数据增强可操作性和可视性。

4. 信息物理系统

信息物理系统（CPS）在传统产业中引入了新的生产方式。工业 4.0 驱动下的生产制造，以 CPS 为支撑，能够进行实时的数据采集和分析，生产步骤的各个环节都公开透明。然而，伴随着工业 4.0 的不断深入，连接性的增强和标准通信协议的使用，保护关键工业系统和生产线免遭网络攻击的必要性也越来越高。因此，CPS 的角色就相当于情报中心，可以自动协调、监测和控制所有层面的操作，对通信和访问进行管理，实现更高的安全性。

5. 增强现实

在工业 4.0 背景下，增强现实（AR）技术为企业员工和技术人员展示相关信息提供了一种完美的方法。借助 AR 和 VR 技术，技术人员能够实时查看操作任务、机械故障等方面的相关信息，并在必要时参考用户指南。他们甚至可以联系专家，通过 AR 技术实时获得帮助。AR 技术的另一个巨大优势是，它能够在降低风险和成本的同时，加强行业培训和学习。

6. 数字孪生

工业 4.0 让生产流程变得越来越数字化，许多企业都在竭力探寻如何在运营层面和战略层面实现并提升实际价值。借助数字孪生概念，企业可以通过数字模型表征物理产品的原型，快速检测出产品存在的问题，进而塑造出更好的产品并精准地预测结果。不仅如此，工业 4.0 与数字孪生融合，将促使各个行业迅速地推出新产品，改善运营状况，并推出新的商业模式以促进收入增长。

知识链接

什么是数字孪生？

数字孪生，英文名叫 Digital Twin（数字双胞胎），也被称为数字映射、数字镜像。数字孪生是充分利用物理模型、传感器更新、运行历史等数据，集成多学科、多物理量、多尺度、多概率的仿真过程，在虚拟空间中完成映射，从而反映相对应的实体装备的全生命周期过程。

简单来说，数字孪生就是在一个设备或系统的基础上创造一个数字版的"克隆体"。这个"克隆体"也被称为"数字孪生体"。它被创建在信息化平台上，是虚拟的。数字孪生体最大的特点在于：它是对实体对象（本体）的动态仿真。也就是说，数字孪生体是会"动"的。它"动"的依据来自本体的物理设计模型，还有本体上面传感器反馈的数据以及本体运行的历史数据。如果需要做系统设计改动，或者想要知道系统在特殊外部条件下的反应，工程师们可以在孪生体上进行"实验"。这样一来，既避免了对本体的影响，也可以提高效率，节约成本。

除了会"动"之外，理解数字孪生还需要记住三个关键词，分别是"全生命周期""实时/准实时""双向"。

数字孪生是源自工业界的概念。在工业制造领域，有一个词叫做"产品生命周期管理（PLM）"。

全生命周期，是指数字孪生可以贯穿产品包括设计、开发、制造、服务、维护乃至报废回收的整个周期。它并不仅限于帮助企业把产品更好地造出来，还包括帮助用户更好地使用产品。

而实时/准实时，是指本体和孪生体之间，可以建立全面的实时或准实时联系。两者并不是完全独立的，映射关系也具备一定的实时性。

双向，是指本体和孪生体之间的数据流动可以是双向的。并不是只能本体向孪生体输出数据，孪生体也可以向本体反馈信息。企业可以根据孪生体反馈的信息，对本体采取进一步行动和干预。

二、新工匠

在新技术、新产品、新理念不断涌现的工业 4.0 时代,新工匠又应该是怎样的呢?一方面,新工匠是区别于传统手工工匠的机械工匠和数字工匠;另一方面,新工匠是一群拥有前瞻思想、追求创新、具有团队协作精神的人。他们是现代制造企业的主体,是企业发展的重要力量。

二维码 4-5

新工匠相对于传统工匠,精益内核不变,追求外在形式多变,更加注重创新。新工匠是新时代的产物,不是过去的再版,也不是简单回归,而是取其精华,去其糟粕,并注重现代感和实用性。传统工匠精神是手工业时代的产物,而新工匠精神是互联网时代的产物,不仅要追求精益求精,还要结合时代特点创造新生事物。

真正的工匠精神不是回到传统,一味地向前辈致敬,而是从传统出发,在当代的审美和生活中重新寻找存在的理由。当今中国,大多商品都过剩,每个行业都是"红海",可是同时,消费升级的大潮又为"创造之人"提供了无限的可能性,个性与创新成为市场竞争的最强软能力,"新工匠"的时代已经到来。

三、新工匠的时代特征

二维码 4-6

1. 注重互联网加,以互联网、大数据为依托,创新发展

互联网时代,为工匠精神与互联网思维的结合提供了条件。做好产品,做好服务,互联网给企业、给工匠们都带来了无限可能。与时俱进,借助互联网加不断创新发展模式和管理模式。发扬创新精神,更好地满足时代的需要。企业面临竞争。如果你只有工匠精神,而没有互联网思维就一定落后。只有互联网思维,而没有工匠精神,也不能脱颖而出。所以工匠精神和互联网思维一定要打通。就好比鸟之两翼,车之两轮。

2. 注重用户体验,以全球化视野和个性化服务满足不同需求

注重用户在使用该产品或服务的全过程中自始至终的全部感受,包括情感、喜好、认知印象、生理和心理反应等各个方面。这些用户体验的反馈信息正是工匠们努力创新的方向,产品更符合市场需要,更符合用户需求,必然受到市场欢迎,乃至引领市场。

3. 注重节能环保,以绿色发展理念推动高质量发展

绿色发展是以节能减排及污染物防治为方向,以人与自然和谐共生为价值取向,以绿色低碳循环为主要原则,以生态文明建设为基本抓手的可持续发展。当今世界,绿色发展已经成为一种重要趋势,以便在生产制造过程当中更加注重绿色发展、循环发展、低碳发展。

四、工匠精神的时代价值

改革开放以来,我国经济迅速发展,国际竞争力逐步提升。但也要看到,低端产品多,高、精、尖产品不足,依然是我国经济发展的短板。而且,随着生活条件的改善,消费者更加注重产品的性能和品质,在这种情况下,我们必须大力提倡和弘扬工匠精神,向消费者提供更多高品质产品。

1. 工匠精神是现代工业制造的内在灵魂

历史经验表明，当今世界工业制造强国的形成与他们对工匠精神的重视密切相关。德国是当今世界工业强国之一，其产品以精密优良著称于世，产生了保时捷、奔驰、宝马、西门子等一大批世界知名品牌。"中国制造 2025"战略计划的实现，关键在于从根本上提升中国制造产品的质量，这很大程度上取决于能否培育形成精益求精、追求完美极致的工匠精神。

2. 工匠精神有助于促进创新的良性循环

以科技创新、技术进步为己任的企业，是民族振兴的主力，是创造财富的源泉。工匠精神所指向的凡事追求极致，体现在企业就是把创新当作使命，追求科技创新、技术进步，使企业、产品拥有竞争力。这就需要企业以开放的姿态吸收最前沿的技术，不断增强创新的力量，从而创造出最新的科技成果。通过产品创新、技术创新、市场创新、组织形式创新等全面创新，从创新中寻找新的商业机会，在获得创新红利之后，继续投入、促进创新，形成良性循环。

3. 工匠精神有助于完整价值链的精益求精

工匠精神要求从产品设计到产品生产，再到产品检验，直至产品面市，乃至消费者使用体验，整个价值链都是一种不断追求完善、精美和极致的过程。培育和倡导工匠精神，就是要将一丝不苟、精益求精的工匠精神融入产品制造的每一个环节，极度注重细节，不断追求完美和极致，让产品始终引领潮流。

4. 工匠精神有助于工作主体的自我价值实现

工匠精神是敬业精神的具体体现。如何爱岗敬业、精益求精、提高工作水平，是任何时代都不容回避的重要课题。培养和弘扬工匠精神，可以增强从业人员的敬业感和荣誉感，使他们不仅将职业作为一种谋生手段，还作为一种事业追求、工作荣耀和生命守望，树立起对职业敬畏、对工作执着、对产品负责的理念。这样，既能给社会提供更加精细的产品和服务，也使从业者从中获得职业满足感，实现自我价值。现实中，如果企业家专心做好产品，科研工作者努力发明创造，教师全身心教学……各种职业人员都专心致志、精益求精，我们的国家会更加富强，我们的生活会更加美好。

课后练习

一、选择题

1. 工匠精神首次被写入政府工作报告是哪一年？（　　）
   A. 2016 年　　　　B. 2017 年　　　　C. 2018 年　　　　D. 2019 年
2. 第二次社会大分工，（　　）从农业中脱离出来，出现了手艺人或者工匠。
   A. 农业　　　　　B. 养殖业　　　　C. 手工业　　　　D. 工业
3. 双鸟朝阳纹牙雕展现了古人（　　）的工匠精神。
   A. 切磋琢磨　　　B. 心系国家　　　C. 注重品德　　　D. 人文关怀

4. 2016年李克强总理在政府工作报告中提出"鼓励企业开展（   ），培育精益求精的工匠精神，增品种、提品质、创品牌。
   A. 个性化定制　　　B. 柔性化生产　　　C. 精细化生产　　　D. 创新化制造

二、判断题

1. 现代工业社会中，已经不需要传统文化与手工业的传承了，需要靠工业科技的发展。（   ）
2. 传承工匠精神，既要借鉴他人的经验，也不能妄自菲薄，盲目崇拜，要坚守民族情怀，传承中华匠心。（   ）
3. 工匠精神一直根植于中国的传统文化当中所谓"德艺兼修"就是指工匠艺人不仅要有一种道德精神作为内在熏陶，还要具备一种精益求精的技术精神。（   ）
4. 创新是一个民族进步的灵魂，是一个国家兴旺发达的不竭动力，是现代工匠艺人应当具备的精神特质。（   ）

三、思考题

新时代弘扬工匠精神的必要性有哪些？

第五章

工匠精神的核心元素

思政目标

中国经济转型、制造业高质量发展、国有企业振兴民族品牌、高校教育供给侧结构性改革及大学生就业和成长发展都需要当代大学生学习"工匠精神"。通过本章的学习，了解工匠精神的核心元素，体会工匠精神的精髓，掌握培养工匠精神的方法，并践行工匠精神。

学习架构

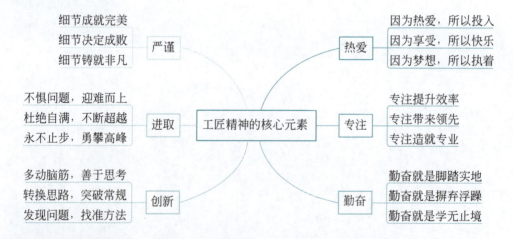

案例导学

"胜溪创领"众创空间

非遗研究中心、影视音开放实训平台、项目孵化园、企业孵化园、项目路演厅、创领咖啡、创业培训室……阳春三月，漫步在位于孝义市胜溪湖畔的太原理工大学现代科技学院4号教学楼5层的"胜溪创领"众创空间，仿佛置身于洋溢着青春气息和创业活力的个性创意

"梦工厂",一个个面积不大的创客空间里,几十名大学生集聚在这里,为实现自己的创业梦想而努力。在"胜溪创领"众创空间,无数大学生创客的梦想被点燃。

"高共享、低密度"的绿色创业环境,加上充满个性的各类创意元素,凭借着开放、聚合、融创三个理念的完美聚合成功搭建了产生创意、大胆创新、成功创业、勇于创造的平台,"胜溪创领"创客空间像磁石一样吸引着太原理工大学现代科技学院的莘莘学子。每天穿梭在这里的身影,是一个个年轻的大学生创客,他们借助"胜溪创领"提供的创业教育、拓展实训、导师对接、创业竞赛、项目孵化、项目路演、创业研究等"一站式"服务,在实现创业梦的同时也提升了孝义地域文化产业的内涵及品质,服务着地方经济和社会发展。

"特别感谢学校为我们提供的影视、动漫、非遗、创业孵化园和企业孵化园等平台。"太原理工大学现代科技学院就读采矿专业的大三学生高杨手捧奖状告诉记者,自己所在的创业团队"初声 VOICE 工作室",将声音作为商品交易,为《英雄联盟》配音,为《有声小说》主播电台》等平台提供声音,根据剧情进行调音处理,为听众提供身临其境的感觉,解放双眼。"初声 VOICE 工作室"也于 2016 年荣获第二届中国"互联网+"大学生创新创业大赛铜奖,第六届全国大学生电子商务"创新、创意及创业"挑战赛山西赛区选拔赛一等奖。

杨海臻,大三学生,就读于无机非金属材料工程专业,由他创办的"思答微信公众平台"荣获第二届山西省"互联网+"大学生创新创业大赛三等奖,同时他所在的"普康来科技"团队作品还荣获第六届全国大学生电子商务"创新、创意及创业"挑战赛全国总决赛二等奖。

蓬生麻中,不扶自直。正是依托企业孵化、项目孵化、拓展实训等创客空间,短短两年的时间,该校参加各类创业大赛的团队就有 182 支,涉及 781 名学生,大学生创客们也取得了骄人的成绩:"第九届国际大学生 iCAN 创业大赛 2015 年度总决赛"三等奖、"第十届国际大学生 iCAN 创业大赛 2016 年度总决赛"三等奖、"第二届中国'互联网+'大学生创新创业大赛"全国总决赛铜奖,等等。

值得一提的是,创业项目通过孵化逐渐落地并转化为成果。2015 年,大学生创客健身项目"优练科技 &LetsRun"获得了 A 轮融资,全国用户 20 余万,路线上百条,目前已与全国上百家健身俱乐部达成技术支持协议,为其开发服务系统,并开始与行业内的专业公司合作进行资源整合,扩充新的业务,扩充后的优练科技将成为国内最大的健身房整体服务商之一。自媒体项目"脑强王者",创业学生通过游戏解说视频在网上获取点击量而萌生了创业想法,通过专业导师指导,利用 3D 打印技术开发游戏周边,目前企业已经逐渐走上正轨,并产生效益。

"胜溪创领"众创空间的大学生为什么能够创造出如此多的成绩?

什么是"工匠精神"核心元素? 从本质上讲,"工匠精神"是一种职业精神,它是职业道德、职业能力、职业品质的体现,是从业者的一种职业价值取向和行为表现,是对自己的工作和产品精雕细琢、精益求精的精神理念,是一种情怀、一种执着、一份坚守、一份责

任。工匠精神既是一种技能，也是一种精神品质。在我们身边，匠人无处不在，他们是各行各业的从业者中"倔强"而"执着"的那一部分人，他们的存在，让这个世界除了利益的追逐之外，多了一份单纯的追求。

学习工匠精神，应该掌握其内在核心。工匠精神的内在核心由热爱、专注、勤奋、严谨、进取与创新这些品质组成，失去了这些品质，工匠精神也将变为空谈。

只有掌握工匠精神的内在核心，将热爱、专注、勤奋、严谨、进取与创新这些品质发挥到极致，才能具有竞争优势，才能在复杂的环境中脱颖而出。

第一节　热爱

二维码 5-1

爱因斯坦曾说过："对于一切来说，热爱才是最好的老师。"工匠精神，第一就是热爱，热爱所做的事本身，胜过这些事带来的名利和财富。因为只有热爱才是真正激发内心强大动力的源泉，只有热爱自己所做的事，才能找到乐趣；只有热爱自己所做的事，才能全力以赴；只有热爱自己所做的事，才能不觉疲惫。

无论从事什么行业，我们首先要热爱自己的工作。《论语·雍也》中说："知之者不如好之者，好之者不如乐之者。"它明确概括了工匠精神的第一要素。"好之"、"乐之"，方能不改初衷，一以贯之。热爱一件事物，才会对它充满热忱，集中全部的注意力。世间很多精巧的工艺，奇思妙想，看似是不经意的、一蹴而就的，实则背后是一颗颗热忱的心不断拼搏的结果。

工匠精神是一种热爱工作的职业精神，工匠的工作不单是为了谋生，而是为了从中获得快乐，这些工匠都能耐得住清贫和寂寞，数十年如一日地追求着职业技能的极致化，靠着传承和钻研，凭着专注和坚守，缔造了一个又一个的奇迹。

"干一行，爱一行"是工匠精神的最好体现，是一种优秀的职业品质，是所有的职业人士都应遵从的基本价值观。只有爱上自己的工作，才会全身心地投入到工作中去，因为这样会把工作当成一种享受，这样的精神力量是鼓舞人们认真工作、爱岗敬业的动力，只有爱上自己工作的员工才能不断提高自己的职业素质，并在工作中体现自己较高的职业素质，在工作中发挥出自己最大的效率，才会更迅速、更容易地取得成功。当一个人真正做到爱上自己的工作，心中就会有潮涌的激情和坚如磐石的信念，就有对工作的极度狂热，就有"衣带渐宽终不悔，为伊消得人憔悴"的追求和执着。

总而言之，全心全意地热爱自己的工作，热爱自己的岗位，即使有荆棘、有羁绊，即使苦些累些，只要"心跟事业一起走"，一定能在追求与付出中体验到奋斗的快乐与慰藉。

一、因为热情，所以投入

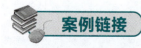

比尔·盖茨曾说过："每天早晨醒来，一想到所从事的工作和所开发的技术将会给人类生活带来的巨大影响和变化，我就会无比兴奋和激动。"比尔·盖茨的这句话阐释了他对工作

的热情。在他看来，一个事业成功的人，对工作的热情和能力、责任、忠诚一样不可或缺。而他的这种理念，也已成为微软文化的核心，让微软王国在IT世界傲视群雄。微软的招聘官员曾对记者说："从人力资源的角度讲，我们愿意招的'微软人'，他首先应是一个非常有热情的人——对公司有热情，对技术有热情，对工作有热情。可能是一个具体的工作岗位上，你也会觉得奇怪，怎么会招这么一个人，他在这个行业涉入不深，年纪也不大，但是他有热情，和他谈过之后，你会受到感染，愿意给他一个机会。"可见，对工作充满热情，这是每个有进取心的职场人士必须具备的一个重要品质。一个没有热情的人，不会让自己的进取心和梦想像火一般地熊熊燃烧，并把这种进取心和梦想转化为对成功永不止步的追求和卓有成效的行动。

爱默生说过："有史以来，没有任何一件伟大的事业不是因为激情而成功的。"热情是经久不衰地推动你面向目标勇往直前、直至你成为生活主宰的原动力。它使你保持清醒，意志坚强；它使你全身心地投入到你选择的职业中。唯有保持对工作的热情，你才会有永不衰竭的动力；唯有热情地对待你从事的工作，你才能主动出击，脱离平庸；唯有对工作充满热情，你才能在挫折面前永不言败，笑到最后！

二、因为享受，所以快乐

工匠精神提倡把自己喜欢的、并且乐在其中的事当成使命来做，如此就能发掘出自己特有的潜力。其中最重要的是能保持一种积极的态度，即使是辛苦枯燥的工作，也能从中享受到价值，在你完成使命的同时，会发现成功之芽正在萌发。工作是一个态度问题，是一种发自肺腑的爱，一种对工作的真爱。工作需要热情和行动，工作需要努力和勤奋，工作需要积极主动、自动自发的精神。只有以这样的态度对待工作，我们才可能享受到工作所带来的快乐。

托尔斯泰曾经说过："人生的乐趣隐含在工作之中。"如果你在工作中感觉不到快乐，那绝不是工作的错。你如果视工作为享受，那么就会努力地工作，并从中得到快乐，这种快乐会让你更投入于工作，由此形成一种良性循环；而你如果把工作当作一种痛苦的历程，便会心生不满，敷衍了事，最终一事无成。

不同的工作态度，反映了不同的人生境界：抱怨工作和享受工作。那些工作时乐在其中的人总能把压力变成动力，轻而易举地化解工作中的疑惧和担忧，顺利地将成功囊括在自己手中。石油大王洛克菲勒曾说："如果你视工作为一种乐趣，人生就是天堂；如果你视工作为一种义务，人生就是地狱。"在天堂与地狱之间，剩下的是默默无闻和庸庸碌碌。因为持有不同的工作心态，同样的工作，不同的人却是生活在不同的境界里。

其实，每一份工作都蕴含着无穷的乐趣，只要你热爱它，并全心全意地去做，就能够找到乐趣，问题的关键是你如何认识和看待它。事实上，每一份工作、每一个领域都自有挑战与乐趣。当你在工作中尽量去寻找乐趣，带着一种乐观的态度去投入工作的话，相信那种乏味、窒息的工作氛围以及自己的精神状态会大为改观。你会发现不仅自己的工作效率大大提高了，你的乐观态度还会影响周围的人。这可以提升你的工作表现和你在同事与老板心目中的美好形象，非常有利于你事业的进步。不论你所选择的事业能够为你带来多少财富，只要你用满腔热忱全心投入，那么，总有一天你能够创造出崭新的局面，每天工作的时候也会感到充实快乐。

三、因为梦想，所以执着

所有的工匠在内心都有一个不可磨灭的梦想和目标，那就是在自己擅长的领域内做得更好。工匠们不遗余力地坚持着这个梦想，将其当作人生的信仰和支柱。这也启发我们每一个职场中的普通员工，要给自己定一个长远目标，并持之以恒地坚持，一步一个脚印地走出一条匠人之路。

在我们的生活中，必须有目标才能活得精彩。而目标是什么？它基本与我们的梦想是平行的。有梦想很重要，正如马云所说："人可以十天不喝水，七八天不吃饭，两分钟不呼吸，但不能失去梦想一分钟。没有梦想比贫穷更可怕，因为这代表着对未来没有希望。"

工作也是如此，如果没有目标，只能是碌碌无为地工作，不仅效率低下，而且职业生涯中的价值也无法实现。"工匠精神"告诉我们：要明确目标，把梦想当作信仰来付诸努力。

案例链接

我国的高铁技术引领世界前沿，其中CRH380A列车是李克强总理向全世界主推的中国高铁的一张亮丽的名片。这不仅源于我们经济的突飞猛进，更源于我们拥有一大批高铁"匠人"。在这里，要重点介绍对技术精益求精、一丝不苟、名副其实的大国工匠，高铁首席研磨师宁允展。

宁允展，南车青岛四方机车车辆股份有限公司车辆钳工高级技师。他是国内第一位从事高铁列车转向架"定位臂"研磨的工人，用极短的时间掌握了定位臂研磨技术，打破转向架生产瓶颈难题，从他手中出去的产品创造了10年无次品的纪录，发明的工装每年可为公司节约创效近300万元。宁允展从技校毕业之后，在技术上一直追求精益求精。他勤于钻研研磨技术，自从他接触这一行开始，就深深地爱上了这一行，他将成为中国研磨第一人作为自己的梦想，并将梦想当作信仰。每当遇到难题别人退缩时，他就会从梦想中汲取力量，正是这种信仰，支撑和激励着他走向一个又一个的成就和辉煌。

在380A列车中有一项技术特别难以攻克，那就是转向架和定位臂之间的节点，留给它研磨的空间只有0.05毫米。

在0.1毫米的时候，全国当时只有15个人可以做。可想而知，这15个人已是工匠中的精英了。当到了0.05毫米这样一个微小的空间时就只有宁允展一个人可以做。

我们可以想象一下，0.05毫米的空间，像一根头发丝一样细的缝隙，它需要研磨，这种难度非同寻常。

对梦想的信仰激发了宁允展在技术研究上的痴迷。为了在技术上更加精细，他在自家的院子里建起了一个"车间"，下班之后就在"车间"里倾心钻研业务，继续精练自己的技术。在梦想这个信仰的激发下，经过三年多的不懈努力，他最终攻克了0.05毫米的研磨技术瓶颈。

这种技术非常难以把握，用力稍微重一点，就过了，十几万的转向架就作废了。如果用力太轻，又达不到0.05毫米的标准。然而宁允展用他细致的工作作风，关注细节的工作态度，最终攻克了这一难关，成为中国0.05毫米研磨的第一人，他的精湛技术让来自日本的专家对他竖起了大拇指。

宁允展的故事告诉我们，即便是再大的困难，只要我们有目标、有梦想，然后坚持信仰去研究、去深挖，就一定能克服。我们熟悉的很多"工匠"都是这样炼成的。因此，在职场中，想要成为有价值的员工，必须明确自己的发展和工作目标，并且把这个目标当成梦想来信仰，坚持下去就一定会有收获。

第二节　专注

二维码 5-2

专注就是内心笃定而着眼于细节的耐心、执着、坚持的精神，这是一切大国工匠所必须具备的精神特质。从中外实践经验来看，工匠精神都意味着一种执着，即一种几十年如一日的坚持与韧性。德国除了有人们耳熟能详的奔驰、宝马、奥迪、西门子等知名品牌之外，还有数以千计普通消费者没有听说过的中小企业，它们大部分术业有专攻，一旦选定行业，就一门心思扎根下去，心无旁骛，在一个细分产品上不断积累优势，在各自领域成为领头羊。其实，在中国早就有"艺痴者，技必良"的说法。古代工匠大多穷其一生只专注于做一件事，或几件内容相近的事情。《庄子》中记载的游刃有余的"庖丁解牛"，《核舟记》中记载的奇巧人王叔远等大抵如此。

这是个信息爆炸的时代，我们无时无刻不处于信息的包围中，信息的泛滥使我们能关注到更大的范围、更多的内容、更广的知识，也导致我们很难专注、专一。这也是这个时代工匠少之又少的原因。任何技能的掌握都是需要时间的，如果在学习技能中，能专注一些，则能缩小掌握技能的时间。

尼采曾言："谁终将声震人间，必长久深自缄默；谁终将点燃闪电，必长久如云飘泊。"一个人欲想在一个领域中活出自我价值，必应专心于一件事，在其中沉潜再沉潜，随着时间推移，这件专心做的事必会如百年老酒一般醇香，香满人间。这个世界上任何一个领域和行业都有成功的机遇，许多人没能得到想要的结果，就是缺乏专注的态度。如果你肯专注于某一件事哪怕它很不起眼，但只要努力做好，就会有不同寻常的收获。人生苦短，心无二用。选定了一个方向、一条路，就要持之以恒地走下去，把事情做细、做精，力求成为这一领域内的"专家"。

一、专注提升效率

著名的效率提升大师博恩·崔西有一个著名的论断："一次做好一件事的人比同时涉猎多个领域的人要好得多。"富兰克林将自己一生的成就归功于对"在一定时期内不遗余力地做一件事"这一信条的实践。一次只做一件事，就是专心致志，全神贯注，不受任何内心欲望和外界诱惑的干扰，对既定的方向和目标不离不弃，执着如一，不懈努力。

案例链接

调味品航母老干妈，这家销售收入超过 37 亿元、日产量超过 200 万瓶的企业的前身，只是一家小店（图 5-1）。字都不认识的创始人陶华碧开了这家小店，专卖凉粉、凉面，同时还有她自制的一种独特美味的辣椒酱。

　　一段时间后，她发现店里最受欢迎的产品是自制的辣椒酱而不是凉粉。于是，她果断放弃了形势较为良好的凉粉和其他生意，而专门卖辣椒酱。经过数十年的发展，如今的老干妈已成为国际知名品牌，而老干妈的主要产品还是辣椒酱，这点从未改变。

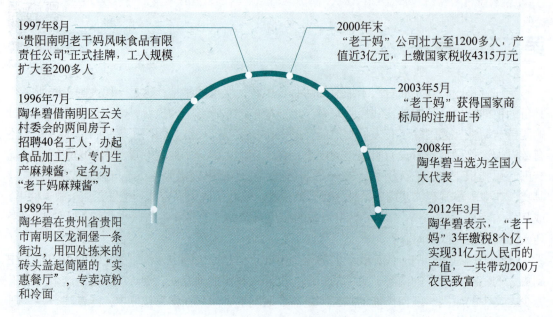

图5-1 "老干妈"的发展历程

　　促使陶华碧成功的正是专一。试想，陶华碧如果不放弃凉粉生意，以她一个人的精力，也只能一直困守这个小店，也就不会发现老干妈辣酱的广阔市场，当然也不会有今天的成功。

　　陶华碧的创业史告诉了我们专一的重要性。成功需要多种品质，如信心、诚信、技能、金钱、关系、机遇等，但最终成就成功的，是专一。成功来自专注。世界上到处是散漫粗心的人，而那些专心专注于每一件事情的人却始终是"供不应求"的。只有把专注当作工作的使命并努力去做，养成专注工作的好习惯，你的工作才会变得更有效率，你也更能乐于工作，而且更容易取得成功。

　　一次只专心地做一件事，全身心地投入，并积极地希望它成功，这样我们就不会感到精疲力竭。不要让我们的思维转到别的事情、别的需要或别的想法上去，专注于我们正在做着的事。集中精力专注于一项工作，就能把这项工作做得很好。

　　每次只做一件事情，对提高效率至关重要。做好一件事情，需要凝聚心神、心无旁骛，这样一个人才可能最大限度地发挥潜能。而频繁地从一项工作转换到另一项工作则是浪费时间和精力的做法。基于这个道理，人们在工作中应该避免不必要的工作转换，要尽可能把一件事情做好、做透、做到位，然后再考虑下一件事。同时，当一个人了结了一件事情时，往往会有一种解脱感和满足感，甚至会有一种成就感，这是一种很好的心理状态，也是保证下一件事做好的必要前提。

二、专注带来领先

专注带来领先，而领先又可以带来收益，这种收益源自产品的质量及品牌在客户心中打下的烙印。专注可以使我们的每一次行动、每一个行为都成为一种积累和一种投资，都成为未来发展的资源。

案例链接

《华为基本法》作为华为公司的根本大法，翻开第一条就是"为了使华为成为世界一流的设备供应商，我们将永不进入信息服务业"。华为将自己严格定位为通信设备制造企业，就是希望将有限的资源"聚焦"，使其发挥最大效力。基于这样的指导思想，华为制订出在通信产品上全面发展的计划，在通信设备制造领域专注发力，坚持不懈。

2020年3月31日，华为发布2019年年度报告，报告显示，华为实现全球销售收入8588亿元人民币，同比增长19.1%，净利润627亿元人民币，经营活动现金流914亿元，同比增长22.4%。

可见，成功没有捷径可走，必须全力以赴地做好每一件事情。人的精力总是有限的，成功卓越者可能一生要做很多事情，但在一段时间内，只有集中精力投入到一个目标，才容易成功。如果在同一时间，一心多用，常不免相互干扰而导致失败。

世界上无数的失败者之所以没有成功，并不是因为他们的才干不够，而是他们不能集中精力全力以赴地去做适当的工作，大好精力被浪费在东西南北各个方向上，而他们自己竟然还从未觉察到这一问题。如果把心中的那些杂念一一剪掉，使生命里的所有养料都集中到一个方面，那么他们将来一定会惊讶——自己的事业树上竟然能够结出那么美丽丰硕的果实。

三、专注造就专业

我们常说"一技之长"，"一招鲜，吃遍天"，这就是指匠人，我们也应学习这种"争做同行之最"的精神，成为精通工作的行家里手。

专注可以让我们更专业，让我们能够有更多的时间和精力去突破自己的成长上限。尤其当我们始终在一个方向上努力，终将使得合力达到最大。

而如果把精力分散到不同的领域，则很容易导致在每一领域都很平庸。因此我们应该将自己的注意力长时间地集中在一个领域，用心地去探索这个领域内的规律。

不论从事什么行业，只要想在该行业中站稳脚跟，取得一番成就，就必须具备精湛的专业技能，而且还要以精益求精的态度不断提高自己的专业技能水平。专业技能的水平对员工在这个行业中的成长具有关键作用。你尽可以通过自身努力，持续创新成为某方面的专家，如财务专家、市场营销专家、产品开发专家，超越一般的专业水准，形成个人的核心竞争力与差异化优势。可以说，专业技能是实现个人成长的敲门砖，无论你身处何岗位，都要以这块敲门砖来打开通往成功的大门。任何人都不可能脱离专业技能之本而空谈发展之路，专业技能决定了你的价值和工作职位。

第三节　勤奋

二维码 5-3

常言道：只要功夫深，铁杵磨成针。毛泽东曾说过："贵有恒，何必三更起五更眠；最无益，只怕一日曝十日寒。"作家格拉德维尔也提出过一万小时天才理论，意为任何人只要经过一万小时的努力，就可以从平凡变成超凡。这些都是工匠精神中勤奋的体现，伟大的工匠们无不是靠着这种品质，数十年如一日执着专一，由普通人变成行业中的翘楚。

勤奋是工匠的特质，也是工匠精神的核心之一。这是一代又一代的工匠们用实干铸就的伟大精神，激励着我们继续去弘扬升华。勤奋是我们做好事情、达成目标的根本。事实上，任何领域中的优秀人士之所以拥有强大的执行力，能高效地完成任务，就是因为他们勤奋，他们所付出的艰辛要比一般人多得多。

业精于勤，荒于嬉，机会总是垂青于那些勤奋努力、早有准备的人。如果一味懒惰，不思进取，即使机会来临也会失之交臂，任何目标和梦想也终是水中月，镜中花。

当今社会充满机遇，更充满挑战，要想让自己抓住机遇脱颖而出，就必须要求自己付出比其他人更多的勤奋和努力，才能够达到理想的愿望。因此，不管你现在从事什么样的职业，身居何位，都要发扬工匠精神，牢记勤奋这一传统美德，勤奋地做人，勤奋地做事，勤奋地学习和积累，唯有勤奋者才能成就不平凡的业绩。

一、勤奋就是脚踏实地

成功没什么秘诀，贵在坚持不懈；卓越也没什么秘诀，就在于比别人多走一步。对工作，既然选择了，想要好的结果，都应有一份脚踏实地的态度。人们常常是在跨过乏味与挣扎、在成功前选择了放弃；在做了 90% 的努力后，放弃了做最后可以获得成功的 10%。这，其实是人生最大的一种浪费，不但输掉了开始的投资，也会放弃经由努力而有所收获的喜悦。任何一件平凡的事情，只要你能坚持比别人多走一步、多坚持一分钟，你的生活可能就会与众不同。

案例链接

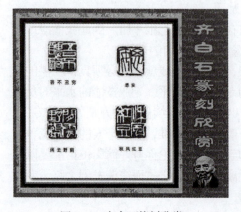

图 5-2　齐白石篆刻欣赏

初学篆刻时，齐白石经常不得要领，为此他很是苦恼。一次，齐白石去请教一位擅长篆刻的朋友，那位朋友告诉他，想学好篆刻有个窍门：到南泉冲去挑一担础石回来，随刻随磨，等到刻上三四个点心盒，石头都磨成了石浆，你的功夫也就到家了。

听了朋友的指点，齐白石真的这么做了。他弄回许多石料，刻完磨掉，磨完再刻。屋内一个地方弄湿了，换个地方再继续。就这样，不断地移动位置，直到整个屋子没有一块干爽的地方为止。他就那么专心致志地刻，日复一日，年复一年，础石越来越少，地上的淤泥越来越厚。当一担础石都化成了泥，齐白石也练就出了一手篆刻技艺（图5-2）。齐白石刻的印，雄健、洗练，独树一帜，达到了炉火纯青的境地。多年后，当齐白石回想起自己学习篆刻的经历，写下了这样两句话："石潭旧事等心孩，磨石书堂水亦灾。"

对齐白石来说，勤奋绝非一时兴起，而是一生的习惯。他对画画和篆刻的坚持，不是为了功名利禄，而是发自内心的喜爱。

优秀的人从来不会因为现有的成就而停留，他们时刻以高标准来要求自己，在勤奋中追求更精湛的技艺。正因为这种勤奋和刻苦，才使得齐白石先生从一个牧童变为木匠，从木匠变为画匠、雕匠。他的锐意进取、永不懈怠的精神，造就了他中年时期的"五出五归"，以及60岁时的"衰年变法"和名扬中外的艺术成就。可对于平凡的我们来说，世间也有一条路可走，就是像齐白石先生一样用一生实践勤奋刻苦、不断进取的工匠精神，在专注和积累中，成就属于自己的不凡。

常言道：一分耕耘，一分收获。只有付出了辛勤的劳动，才会有丰硕的成果，不劳而获的事情从来就是不存在的。勤奋工作既是一种能力和克己的训练，也是创造辉煌成就的前提。只有在工作当中勤奋努力，发愤图强，才会激发内在的激情，热爱自己的工作，对待工作才可以废寝忘食，乐在其中。不管什么时代，勤奋的人永远倍受尊重。勤奋是永不过时的精神，是自强不息的表现，终会有所成就。所以说，勤奋努力的精神永不过时，勤奋依然是每一个成功者的不二法门。

二、勤奋就是摒弃浮躁

在飞速发展的时代，人们的心灵易于在快节奏中迷失。踏实工作的人少了，急于求成的人多了，社会风气变得浮躁了。在浮躁的心态下，做什么事情总是浅尝辄止，看书一掠而过，做事这山望着那山高，总是希望鱼与熊掌能够兼得。有的人渴望一夜成名，一夜暴富，这种功利的心理难以孵化出工匠精神。

我们对待事物的正确态度应该是：平和沉静，脚踏实地；不以物喜，不以己悲。所以，要掌控你的工作，一定要踏实严谨，切忌心浮气躁。

案例链接

日本近代著名剑客宫本武藏收了一个名叫柳生的徒弟，授业第一天柳生问："以徒儿的资质练多久可以成为像您这样的一流剑客？"宫本答："至少10年。"柳生觉得10年太久，又问："如果我加倍努力呢？"宫本答："那就要20年。"柳生以为自己的努力不够，又问："如果我夜以继日、一刻不停地苦练呢？"宫本说："如果这样的话，你就更没希望了！"柳生越听越糊涂。宫本语重心长地说："如果只知道盯着前面的目标，以一颗浮躁之心埋头苦练，不认清自身短长，并加以调整，那就永远成不了好剑客。"

常言说：天下大事必作于细，天下难事必作于易。戒除浮躁，专心而攻，成功便不再遥远。那些梦想着能够一步登天，可以越过小事也能成就大事的人，很难获得真正的成功，因为浮躁之心让他们难以看到小事中的机会。所以，摆脱烦躁之心，从小事做起，才有机会做大事。

三、勤奋就是学无止境

不管做什么事情，只要勤学苦练，掌握规律，就能找出许多窍门，干起来得心应手。工作也是如此。工作是一个不断学习、不断完善、不断积累的过程，只要我们能够不断地学习和掌握技术、业务，就能够把一项工作做到运用自如的程度。换言之，就是做好了平凡的工作，把一件平凡的工作做到了极致。这就是工匠精神。熟能生巧，工作经验的积累可以让你的工作时刻都处于良性的轨道之上，提高工作效率就是轻而易举的事。

不积跬步，无以至千里；不积小流，无以成江海。所有的成功都是经过很多的积累而成就的，积累使人经历丰富，学识渊博，只要积累众多能量，终有一日会由量变到质变，实现质的飞跃，从而一举成功。点滴小事能长期坚持，离大功告成就会近在咫尺。

第四节　严谨

二维码 5-4

不以恶小而为之，不以善小而不为。这句刘备警示儿子的话中，两个小字充分说明了小事在人生中的重要性，可以说小事可以成就大事，细节成就完美。在我们的工作中很多关乎成败的事情往往是通过小事展现出来的，或许我们每天都在进行简单而平凡的事情，但把每一件简单的事都做好就会不简单，把每一件平凡的事都做好就会不平凡。

古代工匠最典型的气质就是对自己的技艺要求严苛，并为此不厌其烦、不惜代价地做到极致，精益求精，锱铢必较。《道德经》中提出"天下大事，必作于细"，工匠没有精细化意识是很难有所作为的。无论什么样的职业、什么样的工作，要把这件事情做好了就需要先把这件事情做细了，这样工作起来才能事半功倍。

工匠精神是严谨的，一丝不苟的。正所谓"失之毫厘，谬以千里"，无论你从事什么样的工作，扮演什么样的角色，都应该从点滴入手，从细微入手，认认真真地对待每一个细微之处，把每一个细节做到位。只有这样，你才能把自己的工作做得尽善尽美。

严谨细致才能打造出无可替代的产品，一名企业员工想要成为职场中的精英，那么就必须要培养自己的精细化意识。严谨细致，就是对一切事情都有认真、负责的态度，一丝不苟、精益求精，于细微之处见精神，于细微之处见境界，于细微之处见水平；就是把做好每件事情的着力点放在每一个环节、每一个步骤上，不心浮气躁，不好高骛远；就是从一件一件的具体工作做起，从最简单、最平凡、最普通的事情做起，特别注重把自己岗位上的、自己手中的事情做精做细，做得出彩，做出成绩。

在现实中想做大事的人很多，但愿意把小事做细的人很少，一些小的细节往往能够决定一件大事的成败。想要成为精英员工，就要有做好小事才能成就大事的心态。我们必须改变心浮气躁、浅尝辄止的毛病，提倡注重细节、把小事做细的精神。

一、细节成就完美

正是具有"工匠精神"的匠人们有着追求完美的执着，为了完美不计代价，为了完美甘心付出，才使得其能对自己的工作一丝不苟，精益求精，对自己的产品精雕细琢，达到极致。在某种程度上说，正是这种追求完美、再完美的精神，促使了技艺不断向前发展，才诞生了无数精美的作品，并使之更加优秀，也正是追求完美、再完美，才成就了个人的事业，奠定了成功的基础。

案例链接

德国是一个汽车生产大国，除奔驰之外，大众、宝马、保时捷等都是国际著名汽车品牌，但称得上百年"老字号"的唯有奔驰。在奔驰100多年的成长史中，追求完美、勇于创新应是最值得奔驰人骄傲之处。奔驰汽车为什么能成为德国工业制造的金字招牌呢？一朝一夕的工夫肯定是不行的。

奔驰销售经理格帕特的回答是"高质量、安全性好和周到服务"。他说得没错，奔驰公司生产的汽车以质得名，它的质量看得见、摸得着。一辆中档奔驰车价格较贵，但至少可开20万公里，而奔驰车的安全性能设计更是它享有盛誉的重要原因之一。如果你到奔驰营业厅买车，一定会为它周到热情的服务而感动。原本3个月的订车时间，往往会提前一个半月就通知你取车；交车时，销售人员还会给你耐心讲解各部件的主要功能并回答提问，最后交钥匙时还奉上一束鲜花，不忘说一句："感谢购买奔驰车。"一流的服务体现在所有细节中，自然大方，满意服务中让消费者感受到销售人员对车了如指掌的功力。

奔驰是世界汽车业的开路先锋，100多年来它始终如一。对产品质量的追求创造了众多世界第一，很多人谈到奔驰精益求精的品质都不禁肃然起敬。而这种难能可贵的品质一直被戴姆勒（奔驰汽车创始人）传承下来，那时年迈的戴姆勒常常伏案沉思，忘我工作。有次，一位女仆来收拾他的房间，她一边扶起倒在白纸上的墨水瓶，一边轻声唤醒戴姆勒说："先生，你已经做了很多了。"戴姆勒若有所思地回答："我只想做到最好，否则什么也别做！"

是什么成就了奔驰车的霸主地位？无疑是追求完美的品质。工匠精神成就世界品质，不分行业大小。我们生活中所有美好的事物，都是靠劳动创造的。工匠精神就是一种努力将99%提高到100%的极致精神。哪怕再小的细节，也要全神贯注，全力以赴，只为打造极致的产品和体验。

没有最好，只有更好，这就是追求完美的理念，这就是工匠精神。一个拥有卓越之心的人，会加倍努力寻找解决的方案，为自己树立一个近乎完美的标准。追求完美是一种观念、一种心态，更是一种行动。事实上，每个人都具备追求完美的条件和资源，只要你愿意为此付出行动。在工作中，我们应该严格要求自己，能做到最好，就不能允许自己只做到一般；能完成100%，就不能只完成99%，能尽到100%的心，就不要只尽到99%的心。

每天重复着单调的工作，也许有人会感到乏味、无奈。却不知平凡中孕育着伟大，小事可以成就大业。对工匠来说，即便是再简单不过的工作，也要把它做到完美至极，这种工作态度对现代职场人来说也是十分重要和必要的。所谓一花一世界，把细微的小事做到完美，做到极致就是大事。一个连小事都做不好的人是不可能有大成就的。

二、细节决定成败

细节往往因其小而被忽视，掉以轻心；因其细而使人感到烦琐，不屑一顾。可就是这些小事和细节，往往是事物发展的关键和突破口。正如汪中求先生在《细节决定成败》一书中所说："芸芸众生能做大事的实在太少，多数人的多数情况总还只能做一些具体的事、琐碎的事、单调的事，也许过于平淡，也许鸡毛蒜皮，但这就是工作，是生活，是成就大事不可缺少的基础。"

对企业来说，细节决定着成败；对个人来说，细节一样关乎着胜负。

新时代的企业和员工，都应克服华而不实的作风，改变随意性、粗放性的管理和工作方式，多一点工匠精神。将每一件小事做好是一种工作态度，若是平时不注重细节就会养成不良习惯，久而久之带着不精细的态度工作，那么成功将永远不会眷顾你。集小善则为大善，集小恶则成大恶。其实任何小事都是大事，做好手中的每一件小事才能以小见大。

不要将处理琐碎的小事当作是一种负累，而要当作一种经验积累的过程。须知，事业上的成功从来都不是一蹴而就的，而需要不断积累。对琐事不屑一顾，处理问题时消极懈怠的人，鲜有成功者。"千里之堤，溃于蚁穴"，那些平时勤勤恳恳地工作，并且卓有成效的人，往往因为一时的疏忽大意就与唾手可得的成功失之交臂，一次失误使从前所做的种种努力都付之东流。

三、细节铸就非凡

工作是由一个又一个的细节构成的，在工作中，认真去对待每一个细节、每一件小事，最终往往会聚沙成塔，成就大事。

再细微的工作也有其存在的意义，每一个过程也都会在自然而然中成就另一个过程，只有环环相扣，在平时注重每一个工作细节，那么你的整个工作最后才能呈现出一幅完美和谐的图景，那些善于关注细节的员工往往能够在工作中取得非凡的成就。

案例链接

密斯·凡·德罗（图5-3）是20世纪世界最伟大的建筑师之一，在被要求用一句最简练的话来描述成功的原因时，他只说了五个字："魔鬼在细节。"他反复强调的是，不管你的建筑设计方案如何恢宏大气，如果你对细节的把握不到位，就不能称之为一件好作品。

当今美国有不少大的戏剧院出自德罗之手。他在设计每个剧院时，都要精确测算每个座位与音响、舞台之间的距离以及因为距离差异而导致不同的听觉、视觉感受，计算出哪些座位可以获得欣赏歌剧的最佳音响效果，哪些座位最适合欣赏交响乐，不同位置的座位需要做哪些调整方可达到欣赏芭蕾舞的最佳视觉效果。更重要的是，他在设计剧院时要一个座位一个座位地去亲自测试和敲打，根据每个座位的位置测定其合适的摆放方向、大小、倾斜度、螺丝钉的位置等。他这样细致周到的考虑，使他成为一个伟大的建筑师。

认认真真、踏踏实实地做事，把每一个细节都做到位，这正是人生中一个既简单又深奥的哲理，也是每一个渴望事业辉煌的职场中人所应该追求的品质。小事成就大事，细节造就完美。一个人工作能力的大小，工作素质的高低，总能体现在无处不在的细节中。

我们应当记住，工作中无小事，细微之处见精神，将处理琐碎的小事当作是一种经验的积累，当作是做一项伟业的准备，正所谓"不积跬步，无以至千里。不积小流，无以成江海"。

密斯凡德罗

- 二十世纪中期世界上最著名的四位现代建筑大师之一。密斯坚持"少就是多"的建筑设计哲学，在处理手法上主张流动空间的新概念。他的设计作品中，各个细部精简到不可精简的绝对境界，不少作品结构几乎完全暴露，但是他们高贵、雅致，以使结构本身升华为建筑艺术。

图 5-3　密斯凡德罗

二维码 5-5

第五节　进取

　　进取心，是人生斑斓多姿、丰富多彩的基础和保证。无论从事什么行业，做什么工作，人都应该永远有一颗进取之心。俗语说得好："逆水行舟，不进则退。"一个人一旦停下来，一旦对于自己的才识、能力满足起来，不久，他就将被不断发展的时代抛到后面去。人生有了进取心，人才可以充分挖掘自己的潜能。

　　进取精神是一种永不满足的心理状态。进取精神继承了干一行，爱一行，钻一行的钻劲和挤劲，进而在各项事业中发扬。客观世界是不断向前发展的，人们的认识和思想也必定不断向前发展，只要稍有自满和停留，就要落后。有了上进心，就会有奋斗和进步；反之，安于现状，懒于进取，必然落后。进取精神是时代的要求，站在时代前列的人尤其应具有强烈的进取心，它集中表现为：勤于学习，努力向上，勇于探索，自强不息，以顽强的意志和开拓精神精益求精地做好工作。

　　优秀的工匠永远不会满足于已经取得的成就，我们应该发扬工匠这种不断进取的精神，树立终身学习的理念，天天向上，不断超越，永不满足。勇敢面对工作中的困难和挫折，在工作中锤炼技能，在工作中铸造个人品牌，从而谱写人生的美丽华章。

一、不惧问题，迎难而上

　　拥有进取心的人能够不安于现状，不甘心落后，积极进取，最终打开成功之门。有人研究了美国最成功的 500 个人的生平，还结识了这些人当中的许多人。他发现这些人的成功故事中都有一个不可缺少的元素——强烈的进取心。这些人即使屡遭失败但仍旧十分努力。在他看来，只有能克服不可思议的障碍及巨大的失望的人，才能获得巨大的成功。正如美国著名学者奥里森·马登所说："进取心激发了人们抗争命运的力量，它来自天堂，是完成崇高使命和创造伟大成就的动力，激励着人们向自己的目标前进。进取心最终会成为一种伟大的激励力量，会使我们的人生更加崇高。"

二、杜绝自满，不断超越

不满足于现状，不为眼前的成功而沾沾自喜，这就是进取心。只有不满足才能继续奋斗，只有不骄傲才能看清方向。做到了这两点，人生的成功就不难实现。

案例链接

鲁班，姓公输，名班，春秋战国时期鲁国人。一生发明了斧、锯等木工器械，碾、磨等生活用品，留下了无数桥涵楼阁等建筑物。他是世上杰出的工匠，发明家，与墨子同乡同代的平民圣人，百工匠祖。两千多年以来，他的名字和有关他的故事，一直在广大人民群众中流传。我国的土木工匠们都尊称他为祖师。当初，鲁班也只是一名普通木匠，但随着时间的推移，他的技艺技术日益纯熟，不满足于斧锯的重复，逐步转向建筑设计、构造原理等方面的研究和创造，并取得了一系列成就，最终成为一名建筑大师。虽然匠人成为大师的总是少数，但这种进取精神是人类进步、社会发展的动力。

一个人无论从事何种工作，都应该竭尽全力，积极进取，尽自己最大的努力，追求不断进步。这不仅是工作原则，也是人生原则。一旦领悟了全力以赴地工作能消除工作辛劳这一秘密，那你就拿到了打开成功之门的钥匙了。能处处以竭尽全力、积极进取的态度工作，就算是从事最平庸的工作也能取得个人的荣耀。

三、永不止步，勇攀高峰

每一个人的成功之路，都是由无数个"一点点"铺就的。只要我们每天都能稍稍改变一点点、进步一点点，并坚持下去，今天比昨天进步一点点，明天就会有更大的发展；现在比过去进步一点点，未来就会有更大的飞跃。

一个人应该不断地追求每一天的成功，不断地在原来的基础上努力进取。在职业领域中，无论你从事什么工作，都应该争取在这一领域处于领先地位，永葆进取心，追求卓越，是职业人士的必备要素。在职业领域，追求是永无止境的，我们唯有不断鞭策自己，不断以更高的标准要求自己，才能取得事业上的成功。

日日精进，即每天进步一点点，这不仅仅是工匠精神，也应该成为职场人的自我增值之道。只要你每天进步一点点，每一天都是一个阶梯，都是新的一步。只有不断追求，才能不断进步；只有不断行动，才有不断的成就。

在职业领域，追求是永无止境的，我们唯有不断鞭策自己，不断以更高的标准要求自己，才能取得事业上的成功。

第六节　创新

二维码 5-6

工匠精神不仅是踏实认真做事的态度，更是一种在严格遵循规则基础上的创造力。中国古代工匠独有一种自我创新和自我开拓的精神，工匠自古就是指聪明、具有创造才能的人。

工匠精神所蕴含的创新，是在严格遵循制作器物规则基础上的质量改善和技术创新，体现在产品设计、生产、销售和售后等全产业链质量管理体系中。工匠精神的创造力可以提升产品劳动生产率和产品质量。具有锲而不舍精神和创新能力的人，能够不断突破各种生产和流通环节的关键技术瓶颈，学习先进的工具和方法，不断地进行质量改进和工艺创新。

工匠精神不是因循守旧、因陋就简，否则技术就不会进步。当传统工艺遇上新工艺、新技术，传承与创新有机融合便成为一种必然，这或许可以称为新工匠精神吧。在"中国制造2025"中，创新是勾勒蓝图的一条主线。其战略任务和重点，第一项就要提高国家制造业创新能力。这表明，创新是提升中国制造的基础，没有创新带来的活力和动力，中国制造只能原地踏步。

重提工匠精神已不仅仅局限于制造行业，而是在各行各业中都倡导精益求精的职业精神和职业态度，其内涵更为丰富，涉及范围更为广泛。这与万众创新是不谋而合、一脉相承的。综观创新的整个过程，过硬的职业技能加上追求完美的职业态度，持之以恒，必然有所突破，会在技艺、产品或者管理上有革新。

一、多动脑筋，善于思考

很多人对工匠心存偏见，认为工匠所从事的劳动是重复性的，没有创造性可言。实际上，工匠在整个企业的生产流程中扮演着关键角色，一切有关生产的设计、蓝图、标准，不仅要依靠熟练的技术来实现，而且还需要勤于动脑，积极思考。勤于思考、善于思考是各行各业优秀人才的共同特质。

思路决定出路，思考是人生最大的财富。学会思考，就能找到人生新的起点；学会思考，学会创新，成功就会向你走来。

案例链接

福特汽车公司是美国创立最早、最大的汽车公司之一。1956年，该公司推出了一款新车。尽管这款汽车式样、功能都很好，价格也不高，但奇怪的是，竟然销路平平，和公司预期的情况完全相反。

公司的管理人员急得像热锅上的蚂蚁，但绞尽脑汁也找不到让产品畅销的方法。这时，在福特汽车公司里，有一位刚刚毕业的大学生，却对这个问题产生了浓厚的兴趣，他叫艾柯卡。

当时艾柯卡是福特汽车公司的一位见习工程师，本来与汽车的销售工作并没有直接关系。但是，公司老总因为这款新车滞销而着急的神情，却深深地印在他的脑海里。

他开始不停地琢磨：我能不能想办法让这款汽车畅销起来呢？终于有一天，他灵光一闪，径直来到总经理办公室，向总经理提出了一个自己想出的方法，他提出："我们应该在报上登广告，内容为花56美元买一辆56型福特汽车。"

这个创意的具体做法是：谁想买一辆1956年生产的福特汽车，只需先付20％的货款，余下部分可按每月付56美元的办法直到全部付清。

他的建议最终被采纳，"花56美元买一辆56型福特汽车"的广告引起了人们极大的兴趣。

"花56美元买一辆56型福特汽车",不但打消了很多人对车价的顾虑,还给人留下了"每个月才花56美元就可以买辆车,实在是太划算了"的印象。

奇迹就因为这样一句简单的广告词而产生了:短短的3个月,该款汽车在费城地区的销售量,从原来的末位一跃成为冠军。

而这位年轻的工程师也很快受到了公司的赏识,总部将他调到华盛顿,并委任他为地区经理。后来,艾柯卡不断地根据公司的发展趋势,推出了一系列富有创意的办法,最终脱颖而出,坐上了福特公司总裁的宝座。

不管你从事什么工作,幸运之神都偏爱会思考、有创新精神的人。思考能使人不断进步,创新能使你的事业再上一个巅峰,与众不同的创新个性能使你成为众人的灵魂。因此,从现在起培养你不断思考、敢于创新的习惯,从生活中的点点滴滴开始培养,那么你的远大目标的实现自会水到渠成。

二、转换思路,突破常规

常言道:"不识庐山真面目,只缘身在此山中。""当事者迷,旁观者清。"我们的思维长期局限在一个狭小的环境中,是容易僵化的。只有拓展思维选择的可能性空间,跳出就事论事的模式,突破常规思维、习惯思维的框框,换一种想法,多一条思路,就会轻松地解决遇到的难题。

在工作中,如果一味地习惯固定的思考模式,只能使生活、工作成为机械化的程序,结果繁杂了你的生活和你的心情。很多人走不出思维定式,所以他们走不出宿命般的可悲结局;而一旦走出了思维定式,也许可以看到许多别样的人生风景,甚至可以创造新的奇迹。因此,我们要摆脱固有的思维模式,换个角度来考虑问题。

突破常规的思维模式,进行创新思考,这将是一个人在工作中获得成功的法宝。所以,我们必须摆脱惯有的思维习惯,变换一下做事的方法。正如当代著名趣味数学家马丁·加德纳所说的:"有些问题动用传统的常规方法理解确实很困难,但如果放开思路,打破常规,灵机一动,一切难题终将迎刃而解。"而这也正是工匠精神所提倡的。

三、发现问题,找准方法

好的员工,不仅在工作岗位上积极认真地工作,还应该不断去发现问题和解决问题。当然这是一个循序渐进的过程,我们需要先去质疑,然后发现问题,最后解决问题,在此基础上不断创新。只有这样,才能把工作做得更好,才能更长远。

案例链接

常志军是长兴重工的一名高级技师,也是常志军技师创新工作室的带头人。作为长兴重工一名普通的精度管理员,他在工作中始终将"持续专注、不断创新"作为自己的座右铭,在工作中不断学习、攻坚克难。多年来,他坚持工艺创新,获得了国家4项发明专利奖,多次获得国际级别技术比赛的一等奖。

"怎么样才能更好"就是他在工作中的口头禅。他不断分析当前制约精度管理水平提升的原因，提出质疑，然后通过创新的方式，融合精度技术与船舶建造工艺。

2016年他组织开展了主板切割精度改善、锚链舱制作精度改善、锚系结构安装精度控制技术改善、槽型隔舱精度改善等项目，最终取得了较好的效益，使得主板切割合格率由88%提升至94%，艏艉等曲形分段建造合格率由25%提升至70%，超大型散货船艏部锚系结构安装效率提升70%，实现建造周期缩短2周，节约成本20万元等。

2017年，常志军还带领工作室全体成员，以数字化船坞精度技术优化、主船体分段、总段高空作业智能化精密仪器、锚系结构整体建造技术革新等目标为抓手，以创新的研究思维、推广新工艺技术的举措实现造船智能化。常志军要求自己和自己的成员坚持不断质疑、不断发现解决问题，融入创新技术，坚持专注和实验。事实也证明，只有这样才可以取得优异成绩，才能让效率提升。

真正具有创新意识的人，无论客观环境多么不支持创新，都会去发现新问题，寻找新办法。他们以创造更好的解决办法为乐趣，务求在新问题演变为疑难问题前将之解决在萌芽状态，这便是古人所说的"知者见于未萌"。这是一种对创新活动的纯粹的热爱，不会因为时间流逝而减少，不会因为千辛万苦而舍弃。孔夫子说："朝闻道，夕死可矣。"那些致力于探索未知之道的杰出工匠也有着同样的情怀。

课后练习

一、选择题

1. 要想在某一领域变得专业需要培养怎样的品质？（ ）
   A. 热爱　　　　　B. 进取　　　　　C. 严谨　　　　　D. 专注
2. "只要功夫深，铁杵磨成针"。代表的是哪种工匠精神核心元素？（ ）
   A. 勤奋　　　　　B. 热爱　　　　　C. 严谨　　　　　D. 创新
3. 二战后的德国，凭借着怎样的精神，在很短的时间内取得了经济的腾飞？（ ）
   A. 创新　　　　　B. 严谨　　　　　C. 勤奋　　　　　D. 进取
4. 拥有怎样的精神才能实现日日精进和自我升值？（ ）
   A. 专注　　　　　B. 严谨　　　　　C. 进取　　　　　D. 热爱
5. 工匠精神的精髓是什么？（ ）
   A. 勤奋　　　　　B. 热爱　　　　　C. 严谨　　　　　D. 创新

二、简答题

1. 工匠精神的第一要素是什么？为什么？
2. 简述工匠精神和创新的关系。

第六章

工匠精神的培养

思政目标

科技时代，"工匠"似乎远离我们而去。但是，实现中华民族伟大复兴的中国梦，不仅需要大批科学技术专家，同时也需要千千万万的能工巧匠。更为重要的是，"工匠精神"作为一种优秀的职业道德文化，它的传承和发展契合了时代发展的需要，具有重要的时代价值与广泛的社会意义。

新时代需要各行各业成千上万的工匠，以精益求精的工作态度、精雕细琢的工匠精神助推中国梦的实现。培育职工工匠精神，要培养工匠意识，培育职业技能，厚植工匠文化，投身工匠实践。

学习架构

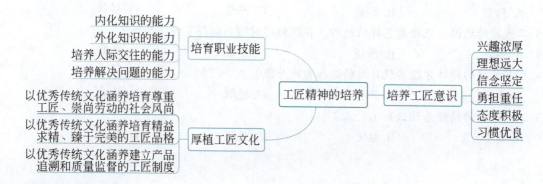

案例导学

高凤林：新时代高技能工人的时代坐标

焊接技术千变万化，为火箭发动机焊接，就更不是一般人能胜任得了，高凤林就是一个为火箭焊接"心脏"的人。

高凤林，中国航天科技集团公司第一研究院国营二一一厂特种熔融焊接工、发动机零部件焊接车间班组长，特级技师。

30多年来，高凤林先后参与北斗导航、嫦娥探月、载人航天等国家重点工程以及长征五号新一代运载火箭的研制工作，一次次攻克发动机喷管焊接技术世界级难关，出色完成亚洲最大的全箭振动试验塔的焊接攻关、修复苏制图154飞机发动机，还被丁肇中教授亲点，成功解决反物质探测器项目难题。高凤林先后荣获国家科技进步二等奖、全军科技进步二等奖等20多个奖项。

绝活不是凭空得，功夫还得练出来。高凤林吃饭时拿筷子练送丝，喝水时端着盛满水的缸子练稳定性，休息时举着铁块练耐力，冒着高温观察铁水的流动规律；为了保障一次大型科学实验，他的双手至今还留有被严重烫伤的疤痕；为了攻克国家某重点攻关项目，近半年的时间，他天天趴在冰冷的产品上，关节麻木了、青紫了，他甚至被戏称为"和产品结婚的人"。2015年，高凤林获得全国劳动模范称号。

高凤林以卓尔不群的技艺和劳模特有的人格魅力、优良品质，成为新时代高技能工人的时代坐标。

第一节　培养工匠意识

二维码 6-1

我们学习和弘扬工匠精神的主要目的是通过践行工匠精神，成为更好的自己，最终成为专业领域内或行业内的工匠人才。每个劳动者都应该践行工匠精神，打造自己的绝技、绝活儿，成就自己的美好人生。践行工匠精神不是一件容易的事情，关键在于认识自己。而要全面认识自己，需要从兴趣、理想、信念、责任、态度、习惯等几个方面着手，做到兴趣浓厚、理想远大、信念坚定、勇担重任、态度积极、习惯优良。

一、兴趣浓厚

兴趣是最好的老师。工匠精神的践行必须建立在兴趣浓厚的基础之上。有人给比尔·盖茨出过一个题目：有五把带锁的抽屉，里面分别装着财富、兴趣、幸福、荣誉、成功，但只能带一把钥匙，而把其他的四把锁在抽屉里，请问，你想带的是哪一把钥匙？比尔·盖茨的选择是兴趣。因为，最感兴趣的事物中隐藏着人生的目标和方向。乔布斯从小就对电子产品有着浓厚的兴趣。他从中不仅获得了感官和精神享受，更为日后创办苹果公司并成为世界电子产业的领军人物打下了基础。当一个人从事他喜欢的工作时，那么他的潜能将会得到最大限度的发挥。乔布斯的成功源于他把个人的兴趣与自己的天赋结合在一起。他对电子产品的兴趣，不仅成就了他，也成就了苹果公司，最终开创了电子产品的新时代。如果一个人始终在做自己感兴趣的事情，即使一开始进展不如想象中的顺利，但只要肯花时间去学习，愿意像乔布斯那样全身心地投入其中，持续努力，自然会把事情越做越好。

很多人一时难以弄清楚自己的兴趣所在、擅长什么，这就需要你在实践中善于发现自己、认识自己，不断地了解自己能干什么、不能干什么，如此才能取己所长、避己之短，进而取得成功。作家斯贝克一开始并没有意识到自己会成为作家，曾几次改行。开始，因为身高1.9米，他便爱上了篮球运动，加入了市男子篮球队。因为球技一般，年龄渐长，他又改行当了专业画家，但他的画技也无过人之处。当他给报刊绘画时，偶尔也写点短文，他终于发现了自己的写作才能，从此走上了文学创作的道路。

二、理想远大

工匠精神的践行需要有浓厚的职业兴趣，更需要远大理想的引领。理想是生活的动力源。人生因追逐理想而向前奔波，在理想的指引下走向完美，走向辉煌。

一个人追求的目标越高，他自身的潜能才能发挥得越充分。人之伟大或渺小都取决于志向和理想。伟大的毅力只为伟大的目标而产生。只有那些怀抱理想、志存高远、奋斗不息的人，才能完美地冲刺到终点。

哈佛大学有一个关于目标对人生影响程度的跟踪调查。被调查对象是一群智力、学历、所处环境等都差不多的人。调查结果发现，27%的人没有目标，60%的人有较模糊的目标，10%的人有清晰而短期的目标，只有3%的人有清晰而长期的目标。25年的跟踪结果显示：拥有清晰而长期目标的3%的人25年来都不曾更改过目标，朝着目标不懈努力，25年后几乎都成了社会各界的顶尖人士。拥有清晰而短期目标的10%的人生活在社会的中上层，短期的目标不断地被达成，生活状态稳步上升。目标模糊的这60%的人几乎都生活在社会的中下层，能够安稳地生活与工作，但似乎都没什么特别的成就。27%的人（没目标）几乎都生活在社会的最底层，25年来生活过得不如意，靠社会救济度日，并常常抱怨他人、抱怨社会。目标对人生有着巨大的导向性作用。成功在一开始仅仅就是一个选择。你选择什么样的目标，就会有什么样的人生。

三、信念坚定

工匠精神的践行还需要有坚定的信念作为支撑。信念就是对自己职业或事业乃至人生有坚定的信心。有什么样的信念，就有什么样的人生。信念是锤炼人们钢铁意志的熔炉，也能磨炼人们前进不俘的意志，更是一种不屈不挠的坚持。人生从坚定的信念出发，生活从选定的方向开始。信念是黑暗中的光亮，让我们在踌躇迷惘中找到自我；信念是一种心胸的豁达，因为锁定目标而不计较细枝末节。坚定的信念比成功本身更重要，人生只有难免的挫折，没有绝对的失败，很多成就都来自决不妥协的信念。只要信念在，希望就在。信念是一种无坚不摧的力量，当人坚信自己能成功时，往往就能取得成功。

有一年，一支英国探险队进入撒哈拉沙漠的某个地区，在茫茫的沙海里跋涉。阳光下，漫天飞舞的风沙像炒红的铁砂一般扑打着探险队队员的面孔。口渴似炙、心急如焚，大家的水都没了。这时，探险队队长拿出一只水壶，说："这里还有一壶水，但穿越沙漠前，谁也不能喝。"一壶水成了穿越沙漠的信念之源，成了求生的寄托目标。水壶在队员手中传递，那沉甸甸的感觉使队员们濒临绝望的脸又露出了坚定的神色。终于，探险队顽强地走出了沙漠，挣脱了死神之手。大家喜极而泣，用颤抖的手拧开那壶支撑他们的精神之水，然而从壶里缓缓流出来的却是沙子！真正救了他们的是他们自己的信念。

四、勇担重任

　　工匠精神的践行需要勇于承担重任。很多工匠几十年如一日，坚守某一种技艺技能，就是为了做出精品和极品。托尔斯泰曾说过，责任是一种意识、一种精神、一种态度、一种超越能力的素质。责任更多的不是体现一个人的学识、水平和能力，而是体现一个人的品格，体现一个人的价值观和思想境界。所有伟大的或者成功的人物，一定具有强烈的责任感。一个没有责任感的人，即使是天才也绝对成就不了事业。

　　一个真正有责任感的人会努力地、不断地学习和全面提高自身的素质和能力；会客观地审视自我，不断改变自我、超越自我，从而更好地履行职责。一个人的能力也需要通过尽职尽责地工作来体现。工作意味着责任，无论你处于什么岗位。责任感会让你的潜力得到充分的发挥，会使你克制一时的意气用事，会引导你改变不良嗜好、减少惰性，会让你分秒必争、放弃暂时的私利，会让你更加顾全大局，更具包容心、耐心，甚至自我牺牲精神。

　　想要在工作中得到领导的重视和肯定，首先要具备的就是强烈的责任心。如果在工作中缺乏责任心，就有可能产生无法预料的后果。有些人因为缺乏责任心导致工作结果"差之毫厘，失之千里"。只有每个人都尽职尽责，各项工作才能顺利进行。承担的责任往往与能力相关，多一分责任感，就多一分回报；多一分责任感，就多一分竞争力。

五、态度积极

　　态度是个人对他人、个人对事物、个人对现象等较持久的肯定或否定的内在价值倾向，比如喜爱某个人、反对某件事等。好的态度是成就大事的必备条件，一个人的态度决定了他能做到什么程度。在历史和现实中，由于对生活、学习、工作、事业抱消极态度而最后碌碌无为者不计其数，而抱积极态度不懈奋斗的最终成功者比比皆是。这都是由每个人的态度决定的。因此，可以说，态度决定着一个人的前途和命运。

　　成功者倾向于用积极的态度思考，用乐观的精神和丰富的经验掌控自己的人生。而失败者恰恰相反，他们的人生是受过去的种种失败与疑虑所引导和支配的。心理学家威廉·倍姆斯曾经说过，我们这一代人最伟大的发现就是人类可以借改变心中的态度来改变人生。生活中那些成功者的最大特点就是无论何时何地对于何事都能持有正确的态度，即使有时候态度不正确也能及时加以调整。

　　在日常生活中同样如此。没有什么事情是一定做不好的，关键在于态度。还没有开始做事情的时候，我们就认为它不可能成功，那它当然最终也不会成功；做事情的态度不认真、不积极、不热情，事情也不会有好的结果。我们对事情采取什么样的态度、付出什么样的情感和行动，就对应什么样的结果。只要我们时刻以积极的态度去面对工作和生活，每天以饱满的热情去迎接新的挑战，就一定能展现出最好的自己，实现自己的价值。

六、习惯优良

　　工匠精神体现的是工匠的优良习惯。因此，工匠精神的践行必须建立在优良习惯的基础之上。有人说过，播下一种心态，收获一种思想；播下一种思想，收获一种行为；播下一种行为，收获一种习惯。好的习惯不仅能促使人成功，而且能改变人的命运。好的习惯可以使人受用一生。好习惯养成得越多，驾驭自己的能力就越强。

一个人最大的敌人是自己，改变坏习惯也是战胜自己和征服自己的过程。生活总是属于能战胜自己的强者，只有强者才能改变命运，是赢是输完全取决于你自己。形成一个习惯的重要方式是重复。为了养成好习惯，好行为必须重复。

一旦形成好习惯，我们就更容易实施计划和行动。没有积极的行动就不可能取得成功。只要习惯与目标一致，做习惯的主人，不做习惯的仆人，就可以彻底改变坏习惯，养成好习惯。

第二节　培育职业技能

二维码 6-2

扎实的职业技能是成为行业工匠的基石。无论从事什么工作，只要职业技能高超，都称得上是行业工匠。要想方设法提升专业水平，通过加强教育培训，针对不同对象、不同岗位、不同特点，开展多方位培训，提高培训质量和职工技能水平；通过开展经常性的岗位练兵、技能比武，营造比学赶超的热潮，练就独门绝技。

作为大学生，要想正确的培养自己的职业能力，那么，首先就要认识自我，发现自己的优点和缺点以及自己的能力，根据自己的情况和现实做出正确的规划。作为大学生还是应该以知识方面为主，包括内化知识的能力和外化知识的能力。

一、培养内化知识的能力

内化知识的能力包括内化书本知识的能力和内化社会知识的能力。一个人无论做事还是做研究，内化知识的能力都是不可缺少的。因为我们所处的时代是知识爆炸的时代，知识更新的速度越来越快。在大学学习期间，如果大学生没有发展自己的这种能力，将来很难适应自己的工作，也无法满足自己进一步深造做研究的需要。

对于大学生而言，内化知识的能力的主要方面是内化书本知识的学习能力，因为在校大学生的主要任务是学习书本知识，通过掌握书本知识来提升自己。此外，大学生在大学学习期间，也要发展自己内化社会知识的能力，善于在日常学习和生活中向老师、同学、朋友等交往对象学习，学习他人的长处，弥补自己的不足。

所以，对大学生来说，应该详细地做出规划：一是努力学习，为学好各门功课打下坚实的基础，复习和预习各门功课；二是积极参加各种社会活动，勇于在公共场合做演讲，积极和同学老师交流；三是写下自己的人生目标，并向这个方向努力。

在大一期间必须认识自己，不断弥补自己的不足之处，抓好基础课的学习。首先，要正确看待自己的学校与专业，摆正心态；其次，要很快适应大学老师的教学方法，找到自己的学习方法；然后，我们要利用大学一切可利用的资源，提高自身修养与素质，积极参加学校、学院、班级举行的各种活动，从中扩大自己的交际范围，提高交际能力；最后，一定在学习上有所成就，争取拿到奖学金，在工作上，至少不能受到批评，做一个积极分子，做好自己的本职工作。

对于大二学习、生活的安排，我们一定本着刻苦、认真、严谨的态度，注重自己职业兴趣、爱好的培养，不能从精神上对大学生活产生麻木心理，养成懒散的学习习惯。大三是学习专业知识的关键时期，一定要注意专业理论知识的学习与实践相结合，为将来的择业做好基础。此外，积极参加各种资格认证考试，因为在这个知识经济的时代，竞争激烈，要想在将来的工作岗位上有所作为，证书是必不可少的。同时大三是由学校向社会转折的阶段，要认真规划、完善自己的职业定向，认真地完成最后的学习任务，把握好最后的学习时光，对自己的不足之处进一步完善与充实，尽快适应社会工作岗位的需求，开始人生辉煌的历程，迈好职业生涯的第一步。

二、培养外化知识的能力

外化知识的能力是指学生将所学的知识运用于实际的能力，包括口头表达能力、书面表面能力和动手能力。

口头表达能力是现代复合型人才的基本素质，是个人寻求发展机会的重要条件，也是事业成功的保证。遗憾的是许多学生在大学学习期间不大注意培养自己的口头表达能力，以至于找工作时因口头表达能力太差而被用人单位拒之门外。

书面表达能力就是运用文字将自己的思想、观点、建议、研究成果等传递给读者的一种能力。对大学生而言，学术论文写作能力是一种重要而必备的能力。一方面，学术论文写作能力的高低是衡量大学生学术水平高低的重要尺度；另一方面，学术论文写作能力对学生将来工作和深造都有重要意义。

动手能力是指实践能力，就是将所学的知识运用于实际，解决实际问题的能力。在大学不同专业中，由于所学的理论不同，将来从事的工作和研究方向不同，动手能力的表现形式多种多样。如师范专业的同学应该会备课、上课；工程设计专业的学生应会绘图；计算机专业的学生应会编程序。目前，大学生的动手能力差是一个不争的事实，曾有调查表明，近七成大学生认为自己在择业中最缺乏的是实践工作经验。因此，动手能力差的问题必须引起大学生们的高度重视。

首先在生活方面，"我"已经是即将步入社会的人，就应该尽量少用父母的钱，在闲暇的时间做些兼职，这样既可负担家庭的压力，又可以锻炼动手实践能力，同时可以感觉到工作的劳累，让自己更加努力地学习。此外，在工作的时候可以和外人接触，向他们学习经验。

其次，要在大学期间多看一些名著，同时积极主动和同学交流，在闲暇时参加一些讲座，积极参加演讲活动。借鉴他人成功的方法来锻炼自己，锻炼中提高自信。可以多看看卡耐基的书籍，借鉴书里的内容，切身实际地提高自己，改变自己。

总之，职业能力是每一个人必不可少的能力，离开了它，我们将无法进入社会，所以要求我们大学生应尽一切努力来全面发展自己。

三、培养人际交往能力

人际交往能力就是在一个团体、群体内与他人和谐相处的能力，人是社会的人，很难想象，离开了社会，离开了与其他人的交往，一个人的生活将会怎样？有人存在，必须与人交往。当我们走上社会的时候，我们会与各种各样的人物打交道，在与人交往中，你能否得到别人的支持、帮助，这里就会涉及到自身能力的问题。我们在校学习期间，要培养自己与同学、与教师、与领导、与职工打交道的能力。与同学交谈，可以论争不同的学术观点，可以谈论对社会现象的不同认识,在论辩中提高自己的思辨能力;与老师交谈,可以交流读书心得,厘清不同的思想认识,可以从中受到启迪。

四、培养解决问题能力

处理日常学习生活中的各种问题是我们最重要的责任之一。但是,当问题接踵而来,而且复杂度不断升高的时候,如何有系统地找出问题的成因,对症下药,以最有效率的方式解决问题,就是考验我们解决问题能力的时候了。

第三节 厚植工匠文化

工匠精神的培育,需要工匠文化的滋养,这是培育工匠精神的落脚点。必须要在全社会营造富有工匠精神的文化氛围,使之成为社会文化的一部分。

一、以优秀传统文化涵养培育尊重工匠、崇尚劳动的社会风尚

尊重工匠、崇尚劳动是培育和弘扬工匠精神的社会基础。我国传统文化中十分重视工匠职业,尊重工匠劳动。在我国古代,工匠被称之为"百工",被认为是社会不可或缺的职业阶层。正是我国传统文化中对工匠地位的重视,一些能工巧匠才被社会所认可赞同,被时代流传与推崇。比如,鲁班、李冰父子、张衡、祖冲之等,都是令后人称颂的能工巧匠。我国传统文化中,对工匠社会地位的认可,也使古代工匠们更加珍惜重视自己的工匠身份,更加努力地用毕生精力和心血专注于自己的工作。

值得注意的是,当前社会中尚且存在不尊重工匠、轻视劳动的观念和心态,认为工匠只是体力劳动者,这严重阻碍了工匠精神的培育和弘扬。因此,培育和弘扬新时代工匠精神,要从传统文化中汲取尊重工匠、崇尚劳动的精神营养,在全社会大力倡导珍视工匠、尊重劳动的价值观念,提高工匠的社会地位。加大宣传力度,使公众正确认识工匠劳动的重要性,工匠形象的可爱可敬,树立劳动不分贵贱、行业不分高低的平等职业观,为培育和弘扬新时代工匠精神奠定社会基础。

二、以优秀传统文化涵养培育精益求精、臻于完美的工匠品格

以优秀传统文化涵养培育精益求精、臻于完美的工匠品格。精益求精是工匠精神所内化的工作态度和职业品格。在我国传统文化中,精益求精是古代工匠们的至高追求。这种精益求精的工匠品格也推演至其他领域,如"庖丁解牛,技进乎道"、贾岛"推敲"二字的斟酌等,逐渐形成了治学立德的哲学态度。《考工记解》中"周人尚文采,古虽有车,至周而愈精,故一器而工聚焉。如陶器亦自古有之,舜微时,已陶渔矣,必至虞时,瓦器愈精好也",反映的是我国古代的能工巧匠们日积月累不断追求技艺精进的精神品格。由此可见,我国古代的制作工艺已经达到了十分精细的程度,也显示出古代工匠们对艺术创作的无限追求,只有更好没有最好的职业精神。

当前社会，工作生活节奏加快，人们过于追求速度和效率，产生敷衍了事、急功近利、焦虑不安、浮躁气盛等不良心态，缺少了追求极致和臻于完美的执着和专注，严重影响了工匠精神的培养。因此，培育和弘扬新时代工匠精神，要汲取我国传统文化中精益求精的工匠品格，大力倡导"慢工出细活""十年磨一剑"的工作态度和职业品格，沉得下心、耐得住性子，不为功名所累、不为困难所惧，做到精雕细琢、追求完美，实现产品从量到质的提升。

三、以优秀传统文化涵养建立产品追溯和质量监督的工匠制度

物勒工名

所谓"物勒工名"是一种春秋时期开始出现的制度，指器物的制造者要把自己的名字刻在上面，以方便管理者检验产品质量，我们可以理解成刻的意思，物就是所有的器物，在器物上面要刻上制造者的名字。

据《周礼·考工记》记载：中国古代从春秋战国时期起，就有了国家对产品质量进行检测的年审制度和政府官员质量负责制度。春秋初，齐、晋、秦、楚等国规定：制造产品，要"取其用，不取其数"。在原材料选择、制造程序、加工方法、质量检验、检验方法上，都要按统一的标准和规定进行生产和检测，以保证产品的"坚好便用。"首先提出用"物勒工名"质量负责制对产品质量进行检测监督的构想，是战国时期秦国宰相吕不韦，经过四年多的不懈努力，率先在秦本土实行了国家于每年十月份由"工师效工，陈祭器……，必功致为上，物勒工名，以考其诚。工有不当，必行其罪，以究其情"的对各郡、县工业产品进行质量抽验的制度。同时，还将各郡、县制造工业产品用的衡器、容器等，由"大工尹"（相当于今天的机械部长）统一进行年审。凡不符合标准的，不得使用，以保证产品质量能"功致"。

"物勒工名"是我国传统文化中运用最早的质量监管方式，主要用于手工业生产过程中。在我国古代，官府强制要求器物制造者将工匠名字、监造者、生产机构，甚至制造日期、数量、器物编号等信息铭刻在器物之上，以便官府对官员和工匠的绩效进行考核。"物勒工名"作为我国古代相对完善的产品追溯制度，有效地保障了古代社会手工业的产品质量，加强了古代官府对手工业生产和工程建筑质量的监管。

当今社会，针对粗制滥造、假冒伪劣产品，要建立健全严控质量的工匠制度体系，不断改进质量监督管理体系，完善对产品质量、性能、安全等方面的硬性规范，形成一种督促生产高质量产品的倒逼机制。可以借鉴传统文化中"物勒工名"的做法，运用大数据、物联网、人工智能等新一代信息技术，建立集监督、管理、服务于一体的监督管理制度，完善从产品设计、生产制造到市场营销等各个环节的产品追溯和质量监督，形成全方位的职业道德约束，助推新时代工匠精神的培育。

课后练习

一、判断题

1. 工匠精神的践行必须建立在兴趣浓厚的基础之上。(　　)
2. 内化知识的能力包括内化书本知识的能力和内化社会知识的能力。(　　)
3. 外化知识的能力是指学生将所学的知识运用于实际的能力,包括口头表达能力、书面表达能力和动手能力。(　　)
4. 工匠精神的培育,需要工匠文化的滋养,这是培育工匠精神的落脚点。必须要在全社会营造富有工匠精神的文化氛围,使之成为社会文化的一部分。(　　)

二、思考题

作为当代大学生,你计划如何培养自己的工匠精神?

第七章

劳模与劳模精神

思政目标

劳模精神是我们时代的宝贵财富，是激励全国各族人民应对各种机遇和挑战、团结奋斗、勇往直前的强大精神力量。在全社会大力弘扬劳模精神，就要用劳模的先进事迹感召人民群众，用劳模的优秀品质引领社会风尚，充分发挥劳模的骨干和带头作用，在全社会进一步形成崇尚劳模、学习劳模、争当劳模、关爱劳模的良好氛围。

学习架构

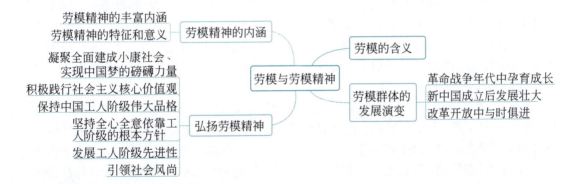

案例导学

如何让劳模成为当代人学习的榜样？

出生于二十世纪五六十年代的人，对劳模都有着刻骨铭心的记忆。时传祥、王进喜、张秉贵这些名字，对那个年代走过来的人来说耳熟能详，他们的事迹更是家喻户晓。

劳模不仅是一种荣誉，更是一种精神。在物资极度匮乏的条件下，建设社会主义需要艰苦奋斗、无私奉献的精神。劳模们多为各条战线上的劳动能手，脚踏实地干工作赢得了很高的社会声望。后来又有了雷锋、焦裕禄、李素丽等人物，每个时代，都有自己的代表人物。

在很长的一段时间里，对于大多数人来说，劳模不仅是人人争相学习的榜样，还是真实亲切的身边人。

随着社会的发展，人们的生活水平提高了，社会价值多元化，曾经一度社会上对劳模的关注似乎降低了。一些明星成了不少人，特别是青少年追捧的对象。直到今天，党和政府、各级工会组织再次大力弘扬劳模精神，不断提高劳模待遇，使得劳模这个响亮的名字再度回到社会主流意识中，同时，随着社会多元化的发展，劳模队伍的结构也在不断丰富，企业家、农民工不断当选为劳模。但是，与以往劳模那种成为几代人学习榜样、成为一个时代记忆的轰动效果相比，如何让劳模真正成为今天的人们（尤其是青少年）的榜样，仍然是需要研究探讨的问题。

1. 请说出你心目中耳熟能详的劳模？
2. 你认为大学生应该树立什么样的劳模榜样？

第一节　劳模的含义

劳模，即劳动模范，是指在社会主义建设事业中成绩卓著的劳动者，经职工民主评选，有关部门审核和政府审批后被授予的荣誉称号。劳动模范分为全国劳动模范与省、部委级劳动模范，有些市、县和大企业也评选劳动模范。劳模是劳动者的模范和榜样，是在群众性学赶先进的劳动竞赛活动中涌现出来的杰出人物，是社会遴选出的最好的、鼓励人们仿效的劳动者。在国家建设发展中，劳模是各行各业的杰出代表，在他们身上体现着社会对某一类劳动方式、劳动精神的最高评价。

"劳"，表示劳动，这是劳模的基本前提。"模"，体现了一种"示范"和"楷模"的价值导向，一种可近、可亲、可信、可学的榜样作用。劳模，意味着先进符号，是人民授予生产建设中先进人物的一种崇高称号，以表彰劳动中有显著成绩或重大奉献的可以作为榜样的人。套用"学而优则仕"的说法，劳模可谓"劳而优则模"，意味着奉献，代表着社会对他们劳动的承认和对其价值的尊重。

劳模，意味着希望和光芒，能照亮黑夜，温暖人心；劳模，意味着人理之伦，为他人、为社会创造生存的空间和条件；劳模，意味着价值取向，决定、支配主体的价值选择，对主体自身、主体间关系、其他主体均有重大的影响。劳模就是旗帜，劳模就是火炬，劳模就是形象，劳模就是标杆，劳模就是品牌，劳模就是导向，劳模就是珍贵的精神财富，能够引导全社会的劳动者热爱劳动，创造更多的社会财富。

劳模是体现着时代精神的平凡人，他们让民族精神有所依托，让民族历史有了厚重感；他们以自己的聪明才智和无私奉献的优秀品质、时代精神激励着人们不断拼搏奋进，在日积月累的平凡生活中向人们昭示着伟大之处。

第二节 劳模群体的发展演变

劳动模范是人类劳动和工作实践的结晶,是工人阶级和劳动群众的优秀代表。中国的劳模最早出现在土地革命战争时期,迄今已有八十多年的历史,在社会主义建设事业中发挥了积极作用,产生了深远影响。

一、革命战争年代中孕育成长

中国的劳模最早诞生于土地革命战争时期中央苏区的公营企业和革命竞赛中。1933年8月,苏区各厂矿企业开展了劳动竞赛,提出了比数量、质量、成本等内容的竞赛目标,按时评比、表彰先进、评选模范。1938年1月1日,陕甘宁边区政府举办了"延安工人制造品竞赛展览会",奖励并宣传了一批先进工厂、合作社及劳动英雄,开始了边区的劳模运动。解放战争时期又出现了大量的"支前劳模"和新解放城市中的"工业劳模"。

20世纪40年代初中期,中国共产党在陕甘宁边区发起了一场声势浩大的劳动英雄和模范工作者运动。劳模运动提高了劳动者的地位,创新了生产组织形式,对陕甘宁边区的生产建设发挥了重要作用,给其他根据地发展经济树立了样板。

1939年时,为保证抗战供给,改善人民及工作人员的生活质量,边区政府号召全边区人民及各机关部队工作人员广泛开展生产运动。陕甘宁边区政府先后颁布了《人民生产奖励条例》《督导生产运动奖励条例》等,规定了奖励的条件、种类、等级、程序等。1940年边区政府会同中央机关及边区党委联合召开生产总结、颁奖大会,奖励了各机关学校在生产运动中涌现出的劳动模范。

这一时期的劳模主要包括生产好的劳动英雄和工作好的模范工作者两大类,其优秀代表人物主要有赵占魁、吴满有、甄荣典、晏福生、刘建章等。这一时期的劳模运动经历了从个人到集体、从生产领域到各个方面、从上级指定到群众评选、从数量增多到质量提高、从提倡号召到按规定标准予以推广、从革命竞赛到全面的群众运动的发展过程,体现了"服务战争、支援军事"的指导思想。

劳模运动是边区发展生产和开展各项建设工作的一种新的组织形式和工作方法,极大地调动了军民斗争、生产、工作的积极性。劳模运动还引发了一场思想革命,在群众中首次树立了"劳动光荣、劳动致富"的劳动观念,农民逐渐被组织起来,发展生产,创造模范村;工厂产品质量提高,数量增加,出现了许多发明创造;部队通过大生产等运动,涌现出许多模范班排连;机关通过发展生产厉行节约,改进作风,提高了行政效率,同时,劳模运动改进了工作,既培养了干部,又联系了群众,增强了劳动人民的团结,推动了生产建设事业和各项工作的大发展,并为党领导下的新民主主义革命取得胜利、成立新中国作出了重大贡献。

★ 劳模风采

赵占魁(图7-1),山西定襄人。自幼家贫,他12岁给人当雇工、做苦力,17岁学铁匠,先后在太原铜圆厂当学徒,到同蒲铁路介休车站修理厂当火炉工。

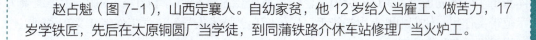

图 7-1 赵占魁

1938 年春，赵占魁流落西安，适逢中国共产党在泾阳县安吴堡创办的西北青救会训练班职工大队在西安招收有志抗战的工人学员，赵占魁进入青训班学习。7 月，他随职工大队迁转到延安，进入中国人民抗日军政大学职工队学习。他学习努力，进步很快。1938 年 12 月 20 日，赵占魁加入中国共产党。

1939 年春，陕甘宁边区开展大生产运动，抗大缺少工具，赵占魁提出开炉灶自己打。他召集几个工人，垒起三个炉子，仅用半个月时间，就打出 200 把镢头和 300 把锄头。随后，边区政府为发展生产，创办了农具工厂。赵占魁来到农具工厂，在翻砂股当化铁工人。在一次炼铜时，铅锅突然破裂，上千度的铜水泼溅在赵占魁的右脚上，脚面立刻被烧得焦黑一片。中共中央职工运动委员会书记邓发和延安各单位的同志到中央医院看望他，让他安心治病，可是他没等脚伤痊愈，就回到了工作岗位。

为了改进技术，提高产品质量，赵占魁潜心钻研，解决难题。刚开始炼铁，1 斤焦炭只能化 1 斤铁，经过他反复试验，可以化到 2 斤半，成品的损耗率由过去 60% 减少到 25%。他当翻砂股股长后，看到用 30% 的焦炭面翻出的犁铧表面不光滑，便改用 30% 的石炭面，翻出的犁铧面不仅光滑好用，还降低了成本。工厂化铜的罐子，经过他的几次改进，使用率提高了一倍以上。

1939 年，赵占魁被陕甘宁边区政府树为模范工人，1941 年当选为边区参议会候补议员。1942 年 9 月 11 日《解放日报》发表《向模范工人赵占魁学习》的社论。10 月 12 日，陕甘宁边区总工会发出通知，号召全边区工人学习赵占魁勤苦劳作、始终如一的精神，开展以建立新的劳动态度、提高生产效率为内容的"赵占魁运动"。

1943 年和 1944 年，陕甘宁边区两次召开劳动英雄、劳动模范工作者表彰大会，赵占魁被评为边区劳动英雄和特等劳动模范，受到了毛泽东、周恩来、朱德等中央领导人接见。朱德称赞他是用革命者态度对待工作的"新式劳动者"。

二、新中国成立后发展壮大

新中国成立后，面对国内外的紧迫形势，党和政府坚持沿用了革命战争时期的经验做法，依托社会主义劳动竞赛和生产运动，开展了形式多样的劳模运动，注重发现和积极推荐劳模典型，评选出了成千上万的劳模和先进生产者。

1950 年 9 月至 1960 年 6 月是中国劳模快速发展壮大的时期，党和政府先后召开了四次大规模的全国性劳模和先进生产者代表大会，各地区以及各行业系统共表彰 6510 个先进集体和 11126 名先进个人，这些劳模广泛分布在社会各行各业，有着广泛的影响力、凝聚力和示范带头作用，他们中既有生产能手、岗位标兵、技术人员、科学工作者，又有先进工作者、优秀组织者和管理者。

20世纪50年代初期到70年代末,劳模评选以一线工人为主,大部分劳模都属于吃苦耐劳型的"老黄牛",行业涉及钢铁、石油、机械及服务业等,当选的劳模文化程度偏低、年龄偏大。据《中国职工劳模大辞典》记载,全国第一批劳模的评选是在1950年。当时,全国战斗英雄和全国工农兵劳动模范代表会议在北京召开,出席会议的代表有464人,其中工业代表208人,农业代表198人,部队代表58人,他们都被授予了全国劳动模范的荣誉称号。全国总工会副主席李立三在会议的总结报告中建议中央要加强对劳模的宣传,在劳动竞赛中组织推广劳模的工作经验,并把评选劳模作为一种制度固定下来,定期召开全国性的劳模大会。

这一时期的劳模在他们的工作岗位上埋头苦干,不为名、不为利,一心就是为了建设新中国。如在国民经济恢复时期,老工人孟泰为了恢复鞍钢高炉的生产,在全厂到处捡废料、捡镙丝,搞了一个孟泰仓库,为恢复高炉生产起到了很大作用。再如在三年困难时期,大庆油田1205钻井队铁人王进喜提出"宁可少活20年,也要拿下大油田"口号,用英雄气概组织钻井工人,为我们甩掉贫油的帽子作出很大贡献。这一阶段的全国劳模中也有一些基层干部,如县委书记的榜样焦裕禄,他那"心中只有他人,唯独没有自己"的精神,带领全县人民栽泡桐、战盐碱滩、向贫穷宣战的感人事迹可歌可泣。在那个纯朴的年代,学习劳模成为一种社会风气,五六十年代流行着一首歌曲:"戴花要戴大红花……",激励着那个年代的许多人争戴大红花,劳模也成为那个时代的精神象征。

三、改革开放中与时俱进

改革开放后,中国经济社会飞速发展,社会主义市场经济体制全面确立。以李素丽、徐虎等为代表的"身边"劳模用他们平凡而执着的坚守感动了国人。进入新世纪,以许振超、邓建军、孔祥瑞、王洪军、窦铁成、李斌等一线职工为代表,在继承发扬老一辈劳模艰苦奋斗、拼搏奉献精神的同时,苦练技术,大胆创新,成为知识型、技术型和创新型劳模。

20世纪80年代初期到90年代中期,社会主义市场经济体制确立。这一阶段的劳模评选既重视"老黄牛"型,更重视知识型。1978年12月召开的党的十一届三中全会确立我国"以经济建设为中心",同时也拉开了改革开放的序幕。此后,我们国家还明确了"知识分子是工人阶级的一部分",知识分子的地位迅速提高,科学工作者的积极性空前高涨,并取得了丰硕的科学成果。从此,劳动模范的队伍当中,科技人员数量就大大增加了。像光学专家、研制出我国第一台光学传递函数测试装置的蒋筑英,被誉为"中国式保尔";研制出第一台"图形发生器",并为我国航天工业作出重大贡献的罗健夫等科学家都被评为全国劳模。劳模评选的这一变化也带来人们观念的变化,尊重知识、尊重人才在社会上蔚然成风。

20世纪90年代中期至今,我国的劳模评选更具有鲜明的时代特色:弘扬"老黄牛"精神,更加尊重知识,还融入了创新、以人为本的新理念。党的十四大提出了我国经济体制改革的目标是建立社会主义市场经济体制,这一转变也带来一场深刻的革命,人们更加尊重劳动、尊重知识、尊重人才、尊重创造,工人阶级队伍不断壮大,民营科技企业的创业人员和技术人员、个体户、私营企业主等社会阶层都是中国特色社会主义事业的建设者,进城就业的农民已成为产业工人的重要组成部分。这些新的理念使近年来的劳模评选悄然变化——面向基层,面向一线。

具体而言,新时期的劳模评选工作表现出如下几方面特征。

（1）劳模评选面向基层，面向一线。程水根是安徽省铜陵有色金属公司安庆铜矿采矿区的一名普通打眼工，在矿井中最艰苦的工作岗位上，一干就是17年，终于在2000年以一名普通打眼工的身份当上全国劳模。

（2）劳模评选尊重知识，尊重创新。青岛港桥吊队队长许振超，带领他的团队创出了每小时单船接卸381自然箱的世界纪录，为中国工人阶级争得了荣誉。2005年，许振超获得全国五一劳动奖章。

（3）劳模评选尊重劳动，看重贡献。随着时代的变迁，人们对劳动者的概念有了全新的解释，私营企业者、个体户等也是国家的劳动者和建设者。2002年，北京汇源饮料食品公司董事长朱新礼、宁夏香山酒业集团董事长张金山、浙江奥康集团董事长王振滔、浙江天皇药业有限公司董事长陈立钻等4名私营企业家获得全国五一劳动奖章。

（4）劳模评选不论身份，人人平等。在2004年的全国五一劳动奖章获得者中，首次出现进城务工人员鲍先锋的名字，这表明劳模不再是国家企事业单位干部职工的"专利"，同时也表明我国近亿名农民工的积极贡献愈来愈得到全社会的广泛关注和普遍认同，这一庞大群体越来越受重视，地位也越来越高。

★ 劳模风采

图7-2 许振超

许振超（图7-2），男，汉族，中共党员，1950年1月出生，山东荣成人，青岛前湾集装箱码头有限责任公司固机高级经理。他"干一行、爱一行、精一行"，练就了"一钩准""一钩净""无声响操作"等绝活，是践行"工匠精神"的优秀代表。他带领团队先后八次刷新集装箱装卸世界纪录，创造享誉全球的"振超效率"。他连任十一届、十二届、十三届全国人大代表，当选为十一届、十二届全国人大常委会委员，并当选全国总工会兼职副主席。先后获全国道德模范、中华技能大奖、全国五一劳动奖章、全国优秀共产党员等荣誉，受到习近平等党和国家领导人多次亲切接见。作为新时期中国产业工人的楷模，被中共中央、国务院授予"改革先锋"荣誉称号。

许振超经常说："人可以不进大学，但不能不学习。"1984年，青岛港开始筹建专业集装箱公司。当时34岁的许振超被选为青岛港第一批集装箱桥吊司机，就在大家劲头十足的时候，唯一的桥吊出现故障停机了。因为核心技术掌握在国外厂家手里，企业只得高薪聘请外方专家来修理。技术难题的答案都在桥吊控制板上，许振超每天下班，都会带上备用控制板，回家后对着台灯仔细观察，一笔一笔绘制电路图。许振超前前后后用了4年时间一共倒推了12块模板，完成了整整两大摞完整详尽的电路图。凭着这股劲儿，他逐步掌握了各类桥吊技术参数和设备性能，不仅能排除一般的机械故障，还能修复精密部件。他多年来一直坚持自学，家里与机械、电气有关的书籍、报刊、工具书等摆满了书橱，光高校教材就有50多本。他读过的各类书籍有 2000 多册，写了近 80 万字的读书笔记。功夫不负有心人，许振超学出了名堂，由一名普通工人成长为名副其实的桥吊专家。

桥吊队是青岛港最早的一支绝活儿团队，有了绝活就敢于向世界纪录叫板。2003 年 4 月 27 日，在"地中海法米娅"轮的装卸作业中，振超团队创出了每小时单机效率 70.3 自然箱和单船效率 339 自然箱的世界集装箱装卸纪录。此后五年中，他们又先后七次刷新集装箱装卸世界纪录，使"振超效率"成为港航界的一块"金字招牌"，也成为中国港口领先世界的生动例证。2006 年，许振超和团队进行了 2 年的技术攻关，首次实施集装箱轮胎吊"油改电"技术改造，填补了技术空白，年节约生产成本 2000 万元，实现了大气污染零排放。国内其他港口以及新加坡、澳大利亚、英国等国家码头纷纷效仿。

2004 年，许振超被选为当代产业工人的杰出代表，受到党和国家领导人的亲切接见。2008 年 5 月 8 日，习近平同志亲临青岛港视察，在看望许振超和桥吊队的工人师傅们时，语重心长地说："振超同志很了不起，在平凡的岗位上干出不平凡的业绩，所创造的'无声响操作'的'绝活'为国争了光，为工人阶级争了光，这种精神非常值得大家学习。我们应该在社会上弘扬尊重劳动、崇尚创造的精神。建设创新型国家，各项事业的创新、各个领域的创新都需要弘扬这种精神。希望能够涌现出更多的许振超式的先进工人。"

第三节　劳模精神的内涵

劳模和劳模精神是劳动群体先进性的高度浓缩。劳动是劳模精神的基石，劳动者是劳模精神的主体。

一、劳模精神的丰富内涵

劳模精神就是引领中华民族时代发展的先进的、科学的、文明的思想道德和价值取向。劳模精神是一种人文精神，代表的是一个时代的价值观、道德观，展示的是中华民族顽强拼搏、自强不息的崇高品格，体现的是中华民族与时俱进、开拓创新的精神风貌。

在革命战争年代，"边区工人一面旗帜"赵占魁、"兵工事业开拓者"吴运铎、"新劳动运动旗手"甄荣典等劳动模范，以"新的劳动态度对待新的劳动"，积极参加义务劳动，全力支援前线斗争，带动群众投身中国共产党领导的人民解放事业。新中国成立后，"高炉卫士"孟泰、"铁人"王进喜、"两弹元勋"邓稼先、"知识分子的杰出代表"蒋筑英、"宁愿一人脏，换来万家洁"的时传祥等一大批先进模范，响应党的号召，带动广大群众自力更生、奋发图强。在改革开放历史新时期，"蓝领专家"孔祥瑞、"金牌工人"窦铁成、"新时期铁人"王启明、"新时代雷锋"徐虎、"知识工人"邓建军、"马班邮路"王顺友、"白衣圣人"吴登云、"中国航空发动机之父"吴大观等一大批劳动模范和先进工作者，干一行、爱一行、专一行、精一行，带动群众锐意进取、积极投身改革开放和社会主义现代化建设，为国家和人民作出了杰出贡献。他们铸就了爱岗敬业、争创一流，艰苦奋斗、勇于创新，淡泊名利、甘于奉献的劳模精神，教育和激励着一代又一代中华儿女为民族振兴、国家富强、人民幸福而奋勇拼搏。

伟大的事业需要伟大的精神，伟大的精神推动伟大的事业。无论文明进步到何种程度，无论财富积累到何种地步，劳模和他们身上所体现出来的精神都是我们永不褪色的骄傲。

二、劳模精神的特征和意义

第一，劳模精神是社会主义核心价值体系的重要组成部分，是践行社会主义核心价值的集中体现，是贯穿了社会公德、职业道德、家庭美德、个人品德各方面的精神精华。先进思想的武装、共同理想的激励、民族精神的传承、时代精神的塑造、价值观念的校正，都成为劳模精神的构成要素。

第二，劳模精神包含着热爱劳动、追求知识、渴望成才、努力创造的价值取向。劳模是这些时代新风的承载者和实践者；时代新风是对以劳模群体为代表的时代先锋的风尚概括，是凝结劳模精神的价值导向。弘扬这种时代新风就要依托劳模精神，弘扬劳模精神本身就是在弘扬这种时代新风。

第三，劳模精神是伟大时代精神的生动体现，印证着社会发展的变迁，折射着劳动者群体乃至一个时代的人文精神，反映着一个民族在某一个时代的人生价值和思想道德取向，展示着一个时代的人之精神的演进与发展，体现着一个民族的思想与情愫，是精神符号与力量化身，是时代精神的典型化、人格化、标本化。

第四，劳模精神的本质是不变的，而其赋予的内涵具有可变性。或者说，劳模精神不是单一的、静止的，而是随着人们劳动活动、工作实践的深化和拓展不断丰富发展、与时俱进的。劳模精神是工人阶级在我国社会主义建设各个历史时期不断凝聚传承的宝贵精神财富，在不同历史时期一直鼓舞着工人阶级投身于社会主义建设的伟大实践。在全面建成小康社会，发展中国特色社会主义的新历史时期，劳模精神又被一脉相承地赋予了新的时代内涵。

第四节　弘扬劳模精神

二维码 7-1

弘扬劳模精神就是要在全社会广泛宣传劳动模范和先进工作者的先进事迹、优秀品质、高尚精神，给他们以应有的荣耀和社会地位，推动全社会进一步尊重劳模、关心劳模、学习劳模，让劳模成为更多人的精神偶像，让劳模精神随着时代的发展而发展，始终成为引领时代的价值取向。

弘扬劳模精神，就是要学习劳模优良的品质、科学的态度、奉献的精神、务实的作风、过硬的本领，全面提升思想道德素质和科学文化素质，爱岗敬业，拼搏奉献，充分展示工人阶级在改革开放和社会主义现代化建设中的主人翁风采，以伟大的劳模精神推进我们的伟大事业。

弘扬劳模精神就是要在全社会树立通过诚实劳动创造美好生活的风气，尊重和保护一切有益于人民和社会的劳动，让这些劳动都能获得平等的权利和公正的对待，让这些领域的劳动者得到同样的社会尊重和人格尊严，让各行各业都纳入多样化职业爱好和选择的视野之内，表明一个以人为本的社会对所有劳动者的共同敬意。

弘扬劳模精神，是时代的呼唤，是历史的必然。劳模精神是我们伟大民族精神的重要体现，是激励我们奋勇前进的重要精神动力。中华民族在5000多年的发展历史中，形成了以爱国主义为核心的团结统一、爱好和平、勤劳勇敢、自强不息的伟大民族精神。正是这种精神谱写了中华民族的历史，成为我们民族历经磨难而信念愈坚、饱尝艰辛而斗志更强的力量源泉。在社会主义建设时期，劳模以自己的聪明才智和奉献精神为国家经济建设默默无闻地作贡献，以自己的创造性劳动和取得的辉煌业绩推动着社会全面进步，以自己的崇高思想和先进事迹为全国人民树立了学习的榜样和光辉的旗帜。

劳动模范和先进人物具有的先进思想和优秀品质，是我们这个社会和时代的产物。大力弘扬劳模精神，引导广大职工牢记工人阶级的历史使命，树立高度的主人翁责任感，以国家和民族的伟大复兴为己任，以极大的热情投入到各项建设事业之中。要大力宣传劳模事迹，让劳模精神深入人心；要积极选树先进典型，让劳模精神代代相传；要激励职工创先争优，让劳模精神更具时代价值。

一、弘扬劳模精神，凝聚全面建成小康社会、实现中国梦的磅礴力量

党的十八大明确提出了全面建成小康社会、实现"两个一百年"的奋斗目标，开启了实现中华民族伟大复兴中国梦的新征程。大力弘扬劳模精神，用劳模的先进事迹感召社会，用劳模的优秀品质引领风尚，引导广大劳动者不断提升思想道德素质和科学文化素质，提高劳动能力和劳动水平，不断为中国精神注入新能量，对团结动员广大职工群众克服前进中的各种艰难险阻，奋力夺取全面建成小康社会新胜利、实现中华民族伟大复兴的中国梦，具有重大现实意义和深远历史意义。

弘扬劳模精神就是在宣告劳模精神是全面建成小康社会、发展中国特色社会主义所需要和所呼唤的精神。这种精神过去需要，现在需要，将来更加需要。弘扬劳模精神，就是用劳模的优秀品质引领社会风尚。广大职工要坚定不移地做走中国道路的实践者、弘扬中国精神的承载者、凝聚中国力量的主力军，汇聚起众志成城、实干兴邦的正能量，为全面建成小康社会、实现中国梦作出新的更大贡献。

劳模精神的实质就是通过诚实劳动创造美好生活，这是改革开放实践所蕴含的时代精神。这种时代精神昭示人们，改革开放的目的就是要解放和发展社会生产力，破除束缚劳动者积极性、主动性的各种体制机制障碍，激发蕴藏在各种生产要素，特别是劳动要素中的创造活力，为人们用自己的辛勤劳动、合法劳动换取美好生活拓展广阔空间。这样，就能使各行各业的劳动者焕发出更大的工作热情，激发出更大的工作干劲，全身心地投入到推动全面建成小康社会、实现中国梦的伟大事业中。

今天，我们从事的是前无古人的伟业，我们靠什么来引领时代？靠的就是劳模和劳模精神。劳模是人们看得见、摸得着、学得来的好榜样，劳模精神是我们应该大力弘扬的时代旗帜。大力弘扬劳模精神，就是要营造劳动光荣、知识崇高、人才宝贵、创造伟大的社会氛围，动员和激励广大职工坚定信心、振奋精神、立足本职、扎实工作，为推动全面建成小康社会、实现中国梦，作出自己应有的贡献。

二、弘扬劳模精神，积极践行社会主义核心价值观

劳模精神集中体现了"富强、民主、文明、和谐、自由、平等、公正、法治、爱国、敬业、诚信、友善"的社会主义核心价值观的内在要求，弘扬劳模精神是用社会主义核心价值观影响人们思想行为的重要内容；社会主义核心价值观在注入劳模精神的过程之中，成为劳模精神的构成要素。

第一，劳模精神成为引领时代的主潮流和价值取向。在劳模精神的引领与影响下，越来越多的人在自觉地向劳模学习，向劳模看齐，以实际行动践行劳模精神。劳模精神已经成为推动培育和践行社会主义核心价值观的孵化器，最大限度地凝聚人民群众共同践行社会主义核心价值观。

第二，社会主义核心价值观必须占据人们价值取向的主导地位，最大限度地为全面建成小康社会、实现"两个一百年"奋斗目标凝心聚力。广大人民群众共同追求"富强、民主、文明、和谐"的国家发展目标，坚守"自由、平等、公正、法治"的社会价值取向，以"爱国、敬业、诚信、友善"为个人行为准则，就会更加自觉地将劳模精神融入自己的价值观中，自觉地以劳模精神为行动的指引，在践行劳模精神的过程中，更好地践行社会主义核心价值观。

三、弘扬劳模精神，保持中国工人阶级伟大品格

长期以来，劳动模范在各自岗位上展现主人风采、焕发劳动热情，为改革开放和社会主义现代化建设作出了突出贡献，铸就了信念坚定、立场鲜明，艰苦奋斗、勇于奉献，胸怀大局、纪律严明，开拓创新、自强不息的工人阶级伟大品格。

信念坚定、立场鲜明是中国工人的政治本色，反映了工人阶级坚定而一贯的政治立场和理想信念。我们要用劳模的崇高理想凝聚职工，始终保持中国工人阶级信念坚定、立场鲜明的政治本色。

艰苦奋斗、勇于奉献是中国工人的价值取向，体现了工人阶级大公无私、不怕牺牲的高尚情操。我们要用劳模的先进事迹感召职工，牢固树立中国工人阶级艰苦奋斗、勇于奉献的价值取向。

胸怀大局、纪律严明是中国工人的光荣传统，表现了工人阶级严密的组织性、纪律性。我们要用劳模的高尚情操陶冶职工，不断发扬中国工人阶级胸怀大局、纪律严明的光荣传统。

开拓创新、自强不息是中国工人的进取精神，凸显了工人阶级与时俱进的阶级秉性。我们要用劳模的进取意识引领职工，着力弘扬中国工人阶级开拓创新、自强不息的时代精神。

中国工人阶级伟大品格是在长期的奋斗实践和创造活动中逐渐形成和发展的，是工人阶级先进性的具体人格化表现，是劳模精神具体生动的体现。它产生并发展于广大职工的生活实践，根植于职工，贴近于职工，富有强烈的感召力、亲和力、凝聚力，其基本内涵和价值取向易于被广大职工认同和接受。

大力弘扬中国工人阶级伟大品格，既要用正确的思想、进步的观念、先进的文化抵制和消解存在于一些职工中的落后思想和陈腐观念，引导他们坚定理想信念、提升精神境界、培育高尚情操，又要尊重广大职工的主体地位，保障广大职工的切身利益，关照他们的思想情

感，包容他们的多元个性，因势利导、顺势而为，依靠他们来大力弘扬中国工人阶级的伟大品格。

随着时代的发展，中国工人阶级伟大品格还将进一步丰富、完善和升华。在新的历史起点上，要凝聚广大职工的智慧和力量，夺取全面建成小康社会新胜利，必须大力弘扬劳模精神和工人阶级伟大品格。

四、弘扬劳模精神，坚持全心全意依靠工人阶级的根本方针

全心全意依靠工人阶级是我们党和国家的政治优势，也是我们从胜利走向辉煌的重要保证。我国工人阶级在中国共产党的领导下，与祖国共命运，与时代同步伐，以高度负责的主人翁精神，积极投身于社会主义伟大事业，为我国的建设改革发展和现代化事业作出了不可磨灭的历史性贡献。我们党所领导的改革开放和社会主义现代化建设的全部活动与整个过程，都必须全心全意依靠工人阶级，离开工人阶级的积极性、创造性和主人翁责任感，一切都无从谈起。

全心全意依靠工人阶级，实质是坚持工人阶级当家做主，关键是政治上保证、制度上落实、素质上提高、权益上维护。要引导广大职工充分认识自身利益与企业利益、国家利益息息相关，自觉做到胸怀全局、立足本职，以主人翁姿态建功立业，用实际行动当好时代先锋和行动楷模。要引导广大职工立足本职、争创一流，掀起社会主义劳动竞赛新高潮，充分激发职工群众的积极性和创造性。要充分发挥工会"大学校"作用，引导职工进一步增强爱岗敬业和岗位成才意识，主动适应科学技术日新月异的新形势，自觉学习、刻苦学习、终身学习，努力掌握新知识、锻造新技能、增长新本领，加快职工队伍知识化进程。要大力开展职工教育培训工作，搭建有利于职工技术提升的有效平台，形成有利于职工学习成才的激励机制，造就一支规模宏大的高素质劳动者队伍。

五、弘扬劳模精神，发展工人阶级先进性

中国工人阶级的重要地位和作用，源于中国工人阶级所具有的先进性。中国工人阶级的先进性，体现在它是党的阶级基础，是中国共产党领导的、用马克思主义武装的阶级；体现在它始终是先进生产力的代表、始终是推进中国先进生产力发展的基本力量；体现在它是社会物质财富和精神财富的主要创造者，是全面建成小康社会和发展中国特色社会主义的主力军；体现在它具有严格的组织性、纪律性和革命的坚定性、彻底性等品格；体现在它能与时俱进、不断发展。

只有坚持党的工人阶级先锋队性质，保持和发展工人阶级先进性，才有坚实的政治保证。要始终不断加强党对工人阶级队伍的教育和引导，坚持不懈地用中国特色社会主义理论体系武装工人阶级头脑，使他们进一步认清自己的历史使命，紧紧跟上时代前进的步伐，不断增强自身的先进性意识。要不断提高广大职工的思想道德和科学文化素质，就必须用劳模精神和工人阶级伟大品格启迪职工、鼓舞职工，引导职工增强主人翁责任感和使命感，勤奋学习、锐意进取，掌握新知识、练就新技能，不断提高自身的学习能力、创新能力、竞争能力、创业能力，不断推进自身的知识化进程，努力成为适应改革开放和社会主义现代化建设要求的合格劳动者。

六、弘扬劳模精神，引领社会风尚

当前，人们价值取向的独立性、选择性、多变性、差异性明显增强。弘扬劳模精神就是要在多样化的价值取向中确立社会的主导价值取向，让劳模精神成为受推崇的精神品格；就是要在多层次的价值准则中标明社会的高尚价值准则，让劳模精神成为受尊重的精神高地。

弘扬劳模精神与弘扬社会风尚是统一的。在全社会大力弘扬劳模精神，就要营造有利于弘扬劳模精神的体制机制，用劳模的优秀品质引领社会风尚，充分发挥劳模的骨干和带头作用，进一步形成崇尚劳模、学习劳模、争当劳模、关爱劳模的良好氛围。

1. 如何向劳模学习做有理想、有道德、有文化、有纪律的大学生？
2. 你从劳模，特别是身边的劳模的成长中得到哪些启示？

课后练习

一、单项选择题

1. 下列劳模人物中，哪位不是革命战争时期的劳模？（　　）
   A. 赵占魁　　　　B. 甄荣典　　　　C. 李素丽　　　　D. 吴满有
2. 劳模精神是社会主义核心价值体系的（　　）。
   A. 理论依据　　　B. 重要组成部分　C. 现实依据　　　D. 来源
3. 劳动模范，是指在社会主义建设事业中成绩卓著的劳动者，经职工民主评选，有关部门审核和政府审批后被授予的（　　）。
   A. 奖励　　　　　B. 职称　　　　　C. 职务　　　　　D. 荣誉称号
4. 下列哪项不属于新时期的劳模评选工作表现的特征？（　　）
   A. 劳模评选面向基层，面向一线　　　B. 劳模评选尊重知识，尊重创新
   C. 劳模评选尊重劳动，看重贡献　　　D. 劳模评选注重身份，必须是国企职工
5. 下列不属于在弘扬劳模精神过程中，学习劳模素质的内容是（　　）。
   A. 优良的品质　　B. 较高的学历　　C. 奉献的精神　　D. 科学的态度

二、简答题

1. 劳模精神是什么？
2. 各个时期劳模精神的时代特色体现哪些共同点？
3. 弘扬劳模精神有什么现实意义？

第八章

劳模精神的时代特色

思政目标

劳模精神是工人阶级先进性的集中体现。在中国革命、建设、改革的各个历史时期，我国工人阶级都具有走在前列、勇挑重担的光荣传统。劳动模范作为工人阶级的优秀代表，是时代的引领者，在工作生活中发挥了先锋和排头兵作用，他们以辛勤劳动、诚实劳动和创造性劳动，持续推动着社会进步、国家发展和民族复兴。

学习架构

劳模精神的时代特色
- 不同时代的劳模精神特点
  - 新中国成立前劳模精神的时代特色
  - 20世纪五十年代劳模精神的时代特色
  - 20世纪六七十年代劳模精神的时代特色
  - 20世纪八九十年代劳模精神的时代特色
  - 21世纪劳模精神的时代特色
  - 不同时期劳模精神时代特色的共同点
- 爱岗敬业、争创一流的坚守与执着精神
  - 爱岗敬业——尽职尽责、精益求精地做好本职工作
  - 争创一流——不断超越自我，创造优异的工作业绩
- 艰苦奋斗、勇于创新的奋斗与创新精神
  - 艰苦奋斗——保持自强不息、奋发有为的精神风貌
  - 勇于创新——以锐意进取、求新求变的勇气攀高峰
- 淡泊名利、甘于奉献的担当与奉献精神
  - 淡泊名利——锤炼廉洁自律、遵规守矩的高尚品格
  - 甘于奉献——培育敢于担当、乐于付出的行为品质

时代变迁、劳模精神永在

有人说，时代不同，劳模精神的内涵不一样，劳模的标准也不一样。但是，从不同年代的劳模身上，都能看到他们折射出不同年代最可贵的劳模品质。从排水工卢修学身上，我们可以看到掏粪工人时传祥的影子；从胶工张昌杰身上，我们可以看到铁人王进喜的影子……只是，随着时代的变迁，劳模的身份在变化，劳模的队伍也越来越丰富多彩，从20世纪五六十年代劳模以农民、工人为主，演变为如今以知识分子、科学家、企业家等为主。劳模队伍组成内容的丰富，说明我们的社会也越来越多元化。

不管时代如何变迁流转，劳模精神的主旋律不变。2010年以后，在历年评选全国劳动模范和先进工作者的通知中，"无私奉献"已经不再是衡量劳模的关键指标，"对事业有突出贡献"成了评选的首要标准。可以说，劳模的评选标准也越来越多元化，无论哪个时代，劳模们艰苦创业、爱岗敬业、无私奉献的精神内涵不会丢失，只会越来越丰富，劳模精神永在，不同时代的劳模也必将激励着不同时代的人为国家、为民族而奋斗。

1. 你觉得新时代的劳模应该具备什么精神？
2. 作为当代大学生应该从劳模精神中学习什么？

第一节　不同时代的劳模精神特点

在共和国的光辉历史上，我国各行各业、各条战线、各个地区涌现出成千上万的先进模范人物。一个时代有一个时代的劳模，每一个时代的劳模都各有特点，他们以自己的模范行为，激励着一代又一代劳动者为祖国的繁荣富强而拼搏。劳模精神作为时代精神，在不同的时代有不同的内容，但劳模精神的主旋律始终不变。

一、新中国成立前劳模精神的时代特色

中国的劳模最早诞生于土地革命战争时期中央苏区的公营企业和革命竞赛中，尔后出现在抗日战争时期的陕甘宁边区大生产运动和各项建设中。20世纪四十年代，陕甘宁边区政府在经济上面临着巨大的困难。自力更生，发展生产，打破敌人的封锁，成为当时边区的紧迫任务。在党的领导下，边区政府开展了"新劳动者运动""增产立功运动"，争当"增产立功"的"新劳动者"成为边区工人的响亮口号和奋斗目标。到解放战争时期，则出现了大量的"支前劳模"和新解放城市中的"工业劳模"。

延安时期的劳模运动经历了从个人到集体、从生产领域到各个方面、从上级指定到群众评选、从数量增多到质量提高、从提倡号召到按规定标准予以推广、从革命竞赛到全面的群众运动的发展过程，体现了"服务战争、支援军事"的指导思想和"为革命献身、革命加拼命、苦干加巧干、经验加创新"的劳模精神，呈现出革命型劳模的特征。

二、20世纪五十年代劳模精神的时代特色

新中国成立后，工人阶级和广大农民实现了政治和经济上的"翻身"，获得了主人翁和当家做主的地位，心中充满了感恩和报效国家的劳动热情。20世纪五十年代的中国百废待兴，为恢复发展国民经济，进行社会主义建设，党和政府坚持沿用了革命战争时期的经验做法，依托社会主义劳动竞赛和生产运动开展了形式多样的劳模运动，评选出了成千上万的劳模和先进生产者。

以时传祥、郝建秀、向秀丽、王崇伦、赵梦桃、张秉贵为代表的一大批普通劳动者，在他们平凡的工作岗位上以不平凡的主人翁责任感和艰苦创业精神、高尚忘我的劳动热情和无私奉献精神赢得了社会的尊重，成为激励全国人民的楷模，体现了工人阶级的力量和意志。

这一时期的劳模主要来源于基层，一线产业工人是主流，"一不怕苦、二不怕死"的硬骨头精神和"老黄牛"形象是他们的真实写照；提高操作技能和熟练程度、提升技术水平和生产能力、提出合理化建议和总结推广先进经验、从生产型向技术革新型转变是他们的典型特征。这些劳模通过发明创造，突破了重大的技术难关，使生产得到了飞跃发展。

"学习毛泽东思想，听党的话、忠于职守、勤奋工作"是这个时期劳模精神的鲜明特色。"有文化的人都要参加劳动，劳动者都要成为有文化的人"是那个改变历史的时代激励人们建设国家、走向幸福的动力。这些劳模身上体现出的是社会主义理想和爱国报恩的价值追求，其中蕴含的劳模精神的内涵是"不畏困难、艰苦奋斗、自力更生、无私奉献、刻苦钻研、勇于创新、不怕牺牲、团结协作、爱岗敬业、多作贡献"。

三、20世纪六七十年代劳模精神的时代特色

1959年到1961年，我国经历了三年困难时期，经济面临着严重困难，在这个背景下，出现了只求奉献、不求索取的劳模，他们面对天灾人祸，以自力更生、奋发图强的精神为全国人民树立了榜样。

20世纪七十年代，"知识分子成为工人阶级的一部分"的理论扩大了劳模队伍的外延，极大地鼓舞了知识分子和脑力劳动者的工作热情。中国科技界涌现出了一大批知识精英，体现了"淡泊名利、甘于奉献"的劳模精神。正是这批震撼中外科学界的优秀人物的事迹，唤起了几代人的科学梦和强国梦，激励了数以千万计的知识分子，在科学技术界迅速引发了攀登科学高峰的热潮，中国的科学事业获得了飞速的发展。

四、20世纪八九十年代劳模精神的时代特色

20世纪八十年代，中国吹响了改革开放的号角，提出要"实现四个现代化"。那时的劳动者充满理想，劳模更富激情。1988年，邓小平强调"科学技术是第一生产力"，一批科技

文化教育工作者劳模走进了人们的视野。新一代劳模发扬"当代愚公"和"两弹一星"精神，带领广大职工群众勇攀科学技术高峰，在推动改革、促进发展、维护稳定中再立新功。以数学家陈景润、"两弹元勋"邓稼先、优秀光学专家蒋筑英、微电子研究专家罗健夫等为代表的一大批科学家劳模，将毕生精力献给了祖国的科技事业，通过自己的模范行为和骄人业绩为当时的经济发展和社会进步作出了不可磨灭的贡献。

20世纪九十年代，中国社会发展迎来了剧烈变化，飞速发展的经济让世界刮目相看。那时涌现的一大批先进模范人物，以当代社会所需要的"求真务实，拼搏进取"的时代精神和主流价值观，唱响了时代的最强音。其中的劳模代表有：为了西藏的发展而以身殉职，实现了"青山处处埋忠骨，一腔热血洒高原"誓言的孔繁森；被人们誉为"盲人的眼睛、病人的护士、外地人的向导、乘客的贴心人"的服务楷模李素丽；在平凡的工作中折射出耀眼时代光芒，激励着人们崇尚先进、敬业爱岗，被誉为"九十年代活雷锋"的水电工徐虎。

五、21世纪劳模精神的时代特色

21世纪是一个开拓未来、创造历史的时代，是一个成就英雄、成就梦想的时代。在新的历史起点上，加快经济发展方式转变，全面建成小康社会，发展中国特色社会主义事业，实现中华民族伟大复兴，是时代给予我们中华民族的光荣与梦想、责任与使命。

时代在变化，劳模的评判标准和人员构成也在不断变化，但是劳模"奉献"的本质没有变。在生产一线成长起来，多次成功解决世界纺织难题，为黑牡丹集团股份有限公司跻身中国500强和131家重点高新技术企业立下汗马功劳的电气工程专家邓建军；党的好干部、人民的贴心人、优秀少数民族干部牛玉儒；被公安部追授为全国公安系统一级英雄模范的任长霞；被国家人事部、民政部追授"为民模范"荣誉称号的基层民政干部周国知；国内外激光领域知名学者马祖光院士……这些来自不同行业的劳模身上都反映了中华民族的民族志气和当代文明。

随着改革的深化和劳动竞赛形式的不断创新，涌现了一大批具有时代特色的知识型、专家型、复合型的劳动模范和先进人物。

高速发展和高度开放的时代是这些劳模产生的土壤。劳模的结构不断变化、队伍不断壮大，体现了劳动内涵的不断拓展、劳动理念的日益革新。劳模构成的多样化既昭示了时代的变化，又反映了历史的必然。随着知识、信息时代的到来，劳模的群体特征发生了变化，除了默默活跃在基础生产劳动和生活实践中以外，思想道德素质和科学文化素质也在不断提高。他们开始不断地用科学知识武装自己，坚定地信奉着"教育可以改变命运，知识可以增值资本"的理念，实干、知识、创新的复合成为了当代劳模的典型特征。

劳模精神的内涵也在不断丰富：以知识创造效益、以科技提升竞争力，实现个人价值、创造社会价值成为劳模的价值追求，知识型、创新型、技能型、管理型成为当代劳模的鲜明特征。充满活力和感召力的劳模队伍为全面建成小康社会，推动社会主义经济建设、政治建设、文化建设、社会建设以及生态文明建设作出了重大贡献，是实现中华民族伟大复兴、开拓中国特色社会主义事业新局面的重要力量。

劳模精神是一种导向，凸显了劳动最光荣、劳动最崇高、劳动最伟大、劳动最美丽的时代风尚，能够引导全社会劳动者爱岗敬业，开拓创新；劳模精神是一面旗帜，是引领中国建设和改革开放中的先锋，用自己的行动、担当和奉献树立了标杆；劳模精神是一座丰碑，在群众中有着独特的影响力、凝聚力和感召力，激励着中国人民自强不息、争创一流；劳模精神是一个品牌，是党和人民共同创造的具有中国特色的崇高精神，体现并诠释着民族精神与时代精神。

六、不同时期劳模精神时代特色的共同点

每个时代的劳模精神都呈现了不同的时代特点，劳模身上也不同程度地带有时代的影子。八十多年来，从"铁人精神"到"振超效率"，从"埋头苦干"到"创新劳动"，劳模已从传统意义上的"出大力，流大汗""苦干加实干"，向"知识型、技术型、创新型"，并能为国家、民族创造"社会效益、经济效益"的方向转变；劳模的构成正在由体力劳动者向体力劳动者与脑力劳动者并存、生产者与创业者并存的方向发展。几十年来，每个时代，都有一种劳模的特征和精神，劳模的结构在变、形象在变、工作方式在变，但不变的是他们执着于事业、不断超越的热情和爱岗敬业、甘于奉献的精神。

劳动价值的内涵随时代的发展在不断丰富着，劳模评选标准随时代的发展需要也在变化着，但劳模引领时代的精神永远不变。踏着时代发展的节拍，与时俱进的劳模精神体现了生机盎然、蓬勃向上的力量，昭示着时代前进的足迹。新一代劳模既继承了老一代劳模勇于奉献、踏实苦干，做国家建设奠基石的优秀品德，更展示出进取创新、追求卓越，做先进生产力推动者的时代风采，成为知识型、技能型、创新型劳动者中的佼佼者和领跑者。

每个时期的劳模，都是时代的精神符号和力量化身；每一时代的劳模群体，都呈现出多元的组合，体现了对不同劳动价值的肯定。劳模精神作为一种时代精神，虽然在不同的时代有不同的内容，但无论时代如何变迁，劳模精神的本质是永远不变的，而且是一脉相承的，都是全心全意为人民服务。劳模精神发展到新时代，虽然构成在变、外延在拓，但精髓依然。它作为社会的先进生产力、先进文化和人文精神的结晶，是社会发展的动力和精神源泉，需要代代相传。传承劳模精神，就是无论在什么时代，都要始终保持劳动者本色。

第二节　爱岗敬业、争创一流的坚守与执着精神

爱岗敬业的源头是劳动。不劳动就没有人类的产生，就没有人类社会的发展，就不会有爱岗敬业，就不会有劳模精神。争创一流是当代劳模具有竞争力、战斗力和爆发力的精神源泉。

一、爱岗敬业——尽职尽责、精益求精地做好本职工作

二维码 8-1

爱岗敬业是爱岗与敬业的总称。爱岗和敬业，互为前提，相辅相成。爱岗，就是热爱自己的工作岗位，热爱自己的本职工作。敬业，就是以极端负责的态度对待自己的工作。爱岗敬业的基本意思就是恪尽职守，大致包括两个内容：一是干一行、爱一行、钻一行；二是弘扬"工匠精神"。爱岗是敬业的基石，敬业是爱岗的升华。只要踏实劳动、勤勉劳动，在平凡岗位上也能干出不平凡的业绩。

(一) 热爱本职岗位

爱岗就是热爱自己的本职工作岗位，这是对人们工作态度的一种普遍要求。一个工作岗位的存在，往往是人类社会存在和发展的需要。热爱本职工作岗位，不仅是个人生存和发展的需要，也是社会存在和发展的需要。

1. 工作岗位的含义

岗位由工种、职务、职称和等级组成，是组织为完成某项任务而确立的。岗位与人对应，通常只能由一个人担任。一个岗位即指由一个人所从事的工作。岗位是职工的工作位置，是职工生产、工作的场所，是职工汲取知识的实践基地，也是职工施展才华的舞台。职工在一定的岗位上，就要享有该岗位的权利，履行该岗位的职责和义务。

岗位职责是指一个岗位所要求的需要去完成的工作内容以及应当承担的责任范围。职责是职务与责任的统一，由授权范围和相应的责任两部分组成。任何岗位职责都是一个责任、权利与义务的综合体，有多大的权力就应该承担多大的责任，有多大的权力和责任就应该尽多大的义务。

2. 干一行，爱一行

爱岗就是热爱自己的本职工作岗位，这是对人们工作态度的一种普遍要求。一个工作岗位的存在，往往是人类社会存在和发展的需要。热爱本职工作岗位，不仅是个人生存和发展的需要，也是社会存在和发展的需要。一个人一旦爱上了自己的职业，就会全身心投入工作岗位中，在平凡的岗位上作出不平凡的事业。从事各行各业、各个岗位的每一个人，都要热爱自己的本职工作。三百六十行，行行都需要有人去干。通过政府的政策、市场的人力资源配置和个人自主创业，都可以把人员安排到各个工作岗位上去。也许有的人起初对自己所从事的工作不太感兴趣，但本着对工作岗位负责任的态度，必须努力培养自己对所在工作岗位的兴趣，干一行，爱一行，同时还要尊重自己的岗位职责，要像螺丝钉一样，牢牢地拧在那里，全身心投入职业中，守住那个岗位，做好那份工作。

(二) 培育敬业精神

我国早在《礼记·学记》中就明确提出了"敬业乐群"，南宋朱熹还提出"敬业者，专心致志，以事其业也"，即用一种恭敬严肃的态度对待自己的工作，认真负责、一心一意、任劳任怨、精益求精。敬业守职是具备良好职业道德的体现，激励着一代又一代的仁人志士在各自的岗位上专心致志苦干、尽心竭力耕耘，谱写出了璀璨夺目的不朽篇章。

1. 敬业的意义

敬业是现代人的必备素质之一。弘扬新时期的敬业精神，倡导人们岗位奉献、岗位成才和岗位建功立业，对促进经济社会等各项事业健康发展具有十分重大的意义。在企业中弘扬爱岗敬业的职业精神，就要让职工安心做事，进而爱岗；要让职工潜心于自己的事业，从而敬业；要让职工的知识能力和技术能力得到更好、更多、更有效发挥，更大范围地提高工作效率。

2. 敬业精神的基本内容

（1）牢固树立职业理想。每位职工都应把自己的职业看成是为企业创信誉、为社会作贡献、为人民谋福利的光荣事业，看成是企业、社会运转链条上的重要环节。

（2）准确设定岗位目标。岗位目标是一个人对自己的岗位在短期、长期的一个规划。高标准的岗位目标是干好本职、争创一流的动力。有了岗位目标，才能做到勤业敬业，在本职工作岗位上创造性地开展工作。

（3）大力强化职业责任。职业责任是职工主人翁意识的体现，作为企业的一员，应视企业发展为己任，自觉履行职业责任和义务。

（4）自觉遵守职业纪律。职业纪律是指在职业活动范围内从事某种职业的人们必须共同遵守的行为准则，包括劳动纪律、组织纪律、财经纪律、群众纪律、保密纪律、宣传纪律、外事纪律等基本纪律要求以及各行各业的特殊纪律要求。

（5）全面提高职业技能。企业内部要营造浓厚的学习氛围，促使职工不断掌握新技术、新工艺，不断增加技术业务能力的储备，不断更新知识结构、提高管理水平，成为本单位的业务骨干和技术尖兵，以过硬的职业技能践行敬业精神，为企业创效益、树信誉、争市场。

3. 培育敬业精神的途径

（1）要养成敬业习惯。习惯并非与生俱来，而是经过后天培养的。许多习惯是因为经常做一件事而自然形成的，还有一些习惯是人为刻意养成的。

一个人要想获得单位领导和同事的信任，承担更重要的工作任务和岗位职责，就必须把敬业精神作为一种具体的行为贯彻到工作细节中去，逐步养成一系列良好的敬业习惯。比如，对工作高度负责、精益求精，保质保量保证时间地完成任务；遵守劳动纪律和各项规章制度；关心企业的发展，积极参加集体活动，主动提出合理化建议；某项工作没有做好，甚至造成了损失，能主动承担责任，等等。

（2）要用责任心做好每一件事。第一，要在分内事上狠下工夫，也就是要做好本职工作。要心无羁绊地大踏步朝着心中笃定的职业目标轻松前进，唯有做好眼前的工作、做好分内事才是关键。

第二，要用责任心做好每一件事。在实际工作中，我们要让责任在心灵深处形成一种强大的规范意识，形成一种潜在的本能，并把这种规范和本能转化成强烈的责任心和干事创业的欲望，变要我干为我要干，变被动为主动，变敷衍了事为严格要求。

第三，把小事做细。做好一件事，需要知道三点：一是该干什么，二是怎么干，三是干到什么程度。从小处着眼，把小事做细，而且注重在做事的细节中找到机会，才能保持上进的状态、良好的工作习惯，走上成功之路。

（3）要苦干、实干和巧干。苦干，是一种不怕苦的工作作风，是一种不怕累的精神状态，是敢于拼搏、勇往直前、无所畏惧地干。苦干，需要坚持。苦字当头，比别人吃更多的苦、流更多的汗、付出十倍百倍的艰辛与努力。在遇到工作难题时，敢于硬碰硬，敢于啃硬骨头，敢于攻坚。

（4）在平凡岗位上始终如一。爱岗敬业很重要的一个特点，就是认真负责的工作态度和始终如一的职业行为。很多劳模之所以取得显著成绩，就是始终如一地把工作当事业，把付出当追求，在平凡的岗位上发光发热。平凡之中见伟大，细微之处显精神。劳模们始终保持着对工作的热情，从小事做起，从点滴做起，才能在平凡的工作岗位上作出卓越的成绩，作出不平凡的贡献。

每个人都有自己的位置。在平凡的岗位上，只要专心致志、脚踏实地、锐意进取，完全可以用心做好一件事。做有价值的事，就要把个人的前途与国家的命运紧密联系在一起，找准自己的人生坐标和奋斗目标。比如，许多基层工会干部想职工所想，急职工所急，帮职工所需，通过各种形式切实为职工办实事、办好事、解难事，得到了职工群众的好评。

（三）钻研业务技术

知识经济时代，知识更新的周期越来越短，过时的知识等于废料。只有不断学习，才能不断摄取能量，进而提升自己的业务技术能力。

1. 学习结合，知行统一

学习是人类掌握已有知识、探求未知领域来提高认识世界、改造世界能力的实践活动。学习包括学与习两个过程，《论语》开篇就是"学而时习之，不亦说乎"，这启示我们，学习的快乐在于学，更在于习。

学习是认识过程的一个环节，认识要经历实践—认识—再实践—再认识的过程。学习是一个知行统一、学用结合、探求真理、掌握规律的过程。在这个过程中，既要不断地学，又要不断地习，不断地模仿与重复、探索与创新，直至达到融会贯通和学以致用的目的。

2. 边干边学，学干互促

不掌握最新的科学知识与科技成果，就无法成为劳动模范，也无法适应新时期发展的需要。知识的增长是靠平时一点一滴积累的，有时连自己也不易觉察到，但只要持之以恒、勤学不已，就会由知之甚少变为知之甚多。要成为本专业的行家里手，就必须勤于学习、善于学习，边干边学、边学边干，以干促学、以学促干，甘做一颗永不生锈的螺丝钉，干一行、爱一行、精一行。

二、争创一流——不断超越自我，创造优异的工作业绩

争创一流是一种积极奋发的精神风貌，是一种凝心聚力的目标追求，可以内化为每个人的工作动力之源。劳模都是各行各业各单位争创一流的典范，我们要学习劳模，积极参加技术革新、技术协作、发明创造、合理化建议等活动，充分焕发创新潜能和创造活力，创造一流的工艺、一流的质量、一流的管理、一流的服务，推动我国社会生产力水平实现整体跃升。

（一）争创一流的内涵意义

1. 争创一流就要立高标准

争创一流是事业发展的上游目标、内在动力，是提高工作水平的基本前提和条件。争创一流，就是在高起点上继续求高，在新起点上继续求新。争创一流，从表面上看，是行动的飞跃；从根本上讲，是思维的飞跃。

2. 争创一流就要拓宽视野

创造一流的工作业绩，就要具备宽广的发展视野。一是不能局限于本单位本系统范围，必须跳出本单位本系统去追求一流水平；二是不能局限于自己的原有状态，不能满足于小小的个人进步；三是要勇于走在前列，要具有长远的眼光和开放的思维，在更大范围、更高层次上找座次、定坐标。

3. 争创一流就要追求最优

追求最优是一个漫长的过程，它可以有明确的起点，但没有固定的终点。只要不断地追求，每一个阶段性的成果都会成为一个新的起点。追求最优，离不开客观条件，但不能过分依赖客观条件，要懂得环境创造人，人也创造环境。追求最优，就是你与别人相比，爱心多一点，责任强一点，勇于付出和奉献。追求最优，需要好方法，包括做人的方法、工作的方

法、思考的方法。把追求最优作为对自己的一种要求，那么人生一定会与众不同，也才能争创一流。

4. 争创一流就要有积极心态

积极向上的心态是成功最基本的要素。积极的心态是一种正确的心态，正确的心态总是具有正性的特点，如忠诚、仁爱、正直、乐观、勇敢、慷慨、容忍、机智、亲切和高度的通情达理。积极是人类最大的法宝，具有积极心态的人总是怀着较高的目标，并能为之不断奋斗。

5. 争创一流就要有进取心

进是一种前进的动力，人们只有不断地学习、进步，才能不断地提升自己的能力，在工作中顽强拼搏、争创一流；取是指获取，但在获取之前，需要先有所付出，有付出才会有收获。进取心就是不满足于现状，坚持不懈地向新的目标追求的心理状态。在工作中把毅力和进取心相结合，就能成为走向成功的保障。

6. 争创一流就要有自信心

自信是心理健康的重要标志之一。自信是一种心态，是一种战胜自我的决心和相信必胜的意志。自信者兴，自强者胜。林肯认为："喷泉的高度不会超过它的源头，一个人的事业也是这样，他的成就绝不会超过自己的信念。"在人生的道路上，自信是一把宝剑，久经磨砺，锋芒毕现，将斩除路上的一切艰难险阻，陪伴人们到达成功的彼岸。

自信心是力量，是希望，是方向，是成功的秘诀，是命运的主宰。有了自信，就可以化渺小为伟大，化平庸为神奇，让不可能的事变成可能，可能的事变成现实，作出惊人的事业。而不自信的人，只会使可能的事变成不可能。因此，我们要相信自己为达到目标所具备的能力，敢于说："我自信，我能行，我拼搏，我出色，我成功。"与其羡慕别人，仰望别人的成功，不如加快自己的脚步。

（二）制定争创一流的目标

1. 制定争创一流目标的作用

目标的大小，往往是决定一个人有无作为、成就大小的标志。只有怀着伟大的目标，才能有伟大的行动。树立争创一流的目标，才能对自己的工作精益求精，才能激发自己的无限工作潜能。

2. 制定争创一流目标的原则

制定争创一流目标时，需要注意制定宏观目标和具体目标之间的差异。目标应具有可以计量其成果、可以规定其时间、可以确定其责任、必须切实可行四个特点。确立争创一流的目标，要根据主客观条件加以设计。每个人的条件不同，目标也不可能相同，但确定目标的方法是相同的。制定争创一流目标时，要注意以下四个原则。

（1）目标适中，力所能及　职业生涯规划的关键就在于职业目标的确定；确定职业目标的前提是自我认知；自我认知也就是对自身的分析，包括自己的兴趣爱好、特长优势、缺点不足等。要正确认识自己，提出恰如其分的目标。对自己的认识越深入，对目标的定位就越准确，这样制定出来的职业规划才会更加适合个人的职业发展。

（2）目标积极，符合时势　目标应该符合自身发展的需要，并且具有积极性，能够使自己不断提升进步。目标的确立要有科学的方法，否则目标就毫无价值，只会浪费时间，耗尽精力，终身一事无成。

（3）目标具体，易见成效　制订的目标一定要明确、具体、可行，要明确规定达到什么程度，如做多少、做成什么样子等。

（4）目标多层，有机统一　目标的制定应该是多层次的，既有短期目标，又有长期目标；既有局部目标，又有整体目标。

（三）努力彰显一流业绩

1. 创一流效率

工作效率是指工作投入与产出之比，是评定工作能力的重要指标。一个人的工作能力如何，很大程度上是看其工作效率的高低。创一流的工作效率，就是要使正效率值不断增大。

2. 创一流技能

技能是指通过练习获得的能够完成一定任务的动作系统。创一流的工作技能，就是要练就技巧性技能，发扬工匠精神，做自己行业、岗位的能工巧匠。

3. 创一流服务

社会主义道德建设提出以为人民服务为核心是有其丰富的内容和深刻的含义的。创一流服务，就是要向劳模学习，牢记全心全意为人民服务的宗旨，一切为了群众，全身心地投入到为人民服务的事业中。

4. 创一流水平

水平是指在某一专业方面所达到的高度，而衡量这个高度是有范围和层次的。创一流水平，就要像劳模一样，所具备的某项技能在全国或某地方、某行业，通过比赛或考核评定为一流水平，并能引领行业水平不断提高。

★ 劳模风采

为人民服务没有"终点站"

图8-1　李素丽

"北京有个李素丽，服务那可真周到。"几十年过去了，公交车售票员李素丽（图8-1），仍被人们津津乐道。

1981年，李素丽因为12分之差没考上大学，在当公交司机的父亲的影响下，成了一名售票员。从此，平凡的售票台成了她人生最大的舞台。

"每一条公共汽车的线路都有终点站，但为人民服务没有'终点站'。"李素丽说。

车辆进出站时，李素丽售票台旁的车窗总是开着，这样下雨时她就能及时从车窗内伸出雨伞，为乘客遮雨；即使车厢里人再多，她都坚持在车厢里穿行售票，就为让乘客少走几步……

18 年的坚守与奉献，李素丽将平凡变得不凡。做老年人的拐杖、盲人的眼睛、外地人的向导、病人的护士、群众的贴心人……她用自己的实际行动，赢得了人们的尊敬。

根据工作需要，1998 年 10 月，李素丽调到北京公共交通总公司服务处工作；1999 年 12 月 10 日，开通"公交李素丽服务热线"；2008 年，任北京交通服务热线主任；2015 年 1 月，北京市政企分开，李素丽任北京公交集团客户服务中心经理……从一名普通员工到管理人员再到领导干部，身份变了，服务环境变了，但李素丽全心全意为人民服务的思想始终如一。

"您下车之后，往左走，大约七八十步，就到地铁站。"用"前后左右"代替"东南西北"，用"步数"代替"距离"，北京公交集团客户服务中心的指路方式有些与众不同。

"因为问路者多为外地人，不习惯用东南西北来辨别方向。"北京公交客户服务中心的接线员告诉记者，这个"步数"，是他们每个人下班后，一步步量出来的，"这是成立热线时，李素丽定下的规矩。"

2017 年 4 月 1 日，李素丽正式退休，但她又投身公益慈善事业，为人民服务，仍在继续……

第三节　艰苦奋斗、勇于创新的奋斗与创新精神

艰苦奋斗就是指保持自强不息、奋发有为的精神风貌，而勇于创新就是以锐意进取、求新求变的勇气勇攀高峰。

一、艰苦奋斗——保持自强不息、奋发有为的精神风貌

二维码 8-2

艰苦奋斗是职工群众的一种精神追求、工作作风和生活态度。在建设中国特色社会主义现代化的今天，需要我们继续发扬艰苦奋斗精神，始终保持昂扬向上、奋发进取的精神状态，形成凝聚人心、不怕困难、不畏艰险、不懈奋斗的强大力量。劳模的艰苦奋斗精神是综合性、全方位的精神链，渗透、贯穿于爱岗敬业、争创一流、勇于创新、淡泊名利、甘于奉献各个方面。

（一）艰苦奋斗的内涵意义

1. 艰苦奋斗是高尚的精神品格

艰苦奋斗是指为实现伟大的或既定的目标而勇于克服艰难困苦、顽强奋斗、百折不挠、自强不息、居安思危、戒奢以俭的精神和行动。艰苦奋斗精神的内在核心是不怕困难、自强不息，不屈服于艰难困苦，不懈怠于富足安逸，不满足于已有的成绩，不避讳于自己的差距，始终奋发向上、谦虚谨慎，保持一种不断进取的精神状态。

新时代赋予了艰苦奋斗新的内涵,要求我们在思想上要锐意进取;在学习上要永不满足;在工作上要不断创新;在生活上要朴实无华。弘扬艰苦奋斗的优良传统,不能以时代变迁作为追求名利的借口。无论时代如何发展,只要人类改造自然和社会的活动不止息,艰苦奋斗精神就永不过时,并且始终值得提倡。

2.艰苦是成功的必经过程

艰苦是指条件和环境等物质方面的艰难困苦。做成大事者,都是先有日积月累,后有水到渠成。人生必须经历艰苦、刻苦、清苦这三种苦难。"不经一番寒彻骨,怎得梅花扑鼻香。"吃苦,既是一种经历,更是一种财富。有苦不言苦,有难不畏难,总会苦中有乐、苦后得乐。每个人都应学吃苦、愿吃苦、能吃苦、敢吃苦,如果没有吃苦的准备、能力和勇气,就很难面对工作中的困难,更不用说出色地完成任务。

3.奋斗是人生不变的主题

劳模成长、成才、成功的关键在于奋斗。他们面对任务,面对重担,面对困难,面对危险,或踏踏实实,默默耕耘,或挺身而出,勇于承担。劳模是因为持续地奋斗和奉献,才有了平凡中的伟大成果,才有关键时刻的惊人之举。

艰苦奋斗体现的是不畏艰难、百折不挠的意志,是昂扬向上、勇往直前的决心,是自强不息、开拓进取的品格,是兢兢业业、无私奉献的精神,是勇于拼搏、善于创新的态度。

(二)发扬勤俭节约精神

一个人,一个家庭,一个国家,乃至整个人类,想要生存和发展就不能放弃勤俭节约、艰苦朴素。从传统道德文化来看,艰苦朴素、勤俭节约是一种民族精神;从个人的道德修养来看,艰苦朴素、勤俭节约可以磨炼意志、陶冶情操,增强人的责任感和进取心。

1.增强勤俭节约、艰苦朴素意识

随着改革开放的深入和人们生活水平的提高,一些人开始抛弃勤俭节约、艰苦朴素的美德,认为那是吝啬、没品位的表现,甚至还在社会上形成了奢靡风气。在建设资源节约型社会的今天,勤俭节约不仅没过时,而且内涵更加丰富。

我们提倡勤俭节约,是要做到爱惜物力、富而不奢、艰苦奋斗、不断进取,不贪图安逸、奢侈腐化,不铺张浪费,养成科学、文明、健康的消费观念和生活习惯。能不花的,坚决不花;能少花的,尽量少花,把有限的资金和资源用在刀刃上。

2.坚持勤俭节约,反对铺张浪费

倡导合理消费、适度消费。我们应该从更深层次、更高境界重新审视和理解勤俭节约的内涵和意义。勤俭节约建立在勤与俭的结合上,只有勤奋才能创造劳动成果,只有节约才能珍惜劳动成果,两者相加,劳动者创造的成果才会越积越多,社会才能发展进步。反之,则是社会衰败,文明倒退。对我们每个人来说,勤俭节约则更多地体现为一种严谨的生活习惯,一种高尚的工作品格。

(三)发扬自强不息精神

"天行健,君子以自强不息;地势坤,君子以厚德载物"。自强不息、厚德载物,就是要人们效法天地,在学、行各方面不断努力。自强不息,是工人阶级伟大品格和公民道德规范的重要内容,也是劳模精神中应有之义,是一切成功的源泉,是中华民族奋斗不止、生生不息的精神支柱。

1. 自强不息是一切成功的源泉

推动世界前进的人，并不是那些严格意义上的天才，而是那些智力平平但非常勤奋、埋头苦干的人；不是那些天资卓越、才华横溢的天才，而是那些不论在哪一个行业都勤勤恳恳、劳作不息的人。天赋超常而没有毅力和恒心的人，只会成为转瞬即逝的火花。

自强不息、奋勇进取的民族志气，使我们中华民族创造了灿烂的古代文明，长期在世界上处于领先地位；使我们中华民族历尽艰难而不衰亡，始终具有强大的凝聚力和战斗力。自强不息就是要全身心地投入，奋勇向前。越是宏伟的志向，所遇到的障碍就越大，因而贵在热情，贵在坚持，贵在毅力。自强不息的人拥有理想、勇敢执着，即使历经坎坷，也不畏艰难险阻，始终百折不挠地奋斗着，因此成为强者，成为成功者。

2. 辩证地对待挫折、失败和逆境

只有经得起逆境考验的人，才能成为真正的强者。古今中外的伟人大多是抱着不屈不挠的精神，从逆境中挣扎过来的。双耳失聪的贝多芬用手指重重地叩响了神圣的《命运》之门，挥洒出一部顽强与厄运抗争的辉煌乐章；海伦·凯勒战胜了失聪失明的厄运，作出了常人也难以做到的成就，还成为教育界璀璨的明珠；忍胯下之辱的韩信，并没有因此而堕落，反而顶住压力，发挥自己所长，终成一代名将……孟子说："天将降大任于斯人也，必先苦其心志，劳其筋骨，饿其体肤，空乏其身。"因此，逆境是弱者走向毁灭的深渊，却是强者攀登高峰的垫脚石。

二、勇于创新——以锐意进取、求新求变的勇气攀高峰

创新是一个民族进步的灵魂，是事业发展的不竭动力。一个全民创新的国家会更有力量，一个全员创新的企业会更有生机，一个自我创新的员工也会更有作为。发展蕴含机遇，创新成就伟业，我们要开阔思路，善抓机遇，立足岗位，有所创新，有所成就。劳模勇于创新的精神是各行各业创新精神的总结，也是对各行各业职工群众的要求，更是值得永远传承的精神财富。

（一）勇于创新的内涵意义

创新涵盖各个领域，是企业生存和发展的生命线，也是其提升核心竞争力的重要途径。企业要成为真正的创新主体，就要树立创新意识，团结动员广大职工追求创新、建功立业。

1. 勇于创新的内涵

创新是人类特有的认识能力和实践能力，是人类主观能动性的高级表现形式，是推动民族进步和社会发展的不竭动力。通俗地讲，创新就是超越，与众不同。比别人提前一步是创新，比别人多想个角度是创新，比别人多干几件实事也是创新。

2. 勇于创新的意义

勇于创新的意义就在于营造一种人人谈创新、时时想创新、无处不创新的组织氛围，鼓励广大职工勇于创新，使每个职工都认识到不能满足于简单的重复工作，而是要努力探索新的方法，找出新的程序，只有不断地去探索、尝试，才能有所创新，有所贡献。

加快技术创新体系建设，就必须充分发挥广大职工的主力军作用，努力培养一大批具有创新精神、创新能力的优秀职工，最大限度地激发广大职工的创新热情和创造活力。

★ 劳模风采

王洪军（图8-2），中国第一汽车集团公司一汽—大众汽车有限公司高级技工。

王洪军毕业于一汽技工学校，1990年进一汽—大众，在焊装车间做钣金整修工。钣金整修工作技术含量非常高，最初，公司的钣金整修主要是由4个德国专家负责，中方员工打下手，递递工具，干点小活。王洪军一边打下手，一边练"手"。他跑图书馆翻阅相关资料，到书店买专业

图8-2 王洪军

书，自学热处理、机械制图、金属工艺等专业知识，对照书本反复操练，经过几个月苦练，终于修好了一台车。德国专家把王洪军修的"白车身"切割成一条一条，分段进行检测，还专门到质保部，用仪器全面检测，发现钢板厚度、结构尺寸等完全符合标准。钣金整修工具原来都从德国进口，价格高，订货周期长，有时品种还不全，有些缺陷根本就无法修复。王洪军就琢磨自己做工具，先后制作了Z型钩、T型钩、打板、多功能拔坑器等整修工具40多种2000多件，满足了各种车型各类缺陷的修复要求。王洪军在发明制作工具的同时，着手总结快捷有效的钣金整修方法，创造出了47项123种非常实用又简捷的轿车车身钣金整修方法——"王洪军轿车快速表面修复法"。

王洪军利用一切机会学习、揣摩做展车的技术，掌握了十种展车制作方法。2003年，一汽—大众采用了王洪军做展车的方法，两周内就出色地完成了德国专家1个月才能完成的任务，结束了公司每年要花费大笔外汇聘请德国专家做展车的历史。据统计，2004—2007年间，王洪军共制作展车189台，为公司节约费用700多万元。

王洪军不仅有过硬的技术，更有甘于奉献的精神。2004年，一汽—大众的一种新车型刚投产，经常出现问题，他常常是下班后接到厂里救急电话又匆匆赶回去。王洪军不仅自己钻研技术，更无私传授技艺，培养出了一支高素质、高技能的钣金整修队伍，打造出了能打硬仗、技术过硬的团队。他利用业余时间为用户义务修车，解决了许多疑难问题，赢得了广大客户的赞誉。

王洪军2006年荣获全国五一劳动奖章，2007年获国家科学技术进步二等奖，成为中国一线工人获此殊荣的第一人。

（二）掌握创新的方法

创新既是一个宏观的社会实践过程，又是一个微观的心理反应过程。有了正确的原理指导、原则规范、技法手段和过程提示，创新活动才能顺利进行，并取得好的效果。

1. 创新意识

创新意识是创造性思维和创造力得以发挥的前提条件，创造性思维是创新意识催生的结

果，具有创新意识的人才能对已积累的知识和经验进行科学的加工创造，产生出新知识、新思想、新概念、新成果或新产品。创新意识与创新精神也有区别。创新意识使人时时有创新的愿望和激情，而创新精神是人在创造活动中逐渐凝聚而成的一种胆识与气魄，使人敢于创新、勇于创新。

2. 创新思维

要具备创新思维，就需要做到以下七点：一是质疑问难。提出疑难问题来反复讨论、分析。二是引趣启智。激发自己的兴趣和好奇心理，保持思考与探究的热情。三是勤奋学习。知识是思维的最初动力和基本手段，也是创新的基础。四是攻坚克难。用难题和艰巨任务逼着自己思考问题。五是求新求变。注重思维超越，敢于突破经验，将已有的知识结构进行调整和重新组合。六是集思广益。创新能力不仅需要个人的智慧，而且需要集聚团队的智慧。七是抓住根本。树立唯物主义世界观，学会辩证思维，密切联系实际，从实际出发，实事求是。

3. 现场观察

创新活动是从发现和利用旧秩序内部的一些不协调现象开始的。从旧秩序的内部来讲，引发创新的不协调现象主要有生产经营遭遇瓶颈、企业意外的成功和失败等，这就要求我们注意现场观察。因为岗位在现场，需要我们沉下心来踏实工作；问题在现场，需要我们用敏锐的眼光来发现；答案在现场，需要我们用创新的思维来探索；价值在现场，需要我们通过努力来实现。

4. 抓住机遇

创新需要抓住机遇。机遇不等于成功，只有把机遇变为现实，才能创造出有价值的业绩。抓住机遇后，还要探索和分析机遇所提供的各项条件，把有利条件的性质、程度、方式以及可能存在的不利因素和风险搞清楚，做到心中有数，并提前规划，以便趋利避害，恰当运用。

5. 迅速行动

创新成功的秘密主要在于迅速行动。"事不行则不至"，唯有行动起来，才能走向成功。没有行动的思想会自生自灭，一味地追求完美，减少受讥讽、被攻击的机会，就可能错失良机，白白流失了创新的机会。

6. 勇于尝试

创新的构想只有在不断的尝试中才能逐渐完善。在创新中，遇到看似不可思议的东西，只要调整一下思维方式，换一个角度思考，就会使不可能变为有可能。事实上，成功者遭受的失败或者犯的错误并不比一般人少，只不过他们勇于尝试，善于改变，打破僵化，不拘一格，直到有所突破，获得成功。墨守成规，不知变通，是生存的最大障碍，也是创新的最大障碍。

7. 坚持不懈

坚持不懈，既是心力的考验，又是实践的砥砺；既是数量的积累，又是质量的提升；既是工作的延续，又是成果的扩大。创新的过程是不断尝试、不断失败、不断提高的过程。创新者在开始行动以后，为取得最终的成功，必须坚定不移地探索和解决问题，不害怕失败，不逃避困难。

第四节　淡泊名利、甘于奉献的担当与奉献精神

甘于奉献是指培育敢于担当、乐于付出的行为品质。而淡泊名利是指锤炼廉洁自律、遵规守矩的高尚品格。现代社会充满竞争，也充满诱惑和浮躁，人们的价值观呈现多元化。学习劳模，就是要学习他们淡泊明志、宁静致远的优秀品格，把为理想而奋斗当作人生快乐的源泉，用高尚的理想和情操充实自己的精神世界，努力实现人生价值。

一、淡泊名利——锤炼廉洁自律、遵规守矩的高尚品格

二维码 8-3

（一）淡泊名利的内涵

1. 正确认识欲望

欲望是指感受和需求。在欲望的推动下，人不断占有客观对象，从而同自然环境和社会环境形成了一定的关系。在这个意义上，欲望是人改造主观世界和客观世界的根本动力，也是人类进化、社会发展与历史进步的动力。如果人无法正确理解欲望，就不能从桎梏和恐惧中解脱出来；如果人摧毁了自己的欲望，可能也就摧毁了自己的生活。

2. 学会控制欲望

当今世界充满着各种诱惑，对利益过高、过多的要求，常常会使人疲于奔命、苦闷烦恼，甚至被欲望左右，迷失方向，失去自我。"夫君子之行，静以修身，俭以养德，非淡泊无以明志，非宁静无以致远"。内心淡泊有静气，才能以宽阔的胸襟从容地去面对得失进退。要做到淡泊名利，就要修剪杂念私欲，把欲望去粗存精，让积极健康、奋发向上的欲望，推动自己脚踏实地、气定神闲地迈向奋斗目标。

（二）淡泊名利的意义

1. 淡泊名利才能享受真正的快乐

"宠辱不惊，闲看庭前花开花落；去留无意，漫随天外云卷云舒"是淡泊名利的最高境界，也是真正的快乐所在。

2. 淡泊名利才能获得真正的成功

淡泊名利是成功的必要条件。少一点名利，多一点淡泊；少一点奢求，多一点知足；少一点索取，多一点奉献，做到多淡泊、多知足、多奉献。放下名利的包袱轻装上阵，才能在事业上不断进步，勇攀高峰。只有把功利思想放下，以平常之心对待名，以淡泊之心对待位，以知足之心对待利，以敬畏之心对待权，以负责之心对待事，才能一心考虑如何办实事、如何办好实事的问题，从而在自己的工作岗位上发挥最大价值。

（三）淡泊名利的途径

淡泊名利，就要努力做到清心寡欲，洁身自好；清白做事，干净做人；办事公正，清正廉洁；一心为公，尽职尽责。在名利、金钱、美色面前，要去贪念、戒私欲，抛弃攀比心，保持平常心，把好心理关。树立正确的名利观，以平和之心对名，以知足之心对利，自觉坚持洁心、洁身、洁行，以廉为荣、以俭立身，耐得住艰苦、守得住清贫、抗得住诱惑，始终具有拒腐防变的能力。

1. 慎初、慎独、慎微

我国自古有"三慎",即慎初、慎独、慎微的修德美谈。这"三慎"都要求将全部的人格、生活奉献给高尚的道德追求。做到这一点,"闭心自慎,终不失过兮"。也就是说,坚守着清心,淡泊名利,谨慎自重,就不会有罪愆或过失。

慎初指警戒、谨慎于事情发生之初,在思想上筑牢第一道防线。任何事物的发展都要经历产生—发展—灭亡的过程。选择什么样的起点,将关系到朝着什么方向发展和获得什么样的结果。在做一件事情时,一定要三思而后行,迈好人生的第一步,做好人生的每件事。

慎独指一个人独处时能做到谨慎不苟,即使在别人看不到的情况下,也能洁身自好,问心无愧。慎独是一种情操,一种修养,一种自律,一种坦荡。

慎微就是慎小事、慎小节,从小事做起,警钟长鸣,防微杜渐,重点是慎习惯、慎嗜好。

2. 知足、知止、知耻

"知足常足,终身不辱"。作为员工要像劳模一样严于律己,在个人利益得失面前站得高一些,看得远一些,始终保持一颗平常心,时刻把党的事业、人民的利益放在高于一切的位置。只有这样,才能客观地分析自己,公正地看待别人,才能选准参照系,解决好"和谁比""比什么""如何比"的问题,不为权力所惑,不为名利所扰。

知止就是知道如何停止、放下,即做事有分寸,坚持自己的目标、原则和立场。懂得知止的极高境界后,才会有坚定的志向,平静的内心,才能够做事细虑,脚踏实地,有所成就。

知耻与明荣是辩证统一的。"荣"和"耻"是一对矛盾。有荣必有耻,知耻方明荣。以"八荣八耻"为主要内容的社会主义荣辱观,就要求我们做到以热爱祖国、服务人民、崇尚科学、辛勤劳动、团结互助、诚实守信、遵纪守法、艰苦奋斗为光荣,以危害祖国、背离人民、愚昧无知、好逸恶劳、损人利己、见利忘义、违法乱纪、骄奢淫逸为耻辱。倡导的是健康的道德,彰显的是崇高的追求,唤醒的是自律的力量,确立的是做人的准则。

淡泊名利,就要做到心不动于红利之欲,手不伸于物流之诱,目不眩于七色之惑。一个人只有自省自警、严于律己、拒腐守廉,才能对个人的名誉、地位、利益等问题想得透、看得淡,保持一种"物利两忘"的淡泊心态,才能耐得住寂寞,抗得住诱惑,守得住清贫,管得住小节。人生最大的收获就是知足,以平静之心对己,以平稳之心处事,以平常之心对待名利。

二、甘于奉献——培育敢于担当、乐于付出的行为品质

奉献精神是中华民族世世代代自强不息的精髓。奉献是一种高尚的情操,更是一种平凡的精神。无论时代发生怎样的变化,奉献永远是鼓舞和激励人们奋发向上的巨大力量。在建设中国特色社会主义的进程中,奉献精神应当成为职工群众的自觉追求,成为全社会大力弘扬的时代精神。广大职工群众要向劳模学习,在奉献中实现自我价值,在实现自我价值中作出贡献。

(一)甘于奉献的内涵意义

奉献精神是指为了维护社会集体利益或他人利益,个人能够自觉地让渡、舍弃自身利益

的一种高尚品格。它建立在对个人利益与集体利益关系的正确理解基础上。

1. 奉献精神的内涵

奉献指满怀感情地为他人服务，作出自我贡献，是不计回报的无偿服务。奉献的内涵很丰富，包括不怕困难勇挑重担的精神、见义勇为助人为乐的精神、不计报酬不为私利的精神、勤勤恳恳忘我工作的精神。奉献既需要在国家和人民需要的关键时刻挺身而出、慷慨赴义，也需要融汇和渗透在人们日常的工作和生活中。无私奉献精神是一个国家、一个民族、一个企业的精神精华，是推动经济社会发展进步的原动力。我们要把奉献作为自己人生价值观的重要坐标，规范自己的思想和行为。

2. 奉献精神的意义

为谁奉献，是奉献精神的根本问题，决定了一种奉献精神是促进还是阻碍社会发展，是进步还是落后的意识形态。把人民群众的利益作为想问题、办事情的出发点和落脚点，才是奉献精神的价值所在。

奉献无处不在，无时不有。李大钊为追求真理而捐躯，白求恩为人类正义而殉职，董存瑞为人民解放而牺牲，雷锋将有限的生命投入无限的为人民服务之中，都是一种奉献。奉献就在身边，我们在奉献中生活，在生活中奉献。对职工来说，在本职岗位上恪忠职守、爱岗敬业，持之以恒，埋头苦干，也是一种奉献。

（二）全方位甘于奉献

无论是体力型劳模，还是智力型劳模；无论是生产者，还是创业者；无论是比表现，还是比贡献，劳模的核心价值始终是不变的——为他人、为社会、为国家多作贡献的道德感、责任感和荣誉感。劳模在平凡中追求不止、奋斗不止，用无私的奉献精神编织出美丽的事业蓝图。

1. 在生活中奉献

每个人都需要承担一定的社会责任，认真履行这些责任是奉献的基础。在生活中的奉献，其实就是要承担作为社会人的职责，从思想和行动上坚守自己做人的基本信念、良知和尊严，也就是一种爱的奉献。比如，作为父母应对子女尽培养、教育、关爱的责任；作为子女应当对父母尽到孝养、爱护的责任；作为兄弟、姐妹、朋友应当尽到互敬、互爱、互助的责任。

在生活中的奉献不仅要心甘情愿地付出，还要用一种谦恭的态度去遵行。虽然这种奉献表面上局限于一时一地，作用有限，其实这种奉献精神能够长期存在，并超越地区和单位，对国家和社会持续发挥作用，促进国家的稳定、社会的和谐，甚至能促成划时代的变革。

2. 在职业中奉献

在职业中的奉献就是爱岗敬业。爱岗敬业是人类社会最为普遍的奉献精神，它是一种平凡的奉献精神，因为每个人都可以做到，而且都应该具备；它又是伟大的奉献精神，因为没有平凡的爱岗敬业，就没有伟大的建设发展成果。我们要大力倡导爱岗敬业、诚实守信、办事公道、服务群众、奉献社会的职业道德，鼓励人们在实际工作中、在平凡的岗位上作出不平凡的业绩。

奉献社会是一种对事业忘我的全身心投入，是社会主义职业道德的最高境界和最终目的。这不仅需要有明确的信念，更需要有实际的行动。当一个人任劳任怨，不计较个人得失，甚至不惜献出自己的生命去从事某种事业时，他关注的其实是这一事业对人类、对社会的意义，这就是奉献的大爱境界。

（三）甘于奉献的途径

劳模的先进行为不是偶然的，而是我国民族精神和时代精神的展现，是道德教育与良好社会道德氛围熏陶的必然。正是劳模感人至深、可歌可泣的事迹，照亮了人心，温暖了社会，挺起了社会的脊梁，成为推动科学发展的强大精神动力。我们要对照劳模的思想境界，反思自己的精神状态和行为方式，努力做到甘于奉献。

1. 做好充分准备

"凡事预则立，不预则废"。奉献必须做好充分准备，思想动力准备是前提，知识能力准备是条件，劳动付出准备是基础。没有劳动付出准备，就会在奉献面前退却。做好充分准备，才能甘于奉献，并在一定的环境和条件下作出应有的奉献。

2. 学会担当和付出

生命的价值和意义体现于人与人之间的互相付出、互相帮助、互相关爱。一个人如果能随时保持爱心、乐于付出、勇于担当，就能乐于奉献、甘于奉献，在奉献中实现生命的价值和意义。

1. 谈谈日后如何在自己的工作岗位上做到爱岗敬业？
2. 谈谈你身边的劳模是如何淡泊名利的？
3. 谈谈你身边甘于奉献的感人事迹。

课后练习

一、单项选择题

1. 下列不属于新中国成立前劳模精神的时代特色的是（　　）。
　　A. 为革命献身　　B. 革命加拼命　　C. 苦干加巧干　　D. 科学加民主
2. 爱岗敬业的源头是（　　）。
　　A. 劳动　　B. 奋斗　　C. 兴趣　　D. 岗位
3. （　　）就是以极端负责的态度对待自己的工作。
　　A. 敬业　　B. 创新　　C. 坚持　　D. 奋斗
4. （　　）是中华民族世世代代自强不息的精髓。
　　A. 劳模精神　　B. 科学素养　　C. 奉献精神　　D. 高尚情操
5. （　　）是指培育敢于担当、乐于付出的行为品质。
　　A. 乐于助人　　B. 甘于奉献　　C. 勤劳勇敢　　D. 爱岗敬业

二、简答题

1. 各个时期的劳模精神的时代特色体现有哪些共同点？
2. 在新时代发扬艰苦奋斗精神有哪些现实意义？

第九章

劳模精神的社会价值

思政目标

劳动模范是时代的先锋、民族的楷模，他们身上承载和彰显的劳模精神一直发挥着引领作用，丰富和拓展了中国精神内涵，充分展现了我国新时代工人阶级和劳动群众的高度自信，已成为社会主义核心价值体系的重要组成部分。进入新时代，我们要深刻把握劳模精神的崭新意蕴与当代价值，大力弘扬劳模精神，推动全社会形成尊重劳动、劳动光荣的良好风尚。

学习架构

劳模精神的社会价值
- 劳模精神的奋斗价值
  - 劳模精神激励全民奋斗
  - 劳模精神激励万众创新
- 劳模精神的典型示范价值
  - 引领劳动群体发展
  - 激励劳动者个人进步
- 劳模精神的文化影响价值
  - 劳模精神是社会主义先进文化的代表
  - 劳模精神是新时代创新发展的动力

案例导学

航天工匠"一把刀"

几十斤重的密封堵盖一打开，刺鼻的气味立马涌出来，这是火炸药的味道。火炸药异常敏感，一丁点磕碰，甚至衣服擦出静电，都可能瞬间引爆，几千摄氏度高温中蘑菇云腾起，人就"灰飞烟灭"了。

这是国家一级危险岗位的"日常"，身为中国航天科技集团公司第四研究院7416厂航天发动机固体燃料药面整形组组长，徐立平的工作就是带领同事，给固体燃料发动机的推进剂药面"动刀"整形，以满足火箭及导弹飞行的各种复杂需要。

30年来，在这个全世界都无法完全用机械代替手工操作的岗位上，徐立平忍耐着常人难以想象的危险与寂寞，以精湛技艺和过人胆识"雕刻"火药，将一件件大国利器送入云霄，从航天"蓝领"一步步成长为以国为重的大国工匠。

习近平总书记在2020年全国劳动模范和先进工作者表彰大会上指出，以爱国主义为核心的民族精神和以改革创新为核心的时代的生动体现，鼓舞全党全国各族人民风雨无阻的是哪三种精神？

第一节　劳模精神的奋斗价值

传播弘扬劳模精神，不只是劳模的事。每个社会群体都应以劳模精神要求自己，以劳模标准提高自己，努力向广大劳模看齐。每一个劳动者热爱劳动的实际行动，都是对劳模精神最好的传播和弘扬。人人学习劳模，人人尊重劳动，人人热爱劳动，人人创新劳动，只有这样，勤奋做事、勤勉做人、勤劳致富才能在全社会蔚然成风，从而形成全民奋斗、万众创新的新局面。

每一个劳动者的人生梦想，汇聚在一起就是宏伟的中国梦。中国梦的实现，不是空谈出来的，靠的是千千万万来自各行各业的人民群众流淌汗水，一砖一瓦，胼手胝足，靠的是劳模精神的发扬光大。正因如此，我们必须让"劳动光荣、创造伟大"成为时代强音，让劳模精神成为我们时代人人向往的精神高地。

一、劳模精神激励全民奋斗

劳动模范们基于对自身工作的热爱，对劳动的热情，以积极的劳动态度，忘我的工作精神创造了一个又一个劳动奇迹，并利用自身的榜样效应在精神和实践上引领广大劳动者共同建设中国特色社会主义社会。自改革开放以来，劳动模范们在不同的时代背景下，展现出了具有时代特色的劳模精神的内涵，劳动模范评选标准、结构以及形象也在一步步变化，但不可否认的是，无论哪个时代的劳模精神都为现代化建设做出了巨大贡献，展现了精神引领作用。

劳模精神是民族精神的重要组成部分。一方面劳动模范们无私奉献的精神信仰在于其对中国、对中华民族的热爱；另一方面，劳动模范们的爱岗敬业、艰苦奋斗则展现了中华民族的勤劳勇敢和自强不息精神。可以看到，劳模精神集中体现了民族精神的核心要素。

劳模精神作为一种文化精神，并非固定不变，而是不断创新的、鲜活的，是随着国家经济、政治、社会发展而不断展现出时代特征的。改革创新既是时代精神的核心，也是对劳动模范的重要要求，并一直贯穿于劳模精神当中。劳模精神同样推动着时代精神的发展，不断为时代精神注入新鲜血液，使国家不断朝向现代化发展，最终实现中华民族伟大复兴的中国梦。

我们要善于在实际工作中学习和践行劳模精神。从人们耳熟能详的王进喜、时传祥，到如今新时期的劳动模范包起帆、郭明义，他们从事的行业不同，但有一点是相同的，都是坚持辛勤劳动、诚实劳动和创造性劳动，立足本职工作、刻苦钻研，自觉把人生理想、家庭幸福融入国家富强、民族复兴的伟业之中，都是践行和弘扬劳模精神的生动载体。

劳模精神代表了工人阶级的伟大品格，也是中国宝贵的精神财富，鼓舞了成千上万的劳动者前赴后继、不懈奋斗。劳模精神能促进社会的改革，是社会发展的精神引领，对于稳定社会环境，提高社会环境的舒适度，起到了助推器的作用。

二、劳模精神激励万众创新

劳模精神实质上是创新精神和劳动精神的结合体，而创新是国家发展的动力，创新也是社会进步的灵魂。因此在劳模精神引领社会发展时，必须注意创新和劳动的结合。创新来源于各种生活实践的劳动中，最终又服务于生活实践并推动其发展。劳模精神的最本质价值在于其劳动性，但当劳动性与创新性紧密结合时，便可推动社会不断地向前发展。在不同的时代不断诠释劳模精神并不是重复性要求，而是社会历史要求。

"人无精神则不立，国无精神则不强"。伟大的时代孕育伟大的精神，伟大的精神推动伟大的事业。显然，自改革开放以来，劳动让国家和人民无论在物质还是精神方面都取得了巨大进步，特别是巨大的物质财富是我国任何一个历史时期都不能媲美的。

虽然因为劳动的目的、每个劳模所处的环境和岗位不同，各自的业绩和贡献也不同，但他们都用自己的汗水和智慧，为祖国建设发展写下了浓墨重彩的篇章。劳模们都是在各自的工作岗位上成绩显著、为国家建设作出突出贡献的先进分子。他们通过不断学习而表现出的创造力和带头作用，必定使一个单位或一个企业的生产力得到促进和发展，因而劳模的创造力是先进生产力的体现。

★ 劳模风采

钢铁劳模——孟泰

1948年11月，孟泰重回鞍山钢铁厂，而此时的鞍钢饱经战乱之后，已经残破不全了。但是他丝毫没有退缩，爱厂如家，艰苦创业。他冒着严寒，刨冻雪抠备件；迎着臭气，扒废铁堆找原材料。每天泥一把、油一身、汗一脸，拣回一根根铁线、一颗颗螺丝钉、一件件备品。

在他的带动下，全厂工人都行动了起来，在短短的数月内，回收了上千种材料，捡回上万个零备件。建成了当时著名的"孟泰仓库"，并为恢复生产起了重要的作用。而后他又勇于攻克技术难关，先后解决了十几个技术难题。在与苏联关系交恶的情况下，硬是成功自制了大型轧辊，填补了我国冶金历史上的空白。

1964年，孟泰担任了炼铁厂的副厂长。走上领导岗位后，他依然朴实无华，朴素如初，坚持不脱离群众，保持工人阶级的本色。其间，他搞了多项技术革新和发明，为国家节约了大量能源，被人们亲切地称为"老英雄"孟泰。

时至今日，我们无法忘却"孟泰"们始终不渝地忠诚于党和人民的事业，把爱国之情、报国之志、强国之梦，化作创业、创新、创造的实际行动，用汗水和智慧在共和国建设的史册上，写下了浓墨重彩的华章。

劳模精神毫无疑问地属于精神生产，并且劳模精神既是精神生产的结果，也是精神生产的过程。

精神生产最本质的特征便是创新。几乎所有的精神生产的研究者都将创新视为精神生产的最重要元素。精神生产产出的不是已有的知识，而是新的知识。劳模精神不断地总结直至完善，从既有的实践来看，改革开放以来劳模精神的历史嬗变，创新是其根本的体现。从劳模精神的历史嬗变，也可以看到劳模精神不仅自身在不断创新，其内涵的重要元素之一同样是创新。从改革开放初期的改革创新精神，到20世纪90年代概括劳模精神的24个字，乃至中国特色社会主义新时代提出的工匠精神和企业家精神，都包含了创新的元素。一种新理论的诞生，同样是新增社会财富的精神劳动。

★ 劳模风采

在一根钢丝绳上争毫厘

从业30多年，贵州钢绳集团公司二分厂职工周家荣（图9-1）从一名学徒成长为国内一流的钢丝绳制造技能大师、全国劳模。

荣誉的背后是精益求精、一丝不苟的态度。生产航空用绳时，一根钢丝绳有200多根细钢丝，最粗的4毫米，最细的0.2毫米。周家荣说："0.2毫米的钢丝绳和头发丝差不多粗细，但生产它肩负着很重的责任，必须精益求精。"

图9-1　周家荣

1987年12月，19岁的周家荣因家境贫寒辍学，进入贵州钢绳厂钢丝绳制造车间，成为一名合同制工人。从进厂那天起，周家荣便刻苦学习钢丝绳生产技能，虚心向老师傅请教工作中的难点、疑点。新手一般需要半年时间才能掌握钢丝绳生产关键技术，而周家荣仅仅3个月就能独立上机操作，并很快成为一线技术骨干独当一面。

"作为一名产业工人，要沉下心来，脚踏实地，一步一个脚印，不能好高骛远。"他利用业余时间自修大专课程，并主动加强对钢丝绳制造关键设备和关键技术的学习，报名参加公司和分厂组织的高难度、高附加值产品生产工艺技术专题培训，"不断学习，不断成长"成了他的座右铭。

2003年,他率领研发团队经过一个月的攻关,成功解决了6T×36SW股绳内层钢丝"骑马"以及"钢丝断裂""模子选型"等一系列技术难题。

2007年9月,周家荣组织班组成员确立了《解决6×26SW股绳内层钢丝"骑马"问题》这一QC课题,成功解决了技术难题,拓展了公司产品的市场空间,创造了数百万元的经济效益。

如今,周家荣参与制作的产品广泛运用于航天、高层建筑、桥梁等领域。他还参与了神八、神九、神十、神十一载人航天相关协作配套任务,参与国防及武器装备建设,主起草了《一般用途钢丝绳》《飞船用不锈钢丝绳》《压实股钢丝绳》等30多项国家标准、行业标准、军工标准。其中,由他主导起草的国际标准ISO2408《通用钢丝绳技术条件》,通过了国际钢丝绳标准化委员会的专业审查。

30多年来,周家荣带出近百名徒弟,其中不少是贵州省"技术能手"和遵义市"金牌工人"。国家级周家荣技能大师工作室成立以来,为公司培养了一大批技术骨干。

不管是实现人的自我价值还是社会价值,都离不开劳模精神。一个人如果不具备劳模精神,个人理想将无法实现,自我价值不能得到肯定,更不用说社会价值了。劳模精神中的爱岗敬业、争创一流鞭策劳动者不断走向卓越,而其中的淡泊名利、甘于奉献又与人的社会价值相呼应,使人的社会价值最大化。

第二节　劳模精神的典型示范价值

恩格斯提出的"真实地再现典型环境中的典型人物"科学地揭示了典型人物与典型环境的辩证关系。所谓典型环境,就是充分地体现了现实关系真实风貌的人物的生活环境,包括以具体独特的个别性反映出特定历史时期社会现实关系总情势的大环境,又包括由这种历史环境形成的个人生活的具体环境。

一、劳模精神引领劳动群体发展

劳模和劳模精神是劳动群体先进性的高度浓缩,是时代的产物,随着社会的发展而发展。劳模的作用更多的是用自己的精神力量去带动周围的人。只要社会不断地向前发展,就会需要想在先、干在先的带头人。评选劳模本身就是一种激励形式,是一种树典型、追标兵的"正强化"。对先进的个人给予奖励,其直接效果就是树立一个榜样,让所有人都向榜样看齐。

榜样是看得见的哲理,也是最好的说服。劳模精神具有典型示范作用,一个劳模典型,就是一面旗帜、一根标杆、一个楷模;劳模精神具有典型导向作用,通过树立劳模,提倡什么、反对什么、弘扬什么、摒弃什么,一目了然。各条战线、各个领域、各个方面都要树立旗帜,使职工群众学有方向,赶有目标。劳模在工作中表现出来的职业精神、工作创新精神和高尚品德的裂变效应,其价值远远超过了劳模在本职岗位上所作出的成绩本身,而这正是劳模精神的一个重要的社会价值。

对于广大的普通劳动者而言，也是因为受到身边劳动模范的率先垂范，所以才有不断学习提升劳动素养的渴望；才有愿意向师傅学、向同事学、向书本学、向实践学，在学中练就过硬本领，力求把工作做到最好的意愿；才有心甘情愿立足岗位埋头苦干、奋力拼搏的干劲，实现人生价值的追求；才有由"要我劳动"转变为"我要劳动"的动力。

全社会都需要劳模精神来引领发展，支撑信仰，树立榜样。劳动是财富的源泉，是进步的动力。没有付出就没有收获，劳动创造看起来是常事，做起来是难事，做好了要本事。实践证明，一个城市的发展，需要政府的砥砺奋进，需要广大人民群众的辛勤劳作，需要各行各业的兢兢业业。当前，我国正处于全面建设小康社会的决战期和推进科学跨越发展的黄金机遇期。如何适合新的发展形势和需要，保鲜其劲头，持续其激情，需要高举劳模精神，需要人人融入"两个一百年"的伟大实践，用勤劳的双手，共同托起美丽的中国梦。

二、劳模精神激励劳动者个人进步

劳动模范始终是我国工人阶级中一个闪光的群体，享有崇高声誉，备受人民尊敬，劳模干一行、爱一行，专一行、精一行，带动群众锐意进取、积极投身改革开放和社会主义现代化建设，为国家和人民建立了杰出功勋。劳模立足本职，争创一流，集中体现了伟大的时代精神、创业精神、奉献精神，为国家和民族增添了绚丽光彩。劳动模范和先进工作者是坚持中国道路、弘扬中国精神、凝聚中国力量的楷模……为全国各族人民树立了学习的榜样。

用劳模精神激励劳动者奋斗前行，实际上是一种历史重任。在日常工作中，要注重充分发挥劳模先进者的示范引领作用，带动各行各业劳动者向劳模看齐，形成强大合力，凝聚起真抓实干、推动发展的强大合力。

用劳模精神激励劳动者奋斗前行，最终需要在本职岗位上落到实处。劳模们用他们的奋斗故事阐释了这样一个真理：劳动是最美的身影，创造是最好的奉献。广大劳动者来自各个方面，从事着不同内容的工作。劳动者在自己的工作岗位上兢兢业业，踏实苦干，就是对劳模精神、劳动精神、工匠精神最好的传承。光荣属于劳动者，幸福属于劳动者，社会主义是干出来的，新时代是奋斗出来的。伟大的成就昭示着我们，只要全体劳动者埋头苦干，用脚步丈量人生，用劳动书写华章，中国梦的大树就会茁壮成长，新时代的美好蓝图就会变成现实。广大劳动者只有以劳模为镜，大力弘扬劳模精神，艰苦创业，攻坚克难，砥砺前行，才能凝聚起奋进新时代的磅礴伟力，谱写新时代的精彩华章。

用劳模精神激励劳动者奋斗前行，建设知识型、技能型和创新型的产业工人队伍十分重要。广大劳动者只有以劳模为榜样，树立终身学习的理念，将辛勤劳动、诚实劳动、创造性劳动作为自觉行为，紧盯行业、产业前沿知识和技术进步，走技能成才、技能报国之路，立足岗位、苦练技艺、勇于创新、精益求精，不断提高技术技能水平，在本职岗位上干出最佳成绩，把工作做到极致，成为一名懂技术会创新，敢担当讲奉献的新时代劳动者，才能为中国制造、中国创造夯实基础，为建设高素质劳动大军和高质量发展提供有力人才支撑。

★ 劳模风采

劳模精神的旗帜作用——22载"焊花飞扬"

图9-2 王建伟

作为山西中铝工业服务有限公司焊接研究培训中心的一名班长,王建伟(图9-2)用22年坚持一线工作的定力诠释着"不断打磨、不断提升、不断精益求精"的劳模精神。

谈起自己的成长经历,王建伟将其分成了两个"十年","前十年就是学技术,干工作,后十年就是通过参加各类技术比赛提高自己"。在当时氩弧焊还没有广泛应用的时候,王建伟凭着自己要强的性格和师傅主动帮他争取的各种学习实践的机会,工作没多久就开始崭露头角。

随着自身技术的不断提高,王建伟逐渐开始参加各个级别的技术比赛,并用心总结经验,不论是车间内部的技术比武还是国家级的技术竞赛,他都能从中汲取营养,提高自己。

对于人才培养,王建伟早就有所意识和行动。2012年起他利用晚上的业余时间先后为企业培训了400多人次。经过他培训的青年职工有的很快成为班组的生产骨干,30余名青工骨干充实到生产一线,还有的在焊接技能大赛中取得了骄人的成绩,其中一人获得山西省特种设备技能大赛焊工第一名,三人获得第十六届"中铝工匠赛"焊工组第二、三、五名,两人获得运城市焊工技能竞赛第一名和第三名好成绩,大大提升了企业焊工队伍的整体实力。

"近几年,我们一直在挖掘和培养有潜力的青年职工,有一些已经开始崭露头角。"谈到今后的人才培养问题,王建伟和焊接研究培训中心的同事们已经有了计划,"我们计划把已经显露出技能优势的年轻人集中起来,我们老职工会亲自教授培养一些优秀的职工作为核心骨干。然后让这些核心骨干每人再负责一定量的基础工人的培训,将知识和技术传授给更多的职工,这样以点带面,将我们焊工的整体技术实力再提升一个档次,在这个过程中我们将会根据学员的不同水平制订不同的培训计划,目的就是让他们能够在原有基础上更高效地提升能力,同时也将进行更符合实际工作需求的培训。更重要的是我们将在整个培训过程中继续发现优秀人才,让培训教育产生接续效应。"

第三节 劳模精神的文化影响价值

劳模精神的内涵是与传统文化、民族精神、时代特征密不可分的。只有不断深化对劳动内涵和劳动价值的认识与理解,提炼、升华人们在劳动活动和工作实践中形成的内在精神、优秀品质，改造主观世界和改造客观世界的活动才能更好地得以推进，历史主体自身蕴含的力量才能更好地得以释放。

一、劳模精神是社会主义先进文化的代表

以劳模精神为内核的劳模文化是中国革命、建设和改革开放伟大历史实践的结晶，是中华民族优秀传统文化和时代精神的融合，体现着中国先进生产力和生产关系发展的要求，反映着中国最广大人民群众的利益愿望，昭示着时代前进的方向，是中华民族和全社会的宝贵精神财富，应当成为中国社会主义先进文化和中华文明的重要组成部分，在社会发展中进一步传承和发扬。

热爱是对劳动的情感表达，是尊重劳动和崇尚劳动的高级呈现和升级归宿，是不同时代的劳模精神共同的源动力。热爱劳动是中华民族的传统美德，也是社会主义精神文明的构成内容，更是众多创造劳动奇迹和感人事迹的劳动者所共有的德行品质。正是有为民族争气的劳动热情，王进喜才会领着工人没日没夜地干。在发生井喷的危急关头，不顾腿伤，不顾严寒，扔掉拐杖，带头跳进泥浆池，用身体搅拌泥浆，最终制服井喷，避免了重大危险和巨大损失，赢得"铁人"的荣誉称号。正是有中国饭碗端在自己手上的劳动情怀，一辈子只干一件事的"杂交水稻之父"袁隆平，躬耕不辍多次创亩产纪录，为全世界解决温饱问题作出了卓越贡献，通过劳动成就自己，实现人生价值。

劳模精神是与时俱进的，但这并不意味着我们可以抛弃其中属于中华民族的、属于社会主义的本质性精神内涵。相反，新时代的劳模精神更应体现出中华民族的风骨和品格，这是劳模身上折射出来的先进文化内涵。劳模不断发展的先进经验表现为突出的个人魅力、强大的团队凝聚力。他们往往能够团结、带动身边的群众，因而围绕着劳模必定会形成一个进步的群体文化。

桃李不言，下自成蹊。弘扬劳模精神，离不开职工群众投身于中国特色社会主义的伟大实践。当前，我国进入新的历史发展阶段，经济体制、社会结构和利益格局正在发生深刻变革与调整，职工群众的价值观念日益呈现出多元、多样、多变的特点。要充分发掘广大职工群众的文化自觉，激发其强烈的社会责任心和精神文化认同，让劳模精神成为广泛的社会共识，通过辛勤劳动、诚实劳动、创造性劳动实现人生价值。

新时代绽放新光彩，新征程赋予新使命。劳模精神是时代精神的体现，劳模是时代的领跑者。弘扬新时代劳模精神，是贯彻发展新理念、树立崇尚劳动新风尚的内在要求，同时也将进一步激发广大劳动者的劳动热情，通过辛勤劳动、诚实劳动、创造性劳动实现全面建成小康社会，实现中华民族伟大复兴的中国梦。而新时代工匠精神是对劳模精神的新诠释，也是新时代劳模精神的集中体现。事实上，近现代机器大工业生产的普及以及互联网加人工智能并未使以手工业为代表的工匠精神退出历史舞台。当前，我国正在深入推进供给侧结构性改革、实现从制造大国向制造强国的转变，这带来的是对产品规格、质量与生产过程的革命，人这一要素在生产服务环节中的重要性进一步提升。如今，我们比历史上任何一个时期都更呼唤工匠精神，它所凸显的精益求精、追求卓越的精神品质，完全契合当前提升劳动者素质和职业技能的客观要求，是全社会必须补齐的短板。三百六十行，行行出状元，在职工群众中弘扬工匠精神，培养和造就一批干一行、爱一行、专一行的能工巧匠，建设知识型、技能型、创新型劳动者大军，能为我国向制造强国转变、推动经济转型升级提供强大的人才支撑。

★ 劳模风采

中国原子弹之父——邓稼先

图 9-3　邓稼先

1924 年 6 月 25 日邓稼先出生于安徽怀宁。1950 年，26 岁的邓稼先（图 9-3）在美国获得了物理学博士学位。他带着当时最先进的物理学知识，涉洋归来报效祖国。50 年代末，邓稼先从物理学讲坛上"消失"了，他的身影闪现在核武器研制的基层第一线：在北京郊外的高粱地里参加研究所的兴建，在罗布泊国家试验场的土路上颠簸，在云遮雾罩的山区指挥着原子弹、氢弹的研制。

邓稼先为我国的核武器研制事业兢兢业业、呕心沥血，孜孜不倦地奋斗了 28 年，从原子弹、氢弹原理的突破和试验成功及其武器化，到新的核武器的重大原理突破和研制试验，都作出了重大贡献，为我国第一颗原子弹和第一颗氢弹试验成功立下了卓越的功勋。在三年困难时期，他们日夜加班，置身荒北大漠之中，忍受饥肠辘辘。在试验场度过了 8 年的单身汉生活。终于在 1964 年成功爆炸了第一颗原子弹。从此，也奠定了他中国原子弹之父的地位。

二、劳模精神是新时代创新发展的动力

新中国成立 70 多年来，从创业之初的手提肩扛，到数控时代的电脑控制；从永不褪色的铁人精神，到赶超一流的载人航天精神；从都市快递员的忙碌身影，到互联网时代的创业创新……这些都说明劳动创造让劳动不再是原始落后、简单低级的代名词。

随着技术创新、知识创新、管理创新的日益发展，创新劳动对推动科技进步和经济发展方式转变的作用越来越大。广大劳动者要提升自己的素质，锤炼自身锐意进取、勇于创新的时代品质，争做知识型、技术型、创新型的劳动者，充分焕发创新潜能和创造活力，努力在改革开放中闯新路、创新业，这是圆梦的最佳途径和最好方式。

在如何推进创造性劳动方面，习近平指出，"要把握创新特点，遵循创新规律……坚持面向经济社会发展主战场、面向人民群众新需求，让创新成果更多更快造福社会、造福人民"。在思想文化日益进步的今天，没有创新创造元素的劳动，已经渐渐失去社会竞争力和物质生命力，必须广泛运用科学技术知识，进行创造性和创新性劳动，提高劳动效率和劳动质量，赋予劳动以新的时代意义，使劳动能够持续闪耀光辉。

培育和弘扬新时代的劳模精神，关系到我们坚持和发展中国特色社会主义是否一以贯之的问题，关系到党和人民群众的关系问题。

新时代实现"两个一百年"奋斗目标需要弘扬劳模精神。从全面建成小康社会到基本实现现代化，再到全面建成社会主义现代化强国，归根到底要靠辛勤劳动、诚实劳动、科学劳动。我们要在全社会大力弘扬劳动光荣、知识崇高、人才宝贵、创造伟大的时代新风，促使

全体社会成员弘扬劳模精神，推动全社会热爱劳动、投身劳动、爱岗敬业，为改革开放和社会主义现代化建设贡献智慧和力量。

新时代社会主要矛盾的解决需要弘扬"劳模精神"。中国特色社会主义进入新时代，我国社会主要矛盾已经转化为人民日益增长的美好生活需要和不平衡不充分的发展之间的矛盾。解决好发展不平衡不充分问题，要大力提升发展质量和效益，更好地推动人的全面发展、社会的全面进步。这个任务相当艰巨，没有劳动，没有劳模精神，是不可想象的。因此必须坚定理想信念、脚踏实地、艰苦奋斗。

新时代实现人生的幸福需要弘扬劳模精神。中国人民是具有伟大奋斗精神的人民，中国人民自古就明白，世界上没有坐享其成的好事，要幸福就要奋斗。今天，中国人民拥有的一切，都凝聚着中国人的聪明才智，浸透着中国人的辛勤汗水，蕴含着中国人的巨大牺牲。梦想属于每一个人，只要有志气，有闯劲，通过辛勤劳动，普通劳动者也可以在宽广舞台上展示自己的人生价值，拥有实现幸福的机会。

今天，我们比历史上任何时期都更接近、更有信心和能力实现中华民族伟大复兴的目标。伟大的事业需要伟大的精神，伟大的精神来自于伟大的人民。新的伟大征程离不开劳动人民的辛勤劳动，离不开社会对劳动精神、劳模精神、先进事迹的弘扬。因此，全社会都要贯彻尊重劳动、尊重知识、尊重人才、尊重创造的重大方针。向伟大时代的劳模精神敬礼！你、我、他，就是中国特色社会主义新时代劳模精神的继承者。

思考

1. 劳模精神的社会价值体现在哪些方面？
2. 大学生如何在劳模精神的引领下实现自我发展、自我成长？

课后练习

一、单项选择题

1. 精神生产最本质的特征便是（   ）。
   A. 奋斗　　　　　B. 劳动　　　　　C. 创新　　　　　D. 科学
2. 劳模的评选和劳模精神的弘扬离不开（   ）。
   A. 典型环境　　　B. 典型案例　　　C. 典型思维　　　D. 典型单位
3. 劳模和劳模精神是劳动群体先进性的（   ）。
   A. 付出　　　　　B. 创新　　　　　C. 推荐　　　　　D. 高度浓缩
4. （   ）内涵是与传统文化、民族精神、时代特征密不可分的。
   A. 劳模精神　　　B. 科学素养　　　C. 奉献精神　　　D. 高尚情操

二、简答题

1. 请简述劳模精神是如何引领劳动群体发展的？
2. 请简述劳模精神是如何推动新时代创新发展的？

劳动与社会

（社会篇）

众所周知，劳动创造了人类文明。依靠劳动，人脱离了茹毛饮血时代，从农耕到手工技术，再到现代化生产；从饥寒到吃饱穿暖，再到物阜民丰。社会文明每一点滴进步都源于劳动创造。劳动不仅完善了人的自身成长、改造了世界，而且创造了璀璨的精神文明和丰硕的物质生活。但是，越是复杂的人类文明的成果，越是凝结了许多人的劳动，正是由于他们有组织分工与合作才促使了这些成果的产生。这些成果包括物质文明成果，也包括精神文明成果，比如：我国南水北调、青藏铁路等世纪工程，"蛟龙"潜海、"嫦娥"飞天等科技创新，都亿万勤劳智慧的劳动者共同创造的结晶。

站在历史的交汇点，面对发展的新情况和新形势，社会化大生产要求既要有科学的劳动分工，又要有严密的协作。为保证社会生产顺利进行，必须把劳动者合理地组织起来，正确地处理它们之间的关系，以及他们与劳动工具、劳动对象之间的关系，充分发挥每个劳动者的能力，把他们组成一个具有强大合力的集体，完成个人和少数人难以完成的工作。因此，各级劳动组织要不断增强组织凝聚力，充分发挥好组织劳动者、服务劳动者、维护劳动者的重要作用，坚持崇尚劳动、尊重劳动者，重视发挥广大劳动群众的主力军作用，促进社会文明的进一步发展。

古人云：众人拾柴火焰高，众人能移万座山！只要每一位劳动者在社会发展中坚定共同的目标，秉承着团结协作的精神，将不惧艰难与挑战，取得社会发展最终的胜利。

第十章 劳动组织

思政目标

劳动组织是社会组织机构管理的重要组成部分,优化劳动组织可以提高组织机构的运行效率,加快社会经济的进步与发展。通过让大学生理解劳动组织的内涵,为其更好地步入社会、融入职场打下良好的基础。

学习架构

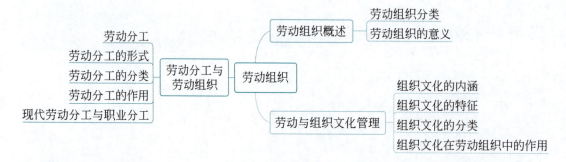

案例导学

华为的组织管理

华为公司成立于1988年,主要从事通信网络技术以及产品的研发、生产、营销和服务,并为世界领域专业电信运营商提供光电网络、固定网、移动网和增值业务领域的网络解决方案,是我国电信行业的主要供应商之一,目前已成功进入全球电信市场。华为公司是深圳企业中最早将人才作为战略性资源的企业,很早就提出了人才是第一资源,是企业最重要的资本的观念。《华为基本法》明确规定,认真负责和管理有效的员工是华为最大的财富。人力资本是华为公司的价值创造的主要因素,是华为公司保持成长和发展的源泉,华为公司将人力资源的增值目标作为华为公司战略目标之一。华为组织管理的激励措施有:

1. 薪酬激励

这是华为实施的动态分配、激励机制。华为有职权、工资、奖金、津贴、股权、红利、退休基金、医疗保障、社会保险等多种分配和保障形式，坚持报酬的合理性、竞争性，确保吸引优秀人才，并始终关注报酬的三个公平性：一是对外公平，二是对内公平，三是员工公平。

2. 股权激励

华为用股权分配的方式使劳动、智能和企业家的管理风险得到合理回报，但股权分配不搞平均，华为每年考评出每个人的股权额度与贡献大小成正比，同时华为又每年吸纳新员工，新员工有特殊贡献就给予股权额度报偿、奖励。这样总股本年年调整，那些不再做贡献的员工在摊薄的股份中将减少收入。

3. 荣誉激励

华为的荣誉奖有两个特点，第一，面广人多，所以员工很容易在毫无察觉的情况下获得了公司的某种奖励，只要工作有自己的业绩，就能得到一个荣誉奖；第二，物质激励和精神激励紧紧绑在一起，只要获得了一个任意的荣誉奖，就可以随之得到一定的物质奖励，而且荣誉奖没有上线。

4. 职权的激励

在华为，职位不单单是权力的象征，而且也是收入的象征。华为把职权和收入捆绑在一起。得到一个比较高的位置后，从这个位置上获得的收入是起始收入的若干倍。职权激励在华为是非常重要的，为华为留住人才起到了非常大的作用。

你认同华为的组织管理吗？为什么？

第一节 劳动组织概述

一、劳动组织分类

从广义上说，组织是指由诸多要素按照一定方式相互联系起来的系统。从狭义上说，组织就是指人们为实现一定的目标，互相协作结合而成的集体或团体，如党团组织、工会组织、企业、军事组织等。在现代社会生活中，组织是人们按照一定的目的、任务和形式编制起来的社会集团，组织不仅是社会的细胞和基本单元，而且可以说是社会的基础。

劳动组织是根据生产发展的需要，按照分工与协作的原则，正确处理劳动集体之间、劳动者之间以及劳动者与劳动工具、劳动对象之间的关系，建立有效的劳动生产体系的方式。简单来说，劳动组织就是研究如何把劳动者组织起来，充分发挥其作用，促进生产的发展。

劳动组织可以理解为是一种集生产与管理于一体的有机体，现代的劳动组织更加注重组织性，即运用科学的方法组织生产活动，实现劳动者、劳动工具和劳动环境良性互动发展。劳动组织分为社会劳动组织和企业劳动组织。

1. 社会劳动组织

社会劳动组织涵盖范围较广，是指在全社会范围内，合理组织社会劳动充分利用劳动力资源，在各地区、部门之间按比例有计划地使用劳动力，合理安排就业结构，有计划地实现劳动力再生产，改善劳动关系，创造更高形式的社会劳动组织，不断提高社会劳动效率。

2. 企业劳动组织

企业劳动组织是指在企业的生产过程中，按照生产的过程或工艺流程科学地组织劳动者的分工与协作，使之成为协调统一的整体，合理地进行劳动，正确处理劳动者之间以及劳动者与劳动工具，劳动对象之间的关系，不断调整和改善劳动组织的形式，创造良好的劳务条件与环境，以发挥劳动者的技能与积极性，充分利用新的科学技术成就和先进经验，不断提高劳动效率。

企业是当今社会一个典型的组织，多数大学毕业生参加工作的第一站都是企业。现代企业的组织管理一般分为三个层次，呈金字塔形：最顶端为高层，主要从事决策的制定；中间层为中层，从事人员和生产的管理；最底层是人数最多的一层为基层，从事具体的生产经营活动。大学生进入企业以后一般都是先进入基层历练成长。

企业劳动组织内容有：

（1）根据合理的分工与协作、精简、效能和节约的原则，设置企业、车间、工段、生产班组等组织机构。

（2）制定计量与考核班组、与个人劳动的劳动定额，部门和岗位合理定员，做到用人有标准，节约使用合理配备劳动力资源。

（3）组织与实施企业各类人员合理的结构和比例。

（4）本着有利于发展生产，提高劳动效率，增进职工身体健康的原则，合排工作时间，组织轮班。

（5）合理组织工作场地，使劳动者、劳动工具和劳动对象三者达到最优结合。合理布置工作场地，保持良好的工作和秩序，并组织好供应和服务工作。

（6）选择合理的操作方法，消除无效的劳动，组织多设备管理，培养职工一专多能，实行兼职作业，以提高劳动（工作）效率。

（7）制定职工在组织生产、技术和工作时间方面遵守的准则，加强劳动纪律的教育和管理，赏罚分明，以保证集体劳动有秩序地进行。

不断改善企业劳动组织，对保障正常生产，发挥企业活力，充分利用人力、时间、设备、节约材料、染料、动力、提高工效、改善企业素质和提高经济效益具有重要作用。

二、劳动组织的意义

1. 劳动组织的有效运行是保证正常生产的条件

社会化大生产要求既要有科学的劳动分工，又要有严密的协作。为保证生产顺利进行，必须把劳动者合理地组织起来，正确地处理它们之间的关系，以及他们与劳动工具、劳动对象之间的关系。

2. 劳动组织的有效运行对促进生产力的发展有重要作用

通过劳动组织工作，对生产进行合理的分工和分配工人，以及严密的协作，才能充分发挥每个劳动者的能力，组成一个具有强大合力的集体，完成个人和少数人难以完成的工作，促进生产力水平的提高，而且也能调整生产关系使之适应生产力的发展。

第二节 劳动与组织文化管理

 案例导学

充满活力的海尔文化

海尔文化的核心是创新。它是在海尔（图 10-1、图 10-2）二十年发展历程中产生和逐渐形成特色的文化体系。海尔文化以观念创新为先导、以战略创新为方向、以组织创新为保障、以技术创新为手段、以市场创新为目标，伴随着海尔从无到有、从小到大、从大到强、从中国走向世界，海尔文化本身也在不断创新、发展。

图 10-1 海尔的标识

图 10-2 海尔创新理念

员工的普遍认同、主动参与是海尔文化的最大特色。当前，海尔的目标是创中国的世界名牌，为民族争光。这个目标把海尔的发展与海尔员工个人的价值追求完美地结合在一起，每一位海尔员工将在实现海尔世界名牌大目标的过程中充分实现个人的价值与追求。

 思考

1. 你认为海尔文化最大的亮点是什么？
2. 企业文化对企业职工有什么影响？

一、组织文化的内涵

组织文化是指组织全体成员共同接受的价值观念、行为准则、团队意识、思维方式、工作作风、心理预期和团队归属感等群体意识的总称。

组织文化广义是指组织在建设和发展中形成的物质文明和精神文明的总和。

组织文化狭义是指组织在长期的生存和发展中所形成的为组织所特有的、且为组织多数成员共同遵循的最高目标价值标准、基本信念和行为规范等的总和及其在组织中的反映。

二、组织文化的特征

（1）组织文化的意识性　大多数情况下组织文化是一种抽象的意识范畴。它作为组织内部的一种资源，属于组织的无形资产。

（2）组织文化的系统性　组织文化由共享价值观、团队精神、行为规范等一系列内容构成一个系统，各要素之间相互依存、相互联系。

（3）组织文化的凝聚性　组织文化总可以向人们展示某种信仰与态度，它影响着组织成员的处世哲学和世界观，而且也影响着人们的思维方式，良好的组织文化有助于营造良好的组织氛围，它能够激发组织成员的士气，有助于增强群体的凝聚力。

（4）组织文化的导向性　组织文化规定了人们行为的准则与价值取向，对人们行为的产生有着最持久、最深刻的影响力。

（5）组织文化的可塑性　组织文化并不是组织与生俱来的，而是通过组织生存和发展过程中逐渐总结培育和积累而形成的，而对于已形成的组织文化，是会随组织内外环境的变化而加以调整的。

（6）组织文化的长期性　组织文化的塑造和重塑的过程需要相当长的时间，而且是一个极其复杂的过程。在这一创造过程中，涉及调解组织与其外界环境相适应的问题，也需要在组织内部的各成员之间达成共识。

三、组织文化的分类

组织文化的分类有多种方式，从表现形式上可以把组织文化划分为显性组织文化和隐性组织文化。显性组织文化是人们直观的可以感受得到的，包括组织的标志、工作环境、规章制度和经营管理方式等，如图10-3、图10-4所示；而隐性组织文化是组织文化的根本，是最重要的部分。它包括了组织的哲学价值观、道德规范和组织精神等几个方面。

图10-3　华为的标志

图10-4　华为工作环境

四、组织文化在劳动组织中的作用

1. 导向功能

组织文化能对劳动单位整体和其中的每个成员的价值取向及行为取向起引导作用，具体表现在两个方面：一是对组织机构成员个体的思想行为起导向作用；二是对组织机构整体的价值取向和行为起导向作用。比如华为在管理中让员工深知企业所有的财富都是依靠市场挣的，员工也是一样，无论是谁，都要依靠自己的努力获得酬劳，大家才会齐心协力，与企业共进退。

2. 约束功能

组织文化对组织机构员工的思想、心理和行为具有约束和规范作用。组织文化的约束功能主要是通过完善管理制度和道德规范来实现。一方面，有效规章制度的约束：组织机构制度是组织文化的内容之一；另一方面，道德规范的约束：道德规范是从伦理关系的角度来约束组织机构领导者和员工的行为。比如：同仁堂药店"济世养生、精益求精、童叟无欺、一视同仁"的道德规范约束着全体员工必须严格按工艺规程操作，严格质量管理，严格执行纪律。

3. 协调作用

为使劳动组织机构的发展达到更高的目标，必须通过组织文化建设来塑造员工的团队意识。管理，一要理顺程序，二要理顺心态，要求管理者必须关心、爱护、尊重职工的劳动成果，使每个职工在团队内心情舒畅，从而在行动上更加协调。比如：格力常年开展全员参与合理化建议活动，让职工在组织机构的管理、技术革新等方面上提出有益的建议，每月提出的建议可达数百条甚至上千条，最终很多建议都转化为了建设成果投入到了生产当中，使领导和职工获得认识上的认同感。

4. 激励作用

组织文化建设要以人为本，就是要强调尊重人、关心人、激发人。通过组织文化建设，鼓励职工发挥内在动力，朝着预期目标采取积极的行动，发挥最大的潜力以达到个人心理需求的更高层次。比如：企业内先进的评比、各种竞赛活动的开展等，以有效的精神和物质激励的方式，为实现员工价值提供了优惠的条件和环境，最大限度地调动了职工的积极性和创造性。

第三节 劳动分工与劳动组织

分工出现之后，劳动生产力得到了最大的增进，运用劳动时的熟练程度、技巧和判断力也得以加强。

一、劳动分工

1776年3月，亚当·斯密的《国富论》（图10-5）中第一次提出了劳动分工的观点并系

图 10-5　亚当·斯密与《国富论》

统全面地阐述了劳动分工对提高劳动生产率和增进国民财富的巨大作用。这一理论在当时起了很重要的作用。因为分工可以提高效率，所以到 20 世纪初，亨利·福特就把生产一辆车分成了 8772 个工时。分工论成为企业管理的主要模式。在企业内部，如果劳动者只对生产活动的一部分负责，而不是参加所有的活动来完成该产品的生产，就说该企业内部存在着劳动分工。

劳动分工是组织生产的一种方法，让每个劳动力专门从事生产过程的某一部分，使人们在经济活动中的角色划分独立化和专业化。具体地说，分工是人们在经济活动过程中技术上的联合方式，劳动分工能使总产出更高，因为劳动者可以更熟练地完成某些加工任务，而且还能引入更专业化的机器设备来完成精度更高的工作，技术条件越好分工程度就越高。

劳动分工促进了劳动组织的高效运行。狭义的劳动组织内部一般按照职能和工序进行分工；广义的劳动组织按行业进行分工。当今社会由于分工的存在，劳动生产率迅速提高，社会不同行业的产出急剧增长，导致了社会财富的积累和个人收入的提高，推动了整个社会的进步与发展。

二、劳动分工的形式

1. 职能分工

劳动者按所执行的职能分工。在企业一般分为工人、学徒、工程技术人员、管理人员、服务人员及其他人员。这是劳动组织中最基本的分工，它是研究企业人员结构，合理配备各类人员的基础。

2. 专业分工

专业分工是职能分工下面第二个层次的分工。专业分工是根据企业各类人员的工作性质的特点所进行的分工，如按照加工工艺或加工的对象进行分工。

3. 技术分工

技术分工指每一专业和工种内部按业务能力和技术水平高低进行的分工。进行这种分工，有利于发挥员工的技术业务专长，鼓励员工不断提高自己的技术水平，例如企业内部的技术员、工程师就是按照技术分工来划分的。

三、劳动分工的分类

劳动分工按其本身的形成过程和内在属性，劳动分工可以分为自然分工和社会分工。

自然分工即在人类社会初期以人自身的生理条件差异为基础而自然形成的分工，在自然分工体系中，不同的生产者个体分别担负不同的劳动或生产职能。

社会分工是指随着生产力的发展，人们以社会经济活动被划分为不同的生产功能和劳动方式为基础的分工。

四、劳动分工的作用

亚当·斯密在《国富论》中提出，劳动分工的作用主要是：一是劳动分工可以使工人重复完成单项操作，从而提高劳动熟练程度，提高劳动效率；二是劳动分工可以减少由于变换工作而损失的时间；三是劳动分工可以使劳动简化，使劳动者的注意力集中在一种特定的对象上，有利于创造新工具和改进设备。结合现在劳动分工的实际情况分析，劳动分工的作用有积极的影响，也有消极的影响。

1. 劳动分工的积极作用

（1）专业化分工，可提高劳动熟练程度，节约劳动转换时间，节约培训成本。因为反复操作可以精于某项技巧，减少工作转换次数；分工使人专于一行，可避免反复支出培训费用。

（2）减少劳动监督成本。劳动分工程度较高时，劳动者责任清楚，工作内容简单，易监督，监督成本相应较低。相反，分工程度低，单个工人从事劳动内容复杂，监督难度加大，监督成本上升。

（3）推动生产技术的进步。由于劳动分工的存在，劳动者能够把他所有的注意力集中在一个单一的劳动对象上，从而更可能发明出效率更高的完成工作任务的方法或生产工具。

2. 劳动分工的消极作用

（1）阻碍了个人的自由发展。马克思认为：一个人不断从事单调的劳动，会妨碍精力的集中和换发，因为精力是在活动本身的转换中得到恢复和刺激的。一个人做一项工作的时间越久，精力就会递减导致工作效率的降低。

（2）对工人和企业应变能力的不利影响。高度分工，降低了工人对整个生产过程之间关系的了解，应变和自动协调能力下降。这样有两个坏处：一是损失工作时间，二是增加管理人员。高度分工影响个人应变能力，也会导致企业整体应变能力下降。

五、现代劳动分工与职业分工

随着时代的进步，现代企业生产中的劳动分工越来越细化，劳动的专门化程度也越来越强，但是这种劳动分工并不等于职业分工，现阶段的职业分工不仅不是趋向细密化，相反却是日益趋向综合化，主要表现为在现代企业中，生产一线技术工人和技术管理人员的职业范围正在不断扩大，一技多能，多工序轮换以及多工种复合的需求正在不断上升。由此可见，合理的职业分工主张职业范围适当地扩大，并不主张完全按照社会生产中的劳动分工把劳动者局限在某个单一的、枯燥乏味甚至令人厌烦的工序上。

现代企业生产在高技术的条件下，对劳动者的需求层次和能力都有了更高的要求，越来越趋向劳动者能力的综合化。因此，当代大学生要不断拓宽自己的专业知识的覆盖面，提升专业技能，把自我打造成复合型的技术技能人才，以适应现代社会职业分工综合化的趋势。

思考

1. 你认为社会分工的优点是什么，它有什么作用？
2. 能举例说明一下什么是社会分工吗？

课后练习

一、选择题

1. 劳动组织包含哪两种类型？（　　）
   A. 行业劳动组织和社会劳动组织　　B. 社会劳动组织和企业劳动组织
   C. 现代劳动组织和企业劳动组织　　D. 社会劳动组织和现代劳动组织
2. 下面哪一项不是显性组织文化？（　　）
   A. 企业的标志　　B. 企业的规章制度　　C. 组织精神　　D. 企业生产环境
3. 劳动分工的形式有（　　）。
   A. 职能分工　　B. 专业分工　　C. 技术分工　　D. 行业分工

二、判断题

1. 马克思第一次提出了劳动分工。（　　）
2. 劳动分工可以实现劳动工具的变革。（　　）

第十一章 劳动安全

思政目标

劳动安全是劳动教育中的重要内容，同时也是大学生劳动知识体系中不可缺少的组成部分。新时代大学生应该培养劳动安全意识，在劳动时注意使用工具的安全，注意工间休息的人身安全，注意劳动保护和劳动配合。大学生应该了解常见劳动安全事故的类型，学习安全应急逃生的方法。了解职业病基本常识，并培养在未来的日常工作中灵活应用职业病防护知识意识。增强职场防护和安全意识，积极提升自身应对安全的能力。

学习架构

案例导学

2007年8月6日8时15分，重庆电务段重庆西出发场信号工区信号工黎勇，按照工长安排担任重庆西站重庆东方向道岔养护工作。9时03分，黎勇同重庆西出发场信号楼室内联系防护人员蒋亮联系扳动13/215/217#道岔试验。9时04分，蒋亮用专用电话通知黎勇有调车机从到达场过来经217#道岔上3道。与此同时，重庆机务段重庆西1调调车机（DF7C5258）司机朱启国、学习司机代照友操纵机车由峰前场2道开车，送指导司机杨达刚、张利才前往西场处理3调调车机故障。9时06分左右，调车机通过213#岔群时，排障器撞击黎勇后腰部使其跌倒，导致头面部、颅骨、肋骨等多处受伤，倒在213#道岔岔后芯轨处。此时，调车机乘务员及2名指导司机均未发现运行前方人员受伤情况，机车继续前行至西场3道跳蹬方警冲标内方停车，杨达刚、张利才下车后调车机原路返回。9时40分，120救护车将黎勇送往医院抢救。13时42分，黎勇因特重型颅脑伤、失血性休克，抢救无效死亡。

重庆电务段重庆西出发场信号工区信号工黎勇劳动安全意识不强，人身安全自我保护不力，在设备日常养护作业中，未认真执行《铁路信号维护规则》（业务管理）第125条第3款"现场作业人员接到电务值班人员通知后，应立即停止作业，下道躲避"的规定，在得知作业处有来车的情况下，不及时下道避车，仍然进行养护作业，导致被机车撞击、拖挂受伤致死，是此次事故发生的主要原因。根据《铁路企业伤亡事故处理规则》及《成都铁路局伤亡事故调查处理办法（暂行）》（成铁安〔2005〕131号）的规定，经路局事故调查组调查、分析认为，重庆电务段黎勇死亡事故属从业人员责任因工死亡事故。

第一节　安全、危险与事故

一、安全

安全与危险是辩证统一的共生体。人们会在生产劳动过程中面临各种安全问题，这些安全问题有的可以直接感受到，而有的是潜在的、不易被察觉的。安全无小事，如果人们忽视了安全问题，就有可能会形成安全隐患，甚至是严重的安全事故，造成生命财产损失。因此，人们需要提高劳动安全意识。在作业场所能够正确辨认各种危害因素，做到自我管理、自我保护，提高自救能力。

安全是指没有受到威胁，没有危险、危害、损失。安全意味着不危险，这是人们传统的认识。按照系统安全工程观点，安全是指生产系统中人员免遭不可承受危险的伤害。在一个劳动作业过程中，如果它的安全性在60%，那么就意味着危险性占40%。安全永远是相对的，没有绝对的安全。

二、危险

与安全相对的概念是危险。指某一系统、产品或设备或操作的内部和外部的一种潜在的状态，其发生可能造成人员伤害、职业病、财产损失、作业环境破坏的状态，还有一些是机械类的危害。人们往往把危险用作形容词来说明劳动作业时的状态，如危险环境、危险物质、危险因素或者危险状态。

在我们的生产劳动过程中存在危险源，即可能导致人员伤害、疾病、财产损失或者作业环境破坏的根源或状态。包括Ⅰ类危险源和Ⅱ类危险源：Ⅰ类危险源通常是指危险的物质或能量；Ⅱ类危险源通常指有危险物质或能量的载体。现实劳动过程中，人们很少研究Ⅰ类危险源，因为它是客观存在的。比如某企业使用1000吨汽油，虽然危险性极大，但如果把汽油换成柴油、煤油或者换成水，原料发生改变，生产使用目标很可能无法实现，或者实现起来成本很高。所以在现实中，人们要查找的危险源往往是Ⅱ类危险源。比如汽油通常存放在储罐里，储罐就是汽油的载体。在油储罐区查找危险源的时候，往往会检查储罐有没有腐蚀、老化、裂纹，是否进行了防雷、防静电接地？因为Ⅱ类危险源一旦失控，就会变成事故隐患。

事故隐患是生产系统中存在导致事故发生的人的不安全行为、物的不安全状态或者环境上的缺陷以及管理上的漏洞。比如说，某建筑施工企业对员工进行了安全教育和培训，给劳动者配备了安全帽、安全带等防护用品。但劳动者未系安全带、不戴安全帽，结果在脚手架上作业不幸踩滑，坠落到地面，当场身亡。此案例中，人的不安全行为，可以判断为事故隐患。再如，某建筑施工现场物品工具乱扔乱摆乱放、无序作业，也没有给员工发放劳动防护用品，员工在现场行走过程中，不慎被脚下物体绊倒，撞到锐器，当场身亡。此案例中的隐患则属于管理上的缺陷。隐患险于明火，防范胜于救灾，责任重于泰山。在劳动过程中，事故隐患越多，发生事故的可能性就越大。

三、事故

事故是指劳动过程中存在导致人员伤亡、职业病、财产损失或者其他损失的意外事件。事故具有偶发性和突然性，事故发生在别人身上，对自己来说中标率只占0.01%，是一个小概率事件。但是事故一旦发生到自己的家庭、企业以及个人身上，中标率就会占100%，因此事故是绝对的。一旦发生就会对人们造成人员伤害和财产损失，而且这种损失往往是不可逆的，因此人们在劳动过程中要千方百计地去预防事故，把事故发生的这种风险降到人们可承受的范围。

海因里希法则（图11-1）是美国著名安全工程师海因里希提出的300∶29∶1法则，常用于分析事故的发生概率。即330起隐患或违章，必然要发生29起轻伤或故障，另外还有一起重伤、死亡或重大事故。例如，大家都知道闯红灯是不安全行为，可能会导致交通事故的发生，但是为什么会有那么多人闯红灯呢？主要原因是闯红灯这个不安全行为有利可图，可以节约时间、提高效率。比如今天早晨你多睡

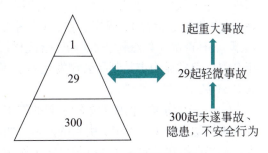

图11-1 海因里希法则

了20分钟，闯了两个红灯，准时到达单位，但是没有发生交通事故，那这意味着你的不安全行为落到了300的概率里面。大家都知道不安全行为有惯性，第一次尝试成功了，可能下一次还会闯红灯。某次就可能遇到马路上的五大杀手——超载、超速、疲劳驾驶、酒后驾驶和无证驾驶，碰到任何一个马路杀手，结果都是面临死亡或重伤的可能。所以，运用海因里希法则控制事故应当从金字塔的底部去控制，从根本消除隐患。

第二节 劳动安全与职业健康

劳动者在作业过程或生产生活过程中可能会遇到各种各样的事故，为确保劳动者的安全，需要掌握事故类型、预防措施及有关职业健康的知识。

一、事故类型

📖 **问题卡片**

举例说明劳动安全与职业健康包含的事故类型。

（1）物体打击　指物体在外力作用下对人体造成的伤害，是劳动者在劳动过程中经常碰到的一种事故类型。一个4厘米长的铁钉，从18楼抛下能扎穿人的颅骨；一个空易拉罐从15楼抛下能砸破人的头骨，从25楼抛下可致人当场死亡；一个60克的鸡蛋从八楼抛下，能让人头皮破裂，从18楼抛下能砸破头骨，从20楼抛下会致人死亡。因此，在具有高空坠物的作业场所一定要戴好安全帽，防止物体打击对人造成的伤害。

（2）火灾　指在时间和空间上失去控制的燃烧造成的灾害。燃烧是可燃物与氧化剂发生的一种氧化放热反应，通常伴有光、烟或火焰。可燃物、助燃物、着火源是燃烧的三要素。每年劳动者在作业过程中引起的火灾事故不胜枚举，如2000年洛阳某商厦火灾造成上百人中毒窒息死亡；2015年清华大学某楼实验用氢气瓶意外爆炸起火，造成一名实验人员死亡。

（3）爆炸　指由于人为环境或管理等原因，物质发生急剧的物理、化学反应瞬间释放出大量能量，并伴有强烈的冲击波，高温高压和地震效应等造成财产损失、物体破坏或人身伤亡等的事故。可分为物理爆炸事故和化学爆炸事故。生活过程中常见的有煤气爆炸、加油站汽油爆炸、烟花爆竹爆炸等。近年来粉尘爆炸事故产生的影响也引起了人们的高度重视。除了人们接触到的沙土、水泥不会发生爆炸之外，95%的粉尘都是爆炸性的粉尘。金属（如镁粉、铝粉）、煤炭、粮食（如小麦、淀粉）、饲料（如鱼粉）、农副产品（如棉花、烟草）、林产品（如纸粉、木粉）、合成材料（如塑料、染料）均属于爆炸性粉尘。如2014年8月江苏省昆山市某制品公司发生粉尘爆炸，造成75人死亡，185人受伤，直接经济损失3.51亿元。

（4）车辆伤害　指机动车辆引起的伤害事故。劳动者在上下班过程中或者作业过程中由场地内机动车辆（如叉车）引起的伤害。如苏州某物流园内一名驾驶员无证驾车，还违规带人，结果在拐弯处由于超速行驶导致车辆倾覆，当场将携带的人员挤压身亡。因此劳动者在厂区内驾驶机动车辆一定要持证上岗，注意车速，不要超速行驶，不要违规携带人员。

（5）机械伤害　指机械设备与工具引起的绞、辗、碰、割、戳、切等伤害。如工件或刀具飞出伤人，切屑伤人，手或身体被卷入，手或其他部位被刀具划伤，被转动的机器缠压住等。安全防护措施要求：有轮必有罩，有轴必有套。人们操作机械设备一定要正确穿戴防护服、工作服以及护目镜等防护设备，长头发一定要盘起放入帽子里，从而最大限度地减少设备可能对人们造成的伤害。

（6）触电　指电流流经人体，造成生理伤害的事故，包括触电、雷击伤害等。任何带电的设备都可能引起触电，如变电室、配电站、电源插座和插销或带电设备的金属外壳或裸露的临时线、漏电的手持电动手工工具等。此外，雷电和静电也经常引发人身伤亡事故，雷电产生的冲击电压能达到数万伏，每年雷雨期间雷电致死案例特别多。因此在雷雨天气时，人们不能在大树下、小溪边、山顶多停留，也不要拨打手机。

（7）高处坠落　指由危险重力势能差引起的伤害事故。高处坠落也是劳动者在作业过程中经常发生的一种事故。通常人们把基准面高于两米以上的作业称为高处作业。高处作业必须系安全带、戴安全帽、穿软底防滑鞋。如果未落实防护措施，很可能发生高处坠落。如某电厂开展设备维修和检修，张某由于经常在该设备上维修，认为可以不用系安全带，结果，在高处作业过程中，突然手机铃响了，他拿出手机去看，这个时候脚下一滑，从8米高处坠落，当场身亡。

（8）起重伤害　指从事起重作业时引起的伤害事故。例如某建筑施工企业徐某在操作起重吊车过程中，发现工友的吊车不能复位去帮助工友，但没有让自己的吊车停止作业，结果，起重车发生侧翻，将周围的路人砸伤。因此，操作设备一定要遵守设备要求，如起重作业需要两人配合，应一人操作，一人监护。另外起重吊装作业需要办理许可并在适当的环境中进行，当遇到六级以上的大风时，应停止起吊作业，最大限度减少起重伤害的发生。

（9）淹溺　指因大量水经口鼻进入肺内，造成呼吸道阻塞，发生急性缺氧而窒息死亡的事故。在水域附近作业，一定要注意防止淹溺事故的发生。此外，劳动者也要注意不要在非安全的水域，尤其是一些水流湍急的河道、暗道里游泳。

（10）坍塌　指建筑物、堆置物等的倒塌以及土石塌方引起的事故。劳动者在作业过程中最常见的坍塌事故就是土石塌方、堆积货物的坍塌以及脚手架坍塌。2016年11月发生的江西某电厂脚手架坍塌事故，由于下雨比较潮湿，导致在水泥没有干的前提下，脚手架坍塌事故，造成七十多人伤亡。

（11）灼烫　指酸碱盐高温物质对人体皮肤造成的灼伤。劳动者在从事焊接、锻造等工艺的作业中，一定要注意防止高温物质对人体皮肤造成的灼伤，尽量减少皮肤在外界的暴露。比如焊接作业，要求电焊工佩戴防护镜，同时穿长袖工作服，减少皮肤在外界的暴露，最大限度减少灼烫事故的发生。

（12）中毒和窒息　中毒是指人接触有毒物质如误食有毒食物或呼吸有毒气体引起的人体急性中毒事故。窒息是指人处于不通风的地方，因为氧气缺乏，有时会发生突然晕倒甚至死亡的事故。劳动者在作业过程中若接触一氧化碳、硫化氢、氮氧化物等有毒物质，要佩戴防毒面具或者防毒口罩。例如，在下水道、阴沟等受限空间内作业，应先通风再检测有害气体，并注意氧气含量不得低于19.5%，一旦低于19.5%，作业者必须佩戴正压式空气呼吸器，防止窒息身亡。

二、职业健康

如何在生产劳动过程中预防职业病。

2001年10月27日第九届全国人民代表大会常务委员会第二十四次会议通过《中华人民共和国职业病防治法》，经过2011年、2016年、2017年和2018年四次修订，形成了一部较为完善的预防、控制和消除职业病危害，防治职业病，保护劳动者健康及其相关权益的法律。该法对职业病进行了明确的界定，即企业、事业单位和个体经济组织等用人单位的劳动者在职业活动中，因接触粉尘、放射性物质和其他有毒、有害因素而引起的疾病。《职业病分类和目录》（2017）将职业病分为：①职业性尘肺病及其他呼吸系统疾病；②职业性皮肤病；③职业性眼病；④职业性耳鼻喉口腔疾病；⑤职业性化学中毒；⑥物理因素所致职业病；⑦职业性放射性疾病；⑧职业性传染病；⑨职业性肿瘤；⑩其他职业病。共计10个大类132种疾病。

职业健康是防止职业病发生，对工作场所内产生或存在的职业性有害因素及其健康损害进行识别、评估、预测和控制的一门科学。其目的是预防和保护劳动者免受职业性有害因素所致的健康影响和危险，使工作适应劳动者，促进和保障劳动者在职业活动中的身心健康和社会福利。

劳动者在作业过程中可能会遇到如粉尘、噪声、振动、辐射、中毒、高温等职业健康问题，进而引发尘肺、中毒、职业性肿瘤等职业病。

（1）粉尘　劳动者工作过程中长时间接触粉尘可能会引起尘肺病。因此，粉尘环境作业过程中应配备防尘口罩进行湿式作业，或采取密闭、通风、除尘的作业方法，防止尘肺和矽肺病以及粉尘爆炸事故。

（2）噪声　噪声可能会引起听力下降，引起噪声聋。工业上的噪声一般在85分贝以下，最高不超过115分贝。在噪声的作业环境中，企业应通过改革工艺吸声、消声，用减声减震的方式减少噪声。如果上述工艺措施成本偏高，则应给劳动者配备耳塞或耳罩，最大限度地减少噪声对人体的伤害。

（3）辐射　包括电离辐射和非电离辐射。一般人们经常提到的红外线、紫外线、微波和激光均属于非电离辐射。X射线、伽马射线属于电离辐射。无论是哪种辐射，对人体的伤害都非常大。在辐射环境中工作，可以通过减少与辐射源接触的时间，拉大人与辐射源之间的距离，在人与辐射源之间设置屏蔽墙，进行辐射防护和控制，减少辐射对人体的伤害。

（4）中毒　职业性化学中毒属于职业病，包括铅中毒、苯中毒、氯气中毒、氨中毒、汽油中毒、甲醛中毒和一氧化碳中毒等。长期接触苯的作业将会引起职业性肿瘤白血病，治疗难度非常大。在工作过程中，如果接触有毒的物质，应将存放有毒物质的设备密闭。厂房通风现场加强监测，并配置一些有毒物质的检测报警装置。尤其是从业人员要正确佩戴防毒面具和防毒口罩，预防中毒职业病的发生。

我国在2018年12月29日修订的《中华人民共和国职业病防治法》当中，第三十四条明确规定，用人单位应当对劳动者进行上岗前的职业卫生培训和在岗期间的定期职业卫生培训，普及职业卫生知识，督促劳动者遵守职业病防治法律、法规、规章和操作规程，指导劳动者正确使用职业病防护设备和个人使用的职业病防护用品。劳动者应当学习和掌握相关的职业卫生知识，增强职业病防范意识，遵守职业病防治法律、法规、规章和操作规程，正确使用、维护职业病防护设备和个人使用的职业病防护用品，发现职业病危害事故隐患应当及时报告。

第三节　安全应急逃生

有效的应急系统和应急预案可以把事故损失从100%降低到6%。因此，劳动者掌握必要的安全应急管理知识和应急逃生手段，对于事故发生后最大限度地减少人员伤亡和事故的损失，具有非常重要的指导意义。

一、安全应急逃生常识

1. 火场逃生（图 11-2）

（1）保持镇定，判断火势，决定逃生方法　面对浓烟和烈火，要强令自己保持镇静，迅速判断危险地点和安全地点，决定逃生的办法，尽快撤离险地。

（2）从安全通道逃生

① 逃生准备：穿上质地较厚的衣物，向头部、身上浇些冷水或用湿毛巾、湿毯子等将头、身体裹好，再冲出去。

② 逃生过程：用湿毛巾、口罩蒙住口鼻，尽量降低身体重心（弯腰或匍匐前进），以减少烟雾吸入量，防止中毒。

（3）固守待援

① 退回屋内：假如用手摸房门已感到烫手，此时应退守到屋内，关紧迎火的门窗，打开背火的门窗。

② 防烟火入侵：用湿毛巾或湿布塞堵门缝，或用水浸湿棉被蒙住门窗，然后不停用水淋透房间，防止烟火渗入。

③ 充分暴露：应尽量呆在阳台等易于被人发现的地方，可呼喊、晃动鲜艳衣物等，发出求救信号。

浓烟情况下逃生要使身体尽量靠近地面，并用湿毛巾捂住口鼻。

逃生路线被大火封堵，要尽快撤回室内，用呼喊、挥舞衣服、手电筒等方式向窗外发出求救信号，等待救授。

身上起火千万不要惊慌奔跑，用厚重的衣物或棉被等压灭火苗，或者就地翻滚。

遇到火灾不可以乘坐电梯，要从安全出口方向逃生。

图 11-2　火场逃生

（4）阳台、窗口自救逃生

① 结绳自救：救援队员还没有到达，火势已很大时，不要盲目跳楼，可用绳子或用窗

帘、床单等结成绳子，拴在窗口、水管、暖气管等固定物上，用毛巾保护手心，顺绳滑下。注意绳子打结一定要牢固。

② 跳楼：只有在楼层不高（一般 4 层以下），不跳楼即被烧死的情况下，才采取跳楼的方法。

（5）发生火灾后逃生"四不可"

① 不可乘坐电梯逃生。因为此时可能发生断电，乘坐电梯可能会使自己困于电梯之中。

② 不可贪恋财物。生命是最重要的，切不可因一时贪财葬送性命。

③ 不可盲目跳楼。即使已没有任何退路，若生命还未受到严重威胁，千万不可盲目跳楼，要耐心等待救援人员的到来。

④ 身上着火不可奔跑。因为奔跑或拍打时会形成风势，加大火势，应赶紧设法脱掉衣服或就地打滚，压灭火苗。

2. 危险化学品泄漏事故逃生

2004 年 4 月，重庆某化工总厂发生氯气泄漏事故，导致周边群众被迫疏散。由此可见，危险有可能就在大家的身边，了解危险化学品泄漏后的逃生对每个人都很重要。

（1）泄漏逃生

① 发生泄漏，现场作业人员应立即停止操作，迅速撤离泄漏污染区。泄漏物若是易燃易爆的，撤离时应在有可能的情况下及时移走事故区爆炸物品、熄灭火种、切断电源；人员来不及撤离，发生爆炸时，应就地卧倒。

② 撤离时要弄清楚毒气的流向，往上风侧撤离，不可顺着毒气流动的方向走。

③ 撤离时，可用湿毛巾、湿口罩等捂住口鼻，保护呼吸道。

④ 发生大量泄漏时，不要慌乱，不要拥挤，要听从指挥，特别是人员较多时，更不能慌乱，也不要大喊大叫，要镇静、沉着、有秩序地撤离。

⑤ 当发生毒气泄漏时，若没有穿戴防护服，决不能进入事故现场救人，因为这样不但救不了别人，自己也会被伤害。

（2）受到危险化学品伤害后的处理

应根据毒物侵入途径的不同及时采取最佳的处理措施。

① 通过皮肤侵入：应立即脱去受到污染的衣物，用大量流动的清水冲洗，同时要注意清洗污染的毛发。对化学物溅入眼中者，要及时充分冲洗，冲洗时间不少于 10 ~ 15 分钟，忌用热水冲洗。

② 通过呼吸系统侵入：应立即送到空气新鲜处，安静休息，保持呼吸道通畅。

③ 通过消化系统侵入：应尽早进行催吐。若误服腐蚀性毒物，可口服牛奶、蛋清、植物油等对消化道进行保护。

④ 患者被救出中毒现场后，如心跳、呼吸停止，应立即施行心肺复苏术。对中毒者进行人工呼吸时，救护者应做好防范措施。如对硫化氢中毒者进行口对口人工呼吸之前，要用浸透食盐溶液的棉花或手帕盖住中毒者的口鼻。

（3）家用燃气泄漏应采取的措施

① 迅速关闭气源的阀门，切断气源。

② 打开门窗，通风换气。不要开启抽油烟机、排风扇等。

③ 杜绝火种。严禁开启电器开关、按门铃、室内拨打电话、脱化纤衣服。

二、安全事故应急管理

扁鹊三兄弟

魏文王问名医扁鹊说:"你们家兄弟三人,都精于医术,到底哪一位最好呢?"

扁鹊回答:"长兄最好,中兄次之,我最差。"文王又问:"那么为什么你最出名呢?"扁鹊答:"长兄治病,是治病于病情发作之前,由于一般人不知道他事先能铲除病根,所以他的名气无法传出去。中兄治病,是治病于病情初起时,一般人以为他只能治轻微的小病,所以他的名气只及本乡里。而我是治病于病情严重之时,一般人都看到我在经脉上穿针管放血、在皮肤上敷药等大手术,所以以为我的医术高明,名气因此响遍全国。"

从扁鹊三兄弟的故事当中,不难看出事后控制不如事中控制,事中控制不如事前控制。具备了很强的劳动安全意识,就能够避免安全事故的发生。因此,人们在劳动生产全过程中,要提前谋划,尊重规律,采取有效的防范措施,防患于未然,将劳动安全事故消灭在萌芽状态。

事故应急管理包括四个过程,即预防、准备、响应和恢复。

1. 预防

在应急管理中预防有两层含义。一是事故的预防工作,即通过安全管理和安全技术等,来尽可能地防止事故的发生,实现本质安全。二是在假定事故发生的前提,通过采取的预防措施来达到降低或减缓事故后果严重程度,如加大建筑物的安全距离、减少危险物品的存量、设置防护墙以及开展公众教育等。

2. 准备

应急准备是应急管理过程中一个极其关键的过程。它是针对可能发生的事故为迅速有效地开展应急行动而预先所做的各种准备,包括应急机构的设立和职责的落实、预案的编制、应急队伍的建设、应急设备及物资的准备和维护、预案的演习、与外部应急力量的衔接等。其目的是保持重大事故应急救援所需的应急能力。

3. 响应

应急响应是在事故发生后立即采取的应急与救援行动,包括事故的报警与通报、人员的紧急疏散、急救与医疗、消防和工程抢险措施、信息收集与应急决策和外部求援等。其目标是尽可能地抢救受害人员,保护可能受威胁的人群,并尽可能控制和消除事故。

4. 恢复

恢复工作应在事故发生后立即进行,首先是事故影响区域恢复到相对安全的基本状态,然后逐步恢复到正常。要求立即进行的恢复工作包括事故损失评估、原因调查、清理废墟等。在短期恢复中应注意的是避免出现新的紧急情况。长期恢复包括场地设施重建和受影响区域的重新规划和发展。在长期恢复工作中应汲取事故和应急救援的经验教训,开展进一步的预防工作。

及时有效的应急救援和逃生行动是抵御事故或控制灾害蔓延、降低危害后果的关键一环。劳动者掌握必要的安全应急管理知识和逃生手段，是正确开展自救和互救的基础。

第四节　劳动安全事故责任

安全生产事关人民生命和财产安全，责任重于泰山。据统计，我国每年发生的安全生产事故导致十多万人死亡，而这些事故当中，90%以上的事故都是责任事故。《安全生产法》规定，国家实行生产安全事故责任追究制度。在分析事故原因的同时，还应分析追究相关人员在事故中的责任，厘清关系，作出适当处理，使劳动者从中吸取教训，改进工作，避免事故的再次发生。

目前，我国的法律法规对安全责任的设定主要有行政首长负责制、层级责任制、岗位责任制、技术责任制四种。

一、事故责任的种类与划分

1. 按违法行为的性质、产生危害后果的大小来划分有行政责任、民事责任和刑事责任

① 行政责任。行政责任是指行为人违反有关安全生产管理的法律法规规定，但尚未构成犯罪的行为所依法应当承担的法律后果。行政责任制裁的方式有行政处分和行政处罚两种。

a. 行政处分：行政处分又称纪律处分，是指行政机关、企事业单位根据行政隶属关系，依据有关行政法规或内部规章对犯有违法失职和违纪行为的下属人员给予的一种行政制裁。

b. 行政处罚：行政处罚是由特定的行政机关或法律法规授权或行政机关委托授权的管理机构对违反有关安全生产管理的法律法规或规章尚未构成犯罪的公民、法人或其他组织所给予的一种行政制裁。

② 民事责任。民事责任是指民事主体因违反合同或不履行其法律义务，侵害国家、集体或他人的财产、他人的人身权利而依法应当承担的民事法律后果，即违反民事规范和不履行民事义务的法律后果。生产安全事故的民事责任属于侵权民事责任，主要是财产损失赔偿责任和人身伤害民事责任。

③ 刑事责任。刑事责任是违反刑事法律规定已构成犯罪所依法应当承担的法律后果。

2. 按事故发生的因果关系来划分有直接责任和间接责任

（1）直接责任　直接责任是指行为人的行为与事故有着直接的因果关系。一般根据事故发生的直接原因确定直接责任者。

（2）间接责任　间接责任是指行为人的行为与事故有着间接的因果关系。一般根据事故发生的间接原因确定间接责任者。

3. 按事故责任人的过错严重程度来划分有主要责任与次要（重要）责任，全部责任与同等责任

（1）主要责任　主要责任是指行为人的行为导致事故的直接发生，对事故的发生起主要作用。一般由肇事者或有关人员负主要责任。

（2）次要（重要）责任　次要（重要）责任是指行为人的行为不一定导致事故的发生，

但由于不履行或不正确履行其职责,对事故的发生起重要作用或间接作用。

(3)全部责任　全部责任是指行为人的行为导致事故的直接发生,与其他行为人的行为无关。

(4)同等责任　同等责任是指两个或两个以上行为人的行为共同导致事故的发生,对事故的发生起同等的作用,承担相同的责任。

4. 按领导的隶属关系或管理与被管理的关系来划分有直接领导责任与领导责任

(1)直接领导责任　直接领导责任是指事故行为人的直接领导者对事故的发生应当承担的责任。

(2)领导责任　领导责任是指除事故行为人的直接领导外的有层级管理关系的其他领导者对事故的发生应当承担的责任。

5. 按行政机关、职能部门、管理机构的职责来划分有监管不力责任

行政机关、职能部门、管理机构对职责范围的安全生产有监管职责,如果工作不力或玩忽职守就要负监管不力责任。

二、事故责任分析

事故责任分析的依据是:根据事故调查所确认的事实,通过对直接原因和间接原因的分析,确定事故中的直接责任者和领导责任者;在直接责任者和领导责任者中,根据其在事故发生过程中的作用,确定主要责任者。

一般情况下,凡因"人的不安全行为"造成的事故,这个"不安全行为"的实施人,就是直接责任人,承担直接责任;而"机械、物质或环境的不安全状态"造成的事故,直接责任人就是造成"不安全状态"的人。凡是因为"间接原因"造成的事故,一律追究领导责任。

很多情况下,直接责任人不一定承担主要责任。比如某工地一工人肩扛一根近3米长的钢筋在工地行走时,碰到了工地架空电缆,并将电缆拉断,引起现场另一名工人触电。这起事故的直接责任人就是扛钢筋的工人,但主要责任人应该是设置架空线的人(违反了架空电缆高度要求)。同时,有关领导和有关人员显然应该承担教育、检查不够、管理混乱的责任。

另外,《国务院关于进一步加强安全生产工作的决定》(国发[2004]2号)还要求,要认真查处各类事故,坚持事故原因未查清不放过、责任人员未处理不放过、整改措施未落实不放过、有关人员未受到教育不放过的"四不放过"原则,不仅要追究事故直接责任人的责任,同时要追究有关负责人的领导责任。这里所说的同时追究"领导责任",包括单位主要负责人和地方政府的主要领导。

★ 思政天地

全国物流行业劳动模范曹金林:港口安全生产的守护者

一艘艘货船驶进港区,一个个集装箱装上货轮,一台台货车来回穿梭……连日来,已迈入内河年吞吐量十万标箱大港行列的运河宿迁港一片繁忙景象。

"乙炔气瓶和氧气瓶之间要保持安全距离,堆放时一定要注意……"在港口集装箱维修区,江苏省宿迁市港口发展有限公司生产操作部经理曹金林正在巡查现场操作及安全生产情况。运河港南北纵横 1.6 公里,从集装箱作业区、维修区到木材作业区、散货堆场,巡查一圈就得两个小时。

"通过巡查规范现场操作,确保港口作业在高效运转中实现安全生产。"曹金林基本上每天都会在港口巡查各个作业区操作情况,他始终把"安全第一、环保第一"摆在自己工作的突出位置,借鉴太仓港、南京港、合肥港等港口先进管理经验,与实际相结合,牵头编制了《集装箱作业指南》《散货、件杂货作业指南》等近 20 项管理规定,确保了港口有序生产。

为提高作业效率,最大程度调动员工积极性,曹金林先后编制了《宿迁港生产操作部绩效考核方案》等方案,深化"敬畏之心""红线意识",严格按操作规范及公司规章制度作业,并在实践中不断完善改进,互相监督,做到"四不伤害",确保港口作业高效运转,实现了运河宿迁港生产作业的规范化。

巡查结束后,曹金林来到散货堆场和技术人员继续研究地磅的智能化升级改造。"目前每个地磅每个班次都需要一个人来统计,我们正在研究智能化地磅,无人监管、自动称重,可以大大提高工作效率。"曹金林说。多年的工作经验让曹金林具备了一流的操作技术,但他从不满足于现状,通过勤奋学习、刻苦钻研,对于港口作业现场操作中遇到的难题积极探索、深入研究,提出技改方案。

"奋斗的人生是幸福的人生,新时代是奋斗者的时代。我将不懈奋斗,干出一个更加灿烂美好的明天!"曹金林是这么说的,也是这样做的。自 2016 年入职以来,曹金林先后获得"宿城区国有企业先进个人""运河宿迁港产业园优秀共产党员""运河宿迁港综合先进个人"等荣誉称号。2021 年 1 月,人力资源和社会保障部、中国物流与采购联合会在京举行全国物流行业先进集体劳动模范和先进工作者表彰大会,曹金林荣获"全国物流行业劳动模范"称号。

课后练习

选择题

1. 根据《生产安全事故应急预案管理办法》,应急预案编制单位应当建立应急预案( )制度,对预案内容的针对性和实用性进行分析,并对应急预案是否需要修订作出结论。
   A. 定期评估　　　B. 不定期评估　　　C. 会审评价　　　D. 定期废止

2. 根据《地方党政领导干部安全生产责任制规定》,建立完善地方各级党委和政府( )考核制度,对下级党委和政府安全生产工作情况进行全面评价,将考核结果与有关地方党政领导干部履职评定挂钩。
   A. 安全生产责任　　B. 领导力　　　C. 执行力　　　D. 任用提拔

3. 安全生产举报投诉电话号码是（　　）。
   A. 12119　　　　　B. 12350　　　　　C. 12315　　　　　D. 12345
4. 根据《安全生产许可证条例》，国家对（　　）企业、（　　）企业和（　　）企业实行安全生产许可制度。
   A. 矿山
   B. 建筑施工
   C. 危险化学品、烟花爆竹、民用爆炸物品生产
   D. 医药化工
5. 根据《中共中央国务院关于推进安全生产领域改革发展的意见》，到2030年，实现（　　）和（　　）现代化，（　　）全面提升，（　　）显著增强，为实现中华民族伟大复兴的中国梦奠定稳固可靠的安全生产基础。
   A. 安全生产治理体系　　　　　　B. 治理能力
   C. 全民安全文明素质　　　　　　D. 安全生产保障能力
6. 根据《中华人民共和国安全生产法》，安全生产工作应当以人为本，坚持安全发展，坚持安全第一、预防为主、综合治理的方针，强化和落实生产经营单位的主体责任，建立生产经营（　　）、（　　）、（　　）、（　　）和社会监督的机制。
   A. 单位负责　　　　B. 职工参与　　　　C. 政府监管　　　　D. 行业自律

第十二章

劳动制度

思政目标

劳动制度与每一位劳动者息息相关。通过对劳动制度的学习，可以明确劳动合同双方当事人的权利和义务，保护劳动者的合法权益，构建和发展和谐稳定的劳动关系。通过本章学习，学生应能够熟悉相关的劳动法律、法规，并能运用法律专业知识解决劳动关系中的实际问题。明确在劳动关系中的权利与义务，切实维护自身的权益，做一个知法、守法、懂法的公民。

学习架构

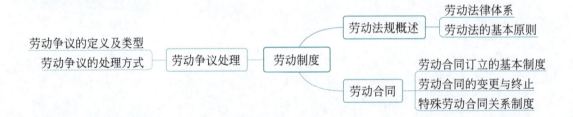

案例导学

昆山一公司以"试用期不合格"解除劳动合同被判败诉，法院：未约定试用期标准却以"不合格"为由解除劳动合同不合法。

2019年9月，罗先生与昆山某电子公司签订了为期三年的劳动合同，岗位为工程类岗位，约定试用期为六个月。入职后，罗先生向公司提交了一份"业务目标／目标值／KPI权重／计划时间表"，显示"专案进度达成率为100%；生产良率95%；持续改善件数每月一件；生产人力节降20%，预计完成时间为2019年12月31日，KPI权重占25%"。2020年1月底，公司提供的生产良率报表中，罗先生2019年10月至2020年1月期间虽有提升，但是未达到95%。2020年4月15日，昆山某电子公司以罗先生"试用期不合格"为由单方解除了劳动合同。罗先生遂向昆山市劳动人事争议仲裁委员会申请仲裁,并获得了仲裁支持,要求昆山某电子公司支付违法解除劳动合同赔偿金,撤销"昆山市企业职工解除(终止)劳动合同证明"上解除劳动合同原因"试用期不合格"。昆山某电子公司不服仲裁,起诉到了昆山法院,要求撤销仲裁裁决内容。

法院经审理后认为,双方约定的试用期期限已经是劳动合同法规定的最长期限六个月,但未约定明确的试用期标准,罗先生确向公司提交了工作计划,但工作计划并不等同于试用期标准,双方亦无约定工作计划将作为试用期的标准或者未达到工作计划中的项目视为"试用期不合格"。根据公司提供的各项数据及生产良率报表,按照罗先生的工作技术,生产良率KPI的权重仅占25%,也未明确未达95%的后果。

因此,法院认定,罗先生"试用期不合格"无充分证据予以佐证,公司在罗先生退工备案登记表中的解除原因"试用期不合格"应当予以撤销。昆山某电子公司系违法解除,应当支付违法解除劳动合同经济赔偿金,经核算为1.65万余元。

假如没有劳动法保护,劳动者权益会怎样?

劳动制度就是与劳动有关的各种制度,具体包括劳动法律法规、劳动合同制度、劳动用工制度、劳动工时制度、劳动规章制度等各个方面的内容。

第一节 劳动法规概述

一、劳动法律体系

劳动法律体系主要包括:劳动合同法律制度、工作时间和休息时间法律制度、劳动报酬法律制度、劳动安全与卫生法律制度、女工与未成年工保护法律制度、社会保险与劳动保险法律制度、工会法律制度、劳动争议处理法律制度、劳动监督和检查法律制度等。其特点是按一定的标准将劳动法律规范分类组合。劳动法律体系说明各项劳动法律规范之间的统一、区别、相互联系和协调性。可以按照劳动法律规范的制定机关及其效力分类组合成一种形式的劳动法律体系,也可以按照劳动法律规范的内容分类组合成一种形式的劳动法律体系。新中国成立以来,我国逐步形成了包括《宪法》《劳动法》《就业促进法》《工会法》《劳动合同法》《社会保险法》《劳动争议调解仲裁法》《民事诉讼法》等实体法、程序法在内的一系列调整劳动关系、保护劳动者权益的法律制度体系。其中,《宪法》作为国家的根本大法,是其他法律制定的依据。

1. 宪法

我国现行《宪法》于1982年12月4日经第五届全国人大第五次会议通过并颁布施行,

从三个方面对劳动作为公民的基本权利和义务进行了明确的说明。

《宪法》明确了劳动是公民生存、发展和实现个人价值的直接手段。劳动权是公民赖以生存的基础，是行使其他权利的物质上的前提。所以公民有通过劳动获得生活资料、追求个人幸福的权利，这项权利应当受到法律的保护。在此意义上，《宪法》对于劳动权作为劳动者生存的权利给予了保障。同时，从社会发展层面讲，劳动体现了社会分工的要求，是公民创造社会价值，实现国家发展的基础手段。从这个意义上讲，劳动不仅是实现个人价值的手段，更是为国家发展做贡献的具体体现。

《宪法》体现了对劳动者的保护，既出于对劳动者作为自然人的自然属性的尊重，又是劳动力可持续发展的需要。

《宪法》规定了国家依照法律规定实行企业事业组织的职工和国家机关工作人员的退休制度。退休人员的生活受到国家和社会的保障。

2. 劳动法

《中华人民共和国劳动法》是一部根据《宪法》精神，为了保护劳动者的合法权益，调整劳动关系，建立和维护适应社会主义市场经济的劳动制度，促进经济发展和社会进步而制定的有关劳动活动的法律。该法奠定了我国劳动法律制度体系的结构基础，为后续颁布的一系列有关劳动的法律法规确定了框架体系。该法于1994年7月5日经第八届全国人民代表大会常务委员会第八次会议审议通过，自1995年1月1日开始施行，并在2009年、2018年经过全国人大常委会两次修订。

《劳动法》分为13章，具体包括总则、促进就业、劳动合同和集体合同、工作时间和休息休假、工资、劳动安全卫生、女职工和未成年工特殊保护、职业培训、社会保险和福利、劳动争议、监督检查、法律责任、附则等，共计107项条款。

二、劳动法的基本原则

1. 劳动既是权利又是义务的原则

《劳动法》规定每一个有劳动能力的公民都有从事劳动的同等的权利，对于公民而言，主要体现在：①有就业权和择业权在内的劳动权；②有权依法选择适合自己特点的职业和用工单位；③有权利用国家和社会所提供的各种就业保障条件，提高就业能力和增加就业机会。而对于企业来说意味着：①平等的录用符合条件的职工；②加强提供失业保险、就业服务、职业培训等方面的职责。而对于国家来说，则意味着应当为公民实现劳动权提供必要的保障。

劳动是公民的义务。劳动者一旦与用人单位发生劳动关系，就必须履行其应尽的义务，其中最主要的义务就是完成劳动生产任务。这是劳动关系范围内的法定的义务，同时也是强制性义务。

2. 保护劳动者合法权益的原则

偏重保护和优先保护。劳动法在对劳动关系双方都给予保护的同时，偏重于保护处于弱势地位的劳动者，适当体现劳动者的权利本位和用人单位的义务本位，《劳动法》优先保护劳动者利益。

① 平等保护。全体劳动者的合法权益都平等地受到《劳动法》的保护，各类劳动者的平等保护，特殊劳动者群体的特殊保护。

② 全面保护。劳动者的合法权益无论它存在于劳动关系的缔结前、缔结后或者终结后，都应纳入保护范围之内。

③ 基本保护。对劳动者的最低限度保护，也就是对劳动者基本权益的保护。

第二节　劳动合同

我国现行的《中华人民共和国劳动合同法》（以下简称《劳动合同法》）于2008年1月1日起施行，是在《劳动法》的基础上对有关劳动合同的问题进行体系化梳理与规范的法律。其适用范围为中华人民共和国境内的企业、个体经济组织、民办非企业以及国家机关、事业单位、社会团体等组织。

一、劳动合同订立的基本制度

劳动合同是劳动者与用人单位确立劳动关系、明确双方权利和义务的协议。建立劳动关系应当订立劳动合同。订立劳动合同，应当遵循合法、公平、平等自愿、协商一致、诚实信用的原则。

1. 书面形式和具体内容

建立劳动关系，应当订立书面劳动合同。用人单位自用工之日起超过一个月不满一年未与劳动者订立书面劳动合同的，应当向劳动者每月支付二倍的工资。

劳动合同应当具备以下条款：①用人单位的名称、住所和法定代表人或者主要负责人；②劳动者的姓名、住址和居民身份证或者其他有效身份证件号码；③劳动合同期限；④工作内容和工作地点；⑤工作时间和休息休假；⑥劳动报酬；⑦社会保险；⑧劳动保护、劳动条件和职业危害防护；⑨法律、法规规定应当纳入劳动合同的其他事项。劳动合同除前述规定的必备条款外，用人单位与劳动者可以约定试用期、培训、保守秘密、补充保险和福利待遇等其他事项。

2. 合同期限

劳动合同分为固定期限劳动合同、无固定期限劳动合同和以完成一定工作任务为期限的劳动合同。

（1）固定期限劳动合同　指用人单位与劳动者约定合同终止时间的劳动合同。用人单位与劳动者协商一致，可以订立固定期限劳动合同。

（2）无固定期限劳动合同　指用人单位与劳动者约定无确定终止时间的劳动合同。用人单位与劳动者协商一致，可以订立无固定期限劳动合同。用人单位自用工之日起满一年不与劳动者订立书面劳动合同的，视为用人单位与劳动者已订立无固定期限劳动合同。

（3）以完成一定工作任务为期限的劳动合同　指用人单位与劳动者约定以某项工作的完成为合同期限的劳动合同。用人单位与劳动者协商一致，可以订立以完成一项工作任务为期限的劳动合同。

3. 试用期

劳动合同的试用期是用人单位和劳动者为了相互了解、选择而在合同中约定的一定期限的考察期。劳动合同期限三个月以上不满一年的，试用期不得超过一个月；劳动合同期限一年以上不满三年的，试用期不得超过二个月；三年以上固定期限和无固定期限的劳动合同，试用期不得超过六个月。同一用人单位与同一劳动者只能约定一次试用期。以完成一定工作任务为期限的劳动合同或者劳动合同期限不满三个月的，不得约定试用期。试用期包含在劳动合同期限内。劳动合同仅约定试用期的，试用期不成立，该期限为劳动合同期限。

劳动者在试用期的工资不得低于本单位相同岗位最低档工资或者劳动合同约定工资的80%，并不得低于用人单位所在地的最低工资标准。

在试用期中，除劳动者有《劳动合同法》第39条和第40条第一项、第二项规定的情形外，用人单位不得解除劳动合同。用人单位在试用期解除劳动合同的，应当向劳动者说明理由。

4. 服务期与竞业限制

用人单位为劳动者提供专项培训费用，对其进行专业技术培训的，可以与该劳动者订立协议，约定服务期。劳动者违反服务期约定的，应当按照约定向用人单位支付违约金。违约金的数额不得超过用人单位提供的培训费用。用人单位要求劳动者支付的违约金不得超过服务期尚未履行部分所应分摊的培训费用。用人单位与劳动者约定服务期的，不影响按照正常的工资调整机制提高劳动者在服务期期间的劳动报酬。

二、劳动合同的变更与终止

用人单位与劳动者可以在劳动合同中约定保守用人单位的商业秘密和与知识产权相关的保密事项。对负有保密义务的劳动者，用人单位可以在劳动合同或者保密协议中与劳动者约定竞业限制条款，并约定在解除或者终止劳动合同后，在竞业限制期限内按月给予劳动者经济补偿。劳动者违反竞业限制约定的，应当按照约定向用人单位支付违约金。

1. 劳动合同履行与变更

用人单位与劳动者应当按照劳动合同的约定，全面履行各自的义务。用人单位与劳动者协商一致，可以变更劳动合同约定的内容。变更劳动合同应当采用书面形式。变更后的劳动合同文本由用人单位和劳动者各执一份。

2. 劳动合同解除与终止

（1）解除、终止的具体情形　劳动合同的解除包括三种具体形式：双方协商一致解除，劳动者单方解除，用人单位单方解除。

用人单位与劳动者协商一致，可以解除劳动合同。劳动者单方解除劳动合同又可分为劳动者一般解除权的行使和特别解除权的行使。一般解除权是指劳动者提前30日以书面形式通知用人单位，可以解除劳动合同；劳动者在试用期内提前3日通知用人单位，可以解除劳动合同。特别解除权是在用人单位有未及时足额支付劳动报酬等情形时，劳动者可以解除劳动合同。

有下列情形之一的，劳动合同终止：①劳动合同期满的；②劳动者开始依法享受基本养老保险待遇的；③劳动者死亡，或者被人民法院宣告死亡或者宣告失踪的；④用人单位被依法宣告破产的；⑤用人单位被吊销营业执照、责令关闭、撤销或者用人单位决定提前解散的；⑥法律、行政法规规定的其他情形。

用人单位应当在解除或者终止劳动合同时出具解除或者终止劳动合同的证明，并在15日内为劳动者办理档案和社会保险关系转移手续。

（2）经济补偿与经济赔偿　经济补偿是指劳动合同解除或者终止时，用人单位应当在法定情形下向劳动者支付相应的经济补偿金的制度。需要用人单位支付经济补偿金的情形包括：第一，因用人单位存在《劳动合同法》第三十八条规定的违反劳动法律法规规定或者合同约定的情形，劳动者行使单方解除权解除劳动合同的。第二，用人单位提出并最终双方协商一致解除劳动合同的。第三，用人单位因劳动者存在《劳动合同法》第四十条规定的客观原因解除劳动合同的，也就是无过失辞退劳动者的。第四，用人单位因符合《劳动合同法》第四十一条规定经济性裁员的。第五，除用人单位维持或者提高劳动合同约定条件续订劳动合同，劳动者不同意续订的情形外，劳动合同期满终止固定期限劳动合同的。第六，因用人单位被依法宣告破产或者用人单位被吊销营业执照、责令关闭、撤销或者用人单位决定提前解散而终止劳动合同的。

用人单位违法解除或者终止劳动合同，劳动者要求继续履行劳动合同的，用人单位应当继续履行；劳动者不要求继续履行劳动合同或者劳动合同已经不能继续履行的，用人单位应当依照前述经济补偿标准的二倍向劳动者支付赔偿金。

三、特殊劳动合同关系制度

1. 劳务派遣

劳务派遣用工形式在我国是从20世纪90年代末随着产业结构调整、失业率上升发展起来的。《劳动合同法》颁布实施后，劳务派遣用工迅速发展、规模急剧扩大。因此，之后出台的司法解释及修订意见中均对劳务派遣进行了更为严格的规定。

劳务派遣是指派遣单位（用人单位）与劳动者订立劳动合同，并与用工单位订立劳务派遣协议，将劳动者派遣到用工单位劳动，劳动过程由用工单位管理，工资和社会保险费等项待遇由用工单位提供给派遣单位，再由派遣单位支付给劳动者，并为劳动者办理社会保险登记和缴费等项事务的用工制度。劳务派遣与一般的劳动关系的不同在于在劳动派遣中有派遣单位、用工单位、劳动者三方主体，因此更为复杂。三方主体的权利义务由派遣单位与劳动者之间的劳动合同及派遣单位与用工单位之间的派遣协议共同进行约定。

劳动合同用工是我国的企业基本用工形式。劳务派遣用工是补充形式，只能在临时性、辅助性或者替代性的工作岗位上实施。临时性工作岗位是指存续时间不超过六个月的岗位；辅助性工作岗位是指为主营业务岗位提供服务的非主营业务岗位；替代性工作岗位是指用工单位的劳动者因脱产学习、休假等原因无法工作的，一定期间内可以由其他劳动者替代工作的岗位。

被派遣劳动者享有与用工单位的劳动者同工同酬的权利。用工单位应当按照同工同酬原则，对被派遣劳动者与本单位同类岗位的劳动者实行相同的劳动报酬分配办法。

2. 非全日制用工

非全日制用工是指以小时计酬为主，劳动者在同一用人单位一般平均每日工作时间不超过四小时。每周工作时间累计不超过 24 小时的用工形式。非全日制用工双方当事人可以订立口头协议。

从事非全日制用工的劳动者可以与一个或者一个以上用人单位订立劳动合同；但是后订立的劳动合同不得影响先订立的劳动合同的履行。非全日制用工双方当事人不得约定试用期。非全日制用工双方当事人任何一方都可以随时通知对方终止用工。终止用工，用人单位不向劳动者支付经济补偿。

在非全日制用工的情况下，小时工资标准由用人单位与非全日制劳动者双方约定，但该计酬标准不得低于用人单位所在地人民政府规定的最低小时工资标准。非全日制用工劳动报酬结算支付周期最长不得超过 15 日。

第三节 劳动争议处理

我国劳动争议处理的主要法律依据为《劳动法》《劳动合同法》《民事诉讼法》《劳动争议调解仲裁法》《劳动人事争议仲裁组织规则》等法律文件。其中《民事诉讼法》《劳动争议调解仲裁法》为主要的程序法的依据，为劳动争议处理方式的具体方式和步骤提供了依据，保障各项程序的顺利进行。

一、劳动争议的定义及类型

为了公正及时解决劳动争议，保护当事人合法权益，促进劳动关系和谐稳定，《中华人民共和国劳动争议调解仲裁法》（以下简称《劳动争议调解仲裁法》）于 2008 年 5 月 1 日起施行。

在该法当中，对劳动争议进行了界定。劳动争议是指劳动者与用人单位之间因劳动权利义务而产生的争议。其主要包括以下几种类型：

（1）因确认劳动关系发生的争议；
（2）因订立、履行、变更、解除和终止劳动合同发生的争议；
（3）因除名、辞退和辞职、离职发生的争议；
（4）因工作时间、休息休假、社会保险、福利、培训以及劳动保护发生的争议；
（5）因劳动报酬、工伤医疗费、经济补偿或者赔偿金等发生的争议；
（6）法律、法规规定的其他劳动争议。

二、劳动争议的处理方式

《劳动争议调解仲裁法》规定：发生劳动争议，劳动者可以与用人单位协商，也可以请工会或者第三方共同与用人单位协商，达成和解协议。如不能进行友好协商并达成和解，该法也对调解作出规定：发生劳动争议，当事人不愿协商、协商不成或者达成和解协议后不履行的,可以向调解组织申请调解;不愿调解、调解不成或者达成调解协议后不履行的,可以向劳动争议仲裁委员会申请仲裁;对仲裁裁决不服的,除本法另有规定的外,可以向人民法院提起诉讼。

1. 协商调解

发生劳动争议,当事人可以到下列调解组织申请调解:
(1)企业劳动争议调解委员会;
(2)依法设立的基层人民调解组织;
(3)在乡镇、街道设立的具有劳动争议调解职能的组织。

企业劳动争议调解委员会由职工代表和企业代表组成。职工代表由工会成员担任或者由全体职工推举产生,企业代表由企业负责人指定。企业劳动争议调解委员会主任由工会成员或者双方推举的人员担任。劳动争议调解组织的调解员应当由公道正派、联系群众、热心调解工作,并具有一定法律知识、政策水平和文化水平的成年公民担任。

经调解达成协议的,应当制作调解协议书。调解协议书由双方当事人签名或者盖章,经调解员签名并加盖调解组织印章后生效,对双方当事人具有约束力,当事人应当履行。达成调解协议后,一方当事人在协议约定期限内不履行调解协议的,另一方当事人可以依法申请仲裁。

自劳动争议调解组织收到调解申请之日起十五日内未达成调解协议的,当事人可以依法申请仲裁。

2. 仲裁

劳动争议仲裁委员会按照统筹规划、合理布局和适应实际需要的原则设立。省、自治区人民政府可以决定在市、县设立;直辖市人民政府可以决定在区、县设立。直辖市、设区的市也可以设立一个或者若干个劳动争议仲裁委员会。

劳动争议由劳动合同履行地或者用人单位所在地的劳动争议仲裁委员会管辖。双方当事人分别向劳动合同履行地和用人单位所在地的劳动争议仲裁委员会申请仲裁的,由劳动合同履行地的劳动争议仲裁委员会管辖。

劳动争议仲裁委员会裁决劳动争议案件实行仲裁庭制。仲裁庭由三名仲裁员组成,设首席仲裁员。简单劳动争议案件可以由一名仲裁员独任仲裁。

劳动争议申请仲裁的时效期间为一年。仲裁时效期间从当事人知道或者应当知道其权利被侵害之日起计算。申请人申请仲裁应当提交书面仲裁申请,并按照被申请人人数提交副本。仲裁申请书应当载明下列事项:
(1)劳动者的姓名、性别、年龄、职业、工作单位和住所,用人单位的名称、住所和法定代表人或者主要负责人的姓名、职务;
(2)仲裁请求和所根据的事实、理由;
(3)证据和证据来源、证人姓名和住所。

当事人申请劳动争议仲裁后,可以自行和解。达成和解协议的,可以撤回仲裁申请。

仲裁庭裁决劳动争议案件,应当自劳动争议仲裁委员会受理仲裁申请之日起四十五日内结束。逾期未作出仲裁裁决的,当事人可以就该劳动争议事项向人民法院提起诉讼。仲裁庭裁决劳动争议案件时,其中一部分事实已经清楚,可以就该部分先行裁决。

仲裁庭对追索劳动报酬、工伤医疗费、经济补偿或者赔偿金的案件,根据当事人的申请，可以裁决先予执行，移送人民法院执行。仲裁庭裁决先予执行的，应当符合下列条件：①当事人之间权利义务关系明确；②不先予执行将严重影响申请人的生活。劳动者申请先予执行的，可以不提供担保。

劳动者对非终局性仲裁裁决不服的，可以自收到仲裁裁决书之日起十五日内向人民法院提起诉讼。

课后练习

一、选择题

1. 根据《劳动合同法》第十七条的规定，以下（　　）条款不是劳动合同的必备条款。
   A. 工作内容和工作地点　　　　B. 用人单位的法定代表人或者主要负责人
   C. 保密约定　　　　　　　　　D. 社会保险
2. 我国《劳动法》当中坚持的基本原则包括（　　）、（　　）。
   A. 劳动既是权利又是义务的原则　　B. 男女所有工作同工同酬原则
   C. 保护劳动者合法权益的原则　　　D. 绩效优先原则
3. 根据《劳动合同法》的规定，下列关于用人单位在试用期中解除劳动合同的说法不正确的是（　　）。
   A. 试用期内用人单位可以随时通知劳动者解除劳动合同
   B. 用人单位在试用期解除劳动合同的，不需向劳动者说明理由
   C. 在试用期内被证明不符合录用条件的，用人单位可以解除劳动合同
   D. 劳动者在试用期内可随时通知用人单位解除劳动合同。
4. 根据《劳动合同法》的规定，非全日制用工，是指以小时计酬为主，劳动者在同一用人单位一般平均每日工作时间不超过＿＿＿小时，每周工作时间累计不超过＿＿＿小时的用工形式。（　　）
   A. 四；三十六　　　B. 四；二十四　　　C. 八；二十四　　　D. 八；七十二

二、简答题

1. 劳动合同应包含哪些内容？
2. 劳动争议处理有哪几种方式，它们之间有什么关系？

第十三章

劳动创新

思政目标

劳动创新是劳动实践的阶段性发展，是对于同质劳动的超越，它推动了社会经济的发展，正在改变着人们对于经济发展的预期，成为了促进经济增长和转型的新动能。大学生是宝贵的人才资源，是推动劳动创新的主要力量，通过加深大学生对劳动创新的认知，从而正确认识劳动创新与人生和社会发展的联系，从而开启他们的创新之路。

学习架构

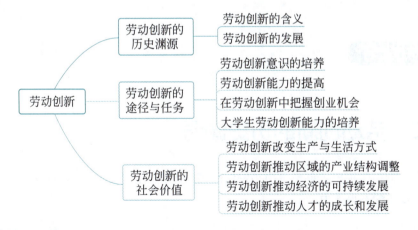

案例导学

称雄全球的中国互联网应用

在科技创新领域中国开始由"跟跑者"变为"同行者"，在商业模式创新应用方面中国更是大放异彩，尤其是互联网应用及人工智能（AI）应用，中国俨然成了世界领跑者。

2017年5月，来自"一带一路"沿线的20国青年评选出了中国的"新四大发明"，其中支付宝（图13-1）、共享单车（图13-2）和网购三项都与互联网有关。

图13-1　支付宝

图13-2　共享单车

创新是为了更好改善人们生活。中国庞大的市场为互联网创新应用提供了广阔舞台。最新数据显示，我国网民规模已突破7.5亿人，占全球网民总数20%；移动支付用户规模超过5亿人。如果说中国互联网的崛起受益于人口红利，那么伴随着微信、互联网支付、O2O、共享出行等新兴模式的出现，中国的互联网开始引领全球网络商业模式的创新。

一组市值数据可折射中国互联网企业在全球的地位。截至2017年9月4日，阿里巴巴市值超过4300亿美元，腾讯市值约为3800亿美元，比肩亚马逊、Facebook、微软等国际巨头。"互联网+"正深刻改变零售、交通、文教、农业、制造等传统行业。

中国互联网应用能在全球领先，最重要的因素是什么？

第一节　劳动创新的历史渊源

党的十九大报告提出：创新是引领发展的第一动力。创新是一个民族进步的灵魂，是一个国家兴旺发达的不竭动力。

一、劳动创新的含义

《现代汉语词典》中关于创新的解释是："抛开旧的，创造新的"。在经济学领域把创新定义为一种新的生产要素和生产条件的"新结合"引入生产体系。现代对于创新的界定是人们为了发展的需要，运用已知的信息，不断突破常规，发现或产生某种新颖独特的有社会价值或个人价值的新事物、新思想的活动。

劳动创新指的是人类通过体力和脑力劳动最终创造和或改进产生了某种产品、技术、方法、思想和理论，主要表现为劳动成果的质的突破。劳动创新的成果有有形的物质产品，如蒸汽机、计算机等；也包括无形的精神财富如马克思主义理论、文学作品、绘画作品等；还包括技术创新和社会组织的创新。

劳动创新的两种形式：①完全性创新，通过劳动独立创造，创造出新的、从没有过的事物。②部分性创新，在已有的劳动创新成果的基础上继续发现、发明和创造，使之在使用价值上具有部分新的功能，满足新的需求。人类的第一件石器、第一个指南针、第一架蒸汽机、第一部电子计算机、第一首诗歌等都是完全性劳动创新的成果，都产生于原生性的劳动创新。在之前这一系列"第一"的基础上加以改进和发展的产品，都是继发性劳动创新的成果。无论是完全性劳动创新还是部分性劳动创新都是体现了人类劳动的创新属性。如图 13-3 所示指南针。

图 13-3　指南针

二、劳动创新的发展

马克思主义经济学的根本在于劳动概念，劳动通常是指人在生产过程中有目的支出劳动力的活动，是人类维持自我生存和自我发展的唯一手段。而创新是以新思维、新发明和新描述为特征的概念化过程，是劳动的基本形式，是劳动实践的阶段性发展，是对于同质劳动的超越。劳动的基本矛盾关系是生产工具与劳动力，劳动力与生产工具的发展推动生产力整体的革命性进步。劳动创新是人类对于其劳动实践领域的扩展性发现的结果，劳动创新在人类历史上首先表现为个人行为，在近代实验科学发展起来后，劳动创新在不同领域就不断成为一种集体性行为。创新的社会化形成整体的社会生产力进步。

劳动创新伴随了人类文明进步。远古时代，我们的祖先茹毛饮血，手中只有几块粗陋不堪的石头，和其它的大型哺乳动物没有明显的区别。但慢慢地人类通过劳动创新学会了制造工具，一些原始人在劳动中创造发明了各种实用的器具、方法，让人们猎到了更多的猎物，穿上了保暖的皮毛，找到了储藏食物的办法，驯化了野生动物为家畜，人类开始一点点地走向了文明，生产力慢慢地提高，人口增多，文化也不断地丰富，政治机构愈发复杂。18世纪，西欧爆发了工业革命，人类的生产力和寿命发生了质的飞跃。到今天，知识大爆炸，科技日新月异，经济全球化，人类的发展似乎已经势不可当。因此劳动创新伴随了人类文明的发展，劳动创新是社会发展的动力。

劳动创新推动了社会经济的发展。创新是劳动的一个重要的阶段性成果，是生产力发展的阶段性标志，是社会经济发展的前置因素，形成规模性效益的源泉。创新劳动与积累劳动形成经济发展的两大矛盾性劳动根源。劳动创新的价值在于重新配置生产要素形成新的生产力，形成了社会经济发展的新的路径。比如 18 世纪蒸汽机的发明到 20 世纪计算机的出现，社会经济在新的劳动创新成果的推动下都出现质的飞跃，进入到了全新的发展形态。

劳动创新成为了知识经济发展的主旋律。人类在经历了农业经济和工业经济之后，进入了新的经济时代，即知识经济。知识经济又叫智能经济，是指建立在知识和信息的生产、分配和使用基础上的经济，是一种全新的富有生命力的经济形态。在知识经济时代，全球的产业结构正面临着彻底解构和再重组运动。在全球经济结构的重大转型时期，劳动创新正在改变着人们对于经济发展的预期，成为了促进经济增长和转型的新动能。

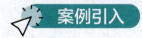

大学生首创中药奶茶店

奶茶遇到中药，会发生什么变化？在山西省中医学院，一位22岁的女大学生张林芳，学以致用，让两者相遇，呈现了一杯杯味道可口而又健康养生的中药奶茶。并带领着同学们创业，在校园开了一家橘井奶茶店。

张林芳的橘井奶茶店开业时她正在读大三。中西医结合临床专业的张林芳穿着工作服在操作间制作奶茶，来这打工的十多位学生负责为客人准备着甜点等。

清馨奶茶，有清热泻火、清心润肺功效；畅动奶茶，促进肠胃蠕动。瑰蜜奶茶，用玫瑰花和蜂蜜调制，适合爱美女士品尝，可以美容养颜。

据张林芳介绍，她将奶茶和专业结合起来，并在传统药方和中药诊断中汲取灵感，最终有了她的中药奶茶。中药奶茶吸收了药方和中医药诊断专业知识，按照方剂比例调制而成，尽可能达到口感和食物调理共存。清馨奶茶运用荷叶薄荷等四味有清热解毒泻火的中草药，并且得到了医学界专家的认可。一次学校来了天津中医药大学、北京中医药大学等专家，学校把她的中药奶茶进行产品展示，获得了参观专家的认可，这让她更加坚定了自己的选择。

张林芳的中药奶茶获得首届晋商杯优秀奖，获得了一万元奖金，并获得家人亲戚的支持，让她的梦想可以照进现实。

橘井奶茶，"橘井"来源于"橘井泉香"一词，它与"杏林春暖""悬壶济世"一样，在中医药学界脍炙人口，她希望用此名传递中医药学子情怀，同时，在品尝可口的奶茶时，达到食物调理的目的。未来她打算考研，现在她感觉只是用了中医药的皮毛，打算考研进一步深入研究。

张林芳的中药奶茶店为什么能在创业中取得成功？

第二节 劳动创新的途径与任务

一、劳动创新意识的培养

知识经济时代，知识的更新周期不断缩短，由此带来的职业不断的更迭变化。为了适应经济的快速发展，劳动创新人才的培养刻不容缓。大学生群体思维活跃，是最容易接受新生事物、最富创新精神的一个群体，国家的发展靠大学生，发展的希望在创新，要建设创新型国家，必须从培养大学生的创新意识着手。高校作为人才的培养基地，肩负着为国家的建设输送人才的重要使命，如何培养大学生的创新意识是高校教育中面临的重要问题。

劳动创新意识是指人们根据社会和个体生活发展的需要，引起创造前所未有的事物或观念的动机，并在创造活动中表现出的意向、愿望和设想。它是人类意识活动中的一种积极的、富有成果性的表现形式，是人们进行创新活动的出发点和内在动力，是创新性思维和创新性能力的前提，是培养创新性人才的起点。

1. 劳动创新意识的特征

（1）新颖性　劳动创新意识是为了满足个人生存和社会发展的新的需求，或用新的方式方法更好满足之前的需求，总之就是体现求新的特点。

（2）差异性　劳动者的创新意识因其文化素质、兴趣爱好、社会背景等方面的不同，变现出较大的个体差异性。

（3）社会性　劳动者的创新意识受具体的社会条件的制约，同时创新意识的产生也是为社会发展而服务的。

2. 劳动创新意识培养的内容

劳动创新意识代表着个体和社会奋斗的明确目标和价值指向，是唤醒、激励和发挥劳动者所蕴含潜能的重要的精神力量，劳动创新意识的培养比知识和技能的传授更重要，劳动创新意识的培养过程要注重三个意识。

（1）价值意识　指在认识劳动创新的价值，既要考虑劳动创新对社会、国家的重要意义，也要考虑到对劳动者个人发展的积极意义，要树立劳动创新有用的意识，可以使劳动者在劳动创新活动中维持更长久的动力。

（2）行动意识　要求劳动者具备"我要创新"的意识，要求自己积极参与到劳动创新的活动中，期望通过劳动创新活动实现自我劳动创新能力的价值。强化"行动意识"有利于劳动者将接受劳动创新教育转化为具体的行动。

（3）自信意识　就是"我能创新"的意识，也就是具备创新的自信心，具有积极的情感体验，在创新活动中面对困难不退缩、不放弃，能积极持久地投身到劳动创新的活动中的动机。

培养劳动创新意识是培养劳动创新型人才的需要，培养劳动创新意识，能为开展劳动创新活动打好基础，能更好地为科技和国家的发展服务。因此，应把创新意识的培养作为教育的重点之一。

二、劳动创新能力的提高

创新能力指人在顺利完成以原有知识、经验为基础的创建新事物的活动过程中表现出来的潜在的心理品质。简单来说就是劳动者从事创新活动的能力。

1. 劳动创新能力的类型

每个人都具有劳动创新能力，但是由于受主客观因素的影响，劳动创新能力表现出一定的个体差异，一般可以分为三种类型：一是普通创新能力，在所有的生活领域都会表现出来；二是特殊的创新能力，指与特定的生产领域有关的创新活动，如音乐、绘画才能等；三是高超的创新能力，这是一种高层次的创新能力，只体现在少数杰出人物的身上，如爱因斯坦、牛顿等科学家表现出来的创新能力。

2. 劳动创新能力的提高

劳动创新不是少数人的事，是每个人都可以实现的，不能把创新能力固定在少数的科学家和艺术家身上，每个人都具有创新的潜质和需求，人人都可以具备创新能力。当今社会劳动创新能力决定了个人综合素质的提升及今后发展空间的拓展，人们要让劳动创新融入生活实践中，在实践中不断提升劳动创新能力。

（1）重视创新主体的作用。对于提高劳动创新能力来说，充分发挥劳动者的"主体性"具有重要的现实意义和作用，人类的劳动创新活动是有意识、自主和能动的行为，目前大学生的创新能力不高，缺乏的不是知识，而是劳动创新的意识、热情和追求，因此在劳动创新能力的培养中要充分发挥人的主体性和价值观的作用。

（2）重视知识的储备与系统性。劳动创新能力的提高不仅要发挥主观能动性，更重要的是要建立在科学的根据、坚实的知识基础之上。因为劳动创新活动也是对已有知识经验的创新性继承，因此在劳动创新能力提高中要建立丰富系统的知识结构，重视理论知识与实践活动的结合。

（3）重视现实生活的作用。创新能力的培养是一个系统的工程，不仅需要劳动创新主体发挥主观能动性，也需要学校、家庭、社会教育的综合助力作用。人的劳动创新能力的形成一方面和学校的知识教育相关，另一方面和他自身的需求和利益有很大关系，更多来源于他的生活实践。

三、在劳动创新中把握创业机会

纵观人类社会的发展历史，劳动创新始终是社会进步、经济发展的主要来源。劳动创新是对生产要素的重新组合，包括了技术创新和社会创新，而经济的发展就是来源于两者的相互作用。劳动创新是创业的基础和核心，主要强调其与经济增长的关系。创业是指劳动者发现和捕捉机会并由此创造出新产品或服务的过程。创业在本质上就是一种劳动创新活动，主要表现为其与就业和经济增长的关系。目前，劳动创新拉动创业发展的趋势已经形成，越来越多的高素质人才，如大学生、海归人员和科技人员投身到创业当中，我国新增创业企业的数量在不断增长，它们为国家经济转型发展提供了强有力的支撑。

创业就是创业者对自己拥有的资源或通过努力对能够拥有的资源进行优化整合从而创造出更大的经济价值和社会价值的过程。创业的基本要素有：识别创业机会、整合创业资源和建立创业团队，成功的创业必须对这三者进行成功的匹配。

（1）识别创业机会　创业机会又称商业机会和市场机会，是指具有吸引力的、较为持久的、有利于创业的商业机会，并最终表现在能够为客户创造价值或增加价值的产品或服务，并使创业者自身获益。其主要包括技术机会、市场机会和政策机会。识别创业机会是从未发现创业机会到发现创业机会中间的这个过程。

（2）整合创业资源　创业资源主要包括人力资源、社会资源、财务资源、物质资源和技术资源等。创业资源对于创业者来说至关重要，没有创业资源，创业者就如同"无源之水"，即使拥有了再好的创业机会也无法实施。因此，在创业过程中创业者要把创业资源放在十分重要的位置上，只有有效获取了创业资源，再将各种资源有效整合，才能形成新的产品或服务，创造社会需要的新的价值。

（3）建立创业团队　创业团队是指在创业初期，由一群才能互补、责任共担，愿为共同的创业目标而奋斗的人所组成的特殊群体，在行为上他们彼此相互影响支持，在心理上他们可以找到归属感。创业团队对于创业成功具有重要的意义，当今社会是一个竞争与合作的社会，仅靠一个人的努力是很难获得成功的，人们常说"众人拾柴火焰高"，在创业过程中组建创业团队，就会形成强大的合力，推动创业进程顺利发展，并最终取得成功。

四、大学生劳动创新能力的培育

当今社会，已经步入了知识经济的新时代，信息的利用和劳动创新能力已成为社会发展的主要动力，它是衡量一个国家和地区经济发展水平的一个重要标志，国家的竞争越来越取决于人才的竞争，尤其是具备劳动创新能力的创新型人才的数量和质量。大学生作为中国特色社会主义事业的建设和接班人，如何培育他们使他们富有劳动创新能力和劳动创新精神，是高校所要面对的一个重要问题。

1. 根植劳动创新的价值理念

树立什么样的价值理念，直接影响着大学生对劳动的态度和行为，要提升大学生劳动创新能力，就要在他们学习专业知识的同时，理解马克思主义的劳动观，树立正确的劳动价值观。劳动价值观是劳动者对劳动的思想认识、根本看法，它直接决定着劳动者的价值判断、情感取向与行为选择，是劳动素养和劳动能力的核心内容。价值观形成以后，就会使劳动者形成一种思维定式和行为倾向，在实践活动中指导人们的行为活动。大学生要培养劳动创新能力，首先要结合马克思主义的唯物史观和劳动科学知识的学习，充分认识到劳动创新是推动人类社会发展的重要意义，劳动是人们生活幸福的源泉；其次大学生在日常的学习和实践锻炼中要形成劳动创新的意识，通过建立科学、合理的知识体系，提升劳动创新的思维能力，不断增强热爱劳动创新的情感倾向；最后，培养大学生优良的劳动品德。新时代的大学生依然需要继承和发扬艰苦奋斗、吃苦耐劳、辛勤劳动的优良品德，同时要兼具新时期劳动者有智慧、懂技术、会创新的时代品质，使大学生成为新时代兼具理想与梦想的优秀的建设者。

拓展阅读

习近平同志同青年大学生座谈时强调："要树立正确的世界观、人生观、价值观，掌握了这把总钥匙，再来看看社会万象、人生历程，一切是非、正误、主次，一切真假、善恶、美丑，自然就洞若观火、清澈明了，自然就能作出正确判断、作出正确选择。"

2. 掌握劳动创新必需的知识与技能

劳动创新不是凭臆想而来的，必需建立在一定的知识和技术、技能之上。大学生劳动创新能力的提升，一方面需要通过专业理论学习构建合理完整的知识体系，公共基础课、专业基础课、专业核心课是构成大学生知识结构的基本内容，三者相互支撑，缺一不可，大学生劳动创新能力的提高不仅要掌握专业知识，其它方面的知识也发挥着重要作用，否则知识面狭窄，就会影响劳动创新能力的提高；另一方面还要在专业实践活动中锻炼和提升专业技能。专业实践教学是深化课堂理论教学的重要环节，是获取掌握专业技能的重要的途径。在专业实践活动中大学生可以锻炼提高动手能力、理解专业知识、熟悉专业设备和掌握操作技能，通过做中学、做中思、做中行，大学生才能切实提高专业技能和创新性解决问题的能力，为以后成功就业奠定良好的基础。

3. 在创业实践中提高劳动创新能力

目前，大学生创业的作用和意义逐渐受到了社会各界的认同，国家和各级政府也纷纷出台了一些政策法规鼓励支持大学生创业，大学生已经成为了我国创业群体中的中坚力量。大学生应充分利用好学校和社会提供的创新创业平台，在创新创业中培育劳动创新意识，锻炼劳动创新能力，将劳动创新的思维不断运用到创业实践中，通过创业实践的检验，提升自我的劳动创新能力。但是，大学生在创业实践的过程中，不能认为创业的目的就是成为"老板"，我们鼓励大学生进行创业，目的是为了使大学生更好地认识社会经济，把握新产业、新技术等的发展情况，掌握劳动创新的方法，在创业实践中真正提高劳动创新的能力。

第三节　劳动创新的社会价值

当今社会已经进入追求技巧劳动、脑力劳动与知识劳动等靠创造性劳动而带来人类进步与发展的时代，劳动创新的价值正在得到充分的尊重与弘扬。社会在发展，劳动方式在变革，劳动创新所体现出的社会价值会更加的突出。

一、劳动创新改变生产与生活方式

劳动创新不仅为人类创造了丰富的物质生活，也为人类创造出了丰富的精神财富，改变着人们的生产与生活方式，在地区经济的发展中发挥着重要作用。劳动创新使人们的职业劳动时间减少，精神生活比重不断上升，使人的个性和创造力得到充分发展。如信息技术领域里的劳动创新使人们可以更便捷地学习知识、欣赏艺术，丰富和拓展了人们的经济信息交流渠道，使家庭生活与社会经济活动之间形成新的关系，人们足不出户就可以参与社会经济活动。

二、劳动创新推动区域的产业结构调整

劳动创新通过引发产品的更替，促使一些新兴产业不断兴起和发展壮大。同时，劳动创新活动所开发的新产品，不仅引发和促进了产品的更新换代，而且也诱导和改变了消费者消费需求的取向，从而引发了区域消费结构的变化。消费结构的变迁不仅对生产活动产生导向作用，促进区域产业结构的调整，而且也对商业贸易活动产生指示作用，引发和促进区域贸易结构的变化。

三、劳动创新推动经济的可持续发展

经济可持续发展是人类社会不断追求繁荣和进步的必然要求，劳动创新是经济可持续发展的先导和支撑。随着新科技革命迅猛发展不断引发新的技术创新浪潮，科技成果转化和产业更新换代的周期越来越短，劳动创新在区域经济发展中的地位和作用越来越重要。特别是

进入 21 世纪后，创新在推进区域经济结构调整优化、实现资源的可持续利用、推动区域经济增长方式的根本性转变、促进人与自然的和谐发展等方面的作用越来越突出，成为区域经济可持续发展不可替代的决定性力量。

四、劳动创新推动人才的成长和发展

　　无论是农业经济、工业经济的发展还是知识经济的发展都离不开创新人才。当今社会，科学技术飞速发展，以互联网、大数据、云计算、人工智能等为代表的新知识、新技术、新工艺等不断涌现，劳动者的工作环境和工作方式发生了巨大变化，对劳动者综合素质的要求不断提高。因此，经过当前劳动实践成长起来的劳动创新人才具备人机交互能力、灵活处理各种实际问题的能力以及劳动创新能力，已成为当今各个领域争夺的焦点。创新型人才的数量和素质的提升对于提高国家的科技水平，提高国家的国际竞争力意义重大。

课后练习

一、选择题

1. 劳动创新的主要表现是（　　）。
   A. 劳动成果量的增多　　　　　　B. 劳动成果质的突破
   C. 劳动成果的更新　　　　　　　D. 劳动成果质的提高
2. 劳动创新意识的特征有（　　）。
   A. 新颖性　　　　B. 差异性　　　　C. 多元性　　　　D. 社会性
3. 劳动创新能力的类型有（　　）。
   A. 一般的创新能力　　　　　　　B. 普通的创新能力
   C. 特殊的创新能力　　　　　　　D. 高超的创新能力

二、判断题

1. 创业的基本要素包括分析创业环境。（　　）
2. 通过创业实践活动可以提高劳动者的劳动创新能力。（　　）

三、简答题

1. 什么是劳动创新？劳动创新的形式有哪些？举例说明。
2. 当代大学生如何培养劳动创新能力？

劳动与实践

（实践篇）

天行健，君子以自强不息。自强不息、辛勤劳动是中华民族的传统美德，是人民实现幸福生活的重要保证。对于高职学生，劳动能力的培养离不开劳动实践，让学生在劳动实践中体会劳动的意义、丰富对劳动的认知、感悟自身的变化与成长，激发学生在未来的学习生活中努力奋进、积极追求与实现梦想的勇气。围绕劳动能力的培养，让学生完成真实、综合任务，经历完整劳动过程。注重劳动价值体会和认识，引导学生从现实生活中发现需求，选择和确定劳动项目。强化规划设计意识，充分发挥学生的主动性、积极性、创造性，引导学生对项目实践进行整体构思，综合运用所学知识、技术，不断优化行动方案。强化身体力行，锤炼意志品质，敢于在困难与挑战中完成行动任务，接受训练，出力流汗。

第十四章

生活实践

思政目标

在新时代，劳动教育被赋予丰富的内涵，引导学生弘扬劳动精神，崇尚劳动、尊重劳动，为了让劳动教育能够既有趣味性、体验性，又有丰富内涵，将教育与生产劳动充分融合，让劳动教育在育人过程中更具价值和意义。实施劳动教育重点是除系统的文化知识学习之外，有目的、有计划地组织学生参加日常生活劳动、服务性劳动和生产实践创新劳动，让学生动手实践、出力流汗，接受锻炼、磨炼意志，培养学生正确劳动价值观和良好劳动品质。

学习架构

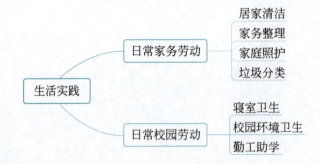

案例导学

谁夺走了大学生的自理生活能力？

大家都知道，大学生是现代社会未来的中流砥柱，他们充满朝气和活力，有着非常高的教育，他们如果能够继续在大学这样的环境里得到提高和锻炼，那么他们将会为未来中国社会的发展提供不可估量的强大动力，并且创造非常庞大和可观的精神财富。在所有人眼中，大学生的形象应该是独立且有主见的，他们有能力照顾和管理好自己的生活，并且能够清晰的规划自己的生活甚至是未来,他们脱离了小学、初中和高中的稚嫩和懵懂,开始与这个社会进行深入的交流和接触,不仅是对待自己的生活还是自己的未来,他们都能规划得井井有条。但是不得不说,虽然大部分的大学生都是十分独立的,但是也总有一小部分的大学生无法很好地处理好自己的生活,他们即使是已经快要步入社会的人,但还是十分的幼稚,不仅思想不成熟,成为了别人眼中情商低的人群,并且在处理自己生活事务上也做得十分糟糕。

1. 哪些因素导致大学生自理能力差?
2. 你认为大学生应该经常参加哪些生活实践?

第一节　日常家务劳动

一、居家清洁

1. 家具清洁

对家具进行清洁保养时,一定先要确定所用的抹布是否干净。当清洁或拭去灰尘后,一定要翻面或者换一块干净的抹布再使用。此外要选对护理剂,想要维持家具原有的亮度,可以用家具护理喷蜡和清洁保养剂两种家具保养品。抹布使用完后,切记要洗干净。至于带有布料材质的家具,如布艺沙发、休闲靠垫,则可以使用清洁地毯的清洁保养剂,使用时,先用吸尘器将灰尘吸除,再将地毯清洁剂少量喷在湿布上擦拭即可。

2. 常用家电清洁

(1)电视　液晶屏是清洁液晶电视的重点部分。使用柔软的布沾少许玻璃清洁剂轻轻地擦拭,擦拭时力度要轻,否则屏幕会因此而短路损坏,不要使用酒精一类的化学溶液,不要用硬质毛巾擦洗屏幕表面,以免将屏幕表面擦起毛而影响显示效果,也不能用粗糙的布或是纸类物品,因为这类物质易产生刮痕。当不开电视时,请关闭显示屏(不要仅限于遥控器的关闭状态),以防止灰尘堆积。不要用指尖或尖物在屏幕上滑动,以免划伤表面。

(2)电冰箱　清洁冰箱前,先切断电源,将冰箱内的食物拿出,然后将冰箱冷藏室内的搁架、果蔬盒、瓶框取出,注意这些都是易碎物,一定要小心。可以用抹布蘸着混有洗洁精的水擦洗附件,清洗完毕以后用抹布擦干或者放在通风干爽的地方,让它自然风干。冰箱门的橡胶密封条、冷藏室的排水孔等,都是非常容易被忽视的位置,冰箱内消散不去的异味通常也来自这些地方。排水孔用清水或者专业清洁剂反复清洁;冰箱门橡胶密封条中的凹槽如果有黑色的污垢和斑点,可能会导致冰箱门闭合不严,影响到冰箱的运行效率,一定要注意清洁干净。可以用牙刷沾上洗洁精对凹槽进行擦拭，随后用干布擦干。

（3）洗衣机　一般新买的洗衣机在使用半年后，每隔3个月都应用洗衣机专用洗洁剂清洗一次。清洁洗衣机时，可先往一条干毛巾上倒上200毫升的米醋，然后把沾满米醋的毛巾放到洗衣机里，盖上洗衣机的盖子，按下电源键，调成甩干，再按下启动键，一会儿桶的内部会均匀地沾上米醋，保留1个小时，这样可以软化污垢。倒半袋小苏打，往小苏打里倒入适量的清水，把小苏打溶解一下，洗衣机里加满水，把小苏打液倒进洗衣机里，泡2个小时，2个小时以后，盖上洗衣机盖子漂洗两次。另外要注意：平时不用洗衣机的时候，最好经常打开洗衣机的盖子，让洗衣机内部保持干燥状态。洗完的衣服应立刻拿出来晾晒，千万不要闷在里面。

（4）空调　空调清洗时可用柔软的布醮少量的中性洗涤剂擦拭空调器，而且清洗时水温应低于40℃，以免引起外壳、面板收缩或变形；室内进风过滤网应每隔20天清洗一次，室外机组也应定期除尘。

（5）饮水机　饮水机机身里的水垢，可以先排尽余水，然后再打开冷热水开关放水，取下饮水机内接触矿泉水桶的部分。用酒精棉仔细擦洗饮水机内胆和盖子的内外侧，为下一步消毒做准备，按照去污泡腾片或消毒剂的说明书，兑好消毒水倒入饮水机，使消毒水充盈整个腔体流至10～15分钟，但更建议从进水口倒入少许白醋或鲜榨柠檬汁，再将里面加满水流至2小时，这样不用担心清洁剂残留对人体造成危害。

3. 居室日常清洁

（1）清场。将影响清洁作业的家具、工具、材料、用品等集中分类放置到合适位置，垃圾清扫后转移到室外或倒进室内垃圾桶。

（2）清洁墙面。掸去墙面浮尘。

（3）清洁窗框。先湿抹，再铲除多余物，最后用干净的清洁剂擦净。如果窗户玻璃较脏，可以顺势初步擦拭干净。

（4）清洁窗户玻璃。清洁窗户玻璃一般使用以下方法：擦窗器法；水刮法；搓纸法。

（5）清洁窗槽和窗台。首先用吸尘器吸出窗槽污垢，不易吸出的污物，用铲刀或平口工具配合润湿清洁布尝试清理，尽量使用不好的清洁布或废布。窗槽清理完毕，将窗台收拾擦净。

（6）清洁纱窗。可用水冲洗纱网，再擦净纱窗窗框。晾干后安装。

（7）清洁卧室、客厅、餐厅、书房、阳台的开关、插座、供暖设施、柜体、家具类表面等。

（8）清洁厨房。依次为顶面、墙面、附属设施、橱柜内部、橱柜外部、台面、地面（如果厨房为清洁使用水源地，厨房地面可安排在后期进行）。图14-1为厨具清洗。

（9）清洁卫生间顶面、附属设施、墙面、台面、洁具。

（10）清洁踢脚线。踢脚线上沿吸尘后，然后擦净。

（11）清洁门体。依序是门头、门套、门框、门扇、门锁。

图14-1　厨具清洗

4. 室内空气净化

室内是人们工作生活的主要场所，如果室内空气长期质量差，不但影响人们的工作效率和生活质量，还对健康和寿命有负面作用，因此越来越多的人喜欢使用空气净化器。但我们也可以做一些力所能及的净化工作。

（1）适当打开门窗通风换气；最好每天打开窗帘让室内晒一会太阳。

（2）如果室内空气非常干燥，可以放置水盆和加湿器来增加空气湿度；如果室内湿度过大，可以在室内用敞口容器放置一些生石灰，或是放置一些其他无腐蚀性的干燥剂。

（3）炒菜要开抽油烟机；卫生间和厨房要定期清洁消毒杀菌。

（4）偶尔可以使用空气清新剂来除味。

（5）室内要经常打扫卫生，进行除尘。

（6）可以在室内养诸如滴水观音、吊兰、绿萝、橡皮树等吸附灰尘和有毒气体能力比较强的绿色植物，选取的植物要容易养活。

二、家务整理

1. 物品整理的基本要求

家居环境、寝室布置与大学生日常的学习、生活息息相关，其中物品的整理陈设直接体现了当代大学生的精神面貌和个人素质。在校园生活中，首先应做好自己寝室的物品整理。新时代大学生应将维护整洁文明的寝室环境、保持个人与寝室物品的规整和美观内化为自觉追求，外化为自觉行动。

"好收好拿好放回"，即做好物品分类，按照使用人、使用场所和使用习惯对物品进行归类整理，谁的物品就放在谁的地盘，物品在哪儿用就收在哪儿，物品使用后随手放回。这样能有效保持家居、寝室的整洁持久度。而"随用随拿随放回"的生活习惯既方便物品使用，也便于日常整理。这两项物品整理的要求应成为当代大学生在居家、寝室生活中的良好素养之一。

2. 物品整理与寝室布置的原则与要点

物品的规整布置、美化装饰直接影响寝室的美观程度，反映寝室文化。寝室物品整理与装饰应遵循整洁大方、温馨舒适、突出文化气息的原则。

同时，大学寝室的整理和布置还需考虑大部分人的特性、喜好、价值观等，在此基础上统筹设计，营造出别具一格的"特色"文化，追求建设文明、温馨、绿色的特色寝室。在进行寝室的布置和物品的创意设计时，要注意把握以下要点。

（1）彰显卧室文化　每个卧室都有不同的文化，在美化时要充分考虑自己的卧室文化，做出别出新意的美化设计。

（2）用材节约，变废为宝　个性低碳、绿色不仅是时下流行的概念，更是新时代大学生应践行的生活方式。具体在装饰寝室时，充分利用牛奶盒、饮料瓶、废纸箱等被忽略的生活垃圾和旧物，做成各种实用的日用品，不仅创意十足，更向周围的人传递了一种绿色的生活态度。

（3）彰显个性　寝室是每一位住在这里的人的"家"，由多个小空间组成，在美化时，每个人在兼顾大风格统一的基础上，也要考虑自己的审美偏好和兴趣爱好，打造属于自己的"私密空间"，彰显自己的个性。

3. 物品整理的方法与收纳技能

寝室是集体生活、学习的公共居所，如果不注意及时整理，很容易就会陷入混乱的糟糕状态。究其原因，是寝室空间小、功能多，大学寝室是4个人，甚至6个人或8个人的共同生活空间，每个人可以利用的空间有限。此外，寝室还要实现同学们睡觉、学习、洗漱、衣物收纳、沟通交流甚至简单锻炼的多种功能。

因此，寝室物品的整理收纳是当代大学生必备的生活技能之一。

在高校文明寝室建设的大背景下，应大力提倡与推广科学的整理理念与方法，改变过去对物品整理的理解仅停留在"清扫、打扫"的观念。当代大学生应把物品整理作为一种合理有效利用空间、方便物品取用的生活习惯，同时也作为一种美化寝室环境，提升生活质量与幸福感的居家方式。下面为大家介绍一套科学系统的物品整理方法，即"设定理想目标—舍弃—收纳整理—美化装饰—状态保持"。

① 设定理想目标：以"做一次整理，不再回复至原来混乱状态"为目标进行彻底整理。进行物品分类时要按类别，而不是按"场所"整理；学会列清单，做"整理笔记"能让事情更有条理，获得成就感等。

② 舍弃：我们需要保留那些比较稀有的物品，或者具有信息价值、情感价值以及起码具有功能价值的令自己"心仪"的物品，丢弃、转卖或捐赠已经完成本身使命的物品。

③ 收纳整理：首先要设置好物品固定的存放位置，以"好收好拿好放回"为原则，通过折叠、集中、直立、四方形摆放等方式，做到九分收纳，切忌"过度划分"，并学会借用一些整理工具，如收纳盒、S形衣撑等。

④ 美化装饰：根据前文美化设计的要点，统筹寝室装饰布置，打造兼具寝室文化与个性特色的温馨、绿色的家居环境。

⑤ 状态保持：固定好所有物品的位置，用完不可乱放，养成"随用随拿随放回"的生活习惯。理智购物，对新买物品立刻拆封进行收纳等。

三、家庭照护

家庭照护指对患有严重疾病综合征、身体功能失调、慢性精神功能障碍等患者提供的照护。家庭照护是老年人照护的首要形式，它的服务内容包括基本的医疗护理服务、个人照料、情感和社会支持等。

1. 老年照料

一般而言，老年人生活照料的服务内容有：个人清洁卫生服务、衣着服务、修饰服务、饮食服务、如厕服务、口腔清洁服务、皮肤清洁服务、压疮预防服务、便溺护理服务等。

（1）个人清洁卫生服务。它包括洗脸、洗手、洗头（包括床上洗头）、洗脚、协助整理个人物品，清洁平整床铺，更换床单等。

（2）衣着服务。它包括协助穿脱衣裤、帮助扣扣、更换衣裤、整理衣物等。

（3）修饰服务。它包括梳头、化妆、剪指甲和协助理发、修面等。

（4）饮食服务。它包括协助用膳、饮水，或喂饭、喂水、管饲等。

（5）如厕服务。它包括定时提醒老人上厕、协助如厕，使用便盆、尿壶等。

（6）口腔清洁服务。它包括刷牙、漱口、协助清洁口腔、假牙的清洁保养等。

(7) 皮肤清洁服务。它包括擦浴、沐浴等。

(8) 压疮预防服务。它包括保持床单干燥、清洁、平整；定时翻身更换卧位，防局部受压过久；受压部位按摩增进血液循环；保持皮肤干燥、清洁，预防皮肤受伤等。

(9) 便溺护理服务。它包括清洗、更换尿布等。

2. 家人住院陪护

家人生病需要住院，作为学生可以提供一些力所能及的服务为家人分忧解难，如承担部分陪护工作。若想成为一名合格的陪护者，需要了解些陪护常识和日常起居照料内容。

协助起床、洗脸、洗手、刷牙、漱口、梳头等；协助进餐、饮水、加餐等；清洗使用过的餐具；协助排泄大小便；晚上睡觉前为其洗脚或泡脚，并协助其入睡；协助医护人员观察病情；协助按时、按量服药；协助下床活动或散步；注意衣物的清洁消毒方法；对衣物和便器等用品进行清洁、消毒，并妥善保管。

3. 生命体征测量

生命体征包括体温、脉搏、呼吸、血压，它是标志生命活动存在与质量的重要征象，是评估身体的重要项目之一。我们可以掌握基础的生命体征测量方法。

（1）测量体温　协助被测家人解开衣物，腋下有汗应擦干，将体温计水银端放置于其窝深处贴紧皮肤、屈臂过胸夹紧，过 10 分钟以后取出体温计。

（2）测量脉搏　协助被测家人手臂放松，要求其手臂向上，然后将自己的食指、中指、无名指的指端放在其桡动脉表面，计数 30 秒。正常成人 60～100 次/分，老年人可慢至 55～75 次/分。

（3）测量呼吸　测量脉搏后仍然把手按在被测家人的手腕上，观察其腹部或胸部的起伏，一呼为 1 次，计数为 30 秒。

4. 换药

换药是指对创伤手术以后的伤口及其他伤口进行敷料更换，促使伤口愈合和防止并发症的方法，主要目的是清除或引流伤口分泌物，除去坏死组织，促进伤口愈合。换药步骤如下：

（1）要进行无菌操作，原则上要戴口罩、帽子，用肥皂及流水洗净双手。

（2）区分所需换药伤口的种类，准备所用物品。

（3）采取合适的体位，铺治疗巾。

（4）去除伤口原有的敷料。撕胶布时要由外向内，顺着毛发生长方向；外层敷料用手揭去后，内层用无菌镊除去，顺着伤口的长轴方向。

（5）伤口清洁、消毒、处理后，根据伤口的种类使用不同的换药方法。

（6）敷料覆盖伤口后再视情况进行包扎。

四、垃圾分类

垃圾是城市发展的附属物，城市和人的运转，每年产生上亿吨的垃圾。要解决垃圾围城问题，离不开垃圾分类。

1. 垃圾分类新时尚

实行垃圾分类，关系广大人民群众生活环境，关系节约使用资源，也是社会文明水平的一个重要体现。全民参与垃圾分类，具有以下几个方面的意义：减少环境污染，节省土地资源，促进资源的循环利用，提高民众价值观念。

2. 垃圾分类标准

图14-2 新版的生活垃圾类别

住房和城乡建设部发布的新版《生活垃圾分类标志》标准于2019年12月1日起正式实施，与2008版标准相比，新标准将生活垃圾类别调整为可回收物、有害垃圾、厨余垃圾和其他垃圾四大类，见图14-2。

（1）可回收物。表示适宜回收利用的生活垃圾，包括纸类、塑料、金属、玻璃、织物等。

（2）有害垃圾。表示《国家危险废物名录》中的家庭源危险废物，包括灯管、家用化学品和电池等。

（3）厨余垃圾。表示易腐烂的、含有机质的生活垃圾，包括家庭厨余垃圾、餐厨垃圾和其他厨余垃圾等。

（4）其他垃圾。表示除可回收物、有害垃圾、厨余垃圾外的生活垃圾。

3. 垃圾分类操作

（1）可回收物。

居民家庭产生的可回收物，如废报纸、旧书本、纸箱、图书、杂志、台历、传单广告纸、包装纸、包装盒、卷纸芯、饮料瓶、矿泉水瓶、塑料餐具、泡沫塑料、塑料鞋、牙刷、洗具、金属、易拉罐、金属盒（罐）、锅、水壶、不锈钢调羹、铁钉、道具、金属元件、废旧电线等应当放在可回收物收集桶内。

（2）有害垃圾。

居民家庭产生的有害垃圾，细小有害垃圾如废旧蓄电池、废旧电池、废旧扣式电池、废节能灯、废荧光灯管、废置药品、废溶剂（容器）、（机油）容器、墨盒、硒鼓等，应当打包投放至有害垃圾收集桶内。

（3）厨余垃圾。

居民家庭产生的厨余垃圾，如米饭、面食、蔬菜残余、果皮及水果残余、蛋壳、残羹剩渣、肉类、鱼虾等，以及茶渣、食物残渣、居民家庭的花草、落枝落叶等，应当尽量沥干水分，投放至厨余垃圾收集桶内。

（4）其他垃圾。

居民家庭产生的其他垃圾，如受污染的纸类、塑料袋、废旧衣服及其他纺织品、废纸巾、烟蒂、碎玻璃、一次性锌锰碱性干电池等以及难以区分属性的垃圾，应投放至其他垃圾收集桶内。

第二节 日常校园劳动

一、寝室卫生

大学寝室是校园文化的窗口，记载着大学生点点滴滴的青春印记和一个个酸甜苦辣的成长片段。寝室环境状况对寝室成员的生活方式、学习态度、行为规范、价值理念等的塑造都有着深刻的影响，因此，建立一个安全、舒适、卫生、整洁的寝室对同学们来说就显得尤为重要。

1. 学生宿舍寝室卫生标准

同学们应将维护整洁、文明寝室环境内化为自觉追求，外化为自觉行动，具体如下：

（1）文明寝室总体应达到"三有""三齐""六净""五无"的目标。

三有：有室长，有值日安排、有寝室公约；

三齐：室内物品摆放齐、床褥衣服叠放齐、个人物品存放齐；

六净：地面净、玻璃净、桌椅净、墙壁净、被品净、洗漱用品净；

五无：无违禁电器、无宠物、无垃圾、无异味、无杂物。

（2）每天应自觉做到"六个一"，维护寝室良好生活环境。

六个一：叠一叠被子、扫一扫地面、擦一擦台面、整一整柜子、理一理书架、倒一倒垃圾。

（3）应杜绝不文明行为，不在宿舍养宠物，不在宿舍楼内抽烟，不在门口丢放垃圾，不乱用公共电吹风等。

2. 特色寝室建设标准

特色寝室宣扬的是一种文化，一种相互影响、彼此照应、和谐共进的良好氛围，对同学们文化修养、综合素质等各方面的提高有着很大的促进作用。

特色寝室的建设，要以"三比"（比理想、比学习、比奉献）为核心，以"四互"（互帮、互助、互管、互爱）为主要形式，以"五要求"（安全、干净、整洁、文明、团结）为目标，考虑寝室大部分人的特性、喜好、价值观等，然后以此为方向营造出别具一格的"特色"文化。如果寝室大多数人都喜欢学习，便可以考虑建设学习型寝室；如果寝室大多数人都喜欢运动，便可以考虑建设运动型寝室；如果寝室大多数人都对环保有一定兴趣，便可以考虑建设环保型寝室。与此类似的，还有创业型寝室、自强型寝室、友爱型寝室、音乐型寝室等。

在建设特色寝室时，可参考以下标准：

（1）全体寝室成员共同参与特色寝室建设，共同商议并确定特色寝室建设方向。

（2）在干净整洁的基础上，按照主题特色布置寝室。呈现出的效果符合指定特色，简单、大方、美观、别具匠心、新颖独特，让人眼前一亮。

（3）寝室布置含有若干个小设计，以彰显个性，传递寝室文化。

（4）有与寝室文化对应的"行为习惯养成计划""寝室团建活动安排"等。

你心目中别具一格的特色寝室是什么样的？

3. 寝室美化设计与创意

（1）简单、大方：寝室一般不大，没有必要摆放过多物品进行装饰，这样会显得太杂。

（2）温馨、舒适：寝室是放松休憩的地方，在美化时要自然舒适的氛围，让室内充满家的温暖气息。

（3）突出文化气息：寝室还是学习的场所，在美化时，考虑这个因素，营造一个安静、适宜学习的空间。

二、校园环境卫生

1. 绿色校园的卫生维护和能源节约

《全国环境宣传教育行动纲要》在1996年首次提出了"绿色校园"概念，它将环保意识和行动贯穿于学校的管理、教育、教学和建设的整体性活动中，引导师生关注环境问题，让青少年在受教育、学知识、长身体的同时，树立热爱大自然、保护地球家园的高尚情操和对环境负责任的精神；掌握基本的环境科学知识，懂得人与自然要和谐相处的基本理念；学会如何从自己开始，从身边的小事做起，积极参与保护环境的行动，在头脑中孕育可持续发展思想萌芽；让学校里所有的师生从关心学校环境到关心周围、关心社会、关心国家、关心世界，并在教育和学习中学会创新和积极实践。它不仅成为我国学校实施素质教育的重要载体，而且也逐渐成为新形势下环境教育的一种有效方式。

空气清新、环境整洁、楼房林立、绿树环抱，这种良好的校园环境是实现环境育人的关键，为了给自己学习创造一个优美整洁的学习生活环境，需要通过学生多方面的共同努力。不仅要每个人养成讲究卫生的好习惯，还要不断增强对校园的环境保护意识，使大家树立"校园是我家，卫生靠大家"的思想意识。从养成良好的卫生习惯做起；并且加强各项卫生制度的落实，做好平时卫生保持工作，并不断激发学生的爱校荣誉感，促进大家能自觉维护校园环境卫生，爱护校园公共设施，能自觉做到不乱扔、乱倒、乱吐、乱画、乱张贴；懂得勤俭节约，不浪费水、电和食物；不过度浪费能源，不追求过冷的空调、过高的供暖温度等。

2. 精神美化

校园精神环境是校园的灵魂，是学校师生认同的价值观和个性的反映，是一种潜在的教育力，具体体现在师生的精神面貌、校风、学风、校园精神、学校形象等方面。从学生个体角度看，精神环境又是心理环境。

三、勤工助学

勤工助学是指学生在学校的组织下利用课余时间，通过劳动取得合法报酬，用于改善学习和生活条件的社会实践活动。在我国，勤工助学是贯彻教育与生产劳动相结合的一种教育经济活动，勤工助学对于推动学生素质教育，构建新的人才培养模式，促进学生成长成才有着重要意义。

1. 勤工助学的内涵

勤工助学源于"济困"，通过俭学来达到完成学业的目的。随着社会进步和对人才需求标准的提升，我国中、高职学校和大学的勤工助学工作已由"济困"为主的阶段过渡到"济困与成才相结合的"社会实践阶段。越来越多的学生把勤工助学作为主动适应社会、参与社会实践、提升自身综合素质和能力的有效手段，勤工助学的内涵也越来越丰富、充实，完成了从纯粹"经济功能"到"人的全面发展教育功能"的转化。

（1）功能上由单纯解困向助困育人发展。

如今，随着市场经济的发展和高等教育体制的改革，社会对复合型人才的需求不断扩大，学生价值观念和社会取向也在发生变化，成才意识日渐增强。勤工助学活动作为一项特殊的社会实践活动，其功能、内涵和作用不断得以拓展和延伸，育人功能更加突出。

（2）对象上由家庭贫困学生向全体学生发展。

随着勤工助学活动的深入发展，学生对勤工助学活动的多重功能有了更深入的理解。勤工助学逐渐被学生群体广泛认同，一些非贫困学生从实践锻炼的角度出发，主动加入勤工助学活动。因此，参加勤工助学的学生群体也逐渐由贫困学生和非贫困学生共同组成。

（3）类型上由普通型向专业型发展。

学校在开展勤工助学活动的过程中，更加注重开发学生智力，发挥专业特色和优势提高人才培养质量，学生参加勤工助学活动由主要从事劳务型、服务型、事务型工作岗位逐渐向从事专业型、技术型、管理型工作岗位转变，实现了专业学习、能力培养和经济资助三者的有机统一。

（4）形式上由个体自发向集体组织发展。

过去学生参加勤工助学往往呈现自发性、分散性特点，存在一定的安全隐患，合法权益容易受到侵害。目前，学校普遍建立了统一的管理和服务机构，制定了详细的管理规定和运行机制，同时注重勤工助学基地建设，积极拓展勤工助学市场，使勤工助学有了更加广阔的发展空间，为学生创造了良好的勤工助学环境。

2. 勤工助学的岗位要求

（1）勤工助学要实现劳务型和智力型相结合。

要促进勤工助学劳务型和智力型相结合，实现内容的多层次化。结合学生的年级和专业特点，充分发挥学生的知识和技能，开拓智力型勤工岗位，还可以与教师的科研工作相结合，这既有利于教师科研课题的完成，又有利于学生巩固知识、锻炼能力，特别是实验类型的科研项目，更能增加学生的兴趣，培养科研态度和科研能力。实地调研结果表明，目前各高校的勤工助学工作的主要内容是图书馆书籍整理、实验室仪器清洗维护、办公室卫生打扫、宿管科日常值班、教室座椅的排放等。此外，勤工助学岗位可以向服务型方向发展，对于不同阶段，不同需求的学生进行协调安排。因为相对智力型的工作而言，基层的服务型工作不仅可以培养学生待人接物的能力，还有助于他们更好地了解社会、适应社会，排除在学生中存在的眼高手低的问题，且这类工作一般要求较低，有较大需求量，适用于广大困难学生。

（2）勤工助学岗位设置及要求。

校内岗位包括学校各类机构的办公室助理、技术助理、图书馆助理工作人员、校内会议临时工作人员以及一些学生机构的岗位。校外岗位主要包括展会翻译、员工培训、商场导购等。家教岗位，提供家教兼职机会，包括学生家教、成人家教、班教等。《高等学校学生勤工助学管理办法》要求勤工助学活动必须坚持"立足校园、服务社会"的原则，勤工助学要达到既向学生提供经济资助,又锻炼学生实践能力的目标。

勤工助学模式由传统型向创业型转变,是高校资助工作的内在要求和必然趋势。创业型勤工助学模式是指学校提供资金、场地支持,专业教师提供指导,通过校企合作,创建以学生为主体,由学生自主经营管理的勤工助学实体。学生既能通过创造性的劳动获取一定的报酬,同时还能参加专业实习和创业实践活动,提升专业技能和综合实践能力。创业型勤工助学让学生潜移默化地接受创新创业教育,形成"学生主导、教师指导、学生参与"的勤工助学与创业实践相结合的运行模式,推动资助形式的多样化发展,形成"资助—自助—助人"的良性循环,实现高校勤工助学的育人功能。

勤工助学的主要目的是为了帮助学生顺利完成学习任务,因而在完成勤工助学任务的时间安排上,更倾向于利用学生的课外休息时间。

(3)勤工助学岗位应聘技巧。

勤工助学岗位应聘应该做好充分准备,根据岗位说明书准备材料,递交书面申请后及时询问确认面试时间。面试中涉及的常见问题如下:大学期间的学习情况,如专业排名、获得奖学金等;家教、兼职经历;学习紧张程度、空余时间等具体问题。学生要根据这些基本问题做好充分的准备,对面试官问题尽量回答,对于自己应聘的岗位谈谈认知。而且,在着装和文明礼貌方面也要精心准备,增加印象分。在语言表达方面,不要使用口头禅,在自我介绍时展示自己的优点。

出力流汗

同学们根据本章【接受训练】学习内容,3~5名同学成立小组,自主选择并设计一项生活劳动实践活动,并对劳动过程进行记录,以记录单和短视频的形式进行作业展示。活动设计参考表14-1 生活劳动实践记录单。

表14-1 生活劳动实践记录单

学生姓名			联系电话		班 级	
组别		组长		联系电话		小组成绩	
实践名称				实践地点		个人成绩	
活动目标							
实施过程							
体会感想							

续表

实践评价	自我评价			评分（满分20）
	组内互评	学号	姓名	评分（满分30）
	教师评价			评分（满分50）

备注：表中设计仅供参考。

第十五章

社会实践

◎ 思政目标

大学生社会实践是促进大学生素质教育,加强和改进大学生思想政治工作,引导大学生健康成长和成才的重要举措,是大学生接触社会、了解社会、服务社会,培养创新精神、实践能力和动手操作能力的重要途径。帮助、引导大学生投身社会,主动进行实践,丰富广大大学生的暑期生活,充分发挥大学生的科技文化优势为社会服务,把所学知识运用于实际生活,为家乡、为社会经济发展作贡献。

学习架构

社会实践
- 大学生社会实践概述
  - 大学生社会实践的含义与特点
  - 大学生社会实践活动的原则
  - 大学生社会实践的重要意义
- 大学生社会实践的计划与实施
  - 大学生社会实践计划的制订
  - 大学生社会实践活动的设计
  - 大学生社会实践的实施

案例导学

绿沙行动

广西医科大学绿色沙龙环保协会(以下简称"绿沙")成立于1997年10月17日,是广西首家民间环保组织、首家学生环保社团,是我国西部辽阔土地上最早成立的学生环保社团之一,是一支以医学生为主体的环保队伍,秉承着"保护环境,造福全人类"的理念,开展了以环保宣传、环境教育、自然体验、校园环保为主的各类环保活动。1998年开始,绿沙连续组织了十七届"广西·大学生绿色营"。每年暑假绿沙召集全国各地环保社团的精英就广西突出环境问题进行实地考察，开展多种形式的宣传教育，积极发动区内各高校、中专、小学成立各自的环保社团，使更多人加入到环境保护的行伍中。经过17年的磨砺，绿沙已初具规模，拥有完善的组织机构和成熟的项目，并具备了完成活动的能力，成功开展了各类影响深远的环保活动，普及环保理念，影响力不断扩大，成为广西民间环保的带头人，也是我国西部最具影响力的学生环保社团组织之一。绿沙积极响应国家的环保政策，主动参与建设资源节约型和环境友好型社会实践活动。绿沙注重联合各驻邕高校环保社团，积极在广西各地开展环保活动，并得到了广西各地群众的关注及政府的支持，取得了良好的成绩，是一支具有丰富操作技能及活动经验的团队。

在这17年的长途跋涉中，绿沙一边行走一边反思，坚持在探索中前行发展。绿沙会员从成立之初的几百人扩展至今天的上千人，规模不断扩大，一批又一批绿色种子在绿沙这个绿色大家庭生根、发芽、成长。绿沙成立至今，已回收废旧电池达数十吨，并在校园内外建立几十个废旧电池回收箱。绿沙坚持开展"弃用一次性木筷"的宣传倡议，促进学校食堂放弃向学生提供一次性木筷。绿沙每年度开展的"减卡救树"活动已成为各个学生社团效仿的活动。绿沙成立以来，成功举办了多次大型的暑期环保考察——广西·大学生绿色营、绿色希望暑期营和红树林保育营，本着"关注环保热点，传播环保理念，为家乡环境保护事业献力献策"的宗旨，绿色营的足迹遍布广西境内，对广西基层的环境保护事业起到了一定的推动作用。1999年，绿沙在广西引入趣味环境教育，以新颖的环教游戏方式成为全广西首家开展环境教育的民间环保组织，并于2001年率先在小学成立"红领巾绿色沙龙"，将广西的环境教育事业推向一个新的发展阶段，至今绿沙已对上千名不同年龄的青少年开展了环境教育。同时，绿沙本着"走进自然，融入自然，用自然来教导人"的理念，开创"自然体验、野外生存"系列活动，在南宁高校学生中影响广泛。2013年开始，绿沙暑期开展四个营，分别是广西·大学生绿色营、广西绿色希望环教项目营、红树林保育营和自然体验营，这四个营各具特色，相互学习提高。环保路上，他们肩负了对社会的责任，对未来的承担，对创造事业的预备。

联系实际谈谈社会实践对促进大学生身心健康发展的意义。

第一节 大学生社会实践概述

一、大学生社会实践的含义与特点

（一）大学生社会实践的含义

大学生社会实践活动是高校按照高等学校人才培养目标的要求，有计划、有目的、有组织地深入社会，积极参与社会政治、经济和文化生活，以了解社会，增长知识技能，培养正确的世界观、人生观和价值观的实践活动过程。大学生社会实践活动作为我国高等教育的一项重要的教育形式，是新形势下高校思想政治教育的延伸，是培养具有创新精神和实践能力人才的重要途径之一。大学生社会实践活动有广义和狭义之分。广义的大学生社会实践活动是相对于理论学习以外的各种实践环节，既包括与生产劳动相结合的实践活动，又包括与课堂教学相结合的实践活动，例如生产实习、毕业实习等；狭义的大学生社会实践活动是指教学计划以外的，与课堂教学相结合的各种实践活动，例如社会调查、社会服务等。本书主要谈一谈狭义的大学生社会实践活动。

大学生社会实践的含义主要表现在两个方面：一方面，大学生社会实践是一种教育活动。另一方面，大学生社会实践是一项实践活动。根据大学生社会实践的含义，可以看出，大学生社会实践活动应当包括两个过程：①实践活动的过程，即大学生积极参与社会实践，向社会学习的过程，同时也是大学生初步尝试社会角色转换的过程。②社会化的过程，即大学生在社会实践活动过程中对社会施加影响的过程，同时也是大学生角色社会化的过程。这里要强调的是，在大学生社会实践的过程中，大学生实现了个体角色向社会角色的转化，使自我价值和社会价值得到体现和升华。大学生社会实践的这两个过程应该是相辅相成、相互促进的。

（二）大学生社会实践的特点

1. 实践性

高校大学生社会实践正是借助实践对认识的决定性作用来实现其在人才培养中的重要作用的。大学生在社会实践中接触社会，通过亲身参与各种实践活动来了解社会，在实践中验证理论、运用理论，深化对理论的认识，增长才干，服务社会，在改造客观世界的同时又改造自己的主观世界，塑造大学生的人格，提高大学生的综合素质，培养大学生的创新能力，实现大学生的全面发展。大学生参加的专业实习、调查研究、勤工助学、社团活动等都具有较强的实践性，能在实践中实现检验认识真理的目的，达到理论与实践的统一。

2. 教育性

在社会实践活动中，高校有目的、有组织、有计划地让大学生走出校园，深入社会，进行社会调查和社会服务等活动，实现社会生活、社会实践与思想政治教育工作的有机结合。这是新形势下加强大学生思想政治教育的有效途径，也是提高大学生思想政治素质和思想道德素质最直接、最生动的形式。

3. 主体性

人的主体性是人在实践过程中表现出来的能力、作用、地位，即人的自主性、主动性和能动性。大学生在社会实践中展现出来的主体性是指他通过社会实践活动展示自己的思想、行为，培养创新能力，满足自身成才和充分发展等方面的需要。在社会实践中，大学生将运用所学的专业理论知识指导自己的实践，在解决现实生活中遇到的思想行为问题的过程中提高自己的思想政治素质和道德素质，这就充分发挥了大学生作为客体的主动性。

4. 创造性

创造性有两种表现形式：一是发明，二是发现。发明是制造新事物，例如瓦特发明蒸汽机、鲁班发明锯子等。发现是找出本来就存在但尚未被人了解的事物和规律，如门捷列夫发现元素周期律、马克思发现剩余价值规律等。创造性由创造性意识、创造性思维和创造性活动三部分组成。在创造性的组成部分中，创造性思维是其核心。大学生参加社会实践活动，一般都处于半社会化的状态。他们所面对的是不断变化的新环境，由此必然会产生新的矛盾和问题。这些新的矛盾和问题完全靠书本知识或学校经验是不能够解决的，这就需要大学生将学校所学的专业理论知识运用于社会实践，充分发挥自己的主观能动性，创造性地提出解决矛盾和问题的新方法。因此，大学生在社会实践过程中锻炼了创造性思维方法，积累了丰富的社会经验，培养了自己的创新精神和创新能力，为今后走向社会、进行创造性的工作奠定了坚实的基础。

二、大学生社会实践活动的原则

1. 实践育人原则

实践育人原则即大学生社会实践要以育人为目的。把社会实践活动作为思想政治教育的有效途径，让大学生在实践中学会做人、学会做事，促进大学生良好思想道德品质的形成，是高校全面实施素质教育的首要任务。

2. 理论联系实际原则

在教学中，学生掌握知识的过程，实质上是一种认识的过程。而且，教学中学生的认识又是一种特殊的认识过程。它是学生在教师指导下，以掌握人类历史上积累起来的书本知识为主的认识过程。这就决定了理论联系实际应该成为教学的基本原则之一。大学生从小到大接触的大部分是书本知识，缺乏实践经验，从一定角度看，他们的知识是不完全的，且动手能力也较差。因此，大学生在社会实践活动过程中必须自觉坚持理论联系实际的原则，在理论与实践相结合的过程中，掌握知识，培养能力，提高思想道德素质。

3. 科学性原则

科学性原则是指以先进的科学理论作为指导，运用合理的技术手段来进行社会实践活动应遵循的基本要求。这些都是由实践活动自身的客观性和规律性所决定的。在大学生社会实践活动中，应坚持从学校实际出发，结合大学生不同专业和年级特点，设计合理的社会实践活动方案，科学安排社会实践活动内容，精心组织大学生社会实践活动，制定科学合理的质量评价标准，构建有效的社会实践活动模式，有针对性地开展社会实践活动。

4. 专业性原则

大学生社会实践的专业性原则是指在社会实践过程中，让学生立足专业优势，紧扣教学科研，将专业知识落到实处，在实践中成长成才，实现课堂教学与生产实践的有效结合。近年来，团中央和其他有关部门先后发起了以"全国大中专大学生志愿者暑期文化科技卫生'三下乡'社会实践活动""大学生志愿者文体、科技、法律、卫生'四进社区'活动"等为主要模式，以理论宣讲、志愿服务、科技支农、社区共建、企业挂职、医疗服务、环境保护、支教扫盲等为主要内容的社会实践活动。这些社会实践活动都体现了社会实践的专业性原则要求。以浙江某高校为例，2000年至今，学校围绕环境保护、服务社会主义新农村建设、践行社会主义荣辱观等主题，深入农村基层、革命老区、企业和学校，开展形势政策宣讲、科技支农、文艺演出、法律援助、医疗咨询、义务支教等活动，这些都极大地丰富了新时期大学生社会实践的内容。高校要与时俱进，强化资源意识，不断拓宽实践内容的设置领域，重视与社会资源的优势互补，注重与大学生的专业特点紧密结合，学以致用，提高社会实践的实效性。

三、大学生社会实践的重要意义

大学生是国家宝贵的人才资源,是国家建设的有生力量。社会实践是大学生成长成才的重要途径。知识来源于实践,能力来源于实践,素质更需要在实践中养成。因此,社会实践是高校实践教学的重要组成部分,对于提高大学生思想政治素质、培养创新精神和实践能力,具有十分重要的意义。

1. 有利于大学生提高社会适应能力

大学生参加社会实践,既是提高人才培养质量,促进大学生健康成长的需要,也是保持经济社会持续稳定发展的需要,同时,也是提高大学生实践能力、社会适应能力、创业能力、创新能力的重要途径。社会实践活动能够促使大学生正确认识自我,保持良好心态,提高社会适应能力,促进大学生社会化进程。通过社会实践,大学生掌握必要的进入社会角色的知识和技能,为大学生从学校走向社会打下必要而良好的基础,进而投身社会,服务人民,实现自己的人生价值。在社会实践活动中,大学生走进社会、了解社会,熟悉社情民情,在广阔的社会中去学习知识、锻炼技能,培养各种各样的能力,掌握各种社会规范,从而找到理想中的自我和现实中的自我的差距,进而正确地进行自我设计、自我改造、自我调整,以适应各种社会环境和社会关系的要求,不断发展自我、完善自我。在实践过程中经过观察、分析、思考等环节,让学生去辨别真与假、美与丑、善与恶、好与坏等社会现象,从而体会人生的真谛。

2. 有利于培养大学生的独立生活能力

独立生活能力是一个人过正常生活必须具备的最基本能力,它包括对艰苦环境的适应能力和面临挫折时摆脱困境的应变能力。独立生活能力关系到一个人一生的发展和成功,从对他人的依赖到独立生活,这是大学生人生发展的必然趋势和结果,也是健康、成熟的具体体现。学生独立生活的能力越强,其社会化的能力就越强,这样的学生也就越容易融入社会生活。高校积极开展大学生社会实践活动是培养大学生独立生活能力的重要途径,也是培养和提升大学生综合素质的重要方式。大学生长期生活在校园环境中,较少接触社会生活,对社会生活既不了解也不熟悉,也缺乏相应的社会生活经历和独立生活能力。通过不同形式、内容的社会实践活动,大学生找到了自己的优缺点,就会发挥优点,改正缺点,在与他人的相处和比较中不断调整自己、提高自己、丰富自己。另外,通过社会实践活动,大学生走出课堂、走进社会,不仅巩固和掌握课堂所学知识,实现知识到能力的转化,而且通过知识的运用还提高了其独立分析问题、解决问题的能力。

3. 有利于促进大学生的社会交往能力

社会交往能力是指能觉察他人情绪意向,有效地理解他人和善于同他人交际的能力。大学生走出校园特定的环境,深入社会,深入基层,开展丰富多彩的社会实践活动,主动与不同职业、文化、观点的人群接触和交往,接触不同的社会层面,扩大交际范围,从而逐渐了解和掌握各种社会信息,拓宽社会视野,积累社会经验和生活阅历。大学生在社会实践活动中需要培养的社会交往能力主要包括:①人际交往能力。从学生的角度来讲,要有良好的人际关系就必须具备较强的人际交往能力。人际交往能力不是通过课堂教学就能完全掌握的,而是要在社会生活中,逐步学会与他人交往相处。在社会实践活动中,要提高大学生的人际交往能力，就要让大学生学会与他人沟通、相处和共事，学会正确评价他人，看到别人的优点，学会换位思考看待问题，在与他人交往中体验信任与尊重。②团队合作精神。高校社会实践往往具有团体性质，具有集体性、合作性、整体性的特点。社会实践就是让大学生从熟悉环境到陌生环境，让学生团体内的成员共同面对困难，在社会实践的特殊环境中，促使学生团体成员之间相互信任，同心协力共同想方法、定主意，完成预期的任务。在这种情况下，大学生必须正确处理个人与集体、个人与他人之间的关系，培养自己的团队合作精神。社会实践活动往往有共同的任务和目标、共同的进度和不同的分工，为了完成共同的任务和目标，学生之间需要互相关心、取长补短、同心协力，共同实现社会实践活动的目标。

拓展阅读

青年毛泽东社会实践观的主要内容

积极实践、勇于实践既是马克思主义的重要主张，也是青年毛泽东成长的突出特点。青年毛泽东不仅吸收了马克思主义实践观的精华，而且吸收了中国传统文化中知行思想的精髓，把践行放在人生重要的位置，无论是学习、生活还是事业，都强调不要空谈，讲求实际，顽强奋斗，以实现自我价值为人生快乐；强调人应该意识到自己在改造世界的过程中所承担的那份责任，要勇于改造客观世界和主观世界，勇于去认识客观事物和改变客观环境，并且把获得认识和改造世界的自由看作是人行动的最高境界。毛泽东在其青年时期进行了范围广泛、内容丰富的社会实践。其社会实践观，既包括学习实践观、生活实践观，又包括教育实践观和革命实践观。

1. 学习实践观——读"有字之书"与读"无字之书"相结合

青年毛泽东既注重读"有字之书"，又注重读"无字之书"。"有字之书"指书本知识，"无字之书"指社会实践。青年毛泽东一直把勤奋学习书本知识和积极躬行社会实践结合起来。青年毛泽东酷爱读书，广收博览，具有强烈的求知欲。他在东山高等小学堂求学期间就诚心为学，并持之以恒。到长沙几经周折后，青年毛泽东进入了湖南全省高等中学校。但是，他不满刻板的校规和有限的课程，毅然退学，坚持自学。为此，他制订了一个自学计划，每天到定王台湖南省立图书馆去读书。青年毛泽东不仅认真读"有字之书"，而且始终坚持读"无字之书"，积极躬行实践。他认为，单单读书并不能解决实际问题，应该面向社会，重视实践，要把求学和做事结合起来，"实意做事，真心求学"。1917年暑假，他与萧子升步行千里，到长沙、宁乡、安化、益阳、沅江地区做社会调查。这些实践的经历，不仅增长了青年毛泽东的见识，也增长了他的才干，还让他对社会有了更进一步的了解。这为他日后养成调查研究的作风，打下了良好的基础，积累了丰富的经验。大革命时期，在学习实践上，青年毛泽东在坚持读"有字之书"的同时，主要把精力放到了读"无字之书"上，通过走访、观察、座谈、体验等多种途径，深入开展调查研究，了解社会。毛泽东思想的萌芽、形成，都得益于把两种"读书"方式结合起来的学习实践。

2. 生活实践观——强健体魄，勤俭独立，广交朋友

青年毛泽东的生活实践是其丰富的社会实践的一部分。他的生活实践，首先表现在他坚持不懈地锻炼身体、强健体魄上。青年毛泽东非常重视体育，认为它对于人生非常重要。同时，他还认为身心要全面发展，主张学习颜习斋、李刚主的"文而兼武"，而不应该像颜回、贾谊、王勃、卢照邻等空有德智而无强健的体魄。所以，他还认为体育是德育、智育的基

础。青年毛泽东生活实践观的另一个表现就是勤俭独立。青年毛泽东提倡勤奋，反对懒惰。他认为要受得了贫困，吃得了苦，才能够任事，成就大业。青年毛泽东在湖南省立第一师范学校读书时的生活很俭朴，他后来回忆说："在师范学校读书的几年，我一共用了一百六十元——连所有学费在内！"而在这个很少的数目里，还有三分之一是用在买报刊和书籍上的。他还提倡积极向上，反对消极堕落，认为"少年须有朝气，否则暮气中之。暮气之来，乘疏懈之隙也"，强调要树立远大目标，并与朋友约定"三不谈"，即不谈金钱、不谈男女问题、不谈家庭琐事。青年毛泽东的生活实践还体现在广交朋友上。为了团结一批志同道合的青年，青年毛泽东注意广交朋友。他通过各种可行的方式，如积极参加各种社会活动、领导校友会、创办工人夜学、组织领导新民学会等，和校内外同学普遍交往，与社会各界人士广泛接触，寻找志同道合的朋友和同志。

3. 教育实践观——改革教育，贴近工农

青年毛泽东从来就不是一个墨守成规者，而是一个批判者和改革者，他从不迁就呆板的教育模式。青年毛泽东到长沙求学后，先后报考了警察学堂、肥皂制造学校、法政学堂、商业学堂、公立高级商业学校，却都不满意。最后他以第一名的成绩考入湖南全省高等中学校。青年毛泽东在这所学校里只读了半年书，因为他对这所学校的教育模式很不满意，认为校规刻板、课程有限。为此，青年毛泽东毅然选择了退学而去定王台湖南省立图书馆自学。后来因为生计的原因，最后选择进了不收学费、膳宿费也很低的湖南省立第一师范学校。青年毛泽东一贯主张教育要面向工农，服务工农。从另一角度说，他认为，当时学校过于注重学生的课堂学习，而忽视了学生社会实践能力的培养，而通过平民教育有助于改造学校与社会隔绝的局面，有助于与工农的联系。为此，他除了平时经常与工农接触外，还坚持主办已难以为继的工人夜学，并亲自为工人授课。1921年8月，青年毛泽东与何叔衡等共产党人在船山学社社长兼船山学校校长贺民范的积极支持下，在湖南长沙创办了一所成人自修大学——湖南自修大学，青年毛泽东自任教务主任，聘请李达担任校长。创办湖南自修大学是青年毛泽东的教育实践主要体现，同时也体现在创办韶山农民夜校，担任第六届广州农民运动讲习所所长，创办武汉农民运动讲习所，创办安源第一所工人补习学校上。这些讲习所和学校直接面对工农群众，培养工农干部，为革命输送了大批人才。

4. 革命实践观——反抗黑暗现实，开展革命活动

毛泽东是举世公认的伟大政治家、革命家，是一个反抗旧社会黑暗现实的伟大变革者。这些在毛泽东的青年时代就鲜明地体现了出来。青年毛泽东的社会实践中最重要的组成部分就是革命实践。他反抗黑暗现实，有一个从学生时代倾向革命，参加一些相应的革命活动，到后来直接参与领导革命斗争的过程。在第一师范学校求学时期，青年毛泽东的革命实践主要包括如下几个方面：一是反对袁世凯称帝。辛亥革命后，袁世凯篡夺革命果实，对革命派进行排挤和打击，并处心积虑复辟称帝。当时，在第一师范学校读书的毛泽东应进步师生的要求，把一些知名人士反对袁世凯称帝的文章编辑成册，题为《汤康梁三先生之时局痛言》，在校内外广为散发。二是反对日本对中国的蚕食。反对卖国条约《二十一条》的抗议示威怒潮在全国范围内掀起，第一师范学校学生也纷纷抗议，学生们将国内知名人士反对卖国条约的文章编辑成册，青年毛泽东题名为《明耻篇》，并在封面奋笔题词："五月七日，民国奇耻，何以报仇，在我学子！"三是组建新民学会。经过青年毛泽东四年的艰苦努力，新民学会于1918年4月17日在岳麓山下的蔡和森家成立。在青年毛泽东等同志的领导下，经五四运动的洗礼，新民学会的政治倾向越来越强，并逐渐发展为湖南的共产主义团体，提出"改造中

国与世界",为湖南建党和工农运动做出了重大贡献。五四运动后,面对湖南学生运动的高涨,张敬尧进行了残酷镇压。为此,青年毛泽东以新民学会会员为骨干,和张敬尧进行了针锋相对的斗争,联络社会各阶层,发动全省学生罢课、教师罢教、工人罢工、商人罢市,并决定派代表赴北京、上海、广州等地揭露张敬尧的罪行,争取全国人民的支持。在青年毛泽东等人的领导下,1920年6月张敬尧逃出湖南,驱张运动取得了完全的胜利。中国共产党成立后,青年毛泽东成长为一个职业革命家,他把自己的全部身心和精力都投入到了革命的运动中。在这一段时间里,青年毛泽东领导安源路矿工人罢工;创办农民运动讲习所;任中共农委书记兼中央局秘书;回湖南组织农民运动,进行实地调查,写出了《湖南农民运动考察报告》;参加"八七"会议,提出"枪杆子里面出政权"的主张;领导秋收起义;率领部队上井冈山,开辟革命根据地。在这段时间的社会实践中,青年毛泽东显示了各方面的领袖气质,成为共产党内部最具政治军事才华的领导者,为遵义会议后最终成为全党全军的最高领袖奠定了坚实基础。

1. 联系实际谈谈社会实践对促进大学生身心健康发展的意义。
2. 通过案例分析实践育人原则的重要价值。
3. 结合实际分析大学生社会实践的功能。

第二节　大学生社会实践的计划与实施

一、大学生社会实践计划的制订

(一)社会实践目标的分解

美国哲学家、诗人爱默生说:"一心向着自己目标前进的人,整个世界都为他让路!"由此可见,目标对一个人顺利完成某项活动具有重要作用。社会实践计划的制订是为了完成具体的社会实践目标,而根据社会实践目标的时间跨度和范围,要将社会实践目标进行分解。如果是长期目标,则需要划分成若干个短期目标;或将大的团队目标分解成小的个人目标。这样,分解后的社会实践目标就为具体社会实践计划的制订提供了坐标。目标的分解就是将一个大目标划分成若干个小目标,再把小目标分解成多个更小的目标,这样一直分解下去,一直到知道能干什么、该干什么。注意目标分解的原则是:小目标是大目标的条件,大目标是小目标的结果,小目标是大目标实现的桥梁。

(二)社会实践事项或任务的排序

某一项社会实践目标均对应着具体的工作事项或任务。做任何事情总有个轻重缓急,与大学生社会实践活动相关的事项或任务也有个先后顺序。如大学生在进行社会实践调研时,他需要完成电话预约、查询路线、准备社会实践方面的资料、拜访社会实践相关单位(或部门)的相关人员、填写差旅或交通发票、撰写社会实践日志等事项。另外,他可能还有其他事情要处理,比如到社会实践相关单位(或部门)进行实地查看、对社会实践相关单位(或部门)的相关人员进行拍照等。而这些事项,都需要进行适当的排序,以促使当天的任务能够妥善完成。为使社会实践活动顺利进行,对社会实践事项或任务进行排序非常重要。在对社会实践事项或任务进行排序时,要注意以下几点。

1. 轻重缓急,要事第一

(1)紧急的事情,要立即去做。对社会实践活动过程中出现的紧急事情要非常重视,并立即去做,直到问题解决或任务完成时为止。例如,设备出故障,与重点对象进行的访谈,有期限压力的计划,偶发事件(看病、救火)等。

(2)重要的事情,要定出时间去完成。这类事务看起来一点都不急迫,可以从容地去做,但却是要下苦功夫、花大精力去做的事,是第一要务。例如,社会实践规划的制订,社会实践技能的提升,创新能力的培养,人际关系的建立,新机会的发掘,安全隐患的防范(锻炼、防火)等。

(3)不重要的事情,要打发时间去完成。先想一想:这件事如果根本不去理会,会出现什么情况呢?如果答案是"什么事都没发生",那就应该立即停止做这些事。例如,并不重要的电话或信件的回复,无谓的交际应酬,个人嗜好的沉迷,点滴时间的浪费等。

(4)其他事情,需要授权他人去做。这类事务也需要赶快处理,但不宜花过多的时间,最好是授权他人处理或另约时间。例如,下属请示及汇报,临时会议及邀约,某些电话及邮件,日常文件批阅,不速之客到访等。

2. 追求效率,统筹安排

效率就是单位时间内完成的工作量。据说,一个效率糟糕的人与一个高效的人的工作效率相差可达 10 倍以上。人们在生活或者工作中无论做什么都应当有较高的效率,这在无形中就可以延长时间,这是注重效率的好处。同样是一天,同样是一样的工作目标,有的人完成得就比别人好、比别人快,这是为什么呢?除了工作技能的娴熟之外,很重要的一个方面,就是高效率的人懂得统筹安排。我们都知道一个"先装石头还是先装沙子才能发挥罐子最大容量"的故事模型。类比到时间的统筹安排上,则就是利用大块的时间处理"大块"的事情,利用琐碎的时间处理琐碎的事情,利用等待的事件兼做其他的事情(比如在旅途中可以打电话或者构思计划)。

(三)确定社会实践活动方案

1. 社会实践活动方案的含义

方案是进行工作的具体计划或对某一问题制订的规划。社会实践活动方案是指大学生为完成社会实践活动所制订的书面计划,包含具体活动实施办法细则及步骤等,对具体将要进行的社会实践活动进行书面的规划,对每个步骤的详细分析与研究,以确保社会实践活动的顺利进行。一份完整的社会实践活动方案应该明确以下问题:社会实践活动的主题是什么?具体在什么时间段开展某项社会实践活动?社会实践活动的目的及意义是什么?有哪些人员参加这项社会实践活动?社会实践活动的具体内容有哪些?社会实践活动的过程如何设计?人们对社会实践活动开展情况有什么评价?社会实践活动是否达到预期的效果?社会实践活动过程中存在哪些困难和问题?对今后开展类似的社会实践活动有什么建议?等等。

2. 社会实践活动方案的主要内容

对事项或任务排序以后,要对每个事项或任务拟定具体、清晰的行动方案。行动方案包括七大要素（5W2H）：What——做什么？事项清单？ Why——为什么做？目的是什么？Who——谁去做？联系谁？ Where——在哪里做？ When——何时做？何时完成？ How——怎样做？实施战术？ How much——所需资源？需多大代价？具体分析如下：

（1）社会实践活动计划书的名称。这部分内容尽可能具体地写出实践活动的名称，如"关于舟山金塘留守儿童问题的调研活动方案"，格式为页面居中。当然也可以在写出正标题后，再添加一个副标题写在下面，如"温暖留守儿童，关爱农村教育——关于舟山金塘留守儿童问题的调研活动方案"等。

（2）社会实践活动背景。这部分内容应根据策划书的特点在以下项目中选取内容重点阐述，具体项目有：基本情况简介、主要执行对象、近期状况、组织部门、社会实践活动开展原因、社会影响以及相关目的和动机。然后应说明问题的环境特征，主要考虑环境的内在优势、弱点、机会及威胁等因素，对其作好全面的分析，将内容重点放在环境分析的各项因素上，对实践活动所涉及的情况进行详细的描述，并通过对情况的预测制订计划。如环境不明，则应该通过调查研究等方式进行分析。

（3）社会实践活动的目的、意义和目标。社会实践活动的目的与意义要用简洁明了的语言将其要点表述清楚。在陈述目的要点时，该社会实践活动的核心构成或策划的独到之处及由此产生的意义（经济效益、社会利益、媒体效应等）都应该明确写出。社会实践活动的目标要具体化，并需要满足重要性、可行性、时效性等要求。

（4）社会实践需要的资源。社会实践活动所需的人力资源、物力资源、需要的场地等都要详细列出，而且可以列为已有资源和需要资源两部分。

（5）社会实践活动的开展。作为策划的正文部分，表现方式要简洁明了，使人容易理解，但表述方面要力求详尽，写出每一点能设想到的东西，避免遗漏。在此部分中，不仅仅局限于用文字表述，也可适当加入统计图表等。对策划的各工作项目，应按照时间的先后顺序排列，绘制实施时间表有助于方案核查。人员的组织配置、社会实践活动对象、相应权责及时间地点也应在这部分加以说明，执行的应变程序也应该在这部分加以考虑。

（6）社会实践经费预算。社会实践活动所需要的各项费用，应该根据实际情况进行具体、周密的计算后，用清晰明了的形式列出。

（7）社会实践活动中应注意的问题及细节。内外环境的变化，不可避免地会给方案的执行带来一些不确定性因素，因此，当环境变化时是否有应变措施、损失的概率是多少、造成的损失多大、应急措施等也应在策划书中加以说明。

（8）社会实践活动负责人及主要参与者。在方案中要注明社会实践活动的组织者、参与者、社会实践走访的单位及联系方式等（如果是小组策划应注明小组名称、负责人等）。

（四）撰写社会实践活动计划书

为保证社会实践活动的正常进行，参与者都需要撰写不同类型的计划书。比如，简单的计划书，只需要一个简单的Excel表即可；而正规一点的计划书，通常都包括三部分：标题、正文、结尾。

1. 标题

计划书的标题有两种写法：一个是"三要素"写法，即由发文机关、计划内容和文种三部分组成，如《×××大学五年发展规划总体方案》；一个是"两要素"写法，即省略发文机关，但这个发文机关必须在领头的"批示性通知"（文件头）的标题中体现出来，如《发挥学生主体性，开展社会实践活动方案》。另外，为郑重起见，方案的成文时间一般不省略，而且要注在标题下。

（1）全称标题。全称标题包含以下四项：制订计划单位的名称、计划的适用时间、计划的主体内容和计划的类型，如《水产养殖系2016年暑期大学生社会实践活动方案》。

（2）简称标题。简称标题为全称标题的缩写。有的省略时间，如《管理学院大学生社会实践活动方案》；有的省略单位，如《2016年度大学生社会实践活动工作要点》；有的省略单位和时限，如《大学生社会实践活动工作计划》。

（3）文章式标题。文章式标题按照计划的内容或要达到的目标来制定。如《开展社会实践活动，提高学生的实践能力》，如果该计划尚未得到批准，则要在标题后或正下方注明其成熟度，如"草案""讨论稿"等字样，并加上圆括号。

2. 正文

计划书的正文一般有两种写法：①常规写法，即按"指导方针""主要目标（重点）""实施步骤""政策措施""要求"几个部分来写，这个较固定的程序适合于一般常规性单项工作；②变项写法，即根据实际需要加项或减项的写法，适合于特殊性的单项工作。但不管哪种写法，"主要目标""实施步骤""政策措施"这三项是必不可少的，实际写作时的称呼可以不同，如把"主要目标"称为"目标和任务"或"目标和对策"等，把"政策措施"称为"实施办法"或"组织措施"等。在"主要目标"一项中，一般还要分总体目标和具体目标；"实施步骤"一般还要分基本步骤和关键步骤，关键步骤里还有重点工作项目；"政策措施"一般还要分"政策保证""组织保证"和"具体措施"等。计划书也可以是下级或具体责任人为落实和实施某项具体工作而形成的文件，然后报上级或主管领导批准实施。写法要求同上。正文一般由前言、主体和结语构成。

（1）前言（指导思想）。前言是计划书的总纲，回答项目"为什么做"和"能不能做"的问题，语言应准确鲜明、简练扼要。

（2）主体（计划事项）。主体是计划的核心内容，要求任务具体、目的清楚、落实到人、措施得力、时限明确等。

（3）结语（执行希望）。结语一般写希望和意见两项，也有的不写结语。如有结语，要有鼓动性和号召力。

3. 结尾

结尾一般包括两项：制订计划的单位名称和完成计划的日期。日期写在正文的右下方，一定要详写，包括年、月、日，如有必要，最后应加盖公章。

二、大学生社会实践活动的设计

（一）大学生社会实践活动设计的流程

大学生实践活动流程是实践活动设计的基本框架，根据实践活动不同的侧重点，可灵活地调整活动流程的顺序，使实践活动更加贴合实际情况，达到预期理想的结果。

1. 了解实践活动的相关政策

每年各大高校的暑期社会实践活动一般是以五月中下旬的宣讲工作和布置为开始，一直到暑期社会实践活动总结为结束。大学生可通过暑期社会实践宣讲会初步了解社会实践活动的主题、内容及政策，也可从各学校网站下载相关文件，或者咨询各院系团委老师或是负责社会实践工作的学生干部等，以充分了解关于社会实践的工作安排和相关要求。

2. 开展前期咨询

在开展社会实践活动准备工作之前，学生可向学校团委、各院系分团委、各院系社会实践指导教师详细咨询社会实践的主题、内容、流程等。要提前与带队教师和团队成员研讨实践活动相关的具体事宜，也要向曾参与过暑期社会实践的同学了解活动过程中可能会遇到的问题，从中更详尽地了解暑期社会实践活动的经验教训，以利于社会实践活动更顺利地开展。

3. 确定社会实践活动的主题

社会实践活动在开展之前，确定其主题是一项非常重要的工作。确定社会实践活动主题之后，就需要确定社会实践活动的方案、内容等。如何确定社会实践活动的主题？社会实践活动组织者主要根据每年校团委暑期社会实践活动的选题范围，结合个人兴趣、相关专业、组织特性以及指导教师的意图，初步确定选题范围。主题初步确定后，可与团队指导教师商洽，最终确立社会实践活动的主题。

4. 发起活动倡议

社会实践活动组织的核心是寻找活动的核心人员。社会实践活动的组织者可根据课题性质确认团队的核心人员，也可通过同学介绍、学生会等社团部门推荐或者全校性招募等方式选择团队核心成员。核心成员不宜过多也不宜过少，要结合社会实践活动的性质、活动内容、成员能力等多方面因素，综合考虑，注重合理搭配。

5. 制订社会实践活动方案

社会实践活动应由活动核心成员共同制订。一个完整的方案应该包括以下内容：社会实践活动的宗旨、目的、意义，团队其他人员的招募，队员的体能培训方案，社会实践活动进程安排，团队应急预案，活动资金预算等内容。方案应具有可行性，社会实践活动成员应分工明确，经费预算合理，社会实践活动进度要和学校团委要求的暑期社会实践时间安排相适应。社会实践活动方案初步完成后，可找专业的指导教师和团队的带队教师对方案进行可行性评估，并提出修改意见，确定最终方案。

6. 组建实践团队

团队组成人员一般包括团队队长、指导教师、联络员、卫生安全员和财务管理员等。因团队性质的不同，各团队的成员结构也各异。应按照团队制订的社会实践活动计划，有针对性地在全校范围内招募其他团队成员，最终成立实践团队。招募结束后，再次明确团队成员的分工情况，成员间达成共识，共同完善团队社会实践活动方案。

7. 上报社会实践活动

申请实践团队负责人可以到其所在院系的分团委领取社会实践活动申请的相关材料，在规定的日期内完成申报材料并上交学校主管部门。社会实践活动申报材料要根据校团委的要求认真、仔细、规范地填写，具体要求可参照当年《暑期社会实践活动通知》中的申报说明。社会实践活动申请材料主要包括：《暑期社会实践活动申报书》《暑期社会实践团队立项审批表》《暑期社会实践团队经费预算表》《暑期社会实践活动方案》《安全承诺书》《应急预案》等。

8. 开展团队培训工作

团队培训是社会实践活动开始前最重要的一部分。团队可邀请有相关经验的教师或往届暑期社会实践的优秀人员对团队成员进行培训。团队培训的主要内容包括生存技能、专业知识、体能、安全知识和紧急医疗知识等。例如，体能训练是开展良好社会实践活动的前提。对队员们进行针对性的体能训练，既是为了增强他们的身体素质，也是为了培养团队成员间的合作精神，同时也为长时间、高强度的社会实践做好准备。再如，安全、医疗知识培训是暑期社会实践活动的必要条件。安全知识培训可有意识地培养队员们的安全意识，使活动发生危险事故的概率降低到最低。另外，医疗知识培训可加强团队应对突发事件的能力，在紧急时刻确保团队成员的身体安全。

9. 做好出发准备

社会实践活动出发前，团队负责人需要再次确认路线、社会实践的内容、是否购买保险、社会实践过程中需要的证件和证明是否备齐等。出发前夕，团队负责人要进一步与实践地取得联系，确保社会实践活动的顺利开展。另外，团队安全管理员需要准备好相关医疗应急用品；各组队员需要自行准备好生活必需品，如相关证件、通信工具、笔记本电脑、笔、笔记本、雨具、水杯、摄影工具以及一般常用药品等。

10. 开展社会实践活动

实践团队根据实践活动主题统一安排实践活动，力求务实创新，取得实效，切忌走马观花。在实践活动过程中，每位成员每天必须完成不少于一篇的暑期社会实践活动日志，字数不少于200字，活动结束后认真做好总结，总结材料的字数不少于2000字。在此基础上，撰写社会实践的调研报告，字数不少于4000字。有条件的实践团队，还要整理相应的录音材料或摄像记录，并对社会实践活动进行实时报道。实践团队的队长必须每天定时向校团委汇报实践活动的进展，有条件的团队还可以向校团委上传社会实践活动的图片资料。在实践活动开展过程中要特别注意安全，确保社会实践活动稳定有序地进行。如出现紧急情况，应冷静沉着面对，并及时上报学校，以共同解决相关问题。另外，社会实践活动要按照预先设计的方案执行，具体细则视具体情况而定，但要确保在规定时间内完成规定任务，若确实无法完成任务，要及时向校团委做好说明。

11. 整理实践活动材料

社会实践调研活动结束后，各团队要及时整理调研活动的相关材料。材料主要包括：社会实践登记表、调研图片、录音材料、个人日志、团队总结、社会实践调研报告、社会实践活动鉴定表（加盖实践地点的公章）等。社会实践相关材料汇总后，由团队负责人撰写社会实践验收报告。验收报告主要包括：社会实践活动总结、团队经费列表、个人日志、个人总结、暑期社会实践活动实践单位鉴定表、暑期社会实践成果、新闻宣传报道截图或活动音像图片资料等。

12. 提交验收材料

实践团队要按照学校团委的相关要求，在规定的时间内送交社会实践的相关材料，存档备案，为下一年度开展社会实践活动提供依据。

（二）社团活动实践的设计

1. 确定社团活动的主题

社团活动主题的选择是至关重要的，在主题的选择上要做好设计工作，比如主题范围的拟定、活动细节的制订等。一个好的社团活动必定有一个出色的主题，主题一定是既有新意又不浮夸的。具体主题的拟定可以参考以下几个方面：①主题的确定宜小不宜大。这里所说的"大"和"小"是指主题的内容和范围。主题的"大"与"小"是相对的，因为研究者的身份、研究的经验和其所处的客观环境的不同而有所区别。一般情况下，主题小涉及的范围小、变量少。大学生缺乏相关社会经验和调研技巧，因此主题宜小而不宜大。实践主题小，实践目标就较集中，实践内容就相对具体，实践调查方法也较为方便，这有助于更深入地解决社团活动中的问题，从而更可能得出具有较高实践价值的成果。②确定活动主题要有创新意识。社团活动主题内容要体现创新的元素。这里说的创新并不是指所有的研究都是前无古人的，事实上，任何科学研究都是基于前人研究和实践进行的。因此，我们说将一种理论、一个观点应用到实际中是创新，将已经在某一领域得到应用的理论，再运用到另一新的领域也是创新；用新方法探索别人研究过的问题是创新，寻求一个新的角度对过去或别人研究过的问题再进行研究，也是一种创新。因此，我们在确定社团活动主题时，应尽量选择新颖的、具有特色的主题作为调研的起始环节，要做到这一点，一个重要的途径就是要在主题内容的设计上突出创新性。

2. 制订社团活动的具体实施方案

制订社团活动具体的实施方案需要注意以下几点：社团活动的课题名称要规范，要注意使用科学概念和规范语言；活动的意义要切实，不吹嘘夸大；理论依据要充实；社团活动的目标要明确，社团活动的内容要具体；前期一定要多搜集一些相关的文献，开展的方法要科学，要遵循科学规律；具体操作的步骤要详细，要做好各种应急预案等。

3. 结合社会热点开展社团活动

社团活动类社会实践必须结合自己所在社团的功能开展调研，因为只有先明确了社团的功能定位，才能制定出适合社团特点的实践课题。明确社团功能定位的关键，就是选题必须贴近时代主题、贴近社会热点。贴近社会热点增加了社会实践团队的吸引力，使团队所取得的成果更容易被大家所接受，影响力也更为广泛。同时，贴近社会热点也增强了社团活动的特色，而这个特色必须根据自己的社团功能来决定。一个团队在有了自己的特色之后便会在众多团队中脱颖而出，建立自己的优势，做出更好的成绩。值得注意的是，了解和定位社团活动的范围，是一项非常重要的工作。从社团活动的范围中寻找与社会热点之间的结合点，并与之建立一种关联，利用热点提升社团活动的总体水平，可以使团队取得更加出色的成绩，促进社团影响力的扩大。

4. 总结社团活动的成效

通过总结分析以往开展的社团活动，可以从中吸取一些经验教训，以便在今后的社团活动中规避类似的问题。社团活动的基本属性是不会改变的，所以以往开展的社团活动对于当下的社团活动具有极高的参考价值。通过对以往社团活动的总结分析，结合当下的社会热点，在原有的基础上进行观念的革新，能够使社团活动的主题更新颖、更有创新性。同时，社团活动的总结材料可以作为社团的一份宝贵资料进行保存，这对于下一届的社团实践活动有着重要的借鉴意义，对于社团活动今后的发展也非常重要。在社团活动结束后，可以在社团内部开展实践活动的经验交流会，这样一方面可以扩大活动的影响力，另一方面还可以加强社团成员之间的交流与沟通。

三、大学生社会实践的实施

大学生社会实践的实施要通过一定的流程和操作来开展。一般来说，社会实践通过行前准备、活动实施、活动方案调整、活动记录、活动宣传、活动实施总结等步骤来实施。接下来对社会实践实施步骤进行具体分析。

（一）行前准备

行前准备是大学生社会实践活动实施的重要保障。俗话说，在家千日好，出门一日难。当走出校门，踏上社会实践的旅途，衣食住行及有关文件资料等相关准备工作都要做好。

1. 衣食住行的准备

（1）衣：以轻便实用为原则。为防天气骤变，应当根据当地的气候准备一两件较厚的衣服，最好有一套防雨的外套。准备一双舒适的运动鞋，一顶遮阳帽，它们可是要陪伴你征战大江南北的伙伴。留意天气动向，及时增减衣服。另外，条件允许时要勤换衣服，干净整洁的衣服会让人自信倍增、潇洒迷人。

（2）食：以卫生为原则。出门在外，由于周围环境的改变、乘坐交通工具的颠簸以及身体的劳累，很容易造成消化功能紊乱。若不讲究饮食卫生，可能导致"病从口入"，以及发生各种胃肠道疾病或食物中毒，所以一定要注意卫生，预防食物中毒。饮食要有节制、有规律，不要乱吃不明的食物。饭菜宜清淡。同时，一定要多喝水。在进行社会实践活动过程中，走路较多时容易出汗。如果有比较长的行程最好带上饮用水。如果有条件，喝适量淡盐水，1克盐加500毫升水，可补充机体的需要，平衡汗液带走的无机盐，同时也可预防电解质紊乱。旅途中喝水要少量多次。最应引起重视的是饮水卫生，不要喝生水，尤其是被污染的河水、井水等。

（3）住：以安全为原则。在选择住宿地点时，一定要谨慎，以安全、卫生、少花钱为宜，如企事业单位的招待所、高校留宿处等。注意保证睡眠充足，按时作息，以养精蓄锐。住宿时财物要保管好，贵重物品随身携带，谨防被盗。

（4）行：以简易方便为原则。临行前要检查生活必需品是否齐备，如衣物、洗漱用具、防晒驱虫用品、雨具、常用药品等。行李压缩打包，精简为宜。为防行程颠簸，应当对晕车、晕船等症状有所准备。疲劳会增加晕车、晕船的机会，因此在出发前，必须保证充足的睡眠。在旅途中小睡片刻对晕车、晕船也有帮助。颠簸中切忌饮食过量，最好坐在通风的地方。在晃动中应尽量避免阅读，这可能使人感到眩晕。

2. 相关方案准备

大学生社会实践活动实施之前要准备好相关的活动方案，比如，社会实践活动实施总体方案、社会实践活动应急预案等。此外，还要准备好相关的文件资料、证明等材料。证明材料主要是介绍信、实践地接收证明等。其他文件资料主要包括学生证、身份证、社会实践活动考核表等。

3. 思想准备

大学生在进行社会实践活动之前，应当在思想上做好充分准备。要把自己的角色从一个学校的学生转换成一个能够融入环境的社会人。社会实践大多是在寒（暑）假中进行，夏季进行实践时，高温、暴雨等恶劣天气给社会实践活动带来了一定的阻碍，给参加社会实践活动的部分大学生造成了较大的压力。大学生要从思想上正确认识社会实践活动中遇到的困难，不要因为生活环境、物质条件等外在条件的变化而变得不适应、垂头丧气，甚至退出社会实践。参加社会实践的大学生要坚信不经历风雨怎会见彩虹，相信自己有能力、有毅力克服困难，圆满地完成社会实践活动的各项任务。

4. 体质准备

社会实践的地点有可能会选定在某些大学生的家乡或附近地区，但也有可能会离开家乡到比较远的地方，有可能会从都市走向农村、从平原走向山川。为了社会实践能够顺利开展和进行，拥有良好的身体素质是必不可少的。毛泽东同志曾语重心长地说出了"身体是革命的本钱"的至理名言，他深知身体对工作的重要性，所以十分注意自己的身体健康，每日坚持锻炼。好的身体才能给我们一个精彩的人生。为了保障社会实践活动顺利进行，圆满完成社会实践活动的各项调研任务，大学生要在实践活动开展之前做好体质上的充分准备。例如，加强身体锻炼、调整饮食习惯等。这些充分的准备有助于社会实践活动的顺利开展。

5. 知识准备

经过系统学习，大学生自身已经具有了一定的知识储备。但是在社会实践开展之前，还是应当有针对性地进行相关知识准备。这里所指的知识准备是指大学生对社会实践涉及的专业等方面的知识要有更为深入的了解和掌握，尤其在开展专业型或者学术型社会实践活动时，这方面的准备就更为重要。参加社会实践的大学生还应当对实践地的风土人情、生活习俗等有深入了解，尤其是少数民族地区存在着一些禁忌，这一点更是大学生要知道和注意的，以免发生误会，甚至导致伤害事故的发生。

此外，行前准备还可能有其他方面的准备工作，这都要根据外界环境和客观条件的变化做相应的调整。例如，关于社会实践活动经费问题，在实践活动开始之前，要根据实践活动的需要提前做好经费预算，在实践活动开展前准备好相应的活动经费。但当物价上涨或交通费用上调后，社会实践活动经费就要相应进行调整，后期的社会实践活动就可能需要追加活动经费，以保障社会实践活动的正常进行。

（二）活动实施

在进行了充分的行前准备工作之后，学生个人或各实践团队就要根据计划奔赴实践地开展社会实践活动。在社会实践活动实施时，一般情况下，要紧密结合原定计划、按步骤展开。

社团活动是依托学校各类社团为基础而开展的实践活动。学生社团一般是以大学生的兴趣、爱好或者专业为基础建立起来的，通过学生社团开展社会实践能够增强学生社团的凝聚力和向心力，扩大学生社团的影响力。同时，通过学生社团活动也能提升社团成员的思想认识水平，引导大学生在实践中深入社会、了解国情、树立对国家和人民强烈的责任感。社团活动可以社团为单位单独组队，也可与其他学生社团联合组队。一般来说，同一社团可以组建多支团队，但团队成员不得同时交叉参与不同的团队。就流程而言，社团活动和学术研究活动的实施是大同小异的。活动开展时，学生将按照项目申报书上的活动设计开展社会调查，统计调研数据，提供社会服务，并及时向学校团委等部门报送新闻稿，完成相关调研报告的撰写。

（三）活动方案调整

为了顺利完成社会实践活动既定的计划和任务，一般而言，社会实践活动方案在报学校团委等相关部门批准、确定之后便不再进行更改。但是，如果遇到一些特殊情况，则有必要进行调整。这些特殊情况可以分为两类，即客观情况和主观情况。客观方面的情况主要有：天气变化、突发的地质灾害等。遇到这些因素，尤其是地震、台风等自然灾害时，一定要及时调整实践方案，确保实践队员的人身安全。主观方面的情况主要有：因某种原因不能完成预先协商好的接待任务，造成实践对接单位的衔接不畅；实践队员突发疾病等。对于这种突发事件应该灵活应对，及时调整社会实践活动方案，确保社会实践活动的顺利进行。

（四）活动记录

大学生社会实践活动一般要经历 2～4 周时间，集中实践时间一般为 2 周左右，做好实践情况的记录对于事后整理和归纳相关材料非常重要。社会实践活动的记录，既可以采用纸质材料书写记录的方式，也可以利用先进的通信媒介，如录音笔、手提电脑、智能手机等进行录音、拍照。记录下来的资料既是社会实践活动开展的证明，也是顺利完成社会实践活动总结的重要保障。

（五）活动宣传

在大学生社会实践活动开展过程中，要做好宣传报道和信息报送等相关工作。要根据本团队实践活动的开展情况及时与报纸、电视台、网络等新闻媒体联系，深刻挖掘社会实践活动内涵及活动新闻亮点，扩大实施活动的影响力，争取在国家级、省级、市级各主要新闻媒体上进行报道。同时，要及时上报工作材料，切实有效地推进社会实践活动的深入开展。以浙江某高校为例，学校组织的每一支社会实践团队，都建立了专属微博、网站、QQ 群及微信群等网络系统，在腾讯网站上，根据实践进度情况，实时发布活动情况、展示实践团队风采。实践团队也通过关注"浙江团省委学校部"腾讯官方微博或者"浙江省学生联合会"新浪官方微博并及时向其发送有关社会实践活动的相关信息，让社会及时了解大学生社会实践活动的开展情况及取得的成果。

（六）活动实施总结

社会实践活动在实施后，要进行全面总结和分析。社会实践实施后的总结，能够让实践的参与者从不同的角度分享实践活动中的所见所闻、认识及感想；能够让参与者回忆、思索社会实践过程中的点点滴滴；能够让参与者充分认识到"实践是检验真理的唯一标准"的真谛。在实践中，参与者能够发现自身存在的缺点和不足，更好地提升自己。社会实践实施后的总结也能够凝练社会实践开展过程中取得的经验，能够帮助大学生发现社会实践实施中存在的不足，为下一次社会实践活动的顺利开展奠定基础。

如何预防晕车、晕船

外出旅行乘车、船时，有些人会出现头晕目眩、恶心呕吐等不适症状。这主要是因为有些人内耳中调节人体体位平衡的前庭器官过于敏感，车、船稍加运行震动就会出现较强烈的生理反应，或者是因某种因素的刺激诱发所致。这种晕动症只是一时性的病理反应，采取相应的防治措施便可得以避免或缓解。一是旅行前要充分休息好，保证睡眠，并保持旅途中心情愉快、精神松弛；二是乘坐前不宜空腹，也不要吃得太饱，最好吃些易消化、含脂肪少的食物和水果；三是坐车、船前最好束紧腰带，以减少内脏的动荡，尽量选择较靠前的座位，以减少颠簸，并尽量少活动，让头部紧靠座椅，身体取斜靠位，闭目养神，尽量不去看窗外飞逝的景物；四是保持车、船内清洁卫生，注意通风，以减少污浊空气引起的恶心，尽可能靠近窗口，避免汽油味造成的恶性刺激；五是在上车、船前半小时，先服一片晕车药；上车、船前可在鼻子周围擦些风油精或清凉油，以减轻因车厢内空气混浊刺激而引起的头晕；长途乘车、船可于每次饭前服一片晕车药，但一日不可超过三次口含生姜片可防止恶心呕吐，生姜片具有祛风解毒的功用，可带些在身边以备应急之用。长途旅行要保持良好的心情。

出力流汗

接触社会、了解社会、服务社会——社会实践之行

改革开放以来，我国经济快速发展。经济结构转型时期，市场就业竞争日趋激烈，大学生就业压力与日俱增，经济快速发展为大学生就业创造了良好条件，同时也带来了就业压力。越来越多的在校大学生对兼职的关注度不断提高，希望通过兼职提升个人就业竞争力，从而接触社会、了解社会、服务社会。

作为新时代的一名大学生，结合上面材料，进行主题为"接触社会、了解社会、服务社会"的社会实践，并写出一份社会实践报告（不少于800字）。

一、写作要求
（1）社会实践的难点。
（2）社会实践的关键点。
（3）我的社会实践报告思路。
（4）我的观点。
二、结果评价
教师可参考表15-1对学生的社会实践报告进行评价。

表15-1

评价标准	评价细则	分值/分	分数小计	教师评价
报告完整	顺利完成并上交完整的社会实践报告	20		
注重事实	用实施材料阐明观点	15		
	引出符合客观实际的结论	15		
理论阐述	有叙有议，叙议结合	15		
	逻辑清晰，观点鲜明	15		
语言简洁	语言流畅，不拖泥带水	10		
	善用比喻，可读性强	10		

第十六章 志愿服务

思政目标

大学生志愿服务活动作为社会主义核心价值观宣传的重要途径，是高校进行思想政治教育的重要载体。大学生志愿服务活动在思想政治教育过程中的激励、凝聚、引导、检验、协调等功能，对于提升思想政治教育的实效性具有重要意义。

学习架构

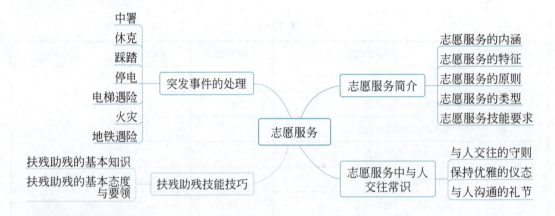

案例导学

大学生志愿者是青年志愿者的主力军，志愿者参与社区服务是当代中国高校应社会经济体制转型发展的迫切需要。小夏就是顺应大潮的一名共青团员，在某高职学校的健康管理专业学习两年后，按照学校安排进入社区一家养老院做志愿服务。随着人口老龄化问题的逐渐加剧，面对养老服务人才短缺的困境，引导培育大学生参与养老志愿服务具有重要意义。但是，小夏面临一系列的问题：一是部分养老院里的老人脾气大，经常埋怨小夏干活不利落；二是老人因为听力不好，听不清，说话就会更大声，搞得小夏异常疲惫；三是自己的专业技能始终没有顺畅发挥出来。另外，养老院用人的高峰时间恰巧与学业时间冲突。心灰意冷的小夏，已经没有了当初报名志愿服务的那股子热情了。面对着周边隔三岔五的好奇询问，她还不忍心打击师弟师妹们的热情。通过社区服务，她希望提升"奉献、友爱、互助、进步"精神，但是现实状况并未尽如人意。

志愿服务面临哪些难题？如何提高志愿服务技能？

第一节 志愿服务简介

志愿服务是志愿者组织、志愿者服务社会公众生产生活和促进社会发展进步的行为。或者说，志愿服务是指任何人志愿贡献个人的时间及精力，在不为任何物质报酬的情况下，为改善社会，促进社会进步而提供的服务。志愿服务的范围主要包括：扶贫开发、社区建设、环境保护、大型赛会、应急救助、海外服务等。志愿服务的功能有：社会动员、社会保障、社会整合、社会教化、促进社会和谐、促进社会进步。

一、志愿服务的内涵

志愿服务是现代社会文明进步的重要标志，是加强精神文明建设、培育和践行社会主义核心价值观的重要内容。志愿服务组织是以开展志愿服务为宗旨的非营利性社会组织，是汇聚社会资源、传递社会关爱、弘扬社会正气的重要载体，是形成向上向善、诚信互助社会风尚的重要力量。伴随着中国特色社会主义历史进程，我国志愿服务事业快速发展，志愿服务组织不断涌现，对促进志愿服务活动广泛开展，推进精神文明建设、推动社会治理创新、维护社会和谐稳定发挥了重要作用。

二、志愿服务的特征

志愿服务为实现中华民族伟大复兴的中国梦提供了强大精神动力和道德支撑。党的十八大报告指出，全面提高公民道德素质的举措之一，就是要深化群众性精神文明创建活动，广泛开展志愿服务，要深入开展城乡社会志愿服务活动，大力发展与政府服务、市场服务衔接的社会志愿服务体系。广大志愿者、志愿服务组织、志愿服务工作者为他人送温暖、为社会做贡献，充分彰显了理想信念、爱心善意、责任担当，成为人民有信仰、国家有力量、民族有希望的生动体现。志愿服务精神是"奉献、友爱、互助、进步"。

其中，进步精神是志愿服务精神的重要组成部分。志愿者通过参与志愿服务，使自己的能力得到提高，同时促进了社会的进步。在志愿活动中无处不体现着"进步"的精神，正是这一精神使人们甘心付出，追求社会和谐之境的实现。

三、志愿服务的原则

开展青年志愿者行动，一定要坚持自愿参加、量力而行、讲求实效、持之以恒的原则。

"自愿参加"主要是强调参加青年志愿服务的自觉性。自愿参加是青年志愿者行动的主要特征之一，也是开展青年志愿服务活动的前提。对于参加者而言，青年志愿者行动的魅力就在于它变"要我参加"为"我要参加"，充分尊重青年的主体地位，注重调动青年自身的积极性、主动性。

"量力而行"就是要根据自己人力、物力、财力条件允许的程度来开展工作。首先，要研究服务客体，也就是要研究服务对象，搞清楚服务需求。志愿服务一定要从实际出发，把主观愿望和客观实际结合起来，把社会需求和服务能力结合起来，实事求是，量力而行，不搞一刀切。其次，要分清什么是现在能做到的，什么是下一步才能做到的，什么是将来才能做到的，还有什么是做不到的。要循序渐进，逐步发展，切不可操之过急，否则欲速则不达。

"讲求实效"首先就是要办实事。青年志愿者行动的出发点和立足点，就是要上为政府分忧，下为群众解难，为社会、为群众办实事。其次是要抓落实。青年志愿服务只有落实到基层，落实到具体人、具体事，真正成为基层广大青年的经常行为，才有生命力和发展前途。再次是求实效。求实效的集中表现就是在实践中使社会和群众体验及享受到志愿服务的成效。办实事、抓落实、求实效三者缺一不可。

"持之以恒"就是指青年志愿服务要做到经常化、长期化。青年志愿者行动是一项跨世纪事业，必须以办事业的精神和方法来推进。开展志愿服务活动必须与建立多层次社会保障体系结合起来，必须着眼于建立有中国特色的青年志愿服务体系，必须建立必要的机制以保障青年志愿者行动经常化、长期化、规范化、制度化。要健全组织，稳定队伍，建立基金，制定规章，形成机制，坚持长久。要保持工作和人员的相对稳定性和连续性。

四、志愿服务的类型

1. 社区建设志愿服务活动

社区建设是我国经济和社会发展到一定阶段的必然要求，是我国城市现代化建设面向世界的重要途径。社区建设志愿服务则是一项重要而长远的志愿服务活动形式。大学生志愿者在社区建设志愿服务活动中，根据自身的实际情况，配合、协助社区委员会的工作人员，广泛开展科技、文体、法律、卫生等方面的社区活动，丰富居民文化生活，陶冶居民的文化情操。大学生志愿者进社区，配合社区工作人员充分利用社区群众性的特点，帮助居民美化社区环境，增强居民的环境意识、公德意识，不断改善社区的环境卫生。因此，社区建设志愿服务活动是大学生志愿者最简单可行的一种志愿服务活动形式。

2. 生态环保志愿服务活动

环境保护是人类为解决现实或潜在的环境问题，协调人类与环境的关系所采取的行动。生态环境保护志愿服务活动即通过对城市或社区、公园以及景区的绿化植被进行定期维护，倡导人们在生活中保护环境。大学生志愿者通过一系列的环境保护志愿服务活动，对现有的城市或社区、公园以及景区的绿化植被进行力所能及的维护，并向人们宣传保护环境的重要性及保护环境的措施。环境保护志愿服务活动是一种绿色行动，是大学生志愿者通过实际行动保护环境的一种实践。

3. 扶贫开发志愿服务活动

扶贫开发是为帮助贫困地区开发经济、发展生产、摆脱贫困的一种社会工作。扶贫开发志愿服务活动主要针对应届毕业生，毕业生自愿、无偿地参加扶贫开发志愿服务活动。例如国家支持的西部计划、三支一扶计划、大学生村官等志愿服务。大学生到国家规定的贫困地区进行一定时间的支教等志愿服务，在一定程度上带动当地的经济文化发展。扶贫开发志愿服务活动可促进国家的扶贫工作进展，一定程度上带动贫困地区致富，加快贫困地区的政治经济文化发展，同时也能帮助缓解大学生的就业问题。扶贫开发志愿服务活动是大学生志愿者实现人生价值、丰富人生阅历、富有挑战意义的志愿服务活动形式。

4. 大型赛会志愿服务活动

随着经济的迅猛发展和综合国力的不断增强，我国举办大型赛会的种类和次数越来越多。这些赛会的举行意味着需要更多的大型赛会志愿服务活动，虽然这些活动具有一定的区域性与临时性，但是这项志愿服务活动仍是一项至关重要的活动形式。

志愿者通过选拔，提供自己的劳动、技术和时间，无私参与，完成既定的任务而不接受报酬，在传播奉献精神的同时，不但为赛会提供充足的人力资源，还降低了赛会的举办成本。可见，志愿者对大型赛会的作用将会越来越大，它已成为大学生志愿者的新型志愿活动形式。

5. 应急救援志愿服务活动

近些年来，各种自然灾害、事故等突发事件时有发生，应急救援是必不可少的。随着国家的进步和人民整体素质的提升，应急救援志愿服务活动已成为一种常规的志愿服务活动形式。然而，并不是所有的大学生都能投入到应急救援志愿服务活动。应急救援志愿服务作为志愿服务在突发事件应对中的特殊形态，由于突发事件的突然性、发展的不确定性、危害的严重性和公共性、时间的紧迫性以及采取特殊措施的必要性等特点，这不仅要求志愿者具有专业的救援知识，还要遵循就地就便、专业高效、统一有序的原则。否则不仅发挥不了志愿服务的作用，甚至还会导致救援现场更加混乱、"帮倒忙"的现象。应急救援志愿服务活动是一项临时性、突发性的志愿活动形式。

6. 援外志愿服务活动

全球化是当今世界的趋势，援外志愿服务也逐渐成为志愿服务活动的形式。援外志愿者是指利用国家对外援助资金，由专门机构选派到发展中国家，直接为发展中国家当地人民服务的青年志愿人员。因为援外志愿者到其他国家以志愿者身份工作，代表的不仅仅是志愿者本人，还代表着整个国家的形象，所以对志愿者的素质要求非常高。而作为大学生志愿者，尤其是应届毕业生志愿者，这也是实现自己人生价值的机遇和挑战。

五、志愿服务技能要求

1. 志愿者应具备多种服务技能

随着社会的进步，人们对志愿服务的形式、内容、质量都提出了更高的要求。在针对志愿者的调查中，研究结果有超过半数的志愿者认为"自身知识水平以及社会实践能力的欠缺"制约了志愿服务的进一步开展，越来越多的志愿者也已经开始注意从事志愿服务所需技能的问题。深入农村的志愿者必须参加组织培训与学习，了解农村的有关法律、法规、习俗和农业知识；到边远地区支教的志愿者必须学习教学方法、沟通技巧，掌握除专业之外的广泛的知识和技能；走入社区提供社区服务的志愿者，不能将自己的服务定格在具体的形式和具体的内容上，必须创造出丰富多彩的服务以满足社区不同人员的需求；向社会弱势群体伸出援手的志愿者，必须了解并熟悉当地的孤儿院、敬老院的情况；到伤残人士、军烈属、生活有困难的人家中去，必须想其所想，运用自己所掌握的服务技能提供最贴心的服务。可见，无论从事哪一种志愿服务，都必须掌握起码的专业技能。只有认识到这一点，志愿服务工作做起来才能得心应手。

2. 志愿服务应提高专业化水平

在高校青年志愿者组织下设立专门的专业项目队，除了开展日常志愿服务活动外，让专业团队的活动实施项目化管理，提高专项志愿服务的针对性和实效性，打造品牌性专业志愿者服务项目。高校需要在健全学校志愿者组织的同时，大力加强对志愿者基层组织与专业服务队的扶助和指导。高校成立志愿者专业服务队，再配备上高年级骨干志愿者，这种项目团队式组织模式运作起来既可以细化职能分工，强化服务功能，又能提升专业服务水平和组织效能。同时，作为专业化青年志愿服务组织，需要在服务的过程中以更加积极、更加专业的志愿服务精神投入自己的服务中，这就需要志愿者树立专业化的志愿服务精神。对于庞大的志愿者群体，要想紧紧地将志愿者凝聚在一起，需要的是志愿者精神的内驱力，激发志愿者的认同感及作为志愿者的自豪感、归属感、使命感。

3. 志愿服务应提高突发事件应对技能

当代大学生志愿服务已由刚开始的公益劳动、敬老爱幼、帮残助残等志愿活动，扩展到依托重大活动赛事开展志愿服务活动。新一代的大学生越来越多地参与到志愿服务中，成为青年志愿者的中坚力量。大学生志愿服务工作越来越多地面向社会，对志愿服务工作的要求也越来越高，这就要求志愿者通过系统的培训和专业的应急救护技能培训，能够掌握志愿服务的方式方法和应对突发事件的技能。

第二节　志愿服务中与人交往常识

为了更好地提供志愿服务，志愿者不仅要具有良好的仪表仪态，而且还要了解一些与人交往的礼仪常识，做到知礼、懂礼、习礼、达礼。

一、与人交往的守则

与人交往的守则是人际交往中应遵从的指导原则，是保证行礼如仪的基本条件。

1. 注重形象

志愿者在与人交往时不仅要衣着得体，举止文明，言谈文雅，而且还要有良好的精神风貌。

2. 不卑不亢

志愿者应该充分相信自己的能力与实力，在交往中做到从容而不拘谨，大方而不莽撞，自信而不狂傲，充分展现积极向上的精神风貌。

3. 尊敬他人

"礼者，敬人也。"志愿者在交往中，与交往对象要互谦互让，互尊互敬，友好相待，和睦共处。不可伤害对方的尊严，更不能侮辱对方的人格。

4. 理解宽容

世界是多样性的，不同的国家或地区有不同的宗教信仰和风俗习惯。这就要求志愿者在与外国友人交往中互相理解，求同存异，既要承认差异，又要坚持惯例；既要严于律己，又要宽以待人。

5. 尊重隐私

在国际交往中，人们普遍讲究尊重个人隐私。志愿者在与国外友人交往中应避免涉及年龄、收入、婚恋、信仰与政见等个人隐私问题。

6. 以诚待人

志愿者在人际交往中，应该待人以诚，言行一致，表里如一。只有如此，志愿者所表达的对服务对象的尊敬与友好，才会更好地被对方所理解和接受。

7. 热情适度

"有朋自远方来，不亦乐乎。"志愿者在热情接待各方友人，尽地主之谊的同时，也要把握好待人热情友好的分寸，应该做到：

举止有度——不超过对方能接受的行为限度。
距离有度——不超过对方习惯的交流距离。
关心有度——不超过对方交流的话题范围。

8. 女士优先

男士在社交活动中，要尽一切可能去尊重女士、体谅女士、帮助女士、照顾女士，主动替女士排忧解难。

二、保持优雅的仪态

培根说："行为举止是心灵的外衣。"优雅的仪态是一种极富魅力和感染力的美，是举手投足之间流露出的良好的气质与风度。仪态主要包括坐姿、站姿、走姿等方面。

1. 坐姿

坐姿文雅端庄，不仅给人以沉着、稳重、冷静的感觉，而且也是展现自己气质与风范的重要形式。

（1）良好的坐姿　入座时，应以轻盈和缓的步履，从容自如地走到座位前，然后轻而稳地从左侧入座，并将右脚与左脚并排自然摆放。女士入座时，若着裙装，应将裙子稍微拢一下。落座后，立腰、挺胸、上体自然挺直，上身微向前倾，重心垂直向下。面带微笑，双目平视，嘴唇微闭，下颌微收。双膝应并拢或微微分开，并视情况向一侧倾斜。双脚并齐，手自然放在双膝上或椅子扶手上。一般不要架腿。起身时，右脚向后收半步，而后站起，轻稳离座。

（2）应当避免的坐姿　把脚藏在座椅下或勾住椅腿（显得小气，欠大方）。双腿分开，伸得太远（不雅）。"4"字形叠腿，并用双手扣腿，晃脚尖（会让人觉得傲慢无礼，目中无人）。上体不直，左右晃动（显得没教养）。猛起猛坐，弄得座椅乱响。

2. 站姿

优美的站姿能衬托出一个人的气质和风度。站姿的基本要求是挺直、舒展、线条优美、精神焕发。

（1）良好的站姿　平肩，直颈，下颌微向后收；两眼平视，精神饱满，面带微笑。直立，挺胸，收腹，略微收臀。两臂自然下垂，手指自然弯曲；两手亦可在体前交叉，一般是右手放在左手上，肘部应略向外张。男性在必要时可单手或双手背于背后。两腿要直，膝盖放松，大腿稍收紧上提；身体重心落于前脚掌。双脚分开，与肩同宽；或者脚可向后撤半步，但上体仍须保持正直。

女子站立时，脚应成"V"字形，膝和脚后跟应靠紧，身体重心应尽量提高。

（2）应当避免的站姿　身体抖动或晃动（给人漫不经心或没有教养的感觉）。双手插入衣袋或裤袋中（不严肃，拘谨小气；实在有必要时，可单手插入前裤袋）。双臂交叉抱于胸前（这会有消极、防御、抗议之嫌）。双手或单手叉腰（这种站法含有侵犯之意）。两腿交叉站立（会给人以不严肃的感觉）。

3. 走姿

在公共场合，行走的姿势往往是最引人注目的形体语言，也最能表现一个人的风度和活力。

（1）良好的走姿　步伐稳健，步履自然，要有节奏感。女性着裙子时，裙子的下摆与脚的动作应表现出韵律感。身体重心稍稍向前。上体正直，抬头，下巴与地面平行，两眼平视前方，精神饱满，面带微笑。两手前后自然协调摆动，手臂与身体的夹角一般在10°~15°。跨步均匀，两脚之间相距约一只脚到一只半脚。迈步时，脚尖可微微分开，但脚尖脚跟应与前进方向近乎一条直线。走路要用腰力，腰要适当收紧。上下楼梯，上体要直，脚步要轻，要平稳；一般不要手扶栏杆。

（2）应当避免的走姿　身体乱晃乱摆（显得轻佻、浮夸）。双手反背于背后（给人以傲慢、呆板的感觉）。双手插入裤袋（让人觉得拘谨、小气）。步子太大或太小（太大不雅观，太小不大方）。

三、与人沟通的礼节

"不学礼,无以立。"志愿者提供服务的过程,也是一个与人沟通交流的过程。完美周到的礼仪是志愿者与人有效沟通的艺术,也是志愿者提供良好服务的关键。

1. 握手礼节

(1)握手的姿势:握手时,右臂自然向前伸出,与身体略呈60°,掌心略向左上,拇指与手掌分开,其余四指自然并拢并微向内屈,轻轻地紧握一下,时间是3~5s。握手时,眼睛应注视对方,面带亲切的微笑,并伴有问候性的语言。

(2)握手的顺序:长者优先原则。只有年长者先伸出手,年幼者才可以伸手相握。女士优先原则。只有女士先伸出手,男士才能伸手相握。职位高者优先原则。只有职位高的人先伸出手,职位低的人才能伸手相握。握手时一般要站着握,除非生病或特殊原因不能站立。如果是在办公室里,最好不要隔着办公桌与人握手。在人多的场合下,不要交叉握手,与每一位握手的时间应大致相当。与长者、女性、生人认识时,千万不要主动、随便伸出你的手来。

2. 交谈礼节

(1)眼神的作用。与对方交谈时,用平和的目光注视对方,以示尊敬和礼貌。双方交谈中,应经常保持目光接触,但不应长时间回避对方目光或是左顾右盼,也不要直勾勾地盯着对方。要随着话题内容的变换,及时恰当地做出目光反应。

通常,在社交场合,注视对方面部的"社交凝视区域",即以两眼为上线、唇心为下顶点所形成的倒三角形区域,能给人一种平等而轻松的感觉。

(2)恰当的交谈距离。交谈时的距离是交际者通过使用空间来传递信息的语言,不同文化背景的民族,谈话时人与人之间的距离有很大差异。在社交场合,交谈距离一般应保持在1.2~3.6m之间,其中的1.2~2.1m的距离适于在办公室里以及同事间交谈,2.1~3.6m是与陌生人交谈的距离。尤其注意,与陌生人不要试图通过身体接触来表示友好。

3. 电话礼节

电话铃声一旦响起,应及时接听电话,首先应以问候开场,再通报自己的单位和姓名。在打电话前,应该弄清对方的电话号码、姓名、单位名称等基本信息,认真考虑通话的主题。除在紧急情况下,一般应在对方工作时间给对方打电话。

通话要音量适中,更要注意发音和咬字准确。电话交谈结束时,应由拨电话的一方先挂机。如果与长辈通电话,应由长辈先挂机;男士与女士通电话,通常由女士先挂机。

第三节 突发事件的处理

一、中暑

如果发现有人出现头痛、头晕、胸闷、口渴、乏力、呼吸急促等症状,甚至昏倒不省人事,应采取如下措施:

① 立即将患者转至阴凉通风处,平躺,松解衣扣。

② 患者可饮用清凉降温饮料，如茶水、绿豆汤、冷开水等。症状严重者，切忌狂饮，采用少量多饮的方法，每次以不超过 300 毫升为宜。

③ 尽快进行物理降温，用凉水加少量酒精擦洗全身，头部可放置冰袋或湿毛巾，也可用电风扇向其吹风以加速散热。

④ 经过上述处理，如症状仍无改善时，须立即请医生或送医院治疗，以免延误病情。

二、休克

遇到休克者，在医生尚未赶到或未送入医院之前，可按如下方法进行抢救：

① 尽可能避免搬动或扰动患者，让患者平卧，松解衣领、内衣、腰带，注意保温。如果患者有哮喘、呼吸困难，可略将患者头部抬高。

② 因大量失血引起的休克，应立即止血，将患者双下肢抬高，下面垫以被子，使下肢血液回流心脏。

③ 保持呼吸道通畅。如患者意识丧失，应将患者下颌抬起，以防舌根后坠而堵塞气道。

④ 如果患者清醒，可给予少量淡盐水或糖水，但不要让患者进食，以免阻塞气道及影响送到医院后的麻醉。

⑤ 在进行上述处理的同时应尽快送医院抢救。

三、踩踏

大型赛事观众的入场和退场，容易发生人群拥挤扎堆。志愿者此时应该特别注意对人流的及时疏散，防止发生拥挤踩踏事件。

可能导致踩踏事故的原因：

① 人群较为集中时前面有人摔倒，后面人未留意，没有止步。

② 人群受到惊吓，产生恐慌，如听到爆炸声、枪声，出现惊慌失措的失控局面，在无组织、无目的的逃生中，相互拥挤踩踏。

③ 人群因过于激动（兴奋、愤怒等）而出现骚乱，易发生踩踏。

④ 因好奇心驱使，专门找人多拥挤处去探查究竟，造成不必要的人员集中而发生踩踏。如何预防和疏散，以便安全脱险。

⑤ 熟悉自己工作场所的安全出口，一旦发生危险，可以有目标地引导观众脱险。

⑥ 发现拥挤踩踏现象，应及时拨打 110、119 或 120 等寻求援助。

⑦ 如果发现慌乱的人群朝自己的方向拥过来，应快速躲避到一旁，或者蹲在附近的墙角下，等人群过去后再离开。

⑧ 当身不由己陷入混乱的人群中时，要双脚站稳，抓住身边一件牢固物体（栏杆或柱子），但要远离玻璃窗或玻璃门。

⑨ 用一只手紧握另一只手的手腕，双肘撑开，平放于胸前，要微微向前弯腰，形成一定的空间，保证呼吸顺畅，以免拥挤时造成窒息晕倒。同时护好双脚，以免脚趾被踩伤。

⑩ 如果自己被人推倒在地上，一定不要惊慌，应设法让身体靠近墙根或其他支撑物，把身子蜷缩成球状，双手紧扣置于颈后，虽然手臂、背部和双腿可能会受伤，却可以保护身体的重要部位和器官。

四、停电

① 首先要保持镇静，不要慌张，可拨打 95598 向供电客户服务中心查询停电原因、范围及持续时间。
② 拔掉电源插销，并把电线收好，防止在黑暗中把人绊倒。
③ 如果建筑物内有自备电源，应当迅速启动。公共场所要保证安全通道畅通，启动应急照明，保证疏散人员时的安全。

五、电梯遇险

① 电梯中途停下后，一定要保持镇定，不要恐慌。拨打电梯内电话求救，或者按下标盘上的警铃报警。
② 拍门叫喊，发信号求救。如无人回应，需沉着冷静，观察动静保持体力，等待营救。
③ 乘客不能强行扒门，也不能擅自扒撬电梯轿厢上的安全窗。

六、火灾

① 预先熟悉逃生路线，掌握逃生方法。应尽量熟悉所在建筑物结构及逃生路径以及消防设施的位置。
② 保持清醒头脑，扑灭初期火灾。用灭火器、自来水等在第一时间去扑救，同时呼喊周围人员参与灭火和报警，并进行分工，防止、减缓火势蔓延。
③ 针对不同火情，寻求逃生良策。开门逃生前应先触摸门锁，若门锁温度很高，切不可打开房门。应关闭房内所有门窗，用毛巾、被子等堵塞门缝，并泼水降温。同时利用手机等通讯工具向外报警。若门锁温度正常或没有浓烟进来，可开门观察外面通道的情况。开门时应用脚抵住门下框，防止热气浪将门冲开。在确信大火并未对自己构成威胁的情况下，应尽快逃出火场。
④ 遇有浓烟用湿毛巾捂鼻，弯腰低头迅速撤离。通过浓烟区时，尽量避免大声呼喊，并用湿衣物或毛巾捂住口腔和鼻孔，低姿行走或匍匐爬行。不要向狭窄的角落退避。逃生勿入电梯。
⑤ 身上着火，千万不要奔跑，可就地打滚或用厚重的衣物压灭火苗。

七、地铁遇险

1. 地铁突然停电

① 列车在隧道中遇到停电，乘客千万不要擅自扒门，请耐心等待救援人员到来。
② 地铁列车车门上方的"紧急开门手柄"不能擅动。
③ 停电疏散时，乘客应该按照救援人员的指挥顺次下到隧道中并按照指定的方向疏散。
④ 地铁站台和通道内设有疏散指示标志，避免拥挤，沉着应对，就能安全有序地疏散到地面。

2. 地铁着火

① 及时报警，可以利用自己的手机拨打 119，也可以按动地铁列车车厢内的紧急报警按钮。

② 利用车厢内的干粉灭火器进行扑火自救。

③ 列车行驶至车站时，要听从车站工作人员统一指挥，用携带的衣物、毛巾等捂住口鼻，身体贴近地面，安全有序地往外疏散。

3. 地铁遇到毒气袭击

① 确认地铁里发生了毒气袭击时，应当利用随身携带的手帕、餐巾纸、衣物等用品堵住口鼻、遮住裸露皮肤，如果手头有水或饮料，请将手帕、餐巾纸、衣物等用品浸湿。

② 判断毒源，然后迅速朝着远离毒源的方向逃跑，尽快到空气流通处或者到毒源的上风口处躲避。

③ 到达安全地点后，请用流动水清洗身体的裸露部分。

第四节　扶残助残技能技巧

一、扶残助残的基本知识

1. 了解残疾人

（1）视力残疾人（盲人）的特点。

视力残疾人（盲人）的听觉功能与明眼人相比显得更为灵敏；同时，他们的触觉比普通人要灵敏些；盲人主要靠记忆来确定日常物品的位置。

志愿者与他们的交往要从建立基本的信任感开始，志愿者要帮助他们熟悉周围的环境，在尊重的基础上做好服务。

志愿者与盲人沟通、交往时要注意：第一次见面可以尽量多地告知对方关于你的信息，让他（们）有信任和安全感；来到他（们）的身边和离开他（们）的身边时一定要有声音作示意；指挥方位要清楚准确，如"把水杯放在你的前面"而不是"把水杯放在那儿"，"在你左前方一米左右"而不是"在那里"……尽量多地向他（们）解释你所看到的一切。

（2）肢体残疾人的特点。

肢体残疾人一般仅有肢体上的残疾，他们在感知、注意、记忆、思维等认知过程方面与健全人并无明显的区别。

如果是肢体残疾人自己能做的事情，一定要让他们自己做。如果认为他们身体不方便就为他们做好一切，反而可能伤害了他们的独立性与自尊。即使是帮助他们也一定要征得他们的同意后再进行具体的帮助。例如，遇到肢体残疾人坐轮椅上电梯，可以走到他旁边，说明自己的身份，然后再问"您去几楼？我推您进去好吗？"得到同意后方可推他进电梯。

2. 了解无障碍设施

无障碍设施是指在城市道路和建筑物中，为了方便残疾人、老年人、儿童及其他行动不便者而设计的，使之能够参与社会活动的设施。无障碍设施主要包括：坡道、缘石坡道、盲道；无障碍垂直电梯；升降台等升降装置；警示信号、提示音响、指示装置；低位装置、专用停车位、专用观众席、安全扶手；无障碍厕所、厕位；无障碍标志等。

志愿者应了解：

（1）盲文：它是专门为盲人设计、靠触觉感知的文字。它与一般文字不同，靠手摸。目前世界上通用的是凸点盲文，又称"点字"。

（2）手语：手语是基于聋人交际需要而产生的语言工具，它包括手势语和手指语。手势语俗称"哑语""手势"，手势语具有语言的基本功能，它是由词汇和语法系统构成的语言系统，其每个语言成分都是由手势、表情、姿势和意义几方面结合而成的。手指语是用手指的指式变化和动作代表汉语拼音字母，按拼音顺序依次拼出词语的语言表达形式。

二、扶残助残的基本态度与要领

1. 志愿者应有的基本态度

对于志愿者来讲，首先要端正扶残助残的态度，以平等、尊重、真诚的态度与残疾朋友沟通与相处，在信任的基础上才能做好服务。具体有以下几点：

（1）平等真诚。残疾人也渴望自立自强，渴望人格上的完整，所以志愿者的帮助首先是建立在人格平等和相互尊重的基础上。

（2）热情勤快。志愿者在扶残助残中应做到"五勤"："勤动腿"，即乐于为残疾人运动员服务，热情奔走，为他们提供周到细致的服务；"勤动口"，即主动征求残疾人运动员的意见，了解他们的需要；"勤动眼"，即注意观察，及时发现并帮助残疾人运动员解决问题；"勤动手"，即服务热心，直接动手为残疾人排忧解难；"勤动脑"，即选用最好的方式为残疾人运动员服务，冷静处理好各种突发事件。

（3）帮助适当。志愿者要尊重残疾人的意愿，不越俎代庖，这才是残疾人所乐于接受的服务方式。

（4）理解尊重。志愿者对残疾人一定要发自内心地尊重他们的人格，用平等的态度与他们交往。

2. 扶残助残的基本要领

为残疾人提供服务与正常服务不同，必须要掌握要领，具体讲有以下几点：

（1）对于视力残疾人（盲人）的服务要领。

引导盲人的恰当方法是：引导者先征得同意，然后，引导者与视力残疾人并排而立，引导者用靠近视力残疾人的手背，轻触其手背，视力残疾人被触及的手沿引导者的手臂上移至引导者的肘关处，视力残疾人的四指在引导者手臂的内侧，拇指在外侧，轻轻抓握引导者的肘关节。视力残疾者后退半步，站在引导者的后方，抓握的手臂的上臂与身体靠拢，与臂成直角。当引导者迈步时，视力残疾人可根据抓握手的感觉跟随行进。建议引导者站在左边，视力残疾人站在右边。因为我国的交通规则是右行原则，视力残疾人应走在安全的一边。不要牵引盲杖为其引路。在盲人到达陌生区域后，要帮助他们熟悉环境，必要时应引导其用手触摸了解设施的位置和形状，如初次进入住宿房间，应引导他们触摸床、椅子、电视、遥控器、水龙头、浴缸、毛巾架，特别是热线电话以及自己的行李等物品；到达训练场后，应引导他们触摸有关训练器具。

为盲人服务时切忌服务未完成即离开服务对象，在陌生环境中中断服务，他们将无所适从；确有急事需中途离开，应联络其他志愿者接替服务，且必须在接替服务的志愿者到来后方可离开。为盲人服务的志愿者最好自始至终保持不变，并留下联系方式，以便他们有急事时能够及时联络。

（2）对于乘轮椅人的服务要领。

当残疾运动员稳坐车中需要前进时，2m 内不得出现障碍，推车人两眼始终平视前方，双手持住把手，身体与地面垂直，小臂自然弯曲于腰两侧，依靠腿的力量，通过两手使车平稳地向前移动，推车人移动时的两腿步长要相等，不宜过大，匀速行进，不能急停急起，要使坐车人感觉到舒适和安全。当需要停车时，首先放慢速度，用语言告知乘车运动员后再渐渐停止前进，切忌后拉急停，然后两腿并立，保持好起动的姿态。

行进中要按中国的习惯靠右行进，当接近人群或需要转弯时，应给予提示并减速。左转时，左手轻拉住车把手，右手慢推，通过弧线调整方向，然后继续行进动作，右转时，方向相反。不要原地两手前后扭动。在通过安检门和较小通道时，身体始终保持走在中间的位置，平稳行进，不可回头和左右张望，眼睛余光目测好间距即可顺利通过。

上坡时要保持平稳推车的方法，蹬地的腿要平稳，慢用力，两臂保持屈位，手持车推把，身体微向前倾。切记两臂不得伸直，两腿不要大步前蹬，身体重心不能向前靠在两手上，这样可避免滑倒和蹬空，不要突然加速发力，要始终保持身体与车把手的正常姿态与车同进。下坡时手臂弯曲，不要再前加力蹬腿，身体略后仰，双手控制车的前冲速度，保持平稳行进。当遇有较大的坡度时（一般超过15°），特别是对残疾较重的运动员，应采用倒车下坡的技术，缓慢倒退滑行，一定要控制车速，保证运动员的安全。

一般的道路为无障碍通道，但在室外道路行进中也可能会遇到减速墩，过一些小的障碍物，这时应首先提示乘车人，在通过时，两臂后压使前支撑小轮通过，然后稍加力向上，不加速向前推车，即可较顺利通过，切忌用力向前冲推。

出力流汗

社区志愿服务 VLOG

活动主题：社区卫生志愿服务

活动要求：6～8人一组，分工写作，策划并实施社区卫生志愿服务。由专人负责记录活动过程，并拍摄制作成活动视频。视频内容至少包含志愿服务策划花絮、志愿服务实施过程、志愿服务感受采访（小组成员对本次活动的感想采访）。最后提交剪辑好的社区卫生志愿服务短视频（10～20分钟）。

成果提交：活动方案文本、活动 VLOG 视频

成果评价：见表 16-1。

表 16-1

活动环节	评价内容	分值/分	教师评价
方案策划	方案策划合理、完备、可操作性强	30	
活动实施	实施过程顺利，效果反馈良好	40	
成果展示	视频及文档形式美观、内容丰富	40	

劳动与技能

（技能篇）

2014年教育部研制印发的《关于全面深化课程改革落实立德树人根本任务的意见》提出：教育部将组织研究提出各学段学生发展核心素养体系，明确学生应具备的适应终身发展和社会发展需要的必备品格和关键能力。中国学生发展核心素养以培养"全面发展的人"为核心，主要指学生应具备的，能够适应终身发展和社会发展需要的必备品格和关键能力。研究学生发展核心素养是落实立德树人根本任务的一项重要举措，也是适应世界教育改革发展趋势、提升我国教育国际竞争力的迫切需要。其中核心素养中的实践创新重点提到了劳动意识。劳动意识：尊重劳动，具有积极的劳动态度和良好的劳动习惯；具有动手操作能力，掌握一定的劳动技能；在主动参加的家务劳动、生产劳动、公益活动和社会实践中，具有改进和创新劳动方式、提高劳动效率的意识；具有通过诚实合法劳动创造成功生活的意识和行动等。另外学生应该运用技术解决生活中的实际问题；理解技术与人类文明的有机联系，具有学习掌握技术的兴趣和意愿；具有工程思维，能将创意和方案转化为有形物品或对已有物品进行改进与优化。

技能一
烹饪

典型案例

全国劳动模范刘波平：三尺厨房成就百味人生

"烟火之处，情味人间，三尺厨房，百味人生，一食一餐有故事，一厨一味暖人间。"这是刘波平对自己35年厨师生涯的一个总结。今年51岁的刘波平将重庆菜烹饪艺术发扬到全国乃至全世界而获评2020年全国劳动模范。

在刘波平看来，烹饪是一门科学，厨师不光要有绝佳的手艺，还必须要有文化。"我能在餐饮界占据一席之地，底气源于储备的知识文化和对烹饪的热爱。"为此，他一直坚持科学烹饪实践，收各家之长，集名厨之大成，还曾远赴日本、法

技能图-1　全国劳动模范刘波平（前排中间）

国汲取西餐营养，了解烹调技艺，在扩增川菜菜谱上，实现了对286个菜品的改良和创新，使之更适合现代人口味，并出版过《面塑与菜肴》等专著，把自己多年的实践经验理论化。

坚持用心学习，精心打磨美食。正是这份坚持，最终让他成为了中国厨艺高级技能研修班导师、上海FHC国际烹饪大赛裁判、中餐世界锦标赛裁判，还荣获了重庆市商委餐饮住宿业专家库行业专家等头衔。

学习意义

中国饮食文化博大精深，持久地影响着中国人的性格、思维与生活方式。厨师培训可以让我们了解美食文化。这往往还兼具敦睦群体情感、整合人际关系的强大作用。这种作用不仅仅取决于饮食的物质功能，更取决于饮食的人际调合功能，这种人际调合功能实际上就是一个"和"字。

现代社会发展，要求厨师也适应潮流，适应餐饮业的发展，这就要求我们不断学习、不断更新自己餐饮知识、拓展了生活技能，补充营养，身强体壮。

技术要点

烹饪方式

1. 炒

将无骨质嫩脆的动植物原料，经过初步加工，根据菜肴火候的要求，切成片、丁、条、丝或剞花刀后，炒勺放旺火上，加底油烧热，放入切配好的主料速颠翻或炒勺加适量白油烧至120°左右，推入上浆喂口的主料滑熟，沥去余油，原勺放葱、姜丝和辅料，用兑好的白色青汁烹调出勺，二者的做法均称为炒。

炒菜一般都是用急、旺火烹制，为了保持原料嫩和特有的水分，烹调时必须动作快，时间短，防止出汤，最大限度地保存营养成分。

2. 生炒

主辅料均采用生料，经加工改刀后，投入加底油的热炒勺里快速炒熟，出勺前调少许底芡，点明油装盘，称为生炒。如：肉片炒青椒，特点是咸口，色泽肉微红，青椒碧绿，脆嫩适口，清香宜人。

3. 熟炒

原料必须是熟的，操作方法同生炒。如回锅肉，熟肉切薄片，炒勺加适量油烧五成熟，投入切好的主料，推散倒入漏勺，沥去余油，原勺放豆瓣酱、葱、蒜片和主料翻炒，加各种调味料烹制，出勺前用淀粉调少许芡，这种炒法也有烹汁出菜的。菜肴色泽微红，明油，味咸辣微甜，浓香不腻。

4. 生熟炒

生熟炒的原料有生有熟，烹制程序：炒勺加底油烧热，先放生料炒至六成熟，再投放熟料和调味料快速炒制。如：炒生熟，色微红，味咸香不腻。

5. 水炒

水炒只用于炒蛋类原料。烹调中炒勺放适量清水烧开加调味料，找好咸鲜口，将打匀的鸡蛋慢慢倒入勺内，边倒主料边用手勺推，使主料凝固熟透，出菜前放香菜段，点香油提味。如：水炒黄菜，特点是色泽金黄，滋味咸鲜，质嫩，清淡不腻。

6. 滑炒

选用质嫩的动物性原料经过改刀切成丝、片、丁、条等形状，用蛋清、淀粉上浆，用温油滑散，倒入漏勺沥去余油，原勺放葱、姜和辅料，倒入滑熟的主料速用兑好清汁烹炒装盘。因初加热采用温油滑，故名滑炒。如滑炒鸡丝，特点：菜肴色白、清汁，质嫩，滋味咸鲜。

烹饪是人类在烹调与饮食的实践活动中创造和积累的物质财富与精神财富的总和。它包含烹调技术、烹调生产活动、烹调生产出的各类食品、饮食消费活动以及由此衍生出的众多精神产品。

中国烹饪文化具有独特的民族特色和浓郁的东方魅力，主要表现为以味的享受为核心、以饮食养生为目的的和谐与统一。

实践举案

实践项目　杭椒牛柳

1. 材料准备

牛里脊250克、杭椒6根、色拉油适量、酱油1匙、蒜3瓣、干辣椒2根、料酒1匙、蚝油适量、淀粉1匙。

2. 准备工作

（1）牛肉切成较粗的条；
（2）加入1匙淀粉、1匙酱油、1匙食用油，拌匀腌制10分钟左右；
（3）杭椒切成牛肉条长的段，蒜切末，干辣椒斜切成丝去掉籽。

3. 制作程序

（1）锅内放油，油量比平时炒菜时要多一些。油稍热，加入腌好的牛里脊滑炒。炒至变色，把牛肉捞出。
（2）用锅内剩余的油把蒜末和杭椒炒香。
（3）炒出香味儿，加入牛里脊和干辣椒翻炒均匀。
（4）加入蚝油。
（5）加入蚝油后快速炒匀，即可关火出锅。

4. 烹饪技巧

（1）加了蚝油无需加盐了。
（2）以下三点，就可以顺利地做成一道口感鲜美、滑嫩的牛肉：

① 切。其实这个"切好"也是有讲究的。民间有"横切牛肉直撕鸡"的说法，切牛肉要逆着纹路切。顶着肌肉的纹路切，才能把筋切断。这样切出的牛肉制作出来味道才好。不然，炒出来的牛肉就会发硬、嚼不烂、塞牙。

② 腌。还有很多版本腌肉法，有用小苏打的，还有白糖、啤酒的。淀粉最常用，但淀粉的量一定要掌握好，如果加多了，肉一下锅就黏到一起，影响口感。方法是以250克牛肉为例，用1匙淀粉+1匙酱油+1匙食用油腌制。

③ 炒。炒也是很重要的一道工序。锅里放上油烧至稍稍有热度，将牛肉快速滑炒，炒至变色即可。

技能二

烘焙

典型案例

全国劳动模范魏存成：用劳模精神、工匠精神做放心食品

技能图-2 石羊农业集团股份有限公司董事长魏存成

石羊集团党委书记、董事长魏存成荣获"全国劳动模范"称号。魏存成是石羊农业集团股份有限公司党委书记、董事长。1979年参军，1984年退役回到家乡，开始了艰难的创业历程。不忘初心，牢记使命。1992年，魏存成为了实现家乡富强和振兴，让乡亲们过上好日子，创立了石羊集团。经过近30年发展，石羊集团已成为业务领域涵盖油菜籽种植、种猪繁育、养殖、食用油、饲料、猪肉的生产加工、销售和物流配送的农业产业化国家重点龙头企业。

"民以食为天，食以安为先。"魏存成说，农业产业、食品企业的特点就是"七分原料，三分加工"，食品企业的核心就是对源头、原料的把控以及可追溯体系的建立。

"一日当劳模，一生做贡献。"魏存成表示，今后，石羊集团将立足于现代农业和食品领域，打造从农场到餐桌的全产业链模式，用劳模精神、劳动精神、工匠精神做好"一桶油、一块肉"，让消费者吃得放心、吃得安心，为陕西的经济发展，为我们国家的经济建设，为强国富民做出更大的贡献。

学习意义

人们把粮食看成是自己生活当中最重要的赖以生存的必需品，以此强调饮食吃喝对于民众生计的重要性。

中国饮食文化博大精深，在饮食品味中，隐含着阴阳五行哲学思想、儒家伦理道德观念、中医营养摄生学说、饮食审美风尚、烹饪加工及饮食礼仪、民俗食风等诸多因素，共同形成博大精深的中国饮食文化。中国饮食文化是中国传统文化的重要组成部分，有着独特文

化内涵和精神品位，锻造了华夏子孙的健康体魄和高尚情怀。

积极参加校内外烹饪技能实践锻炼和培训，有利于加强传统饮食文化对大学生独立生活能力的培养和精神面貌的影响，帮助大学生了解民族传统文化，形成健康的饮食观念，提升个人的知识修养和思想素质，继承弘扬中国饮食文化。

【蛋糕生产主要过程】

原料准备——调制面糊——拌粉——注模——烘烤（或蒸）——冷却——包装

【蛋糕烘焙技术要点】

1. 选择好的材料

原料的好坏直接影响到蛋糕的品质。

2. 了解各种原料的性质和它们在蛋糕内的功能

做蛋糕固然要使用好的原料，但是在选用原料之前必须先了解各种原料在蛋糕内起着什么样的作用，有着怎样不可替代的好处，以及它的组合成分包含哪些物质，在面糊搅拌过程和烘烤过程中可产生出哪些化学反应和物理变化。做蛋糕的主要原料是面粉、糖、油、蛋、盐、奶、化学膨大剂七种，其他还有香料、可可粉和巧克力等调味原料总共有数十种之多，在这主要的七种原料中可以将它们归为干性、湿性、柔性、韧性，以及产生香味的物种性质。所谓干性原料是指这些原料用在蛋糕配方中可使蛋糕产生干的特性，必须要有足够的液体原料来溶解它，面粉、糖、奶粉、酵粉、盐、可可粉等都属于干性原料。湿性原料包括奶水、鸡蛋和糖浆等数种，它们在蛋糕配方内是主要水分的来源，供应足够的水分来溶解其他干性原料，使蛋糕保持湿润和膨大。柔性原料是指油、糖、化学膨大剂、蛋黄等，它们的功能是使蛋糕保持柔软蓬松。韧性原料亦可称为结构原料，它在蛋糕内可产生坚韧的性质，或是可增加面粉的筋性而产生了韧性，是构成蛋糕骨架的主要原料，主要有面粉、奶粉、盐、可可粉、蛋白等。产生香味的原料是包括了糖、奶水、油、蛋、可可粉、香料等，因为这些原料进烤箱后可产生独特的香味，使蛋糕芳香可口。

3. 原料配方的平衡

充分了解各种原料在蛋糕内的功能之后，还需要进一步了解各种原料因蛋糕性质不同用量也随之不同，在设定一个蛋糕配方时，先决定这款蛋糕属于高成本还是低成本的，蛋糕质地属于松软还是坚硬。原料有干、湿、柔、韧之分，而使蛋糕产生较好香味的主要原料有糖、油、蛋、奶这四种，这四种原料用得多成本就较高，但蛋糕的品质就较好，但需注意，即使是好的原料，也不是越多就越好，而需遵照一定的使用比例，不可因强调其中一种特性，而打破原料之间的平衡，最终破坏蛋糕的好品质。

4. 需要正确的搅拌方法

面糊搅拌有两个主要作用，第一是将配方中各种原料搅拌均匀，使每一种原料都能均匀地分布在面糊的每一部分。第二是借不同的搅拌器具和速度,在面糊中打入适量的空气,使烤出的蛋糕具有膨大和细腻的组织。在有了优质的原料和配方后,如果搅拌不当,仍是前功尽弃,得不到理想的产品,所以在搅拌面糊前要先确定所做的属于哪一种类型的蛋糕,确认需要的搅打器和搅拌速度,才不至于遭遇失败。

5. 正确的烘烤温度和时间

每种蛋糕因性质不同,所以烘焙的温度和时间也不一样,尤其若使用的是箱式烤箱,烤箱的温度控制分为上下火,控制温度的温度计又常出现不准确的情况,在烘焙蛋糕时应特别小心,平时要养成烘焙的经验才能运用自如,否则火力太大或太小都会影响到蛋糕表面的颜色和内部的组织。一般而言,烘烤蛋糕要视蛋糕的大小和蛋糕的类别决定烘焙的温度和时间,小的蛋糕应用高温而缩短烘焙的时间,大而厚的蛋糕要用低温而延长烘焙时间。通常所称的高温是指 190~232℃,常温是 171~190℃,低温是 162~171℃。乳沫类的蛋糕和轻奶油蛋糕应该用高温,重奶油蛋糕和戚风类蛋糕应该用常温,水果蛋糕和大型蛋糕应该用低温。

6. 冷却与包装

有些蛋糕出炉后会受温度骤然的变化而收缩,因此在出炉时应注意冷却的处理,以避免过度收缩。蛋糕暴露在空气中,尤其受到了风吹的影响很容易变得干燥,所以冷却后应马上添加表面装饰,或者予以妥善包装,可延长保存的日期。包装或霜饰的蛋糕可贮存在 0~-10℃ 的冰箱内,如果在这个冷度下蛋糕未予包装或霜饰,则很快地会变干,失去应有的品质。一些大型蛋糕制作工厂,一次可制作很多蛋糕,包装后存在 -30℃ 的冰柜内,在销售前先从冰柜内把蛋糕取出化冰,至少 2 个小时以上即可保持原有的新鲜风味,贮存在 -10℃ 冰柜内的蛋糕可经久不会变质。

7. 注意霜饰

经过霜饰处理的蛋糕,不但有延长贮存时间的优点,同时也能增加蛋糕外表的美观,也能更随心所欲地变换蛋糕口味。一个优质的蛋糕需要水分充足而不黏牙,式样正确,内部组织均匀、细腻、质地柔软,以及可以经长期贮存而不发生变质的。

遵守以上七大基本原则便能随时做出品质良好的蛋糕。

实践举案

【8 寸戚风蛋糕的制作】

食材:鸡蛋 5 个,牛奶 65 克,玉米油 40 克,细砂糖 75 克,低筋面粉 85 克,柠檬汁或白醋 5 滴。

制作步骤

(1)准备好所需要的食材,免得制作时手忙脚乱出差错。先把鸡蛋分离蛋清蛋黄,分别放在两个无油无水的干净盆子里,蛋白盆子要稍微大一些,一会儿打发后要膨胀好几倍。

(2)蛋黄内加入玉米油 40 克、牛奶 65 克,混合乳化均匀,然后过筛低筋面粉到蛋黄盆,"Z" 字形搅拌均匀。不要画圈搅拌,容易起筋,影响蛋糕的蓬发。

（3）取过蛋白盆，滴入5滴柠檬汁，没有柠檬汁就用白醋代替。

（4）开启电动打蛋器打发蛋白，细砂糖分成三次加入到蛋白内，一直打发到拉起打蛋器呈直立的尖角，这样的蛋白就是打发到位了。

（5）取过刚才的蛋黄盆，把三分之一的蛋白放到蛋黄盆，混合翻拌均匀，记得一定要翻拌，不要画圈搅拌，否则会消泡，影响蛋糕的蓬发。

（6）倒回蛋白盆，再次翻拌均匀，仍然是不能划圈搅拌。拌好的蛋糕糊是绵绸而又有流动性的。

（7）蛋糕糊搅拌均匀后，倒入8寸戚风蛋糕的模具内，轻轻振两下，振出大气泡。送进提前预热好的烤箱内，上火140℃、下火120℃烘烤50分钟，转上下火160℃烘烤20分钟即可。

（8）出炉后，轻轻振几下，振出热气。立刻倒扣在烤网上晾凉。彻底凉透后再脱模。没有凉透就脱模容易造成缩腰。

技能三

洗衣

典型案例

专业洗衣修护，倾注匠心服务——陈爱华

技能图-3　陈爱华正在清洗衣物

"妙手回春""华佗在世"，这些都是别人给她的称誉，然而这些并不是送给一位名医的锦旗，而是对一位神奇的"洗衣匠"的高度认可。她就是来自上海正章实业有限公司，被誉为上海最年轻的洗衣技能大师——陈爱华。

入行21年，身为"70后"的她已经是行业内屈指可数的双工种高级技师，身为正章洗衣的首席技师，曾有成百上千的衣物在陈爱华一双妙手之下"重获新生"，将一件旧衣焕然一新，仿佛已经变成一种刻印在她骨血之中与生俱来的超能力。她带教的十几名徒弟参加全国大赛均获得金、银、铜奖，晋升至技师和高级技师，4人获全国技术能手称号；她提出的干洗冷凝水循环节能法为企业节省资源并在行业内推广。"洗衣和中医一样，讲究'望闻问切'。"陈爱华的修衣技巧，正是从这四个字中得其真传。她的工作室里堆满了来自各处"疑难杂症"的衣物，凭借着多年丰富的经验、近乎百种的高超技巧，陈爱华将它们一一修复。对于这个高阶技能大师，修包、补衣的工作已经不算高难度挑战，她还曾修补过某文物单位所珍藏的古壁挂毯，"分类去污""技能保色""平整画面"三招妙手回春，将挂毯上的污渍、渗色、破绒修复一新，令外国友人亦击节称奇。

上海正章实业有限公司是为高星级宾馆外宾洗衣的上海老字号名牌，陈爱华悉心打造的洗涤团队创造了各项任务保障"零事故"的记录，衣物救治率高达98%。他们曾在世博会期间为多个国家来宾提供服饰洗护，在2014年亚信峰会为参会国熨烫国旗，改变了昔日外事办烫旗易坏的历史，得到了对中国洗涤水平的一致称赞。

从不轻易说"不"——这正是陈爱华身体力行的工匠精神，面对落后技术，她研究出干洗冷凝水循环节能法为企业节省成本。面对现实困难，她所专研发明的40多种针对特殊面料去渍洁污的洗涤溶剂，打造了"中国洗涤"响亮的名牌。每一件衣物在她手中都是珍贵的艺术品，将工作做出艺术般的精致与精彩，也是陈爱华作为优秀黄浦工匠一片最诚挚动人的匠心。

学习意义

洗衣服的目的就是除垢。现在，杀菌还仅限于特殊场合的工作服，如医院工作服、食品加工厂工作服、制药厂工作服等，以杀菌为主要目的、除垢为次要目的。衣服洗完后，都要晒干；太阳光中的紫外线有很好的杀菌效果。此外洗衣还能保持对生活的积极态度，更热爱生活。能学到生活的基本技能，提高生活自理自立的能力。同时也培养了个人对生活的积极态度，使自己更加热爱生活。

技术要点

一、洗涤前的准备

1. 区分衣物，内衣与外衣要分开

成人与儿童的衣物要分开；病人与健康人的衣物要分开；不同颜色、不同质地的衣物要分开；内衣与外衣也要分开。

2. 辨别衣物面料

常见衣物面料包括纺织纤维和皮革两种。纺织纤维包括天然纤维和化学纤维。其中，天然纤维包括植物纤维（棉、麻等）和动物纤维（羊毛、兔毛、驼毛、蚕丝等），化学纤维包括人造纤维（人造毛、人造棉、人造丝等）和合成纤维（涤纶、腈纶、氨纶、丙纶等）。皮革由真皮、再生皮和人造革组成。不同的面料具有不同的特点，应采用不同的洗涤（保养）方法。皮革通常用皮革专用油来保养，不能洗涤。对于需洗涤的纺织纤维类衣物，应掌握其面料的鉴别方法。

3. 检查衣服表面及口袋

检查衣服表面是否有特殊污垢，如有应在洗涤前处理，如衣物上染有其他色泽；检查衣服口袋中是否有钱币、首饰、票据等，如有要及时取出，然后抖净口袋里的烟末、碎屑等。

4. 选择洗涤方法

衣物的洗涤标识通常由文字和图形两部分组成，也有的衣物采用中文和外文两种洗涤标识。文字尽管有差异，但图形相对一致，可以通过这些图形来判断所洗衣物适合哪种洗涤方式。

5. 选配洗涤用品

不同面料的衣物由于其性能的差异，与不同的洗涤用品相混会产生不同的效果。洗涤用品种类繁多，成分、性能各异，必须多加了解，正确选用，才能取得理想的洗涤效果。

二、洗涤方法

洗涤方法要根据衣物的面料、质地和洗涤标识要求而定。一般来说，可水洗的衣物在洗涤前应稍加浸泡，这样更易洗涤干净。洗涤方法包括手洗和机洗两种。

1. 手洗

（1）手洗衣物的范围及洗涤用品的选择。毛料衣物、丝（麻）织品、人造棉、人造毛、人造丝、羽绒制品、沾有汽油的衣物等适宜手洗。另外，对于可机洗的衣物，如果领口、袖口、被头等部位污垢严重，可先用手洗再用机洗。洗涤棉麻、合成纤维类衣物时，可选择使用中高泡洗衣粉、碱性液体洗涤剂或肥皂；洗涤丝毛类衣物时，可选择中性液体洗涤剂或皂片。

（2）手洗衣物的要求。一是勤洗勤换。二是对领口、袖口等容易脏的地方可先用衣领净涂抹。三是根据衣物的面料，合理浸泡，但不可浸泡时间过长。四是冲洗干净。

（3）手洗衣物的基本方法。常见的衣物洗涤手法有搓洗、刷洗、拎洗、揉洗四种。

（4）不同面料衣物的洗涤要求。

毛料衣服的洗涤要求。纯毛衣服的面料一般是羊毛纤维，具有缩溶性、可塑性，洗涤时要特别注意：洗涤水温不宜过高，以 30～40℃为宜。选择适宜的洗涤剂。羊毛耐酸不耐碱，要用弱碱性或者中性洗涤剂，不能直接用肥皂或洗衣粉洗涤。洗涤时间不宜过长。浸泡和洗涤时间过长，会导致毛纤维咬在一起，导致织物缩水变形。尤其是织物松散的羊毛衫、围巾等，最容易导致缩水变形，甚至无法穿用。晾晒方法必须得当。洗好后的衣物不要拧绞，不要在阳光下暴晒，宜将其反面向外放在阴凉通风处，自然晾干。

丝绸制品的洗涤要求。洗涤丝绸制品时要注意：水温不宜过高。最好用冷水洗涤，且在冷水中浸泡的时间不宜过长，应随浸随洗。洗涤动作要轻，不宜使用搓板搓洗，用力不要过猛，切忌拧绞。防止太阳直晒。各类丝绸制品均不宜在阳光下暴晒，应置于阴凉通风干燥处晾干。高级丝绸制品最好干洗。

亚麻类衣物的洗涤要求。洗涤亚麻类衣物时要做到：控制水温。水温应控制在 40℃以内。动作轻柔。选用优质洗涤液，采用"拎洗"或"揉洗"的方式洗涤，忌在搓板上揉搓，也不能用硬毛刷刷洗。漂洗干净，漂洗时先用温水漂洗两次，再用冷水漂洗一次（漂洗时不要拧绞），然后甩干并及时晾起。

人造纤维类衣物的洗涤要求。洗涤人造毛、人造棉、人造丝等人造纤维类衣物时要做到：控制水温。水温以 30～40℃为宜。洗净后先用温水漂洗两次，再用冷水漂洗一次。动作轻柔。人造棉和人造丝类衣物可用手轻轻搓洗或揉洗；人造毛类衣物下水后纤维膨胀变粗，质地变厚发硬，污垢和纤维结合牢固，适宜刷洗。

羽绒服的洗涤要求。将羽绒服放入冷水中浸泡 15 分钟左右。将中性洗衣粉倒入温水中搅匀（水温为 30℃左右，每件羽绒服约用 2 匙洗衣粉）。将已浸泡好的羽绒服取出平压去水分后，放入兑好的洗涤液中，浸泡 10 分钟左右。将羽绒服从洗涤液中取出，平铺于干净平板上，用软毛刷蘸取洗涤液轻轻洗刷，先刷里面，后刷外面，最后刷两个袖子的正反面（越脏的地方越要放在后面刷），特别脏的地方可撒上洗衣粉重点刷。刷洗干净后，将衣服放在原洗涤液内上下拎涮几下，然后放在 30℃左右的温水中漂洗 2 次。再放入清水中漂洗 3 次，以彻底清除洗涤残液。漂洗时切勿揉搓，以免羽绒堆积。将漂洗干净的羽绒服轻轻挤压出水分,然后放在日光下晾晒或挂在通风干燥处晾干。晾晒时勤加翻动,使其干透。最后用光滑的小木棒轻轻拍打羽绒服反面,可使羽绒服恢复蓬松柔软的状态。

2. 机洗

家庭中使用的洗衣机可分为两大类:一类是全自动洗衣机,另一类是半自动洗衣机。

用全自动洗衣机洗涤时,可按"洗涤菜单"进行操作,根据不同的衣物选择合适的洗涤程序即可。

用半自动洗衣机洗涤时,可按以下程序操作:注水。根据洗涤衣物的数量,向洗衣机水桶内注入相应的水(要在机器规定的上下限水位内),放入适量的洗涤剂,洗涤剂溶解后放入所洗衣物。洗涤。根据要求选择洗涤按键。按衣物面料和脏污程度选择洗涤时间。漂洗。洗完后漂洗2~3次,每次2~3分钟,直至干净。脱水。将洗完的衣服均匀放入脱水桶内,放好脱水桶压盖,盖好桶盖进行脱水。晾晒。停机后,及时取出衣物晾干。

三、晾晒方法

科学合理地晾晒衣物,是保持衣物良好形态、保证穿着质量的重要环节。衣物洗涤完毕,要根据衣物的面料、颜色和分类来确定晾晒的方法。具体见技能表-1。

技能表-1 不同衣物的晾晒方法和要求

衣物面料	晾晒方法和要求
棉麻类	一般可放在阳下直接晾晒,为避免褪色,最好反面朝外。这类织物的纤维强度在日光下几乎不下降,如内衣、袜子、床单、被罩等
丝绸类	反面朝外,放在阴凉通风处自然晾干,严禁用火烘烤。这类衣物阳光暴晒会造成织物褪色,纤维强度下降
毛料类	反面朝外,放在阴凉通风处自然晾干,羊毛纤维的表面为鳞片层,外部的天然油胺薄膜赋予了羊毛纤维以柔和光泽,阳光暴晒会使表面的油胺薄膜氧化变质,影响衣物外观和使用寿命的
毛衫、毛衣等针织类	洗后装入网兜挂在通风处晾干,也可搭在两个衣架上悬挂晾干,还可以平铺在其他物件上晾干。避免暴晒、烘烤,以防变形
化纤类	在阴凉处晾干,不宜在日光下暴晒,否则会使面料变色发黄、纤维老化,影响面料寿命
羽绒服	可挂起来自然脱水晾干,也可平铺在桌面上用干毛巾挤去水分晾干,要避免阳光暴晒

四、折叠和收纳方法

1. 折叠衣物

(1)折叠衬衣(T恤衫):系上纽扣→前身朝下后背朝上抚平对正→以纽扣为中心,等距离将衣身两边向中间对折抚平→袖子折叠回来向下转,使袖子和刚刚折叠的部分对齐→下摆向上折→翻过来使衬衣正面朝上→整理抚平。

(2)折叠西裤:拉上拉链、扣上扣子→从裤脚处将四条裤缝对齐→两条中线对齐→用手抚平→从裤脚至裤腰对折、再对折。

（3）折叠无中缝的休闲裤：拉上拉链、扣上扣子→从裤裆处将两条裤腿对折抚平→从裤腿到裤腰依次对折两次。

（4）折叠秋衣裤：折叠各类睡衣、背心、内衣裤的方法可参照衬衣、裤子的折叠方法。

（5）折叠羽绒服：拉上拉链、扣上扣子→平摊、抚平→左右衣袖平行交叠在胸前→从下方将衣身向上折叠至所需要的大小→双手慢慢挤压出羽绒服内的空气。

（6）折叠棉被、毛毯：将棉被、毛毯沿长度上下对折三次，然后从一端卷向另一端。卷时要用力，避免松散。这种折叠方法占用的空间小。如果空间允许，可将棉被、毛毯沿长度上下对折三次，然后从两端向内折叠成方块状。

2. 摆放衣物

（1）西服：西服上衣是立体剪裁，不宜抚平，尤其是肩部圆阔度、受挤压后影响美观。所以，挂放西服上衣时，要选用两端宽阔的宽衣撑，以免肩部变形。西服裤子在存放时，用带夹子的衣撑夹着折叠好的裤脚悬垂挂放，也可将四条裤缝对齐后横挂于衣撑上或折叠后存放于衣橱内。过季不穿的西服要用专用衣罩罩起来，挂在衣橱内，以保持西服的干净整洁。

（2）丝绸衣物：丝绸衣物要洗净晾干，最好熨烫一遍，再收藏在衣橱内。这类衣物易生虫、发霉、变色、怕压，可放在其他衣物上层或用衣撑挂起，适当放些防虫药剂（用白纸包好）。

（3）针织类衣物：针织类衣物适宜折叠后摆放而不宜挂放。围巾可折叠或卷成卷摆放。袜子要成双成对摆放，可将两只袜子整齐地折叠在一起，从脚尖处向上卷起，然后翻起袜口将两只袜子包在其中。

（4）羽绒服：羽绒服要拉上拉链，扣上扣子，平摊、抚平，按羽绒服折叠方法折叠后放入衣柜。可在衣服内放置3～5粒用白纸包好的樟脑球。

（5）棉衣：棉衣要扣上扣子，平摊、抚平，左右衣袖平行交叠在胸前，从下方向衣身折叠至所需要的大小，放入衣柜。棉衣容易受热生霉，必须拆洗干净，晒干晾凉后再往衣柜内摆放。里面放3～5粒用白纸包好的樟脑球。

（6）棉被、毛毯：这类衣物视存放空间，按棉被、毛毯的折叠方法折叠成合适的体积摆放。棉被、毛毯收缩性强。可先装入塑料包装袋中，再放入棉被、毛毯内，放入数粒用白纸包好的樟脑球。

（7）毛呢、毛料衣物：将衣服挂在宽型衣撑上，用专用衣罩罩起。毛呢衣物怕挤压，怕虫蛀，在衣物内放置数粒用白纸包好的樟脑球。

（8）毛皮衣物：将衣物挂于通风处晾干，用光滑的小竹竿敲打皮面灰尘。将皮衣铺平，理顺皮毛，然后毛里对毛里折叠起来，包好装进塑料袋中，放入衣柜。毛皮衣物怕潮湿、怕高温、易生虫，包装时放入用纸包好的樟脑球。尽量在天气转暖不穿时及时收放。

技能四

陶艺

典型案例

全国劳动模范黄小玲：弘扬工匠精神　坚守瓷艺复兴

"这份荣耀属于每一位为实现中华陶瓷艺术复兴而付出不懈努力的坚守者。我将以此为激励，化荣誉为动力，用更大的热忱弘扬劳模精神、工匠精神，立足陶瓷艺术领域，发挥所学、所长，开拓创新，复兴传统手工艺术，努力服务行业，服务社会，回报党和人民的厚爱和支持。"2020年表彰全国劳动模范和先进工作者大会上，黄小玲被中共中央、国务院授予"全国劳动模范"，站在领奖台上她激动地说。

幼年起对陶艺和绘画的痴迷，化作数十载的潜心研学、笔耕不辍。黄小玲从一个小厂学徒开始，到考入湖南省陶瓷研究所，师从邓文科、陈扬龙等老一辈艺术前辈们，潜心研究，博采众长，融会贯通，开创了醴陵釉

技能图-4　中国陶艺大师黄小玲

下五彩瓷艺术的全新时代。黄小玲在传承传统釉下五彩瓷艺术手法的基础上，大胆创新，注入时尚元素，其作品清新秀丽、恬淡雅致，独具灵秀，极富个性，潜心创作的大型瓷板屏风《四季同春》被人民大会堂永久收藏。

黄小玲作为国家非物质文化遗产"醴陵釉下五彩瓷烧制技艺"代表性传承人，在探索瓷艺道路的同时，亦着力于组织全省陶瓷艺术大师建设一个釉下五彩瓷的基地，集多功能于一体，向世界展示釉下五彩瓷的发源、发展，为繁荣这一独特的艺术、为地区经济的发展，创造一个更广阔的平台。

瓷艺复兴之路艰辛且漫长，唯心有向往、意志专一，才可不负光阴，不悔选择。

学习意义

陶艺，是我们中华民族艺术的瑰宝，代表着中华民族几千年灿烂辉煌的文明。陶艺又是

一种极具文化内涵、民族情感和审美价值的艺术形式，对学生审美素养、人格成长、全面发展起着非常积极的作用。

"陶艺"是陶瓷艺术的简称，是人们利用泥土的可塑性，对其进行造型、施釉、烧成，创造出具有美的形式的陶瓷形态。陶艺课程有利于培养学生的创新能力和动手能力，同时对提高学生的艺术修养、继承传统文化、涵养性情起到不可忽视的积极作用。

学生在亲手创造陶艺形态的过程中，通过双手制作不断发现新的造型，实践美的比例、韵律、对比、调和等法则，使审美标准得到内化。

陶艺作品的制作过程是复杂而漫长的。从炼泥、制坯到上釉、烧成，需要有条不紊地按程序制作，其间任何一个小小的失误都有可能使最终的作品效果不如人意。要想驾驭"泥性"，需要知识、经验的积累和反复实践，这种过程有可能带来成功的快感也有可能带来失败的打击。因而，学生能在制陶中领悟到人生的真谛，磨炼出坚强的意志。

在传统陶瓷艺术中还蕴含着中国人独有的自然观和思维方式，其思想智慧和造物原则会潜移默化地影响学生，使学生重视传统文化，重新思考传统与现代的关系，继承和发扬优秀的民族文化。

技术要点

1. 作业前准备

（1）规范穿戴操作服。
（2）净手。
（3）检查操作工具。
（4）检查所需材料、辅料。
（5）默念安全操作流程。

2. 陶艺制作

（1）配泥、揉泥、练泥。
（2）泥塑、拉坯、修坯。
（3）镂雕、浮雕、刻花。
（4）晾晒、素烧、补水。
（5）调釉、施釉、入窑。
（6）釉烧、出窑、质检。

3. 作业后清扫

（1）所用设备、工具清洗。
（2）设备、工具归位摆放。
（3）操作间粉尘清扫。
（4）操作服定期清洗。
（5）水电暖安全检查。
（6）锁闭门窗后离开。

 工艺标准

1. 配泥

将请回的香灰,过筛、加水,调制成灰膏与陶泥,按要求比例配比,揉练至使用程度。再将筛过的香灰,按规定比例调入釉水,制成香灰烧专业釉料。

2. 练泥

将加入香灰的泥料在真空练机中反复地揉练,8～10遍即可。

3. 拉坯

陶艺师首先读图,明了设计意图和设计要求,读图内容有形制、结构、尺寸、气韵,然后上机拉制。

4. 修坯

将晾晒、干湿适合的粗坯,放在拉坯机上,开始修形。修坯内容有形制、结构、尺寸、气韵,其中陶瓷结构最为关键。最后于底部加盖印章,置于通风处自然风干,以备素烧。

5. 素烧

将干燥后的陶坯,分层放入素烧窑。素烧温度在800℃上下,冷却后准备上釉。

6. 上釉

将素烧后的陶坯,浸入调制好的香灰釉水中上釉。
要求:釉面均匀、整洁,不漏底,置于通风处风干,备烧。

7. 补水

将素烧出窑后的陶坯,用海绵蘸水,擦拭坯体,使坯体干净、无尘,放置备用。

8. 入窑

将上釉后的陶坯,分组依次分层放入窑中,坯体之间保留空隙,组合烧制器皿,组件间涂好隔离剂,需特殊方式烧制的,要备好相应窑具,马脚放置均匀,保持棚板平稳。

9. 烧制

检查窑内状况,确定无误后关闭窑门。打开通气阀门,接通电源,打开控制面板,设置升温曲线,按下烧制按钮开始烧制。一般烧制温度在1200～1300℃之间,烧制时间10～12个小时,烧制完成后,等待冷却出窑,窑温度降至100℃后,打开窑门,继续冷却,直到不烫手,开始依次出窑,观察器皿烧制状况,有无破损,拣出后的器皿,分类依次堆放整齐,准备盘点,入库。

实践项目一 陶艺装饰

1. 实验目的

掌握陶艺装饰的多种方法。

2. 实验材料

陶艺坯体（湿坯、干坯、成品）。

3. 实训内容

釉料装饰、彩绘装饰、色料装饰、模印装饰、堆塑装饰、刻坯装饰、刮划装饰、贴花装饰、镂空装饰、捏雕装饰、综合装饰。

4. 操作方法

学生选择合理方式对陶艺进行装饰。

5. 作业

结合造型特点，运用综合装饰的方法进行陶艺作品装饰。

6. 操作要求

（1）陶艺装饰前要进行装饰纹样的设计，力求体现地域特色与民族特色，适宜市场需要，兼顾作品的艺术性。

（2）根据实际作品选择最为合理的装饰手段进行实际操作。

7. 操作准备

（1）场地设备工具的准备。

（2）根据实际需要，提前准备坯体和已经烧制好的陶艺品。

8. 注意事项

（1）遵守陶艺实训制度。

（2）遵守陶艺装饰操作规则。

实践项目二　陶瓷烧制

1. 实验目的

掌握香灰烧的烧制方法。

2. 实验材料及工具

陶艺干坯，相关烧制设备。

3. 实训内容

作品（产品）烧制。

4. 操作方法

学生在教师的指导下对产品进行烧制，学生在国家非物质文化遗产传承人的带领下使用香灰烧技术对产品进行烧制。

5. 作业

烧制报告。

6. 操作要求

（1）烧制前对学生进行烧制流程的培训，学生在实际动手过程中严格执行烧制流程。

（2）根据实际作品选择最为合理的烧制方法进行实际烧制。

7. 注意事项

（1）遵守陶艺实训制度。

（2）遵守陶艺烧制安全操作规程。

实践举案

陶瓷鼻烟壶的制作

1. 选料

内画鼻烟壶必须选用透明或半透明的材质，经过磨制或熔炼吹制而成的。透明的材质一般有水晶、琥珀、玻璃等，半透明材质有玛瑙、岫玉等。

2. 制胎

分为磨制和熔炼吹制。

（1）磨制

① 整形：将经过筛选的不同质地的材料切割成事先设计好的形体。

② 掏膛：用钻石粉磨具先在壶口中心打竖眼（深度到壶底部分，但不要穿透）。然后再向四周逐步扩展，直到内膛与外形的薄厚一致、平整均匀为止。

技能图-5　内画鼻烟壶

③ 抛光：先用细金刚砂把粗糙的壶体找得越细腻越好，再用金刚砂泥浆涂在木轮或布轮上抛光，最后用氧化铁红或氧化铬粉上亮。

④ 磨砂：壶的内膛壁应细而不滑，使其表面"宣纸化"，以便墨色容易附着。在壶内装进金刚砂、小铁球和水，其比例分别为容积的 1/10、1/2，水以漫过铁珠面为宜。后把壶口塞紧，勿使漏水，用手或机械来回摇动，直至内壁匀细适度为止。

（2）熔炼吹制：仅限于玻璃烟壶的制作。

① 吹壶：把石英砂、碱面和助熔剂等料搅入坩埚内高温熔化后，用粗细适当的铁管蘸上熔成液状的玻璃，加工吹制成形体各异的壶形。

② 退火：把吹成的壶坯趁热放入退火炉内，使其逐渐降温，时间保持 24 小时降至常温为宜。这样经过退火的壶坯的预应力已经很小了，不会因气温的变化而产生炸裂问题。

③ 磨制：吹制退火后的壶坯要经过磨制加工，使荎形体和光度达到设计要求才能用于内画。

3. 壶内书画

无论中国画或西洋油画，它与外书画的需求一样，但也有一些不同：

① 操作次序截然相反。

② 内壁反书画，外壁才正顺。

③ 细小的壶口限制书画的操作。

④ 由于内壁磨砂，难以看到笔的位置。除有外画基础外，还要经过特殊训练才能在壶内作画。

其作画工艺流程为：

① 设计：根据壶型的方、圆、长、扁进行图案设计，力求合理美观。

② 打稿：国画稿线可用勾笔直接蘸上墨色在壶内勾好线条。西洋画则用淡赭色起稿。

③ 着色：把配好的颜色调成适当浓度，用干净的勾笔涂在所需要的位置，涂时应手法利落，一气呵成，避免厚薄不匀或漫浸外溢，同时注意不要破坏线条。配色应冷暖搭配，谐调自然。

④ 配景：主题画好之后如需配景，要注意主次分明，切忌喧宾夺主、画蛇添足。

⑤ 题跋和落款：传统中国书画在完成后都要题跋和落款，大多内容是写上主题名称或诗词，创作时间、地点和作者姓名。好的落款有画龙点睛、烘云托月的作用。落款和题跋的位置大多在边角上，以不欺主题、大小适度为宜。字体可楷、行、隶、篆，视画面需要而定。

4. 配盖和装盒

（1）配盖：一件完美的烟壶应配上相应的盖才算相得益彰。壶盖的材质有金、玉、木、石。大小要与壶口外径一致，盖下有时加一薄托，则更显雅致美观。另外在粘塞时应选用上等软木，削成与口径一致的柱形，用高强度胶粘牢，以松紧得当为度。内画烟壶为保护画面起见，大多不安壶匙。

（2）装盒：烟壶盒以硬木或锦缎为主，特别的有用金、银、牙、漆制作。盒的大小和内衬薄厚应视烟壶的形体和大小而定。要求既美观又起到保护烟壶的作用。

技能五

茶艺

典型案例

茶艺界殿堂级人物吴雅真：茶艺是怎么炼成的

当中国茶艺还是一张白纸的年代，她走访民间，收集简单粗漏的泡茶程序，重新整编创作，将中国茶艺完美地呈现在大众眼前，她就是中国茶道表演艺术家——吴雅真。

她从小饱受茶的熏陶，在吴雅真的心灵深处，默默地印上了茶的烙印。事茶30年来，吴雅真都在通过不同的渠道，不断地传播着茶艺文化、培训出一批又一批的茶艺师。也不忘时刻教导着她的学生们，茶艺师的精髓到底是什么。

"真正好的茶艺师，她不仅要懂得茶，茶是怎么泡，茶是怎么来的，茶的六大分类是怎么样，茶是怎么栽培……她必须都要了解。不知道茶的属性，怎么把它的色香味冲泡到极佳？茶艺师不懂得文化不懂得历史，怎么通过茶席表现出你要展示的主题？所以很多人认为茶艺只是单纯地在泡一壶茶，这只是初级的阶段。所以我们现在国家的设定是对的，一到三级它其实就是技能型的，就是如何冲泡一壶好茶，但是到高级的时候，茶艺师就是要把这些综合素质全部要学会。"吴雅真说。

技能图-6　中国茶道表演艺术家吴雅真

吴雅真觉得一个真正的茶道表演艺术家，在她演绎泡茶的时候，并非矫揉造作，其实应该是一种物我两忘的一个境界。泡茶的过程，茶艺师其实是在表现一杯茶汤的艺术，而不是茶艺师个人的艺术。

泡茶即是生活，茶艺是生活中的艺术，是将茶与茶器、音乐以及茶空间等元素相融合，通过视觉、听觉、嗅觉多方面调动饮茶人，在精神上得到极大满足，生活离不开艺术，心灵才有所归宿。

学习意义

随着茶艺的兴起和发展，茶艺已经广泛地融进了人们的生活当中，并对社会的物质生活和精神生活产生了重要影响。学习和掌握茶艺的基本内容和要求，对于丰富生活内容，提高生活品位，掌握一种生活和工作技能，促进中华茶文化的发展，都有着重要的意义。

随着茶叶经营的发展，茶馆的普及，以及国际间的茶文化交流的日益频繁，茶艺作为一种职业技能也受到社会越来越多的关注。劳动部门已把茶艺作为从业培训中的一项专门技能，提出相应的培训要求和从业资格的要求。茶艺师已经被列入国家的正规职业工种，并被分为五个级别：初级茶艺师、中级茶艺师、高级茶艺师、茶艺技师和高级茶艺技师。

茶起源于中国，茶文化是中国传统文化的一朵奇葩，是中华民族的瑰宝。因此，研习茶艺，学习茶艺文化，普及茶文化，扩大茶文化的影响，可增强世界各国对中国茶文化的了解和认识。

【泡茶技术要点】

1. 置茶量

一般而言，标准置茶量是以 1 克茶叶搭配 50 毫升水。现代评茶师品茶就是按此标准：3 克茶叶兑 150 毫升水冲泡 5 分钟，也可以根据个人口感喜好而增减置茶量。这一标准相当于个人品茗用的中型盖碗或玻璃杯，适合冲泡绿茶、花茶等。如用盖杯或玻璃杯冲泡乌龙茶也可参照此标准：茶与水的比例为 1∶50 或 1∶60。

如果使用功夫泡茶法冲乌龙茶（乌龙茶属于半发酵的茶），根据紫砂壶的深度而定，一般置茶量如下：

（1）发酵轻（生茶）

从香气、滋味上讲较清淡，茶叶放置量为紫砂壶身的 2/3 或 3/4。多放一些茶，来提高它的浓郁度。如：发酵最轻的是台湾的包种茶（只适用条形包种茶，乌龙茶的形状就两种，宽的条锁状和卷曲成球的，卷曲成球的泡开成大叶，不可用此放置量）。

（2）发酵中度（半熟茶）

尤其发酵度相对中等，放置量应为紫砂壶身的 1/2 或 2/3。

如：球形包种茶（我国台湾的冻顶乌龙），放置壶身 1/2 量，如果个人喜好浓些，可适量多放。

（3）发酵重

对于发酵重的茶品，应放置壶身的 1/3 或 1/2。

如：乌龙茶发酵最重的、发酵程度可达到 70% 的东方美人（再重些就成红茶的）。其次是发酵度在 50%～60% 的武夷岩茶。依泡茶的经验来看，实际冲泡中，对球形的茶可遵循 8～10 克，如果喜欢淡点的可在 7 克。

以上置茶量为一般性标准，品茗时，则依个人习惯酌情增减，具体原则为：习惯品浓茶者，放置量稍加，反之稍减；优等茶叶，放置量稍减，反之增加；用茶量多，浸泡时间应相对缩短，同时增加冲泡次数。

2. 冲泡水温

掌握好置茶量，放多少茶叶，还要看冲泡水温如何确定：越嫩的茶叶所需温度就越低。

所谓泡茶水温，是指将水烧开之后，再让其冷却到所需的温度。

泡茶水温的高低与茶中可溶于水的浸出物的浸出速度相关，水温越高，浸出速度越快，在相同的冲泡时间内，茶汤的滋味也就越浓；反之，水温越低，浸出速度越慢，茶汤滋味相对越淡。至于泡茶水温以多高为宜，则要根据茶叶的老嫩、松紧、大小等情况来确定，粗老、紧实、叶大的茶叶，其冲泡水温要比细嫩、松散、叶碎的茶叶高。具体有三种情况：

（1）低温泡茶

温度在80℃。适合名优高档绿茶（如龙井、信阳毛尖、碧螺春等）、黄茶、白茶，品质越好的，越细嫩，芽头越多的越细嫩。

（2）中温泡茶

温度在90℃。适合红茶、北方常见的花茶。还有某些烘青绿茶，原材料适中的，也要看茶叶的细嫩程度。

（3）高温冲泡

温度在95℃以上，通常指沸水。适合乌龙茶、普洱茶（而这里只适合普洱熟茶，生茶苦涩味偏重，如用沸水更苦涩，加重味道，生茶可在80℃左右不需高温，普洱生茶只能用盖碗泡制）。至于有些紧压砖茶，则需要先将砖茶敲碎，放在壶中煎煮。才供人们饮用。

判断水的温度可先用温度计和计时器来测量，等掌握之后就可凭经验来断定了。当然所有的泡茶用水都得煮开，以自然降温的方式来达到控温的效果。

3. 冲泡时间

茶叶的冲泡时间与茶叶的种类、泡茶水温、置茶量和饮茶习惯等都有关系，不可一概而论。一般而言，茶的滋味是随冲泡时间延长而逐渐增浓的，据测定，用沸水泡茶，首先浸出来的是咖啡碱、维生素、氨基酸等，大约3分钟时，浸出物浓度最佳，此时茶汤有鲜爽醇和之感。不同的茶叶有不同冲泡时间。

（1）绿茶、黄茶、红茶、花茶（玻璃杯）

2~3分钟为宜，但不能和客人说你什么时候该喝了，按客人喜好。客人喝到1/3处要及时蓄水，到底时就有苦涩味了。

（2）白茶

5分钟为宜，因为白茶茶条自然、完整，是没有经过揉捻加工的，浸出物不好浸出，所以时间长一些。

（3）乌龙茶

品饮时多用小型紫砂壶，用茶量较大。

第一泡茶汤洗茶，不宜饮用；第二泡1分钟，从第二泡开始，每一泡比前一泡要增长15秒。以上是理论的。但是经验值应该是迅速出汤，自始至终不要把茶泡苦了，等茶变淡后可适当延长时间。普洱茶同乌龙茶，第一遍洗茶，通常说的"煮普洱"，是将茶在水即将煮沸时放入，至煮沸时为好，像有些紧压的茶砖，则需要先将茶砖敲碎放在壶中煮沸，煮上4、5分钟是指西藏等气压低的地方。

总之，凡用茶量较大、水温偏高、茶叶较细嫩的冲泡时间可相对缩短，反之，用茶量较小、水温偏低、茶叶较粗老的，冲泡时间可相对延长。

4. 冲泡次数

不同的茶叶，有不同冲泡次数，以1∶（50～60）水为准，取3克茶叶放150毫升水，据专家测定，一般茶叶冲泡第一次时，茶中的可溶性物质浸出50%左右，冲泡第二次时可浸出30%左右，冲泡第三次时可浸出10%左右，冲泡第四次时可浸出2%～3%左右（类似白开水），由此证明，前三泡大量吸收。

（1）绿茶、白茶、黄茶、红茶、花茶

冲泡容量大，2～3次为宜，在1/3处就要蓄水可达4次。

（2）乌龙茶、普洱茶

5～6泡，品质好的可达到10泡。

（3）袋泡茶

茶包放入杯中，1次为宜。

实践举案

实践项目一　盖碗冲泡红茶

1. 主要用具

瓷质茶壶、茶杯以青花瓷、白瓷茶具为好，赏茶盘或茶荷、茶巾、茶匙、奉茶盘、热水壶及风炉、电炉或酒精炉皆可。茶具在表演台上摆放好后，即可进行祁门工夫红茶茶艺表演。

2. 基本程序

（1）"宝光"初现；

（2）清泉初沸；

（3）温热壶盏；

（4）"王子"入宫；

（5）悬壶高冲；

（6）分杯敬客；

（7）喜闻幽香；

（8）观赏汤色；

（9）品味鲜爽；

（10）再赏余韵；

（11）三品得趣；

（12）收杯谢客。

实践项目二　紫砂壶冲泡黑茶

1. 用具选择

瓷质茶壶、茶荷、茶巾、茶道六君子（茶匙）、热水壶（随手泡）、杯托、闻香杯、品茗杯、公道杯、茶滤、手托。茶具在表演台上摆放好后，即可进行安溪铁观音茶艺表演。

2. 基本程序

（1）孔雀开屏－备具；
（2）大彬沐淋－洁具；
（3）叶嘉酬宾－赏茶；
（4）乌龙入宫－投茶；
（5）温润佳茗－洗茶；
（6）高山流水－注水；
（7）佳茗展韵－泡茶；
（8）沐淋瓯杯－洗杯；
（9）乌龙入海－斟茶；
（10）鲤鱼翻身－翻杯；
（11）敬奉香茗－奉茶；
（12）鉴赏汤色－观色；
（13）喜闻高香－闻香；
（14）初品奇茗－品茶；
（15）收具谢客－谢茶。

技能六

钳工

典型案例

25年磨炼　毫厘之间成就"钳工大咖"

技能图-7　"钳工大咖"刘建伟

劳动托举梦想，奋斗书写华章。劳模是民族的精英、人民的楷模，是共和国的功臣。在"第十二届全国技术能手"刘建伟眼里，一个零件、一项产品就是一件艺术品，需要精雕细琢。

以前的老人们总说钳工是万能的，"大修火车头，小修独辘牛"。锉削、锯切、铰削、攻丝样样都是学问，划线、钻孔、打磨、弯曲成形等往往要多次才能完工。只要是在一线做过钳工的人都知道，为了避免安全事故，有的环节需要常年持握模具打磨，手掌握力的地方早已被磨损。经过25年的磨炼，刘建伟的一双手俨然已是一台精密的测量仪器，现在他手中的零部件的单位都是以毫米、微米来计算，"我的手工加工尺寸精度能达到0.001ml，相当于一根头发丝八十分之一的厚度。"从不懂到精通，从简单到高难度的复杂件，刘建伟一步一个脚印，出色地完成每一项生产任务。

自2013年刘建伟的"技能大师工作室"成立以来，他带领他的团队不断创新，共设计、制作创新项目36项，其中特等奖2项、1等奖5项。这里不但是各类技术人才、技术比武精英的聚集地，也在生产工作中起着攻坚克难、技术攻关的作用，并肩负着技术传承、技术培训的任务。他表示，三尺钳台，不仅与人民群众生产、生活息息相关，而且与国家安全紧紧相连。"我坚守了25年，我还将无怨无悔、心无旁骛地持续坚守下去，我将努力把自己探索的新方法、新技术教给更多的人，帮助更多的'90'、'00'后新工匠成长为业务骨干"。

学习意义

19世纪以后，各种机床的发展和普及，虽然逐步使大部分钳工作业实现了机械化和自动化，但在机械制造过程中钳工仍是广泛应用的基本技术，其原因如下：

(1)划线、刮削、研磨和机械装配等钳工作业,至今尚无适当的机械化设备可以全部代替。

(2)某些最精密的样板、模具、量具和配合表面(如导轨面和轴瓦等),仍需要依靠工人的手艺做精密加工。

(3)在单件小批生产、修配工作或缺乏设备条件的情况下,采用钳工制造某些零件仍是一种经济实用的方法。

钳工的主要任务:

(1)加工零件:一些采用机械方法不适宜或不能解决的加工,都可由钳工来完成。如:零件加工过程中的划线、精密加工(如刮削挫削样板制作模具等)以及检验与修配等。

(2)装配:把零件按机械设备的装配技术要求进行组件、部件装配和总装配,并经过调整、检验和试车等,使之成为合格的机械设备。

(3)设备维修:当机械在使用过程中产生故障,出现损坏或长期使用后精度降低,影响使用时,也要通过钳工进行维护和修理。

(4)工具的制造和修理:制造和修理各种工具、卡具、量具、模具和各种专业设备。

(5)机修钳工:主要从事各种机械设备的维护修理工作。

(6)工具钳工:主要从事工具、模具、刀具的制造和修理。

技术要点

【钳工技术要点】

1. 安全技术操作规程

(1)进厂前,必须穿工作服,女生必须戴工作帽方可进厂实习。

(2)上班前,不准饮酒,不准穿拖鞋、高跟鞋、不准打闹、逗笑。

(3)不能用湿手触摸电气,更不要用手触摸空气开关上方三根进线。

(4)闻到焦臭味,听到异响,看到冒烟,应立即停机,切断电源,报告老师,待处理后方可操作。

2. 钳工安全技术操作规程

(1)使用锉刀、手锤等钳工工具前应仔细检查是否牢固可靠,有无损裂,不合格的不准使用。

(2)凿、铲工件及清理毛刺时,严禁对着他人工作,要戴好防护镜,防止铁屑飞出伤人。使用手锤时,禁止戴手套。不准用扳手、锉刀等工具代替手锤敲打物件,不准用嘴吹或手摸铁屑,以防伤害眼、伤手。

(3)用台钳夹持工件时,钳口不允许张得过大(不准超过最大行程的2/3)。夹持圆工件或精密工件时应用铜垫,防工件坠落或损伤工件。

(4)钻小工件时,必须用夹具固定,不准用手拿着工件钻孔,使用钻床加工工件时,禁止戴手套操作。

(5)用汽油和挥发性易燃品清洗工件,周围应严禁烟火及易燃物品,油桶、油盘、回丝要集中堆放处理。

（6）使用扳手紧固螺丝时，应检查扳手和螺丝有无裂纹或损坏，在紧固时，不能用力过猛或用手锤敲打扳手，大扳手需要套管加力时，应注意安全。

（7）使用手提砂轮前，必须仔细检查砂轮片是否有裂纹，防护罩是否完好，电线是否磨损，是否漏电，运转是否良好。用后放置安全可靠处，防止砂轮片接触地面和其他物品。

（8）使用非安全电压的手电钻、手提砂轮时，应戴好绝缘手套，并站在绝缘橡皮垫上。在钻孔或磨削时应保持用力均匀，严禁用手触摸转动的砂轮片和钻头。

（9）使用手锯要防止锯条突然折断，造成割伤事故；使用千斤顶要放平提稳，不顶托易滑部位，以防发生意外事故，多人配合操作要有统一指挥及必要安全措施，协调操作。

（10）使用剪刀剪铁皮时，手要离开刀刃，剪下边角料要集中堆放，及时处理，防止刺戳伤人；带电工件需焊补时，应切断电源。

（11）维修机床设备，应切断电源，并挂好检修标志，以防他人乱动，盲目接电，维修时局部照明用行灯，应使用低压（36V以下）照明灯。

（12）不得将手伸入已装配完的变速箱，主轴箱内检查齿轮，检查油压设备时禁止敲打。

（13）高空作业（3m以上）时，必须系好安全带，梯子要有防滑措施。

（14）使用强水、盐酸等腐蚀剂时戴好口罩、防腐手套，并防止腐蚀剂倒翻。操作时要小心谨慎，防止外溅。

（15）设备检修完毕应检查所带工具是否收完，确认无遗留在设备里时，方可启动机床试车。

3. 钳工理论

（1）钳工：手持工具对金属进行切削加工的操作。

（2）操作范围：划线、锯割、锉削、錾削、钻孔、攻丝、套扣等。

（3）应用范围：

① 清理毛坯，在毛坯上或半成品上划线。

② 加工单个零件或小批量零件。

③ 加工精密零件如样板、模具等。

④ 设备安装、调试、维修。

实践举案

划线训练

一、实训目的与要求

1. 目的

（1）注意操作姿势，养成良好的操作习惯；

（2）常用量具的练习；

（3）掌握钳工加工零件、控制尺寸及切削用量的选择；

（4）掌握划线技能；
（5）掌握平面、立体划线方法；
（6）掌握工件的夹装与校正技能。

2. 要求

（1）严格遵守实训中心的各项规定；
（2）严格遵守各项安全规定，以免发生人身或机床事故；
（3）严格按照钳工的操作规程进行操作；
（4）要时刻保持精神集中，明确操作目的，做到细心、准确地操作机床；
（5）不许戴手套进行机床操作，长发者要戴帽子；
（6）在自动加工前应由实训指导师检查后方可进行加工。

二、实训设备与工具、材料

1. 设备

高度划线尺一把。

2. 工具及材料

（1）工具：90°V形铁、平板、划针、划规、划线盘、样冲、支撑夹持工件的工具等。
（2）量具：千分尺、游标卡尺、0~150mm钢尺。
（3）材料：45#钢或20#钢100×100×6。

三、操作要求

1. 要求

把尺寸100mm×100mm×6mm的板料划线。

2. 加工练习步骤

（1）看清看懂图样，详细了解工件上划线的部位，明确工件及其划线有关部分的作用和要求，了解有关加工工艺。
（2）选定划线基准。
（3）初步检查毛坯的误差情况，给毛坯涂色。
（4）正确安放工件和选用划线工具。
（5）划线。
（6）详细对照图样检查划线的准确性，看是否有遗漏的地方。
（7）在线条上冲样、冲眼。

四、注意事项

（1）工件的加工精度不能完全由划线确定，而应该在加工过程中通过测量来保证。
（2）尺寸及表面粗糙度达不到要求时，要找出其中原因。

技能七

钢筋工

典型案例

扎根基层的"钢筋鲁班"——全国劳动模范董志平

技能图-8 "钢筋鲁班"
全国劳动模范董志平

董志平系湖南省沙坪建设有限公司钢筋工,2006年获全国建筑业职业技能钢筋工大赛湖南一等奖、全国建筑业职业技能钢筋工大赛全国二等奖、长沙市杰出青年岗位能手、长沙市技术能手等称号;2009年获长沙市劳动模范;2010年获全国劳动模范。

钢筋是建筑的骨架,钢筋工的工作质量直接关系到建筑工程质量,而钢筋施工最重要的是精准。

董志平就像是一个独具智慧的"钢筋鲁班",还有不少闪光的智慧创新成果。在竖向钢筋制作过程中,董志平发现,两根钢筋的叠加会造成扎丝过短,固定性欠佳,他开始对传统的钢筋制作方式进行改良,思考只用一根长钢筋是否能避免这个问题,同时又不影响工程的质量。通过实践操作,反复计算,不放过任何一个细节,董志平终于有了自己的发明:"两层交错布置"钢筋制作方法。两层交错布置的绑扎法是由两根钢筋重叠在一起构成的一个连接法,既避免了两根钢筋绑扎导致的安全性不够,也节约了钢材。

在建筑工地,董志平是一个耀眼的"明星工人"。"作为一个来自一线的农民工劳模,我想我最需要做的事,就是要告诉大家,作为一个最普通的人,在党和政府富民惠民的政策下,只要努力扎实做事,认真对待工作,在小岗位上也能搭成大舞台,平凡人也能做出不平凡的成绩。"在董志平看来,无论身在哪个岗位,最普通的工种也可以创造出奇迹。

学习意义

钢筋工程是建筑工程非常重要的一项,很大程度上都会影响工程的质量。钢筋工已成为建筑业中的主要工种之一,由于建筑施工多为露天、高处作业,施工环境和作业条件差,不安全因素较多；现场作业人员组成比较复杂，流动性大，存在安全意识淡薄、自我防护能力差等问题；施工作业过程中，违章指挥、冒险作业等不遵章守纪现象有较多存在，从而容易发生安全事故，造成人员伤亡和财产损失。工地对新入场钢筋工必须进行三级安全教育培训，对钢筋工进行安全生产思想、安全知识、安全技能教育，做到特种作业人员持证上岗。

钢筋工共设四个等级，分别为：初级（国家职业资格五级）、中级（国家职业资格四级）、高级（国家职业资格三级）、技师（国家职业资格二级）。

随着"一带一路"倡议的出台，为国内建筑业带来了新的机遇和挑战。这对工程技术人员提出了更高的要求。

【钢筋工技术要点】

1. 钢筋工工具

钢筋弯曲机、钢筋调直机、对焊机、闪光焊、电焊机、绑钩、钢卷尺、石笔，还需塔机配合。

2. 基础知识

（1）识图知识

①识图和建筑构造的基本知识。

②识读钢筋混凝土结构图例符号。

③常规钢筋混凝土构件的钢筋结构施工图。

（2）钢筋常识

①品种、性能、规格、型号知识。

②验收与保管知识。

（3）常用钢筋加工的机具使用和保养知识。

（4）建筑力学和钢筋混凝土结构常识。

（5）安全生产知识。

（6）相关法律、法规知识

①《建筑法》的相关知识。

②《劳动法》的相关知识。

3. 工作流程

（1）熟悉合同、项目目标责任书、图纸、图纸会审纪要、施工组织设计（方案）、钢筋分项清单；

（2）明确钢筋工程进度、质量、安全、文明施工及成本目标；

（3）编制、审核钢筋翻样单；

（4）编制钢筋需用量计划；

（5）编制作业进度计划；

（6）编制劳动力、机械需求计划；

（7）钢筋棚搭设、钢筋机械进场安装及试运行、钢筋原材料进场验收；

（8）原材料及接头构件质量检验；

（9）安全技术交底、签发施工任务书；

（10）施工过程控制；

（11）工序验收；

（12）成品保护；

（13）填报工程资料；

（14）配合验收；

（15）交接检验；

（16）办理签证、协助成本核算；

（17）编写施工日志、工作量台账、资源消耗台账；

（18）工作总结。

4. 工作要点

（1）做好钢筋工程量清单核对及图纸会审工作。

进入施工现场后，首先应熟悉施工合同及设计图纸，了解工程概况、设计意图，核对钢筋工程量清单，及早发现图纸中存在的问题以及钢筋工程量的遗漏和偏差，在图纸会审前完成该项工作，以免在施工中造成损失。

（2）明确钢筋工程亮点。

在实施现场平面布置图前，根据公司现场标识、文明工地建设、环境与职业健康等要求，就钢筋棚的搭设、钢筋原材料堆放场地的硬化及布置、钢筋原材料及成品料标识牌的制作及安装、主筋保护层厚度的控制措施等方面，明确钢筋工程制作及安装的特点、难点和亮点。

（3）做好钢筋翻样工作。

在进行钢筋翻样工作前，必须首先结合施工图、标准图和验收规范要求，正确理解抗震设防的范围、施工流水段的划分，熟悉钢筋细部构造如主筋的混凝土保护层厚度、锚固长度、允许搭接范围、搭接长度、主筋连接方式、箍筋加密区设置范围等，在此基础上，考虑方便施工，最大限度节约钢材，对施工图进行正确翻样，及时完成分层（分段）钢筋翻样单。

（4）编制施工进度计划。

每月25日前，根据总体月进度计划，编制钢筋工程月进度计划，保证总体月进度计划的有效分解和落实。当实际进度与计划偏差较大时，须查找原因并判定是否对总工期造成影响，如有不利影响须采取有效措施，及时纠偏。

（5）编制资源需用量计划。

根据作业进度计划和钢筋翻样单，及时编制钢筋工程所需钢材、接头构件、机械、劳动力等资源需用量书面计划，确保钢筋原材料、机械设备、劳动力按时进场。

（6）做好钢筋原材料及钢筋连接接头质量检验工作。

钢筋原材料表面应平直、无损伤，不得有裂纹、油污、颗粒状或片状老锈；钢筋进场后，应会同材料员、试验工和监理人员按规格、重量和批次取样进行力学性能试验，合格后方可使用；对钢筋接头的电渣压力焊、闪光对焊、机械连接等连接方式，应现场取样合格后方可大量施工。

5. 安全操作规程

（1）进入施工现场必须遵守安全生产六大纪律。

（2）钢筋断料、配料、弯料等工作应全面进行，不准在高空作业。

（3）搬运钢筋时要注意附近有无障碍物、架空电线和其它临时电气设备，防止钢筋在回转时碰撞电线或发生触电事故。

（4）现场绑扎或安装悬空大梁钢筋时，不得站在模板上操作，必须要在脚手板上操作，绑扎独立柱头钢筋时，不准站在钢筋箍上绑扎，也不准将木料、管子、钢模板穿在钢箍内作为立人板，必须有安全设施。

（5）起吊钢筋骨架，下方禁止站人，必须待骨架降落到离地1米以内始准靠近，就位支撑好方可摘钩。

（6）起吊钢筋时，规格必须统一，不准长短参差不一，不准一点吊。

（7）切割机使用前，须检查机械运转是否正常，是否漏电，电源线须进漏电开关，切割机后面不准堆放易燃易爆物品。

（8）钢筋头子应及时清理，成品堆放要整齐，工作面要搭设钢筋工作棚。

（9）钢筋作业时，不得将钢筋集中放在模板和脚手架上，也不要把工具、钢箍、短钢筋随意放在脚手板上，以免滑下伤人。

（10）在雷雨时必须停止露天操作，预防雷击伤人。

（11）钢筋骨架不论其固定与否，不得在上面行走，禁止从柱上的钢箍上下。

（12）钢筋冷拉时，冷拉线两端必须装置防护措施，冷拉时严禁在冷拉线两端站人或跨越，触动正在冷拉的钢筋。

（13）钢筋焊接方面

① 对接导线处，都应有可靠的绝缘。

② 大量焊接时，焊接变压器不得超负荷，变压器升温不得超过60℃，为此，要特别注意，以免过热而损坏。

③ 室内电弧焊时，应有排水通风装置；焊工操作地点上相互之间应设挡板，以防弧光刺眼睛。

④ 焊工必须穿戴防护衣具，电弧焊焊工要戴防护面罩。

⑤ 焊接过程中，如发生不正常响声，应立即检查。

实践举案

梁筋绑扎施工工艺

一、流程

模内绑扎：画主次梁箍筋间距→放主梁次梁箍筋→穿主梁底层纵筋及弯起筋→穿次梁底层纵筋并与箍筋固定→穿主梁上层纵向架立筋→按箍筋间距绑扎→穿次梁上层纵向钢筋→按箍筋间距绑扎。

模外绑扎（先在梁模板上口绑扎成型后再入模内）：画箍盘间距→在主次梁模板上口铺横杆数根→在横杆上面放箍筋→穿主梁下层纵筋→穿次梁下层钢筋→穿主梁上层钢筋→按箍

筋间距绑扎→穿次梁上层纵筋→按箍筋间距绑扎。

二、梁（框架梁、非框架梁、连梁、悬挑梁）箍筋构造要求

（1）当梁箍筋为多肢箍时，其形式均按"大–小–小"，即一大箍套多个等小箍；

（2）当梁有多排支座负筋时，其箍筋末端宜做成135°的弯钩（能有效保证受力筋排距要求），平直段长度为（10d，75mm）二者中的大值；

（3）纵筋搭接长度范围箍筋均应加密，间距为（5d，100mm）二者中的最小值（d为搭接钢筋的较小直径）；

（4）主、次梁相交处，主梁附加箍筋规格、间距按设计，叠合处主梁箍筋照设；

（5）框架梁箍筋加密区长度规定：第一道箍筋离柱边缘50mm，加密长度为(1.5倍梁高、500mm)中的大值；

（6）梁上开洞，其洞口加固钢筋、箍筋详见设计；

（7）箍筋与纵筋相交处均应绑扎牢固，且箍筋应垂直受力钢筋。

三、梁侧向钢筋构造

（1）当为构造钢筋时，其搭接和锚固长度可取为15d；

（2）当为抗扭钢筋时，其搭接长度、锚固长度和方式均应同梁底受力钢筋处理；

（3）侧向钢筋应等分梁腹高度（其值=梁高–板厚）；当板在梁中部时，较大梁腹高度：较小梁腹高度≥2∶1时，则梁侧向钢筋等分较大梁腹高度，否则均应等分各梁腹高度。

四、梁上部纵筋构造（基础底梁下部筋同）

（1）在支座处，如不能直锚，则（过支座中心线+5d，0.4L_{aE}+15d弯锚）二者均应满足；

（2）钢筋排距及间距同梁下部钢筋，满足（25mm，d）二者中的大值；

（3）第一排支座负筋（又叫扁担筋）长度：1/3相邻梁较大净跨值；第二排：1/4相邻梁较大净跨值；

（4）当梁上部既有通长筋又有架立筋时，其架立筋搭接长度可为150mm；

（5）悬挑梁上部筋构造详见设计要求；

（6）搭接（焊接、直螺纹）位置：只能在跨中（1/3净跨范围）内搭接（焊接、直螺纹），接头错开要求同前面柱相关内容；支座负筋对焊连接时，其连接点应在支座内；

（7）接头百分率：受压区≤50%，受拉区≤25%，悬挑梁不应有绑扎接头；弯起点（锚固端、鸭筋、吊筋等）离焊接点不应小于10d。

五、梁下部纵筋构造（基础底梁上部筋同）

（1）在支座处，如不能直锚，则（过支座中心线+5d，0.4L_{aE}+15d弯锚）二者均应满足；

（2）钢筋排距及间距同梁下部钢筋，满足（25mm，d）二者中的大值；

（3）本工程梁下部筋均伸入支座；

（4）悬挑梁下部筋构造详见设计要求；

（5）非框架梁下部筋端支座处如不能直锚，应伸至端支座对边后再弯锚15d；中间支座处12d且过梁中心线+5d；

（6）搭接（焊接）位置：只能在支座内搭接（焊接）；对焊连接时，其连接点应在支座内。

六、梁变截面或变钢筋构造

（1）梁下部两侧钢筋不同时，则均应在支座处锚固；

（2）变截面时将不能穿过支座的钢筋锚入支座内，另一侧如钢筋没变化，则按原位标注要求根数引出；

（3）其它构造要求见 11G101-1。

七、其它附加筋构造

（1）吊筋：其中部平直长度 = 次梁宽 +100mm（两边各 50mm）；端部平直段长度 20d，不需弯钩（均为变形钢筋）；

（2）鸭筋：具体按设计，非悬挑端其中部弯折点离支座边缘 50mm。

八、绑扎工艺

（1）在梁侧模板上画出箍筋间距，摆放箍筋；

（2）先穿主梁的下部纵向受力钢筋及弯起钢筋，将箍筋按已画好的间距逐个分开；穿次梁的下部纵向受力钢筋及弯起钢筋，并套好箍筋；放主次梁的架立筋；隔一定间距将架立筋与箍筋绑扎牢固；调整箍筋间距使间距符合设计要求，绑架立筋，再绑主筋，主次梁同时配合进行；

（3）绑梁上部纵向筋的箍筋，宜用套扣法绑扎；

（4）箍筋在叠合处的弯钩，在梁中应交错绑；

（5）在主、次梁受力筋下均应垫垫块（或塑料卡），保证保护层的厚度。受力筋为双排时，可用短钢筋垫在两层钢筋之间，钢筋排距应符合上述要求；

（6）梁筋的搭接：梁的受力钢筋直径等于或大于 18mm 时，采用直螺纹焊接接头，小于 16mm 时，可采用绑扎接头，搭接长度要符合规范的规定。

参考文献

[1] 刘向兵. 劳动通论. 北京：高等教育出版社，2020.
[2] 付晓东，张新安. 新时代大学生劳动教育. 北京：人民日报出版社，2020.
[3] 安鸿章. 劳动实务. 北京：北京理工大学出版社，2020.
[4] 植林，罗嘉文. 新时代大学生劳动教育理论与实践. 北京：化学工业出版社，2020.
[5] 向德荣. 劳模精神职工读本. 北京：中国工人出版社，2016.
[6] 陈必华，淦爱品. 劳模精神导论. 上海：上海交通大学出版社，2020.
[7] 陶瑞. 新时代下工匠精神的回归. 中国集体经济，2018，583(35)：13-14.
[8] 张迪. 中国的工匠精神及其历史演变. 思想教育研究，2016，267(10)：45-48.
[9] 乔东，李海燕. 劳模精神、劳动精神、工匠精神学习读本. 北京：中国工人出版社，2021.
[10] 黄慧化. 工匠精神与创新. 合作经济与科技，2017，13.
[11] 徐元杰. 论工匠精神与劳动价值观. 濮阳职业技术学院学报，2018，31（2）.
[12] 王春艳. 工匠精神促进中国制造业发展的三重创新机制. 经济研究参考，2016，55.
[13] 李梦卿，杨秋月. 技能型人才培养与"工匠精神"培育的关联耦合研究. 职教论坛，2016，16.
[14] 郭世田. 当代中国创新型人才发展问题研究. 济南：山东大学，2012.
[15] 谭素. 论职业教育中工匠精神与创新精神的整合培育. 机械职业教育，2017，1.
[16] 惠新. 工匠精神：精英员工的行为准则. 北京：中国商业出版社，2016.
[17] 种青. 工匠精神是怎样炼成的. 北京：人民邮电出版社，2016.
[18] 宋犀堃. 工匠精神：企业制胜的真谛. 北京：新华出版社，2016.
[19] 付守永. 工匠精神2. 北京：中华工商联合出版社，2020.
[20] 郑一群. 工匠精神：卓越员工的十项修炼. 北京：新华出版社，2016.
[21] 巩佳伟，于秀媛，张丽丽. 匠心：追寻逝去的工匠精神. 北京：人民邮电出版社，2016.
[22] 马斌. 工匠精神：价值型员工的十项素质修炼. 北京：中国纺织出版社，2018.
[23] 吴顺. 工匠精神：传承与创新. 北京：中共党史出版社，2018.
[24] 鲁加升. 新时代大学生劳动教育读本. 长春：吉林大学出版社，2020.
[25] 赵元银，吴道省，刘斌. 大学生劳动教育. 北京：电子工业出版社，2020.
[26] 赵鑫全，张勇. 新时代大学生劳动教育. 北京：机械工业出版社，2020.
[27] 万方，陈步峰. 塑造工匠精神. 北京：石油工业出版社，2017.
[28] 何光明，张华敏. 高职学生劳动教育教程. 北京：高等教育出版社，2020.
[29] 工业和信息化部工业文化发展中心. 工匠精神：中国制造品质革命之魂. 北京：人民出版社，2016.
[30] 王振杰等. 大学生创新创业基础. 北京：高等教育出版社，2018.
[31] 范萍. 劳动教育. 沈阳：辽宁教育出版社，2020.
[32] 陈锋，褚玉峰. 新时代劳动教育理论与实践教程. 上海：同济大学出版社，2020.
[33] 魏娜. 志愿服务概论. 北京：中国人民大学出版社，2018.
[34] 陈秋明. 大学生志愿服务理论与实践. 北京：商务印书馆，2018.
[35] 龚轩. 进一步弘扬劳模精神. 求是，2001，9.
[36] 国防大学中国特色社会主义理论体系研究中心. 在全社会大力弘扬劳模精神. 光明日报，2010-04-29.
[37] 黄远志. 正确认识中国工人阶级的先进性. 工人日报，2001-08-09.
[38] 李建国. 发扬优良传统 锐意改革创新 在"四个全面"伟大实践中续写中国工会新篇. 人民日报，2015-04-30.
[39] 李建国. 在二〇一六年庆祝"五一"国际劳动节暨全国五一劳动奖表彰大会上的讲话. 工人日报，2016-05-01.
[40] 李建国. 在庆祝"五一"国际劳动节暨全国五一劳动奖状奖章表彰大会上的讲话. 工人日报，2014-04-29.
[41] 李玉赋. 谱写新时代的劳动者之歌 以劳动托起中国梦. 工人日报，2016-05-01.
[42] 刘松年. 思维是一朵美丽的花朵. 武汉：湖北人民出版社，2008.
[43] 罗奎武. 创新，为企业腾飞加油——江汉石油管理局创新工会工作纪事. 工友，2004，4.
[44] 马建中. 创新发展工会工作的科学指南. 湖北日报，2014-09-20.
[45] 马世永. 思索散墨. 北京：大众文艺出版社，2006.
[46] 倪健民. 大力弘扬工人阶级伟大品格和劳模精神 进一步做好新形势下职工思想政治工作. 思想政治工作研究，2011，5.